MW01700123

DER YAYINLARI: 265

Prof. Dr. Bülent TAHİROĞLU - Prof. Dr. Belgin ERDOĞMUŞ

ROMA HUKUKU DERSLERİ

TARİHİ GİRİŞ - HUKUK TARİHİ
GENEL KAVRAMLAR - USUL HUKUKU

Prof. Dr. Bülent TAHİROĞLU - **Prof. Dr. Belgin ERDOĞMUŞ**

İ. Kültür Üniversitesi	Bilgi Üniversitesi
Hukuk Fakültesi	Hukuk Fakültesi
Öğretim Üyesi	Öğretim Üyesi

ondördüncü basım

DER
YAYINLARI
İSTANBUL - 2020

Kitabın Adı
Roma Hukuku Dersleri

Yazarlar
Prof. Dr. Bülent TAHİROĞLU - Prof. Dr. Belgin ERDOĞMUŞ

Yayın No 265

ISBN 978-975-353-629-5

Basım Yılı 2020

Kapak Tasarımı
Akın SEDEF

Yayıncı
DER Kitabevi Yayınevi ve Dağıtım Paz. Ltd. Şti.
Molla Fenari Sokak, Der Han 28/A, 34410 Cağaloğlu - İSTANBUL.
Tel: (0212) 527 01 65 - 511 51 90 / Faks: (0212) 511 47 76
e-posta:der@deryayinevi.com.tr / info@deryayinevi.com.tr
www.deryayinevi.com.tr
Sertifika No: 45521

Şubelerimiz
Der Kitabevi Sahaflar Çarşısı No: 1 Beyazıt / İSTANBUL
Tel: (0212) 513 55 75
Derin Kitabevi Sahaflar Çarşısı No: 3 Beyazıt / İSTANBUL
Tel: (0212) 513 18 20

Basım
Yılmaz Basım Yayıncılık ve Kağıt Ürünleri
Sertifika No: 27185

Cilt
Derya Mücellit San. Tic. Ltd. Şti.

Copyright © Bu kitabın, tüm hakları Der Kitabevi Yayınevi ve Dağıtım Paz. Ltd. Şti'ne aittir. Yayınevinin yazılı izni alınmadan tümünün veya bir kısmının elektronik, mekanik ya da fotokopi yoluyla basımı, yayımı, kopyalaması, çoğaltımı veya dağıtımı yapılamaz.

Iulianus, D. 1, 3, 32: "De quibus causis scriptis legibus non utimur, id custodiri oportet...

(Yazılı kanunların yokluğunda, örf ve âdet kuralları uygulanır.)

Celsus, D. 1, 13, 17: "Scire leges non hoc est verba earum tenere, sed vim ac potestatem"

(Kanunları bilmek, onların
sözlerine saplanıp kalmak değildir,
amaç ve anlamlarını kavramaktır.)

İÇİNDEKİLER

ÜÇÜNCÜ BÖLÜM

GENEL KAVRAMLAR

DÖRDÜNCÜ BÖLÜM

ROMA USUL HUKUKU

KISALTMALAR

ABGB	:	Allgemeines Bürgerliches Gesetzbuch (Avusturya Medeni Kanunu)
BGB	:	Bürgerliches Gesetzbuch (Alman Medeni Kanunu)
bkz.	:	Bakınız
c	:	cilt
C.	:	Codex Iustinianus
C. C.	:	Code Civil (Fransız Medeni Kanunu)
çev.	:	çeviren
D.	:	Digesta
dn.	:	dipnot
Gai.	:	Institutiones (Gaius)
HMK	:	Hukuk Muhakemeleri Kanunu
I.	:	Institutiones (Iustinianus)
İİK	:	İcra ve İflâs Kanunu
krş	:	karşılaştırınız
m.	:	madde
OR	:	İsviçre Borçlar Kanunu
pr.	:	principium
ss	:	sayfalar
TBK	:	Türk Borçlar Kanunu
TCK	:	Türk Ceza Kanunu
TMK	:	Türk Medeni Kanunu
vb.	:	ve başkaları
v.s.	:	vesaire

ÖNSÖZ

Roma Hukukunun Önemi

I- Genel Olarak

XIX. ve XX. yüzyılda modern milli kanunların yapılmasıyla doğrudan uygulanmak özelliğini yitiren Roma Hukukunun önemi nereden gelmektedir? Kaynakları Latince gibi konuşulmayan bir dilde bulunan bu hukuk -Roma Hukukundan etkilenmiş olsun veya olmasın dünyanın sayılı üniversitelerinin ders programlarında niçin yer almaktadır? Niçin hâlâ dünyanın birçok ülkesinde yayınlanmakta olan hukuk dergilerinde Roma Hukuku araştırmalarına yer verilmektedir? Her yıl Avrupa'nın çeşitli şehirlerinde düzenlenen Roma Hukuku kongreleri ve bu kongrelere katılan bilim adamlarının çokluğu nasıl açıklanabilir? Bu niçin ve nasılları çoğaltmak mümkündür.

Bu sorunların kısa cevabı şudur; Roma Hukuku özellikle Avrupa ülkelerinin hukuk sistemlerinin temelinde bulunan hukuktur, iktibas ettiğimiz Kara Avrupa'sı sistemi kanunları Avrupa kültür çevresinde oluşmuş ve yüzyıllar sürmüş olan bir gelişim sürecinde ortaya çıkmıştır. Roma Hukuku öğretiminin amacı, Roma'dan gelen hukuk kurumlarının tarihi gelişmesini açıklamaktır. Bu tespit, sadece belirli bir devrede yürürlükte olan hukuk kurallarının sistematik bir açıklamasının söz konusu olmadığını gösterir. Konumuz, Kara Avrupa'sı ve bizim hukuk sistemimizin kaynağını oluşturan Roma Hukuk kurumlarının nasıl doğduğunu, geliştiğini, değişen toplumun yeni ihtiyaçlarını karşılamak için gerektiği zaman nasıl değiştirildiklerini *(mutatis mutandis)*, modern hukukların kökenini nasıl meydana getirdiğini, bazen ise, yüzyıllar boyunca, nasıl yürürlükten kalktıklarını göstermek olacaktır. Hukuk tarihi eğitimi, uygarlıkların gelişmesine, çağdaş hukuk kuramlarının gerçek yerinin belirlenmesi için vazgeçilmez ve zorunlu bir yere sahiptir. Ancak; bu şekilde, hukuk kavramlarının nereden geldikleri ve hangi hukuk sistemine bağlandıkları bilinir. Bir makineden farklı olarak hukuk kavramlarının sadece yazıcısı olmaktan uzaklaşılır.

Roma Hukukunun, başka bir açıdan önemi, hukukun başlangıcı olarak, insanların düşüncesine yön veren, olaylar arasında sebep-sonuç ilişkisini kuran bir bilim dalı olmasıdır.

Hukuk kurallarının oluşması, yerleşmesi, insanların karşılıklı anlaşmalarının hukukî değeri kavramını ortaya çıkarmıştır. Akitlerin oluşması, ticari ilişkileri de geliştirmiştir. Özellikle, hukuk kurallarının kesin, açık hale gelmesi, özel hukuk kurallarını geliştirmiştir.

Tüm hukuk sistemleri, hatta eğilimleri ihtilâlcı görülenler bile, kendilerinden önceki hukuk sistemlerinin gelişiminden ve değişiminden oluşmuştur. Eğer tarihî kaynakları bilinmezse, onları anlamak imkânsızdır. Ancak, hukuk tarihi eğitimi, tamamen günlük uygulamaya bağlı bazı hukuk pratisyenlerinin, yeniliklere karşı koymasını, alıştıklarından farklı kuralları uygulamakla büyük güçlüklerle karşılaşmalarını önler ve değişikliklerin yararlarını anlamaların sağlar.

Hukukun tarinsel kökenleri ve gelişmesi hukukçunun, hukuk teknisyeni değil hukuk mühendisi olmasını sağlar.

Roma Hukukuna günümüz eğitim-öğretiminde verilen önem bu hukukun modern hukuk sistemlerini derinden etkilemiş olmasından gelmektedir. Bu itibarla öncelikle öğrenciler için yazılmış bu kitapta başta İsviçre-Türk kanunu olmak üzere diğer Medeni Kanunlara göndermeler yapılmış, modern görüş özetleri verilmiştir.

VI. yüzyılda İmparator Iustinianus tarafından *Constantinopolis*'te yani İstanbul'da *Corpus Iuris Civilis* denilen kanunda toplanmış olan Roma Hukuku Avrupa'da XI. yüzyıldan itibaren ilmi çalışmaların konusunu teşkil etmiş, Roma Hukuku üzerinde yapılan çalışmalar yoluyla Avrupa hukuk ilmi doğmuştur. Bu nedenle XI. Yüzyılda başlayan süreç Avrupa hukuk ilminin gelişme sürecedir. Başka bir deyişle Roma Hukuku sayesinde Avrupa hukuk ilmi oluşmuştur.

Yukarıda XIX ve XX. yüzyılda milli kanunlara değinilmişti. Gerçekten Avrupa'da Ortaçağ ve Yeniçağ boyunca milli devlet bilinci oluştuktan ve günümüzün devletleri Avrupa haritasında yerlerini aldıktan sonra her devletin milli kanunu olması fikri de doğdu. Buna uygun olarak Fransız Medeni Kanunu (Code Civil), Avusturya Medeni Kanunu (Allgemeines Bürgerliches Gesetzbuch), Alman Medeni Kanunu (Bürgerliches Gesetzbuch) ve İsviçre Medeni Kanunu ve Borçlar Kanunu (Schweizerisches Zivilgesetzbuch-Schweizerisches Obligationenrecht) yapıldıktan sonra başta Fransız Medeni Kanunu olmak üzere bu kanunlar Avrupa'daki diğer devletler tarafından, hatta Avrupa dışında özellikle Güney ve Orta Amerika devletleri tarafından, iktibas edildi, yani benimsenerek bu ülkelerde de milli kanun olarak uygulanmaya konuldu. Böylece Roma Hukukunun kuralları bu kanunların maddeleri içinde yer almak suretiyle canlılığını kaybetmedi, doğrudan olmasa da dolayısıyla yaşamaya ve uygulanmaya devam etti.

Günümüzde, Roma - Cermen hukuku sistemi, tüm dünyaya yayılmıştır. Eski Roma imparatorluğunun sınırlarını tamamen aşarak, anavatanı olan Avrupa ülkelerinin dışında, özellikle tüm Güney Amerika'yı, Afrika'nın büyük bir kısmını, Ortadoğu ülkelerini, Japonya'yı, Endonezya'yı fethetmiştir. Avrupa devletlerin yayılmaları ve yabancı bir hukukun benimsenmesi (resepsiyon) bu genişlemenin sebepleridir[1].

Japonya'da XIX. yüzyıl sonlarında başlayan, Alman Hukukunun etkisi, özellikle İkinci Dünya savaşından sonra, Japonya'nın hukuk düzenlemesine tamamen hâkim olmuştur.

Unsurlarının bir kısmını roma - Cermen, bir kısmını anglo- sakson (commonlaw) sisteminden alan İskoçya, İsrail, (daha önce) Güney Afrika Birliği, Kanada'nın Québec eyaleti, Filipinler hukukunda karma hukuklar olarak söz edilmektedir[2].

Bu kısa açıklama dikkate alınırsa, günümüz hukuklarının gereği gibi anlaşılabilmesi ve özümsenebilmesinin Roma Hukuku öğrenimi ile mümkün hale geleceği ortaya çıkar. Hukuk ilmi pozitif hukuk, hukuk tarihi ve hukuk felsefesinden oluşan üçlüden meydana gelir. Bu üç unsur olmadan hukuk ilmi yapılamaz.

Roma Hukuku her şeyden önce hukukî düşünce tarzını etkilemiştir. Gerçi Roma Hukukunu zirveye ulaştıran klasik hukukçular bugünden farklı olarak hukuka meseleci metot ile yaklaşmışlar, hukukun teorisi ile esas itibariyle ilgilenmemişlerdir, ancak Yunan filozoflarından öğrendikleri analiz ve sentez tekniğini kullanarak meseleleri hukukî çözüme bağlamayı ve yaratılan yeni hukukî kavramların bir sistem içinde yer almasını sağlamışlardır. Kuralların yorum yoluyla tatbiki, bunların kıyas ve zıt kavramlardan hareket suretiyle uygulama alanlarını genişletilmesine Roma hukukçuları örnekler getirmiştir.

Roma Hukukunun iktibası her şeyden önce Roma hukukçularında görülen hukukî düşünce tarzının ve metodunun benimsenmesi anlamına gelir. Bu metodun her türlü hukuk malzemesine uygulanması mümkündü, nitekim iktibas olayı ile birlikte Avrupalı hukukçuların bu metodu kendi milli hukuklarında uygulayarak bunları Roma Hukuku ile kaynaştırmak suretiyle milli kanunlarının olgunlaşmış bir zeminde yapılmasını kolaylaştırmışlardır.

---

1 bkz. David R., Les grands systèmes de droit contemporains, Deuxième Èdition, 1966, ss. 29 ve 77; ss. 541-551.

2 bkz. David R., s.23.

Klasik hukukçuların yarattığı aynî hak-şahsî hak, mülkiyet ve zilyetlik farkı, irtifaklar ve rehin, borç ilişkisi, borçların kaynakları olarak akitler, haksız fiiller ve haksız iktisaplar, borçların ifasında uyulacak kurallar, çeşitli akit tipleri, ölüme bağlı tasarruflar gibi ana kavramlar bugün de geçerlidir, hukukçular hukukî olayları incelerken bu ana kavramlardan hareket ederler ve gerekli hukukî sonuca varırlar. Başka bir deyişle çözüm bekleyen hukukî meselelere yaklaşım bakımından günümüz hukukçularıyla Roma hukukçuları arasında büyük benzerlik mevcuttur.

Roma Hukuku hukuk tarihi için vazgeçilmez niteliktedir. Hukuk tarihi, hukuk kurumlarının, kavramların ve ilkelerin zaman içinde nasıl ortaya çıktığını, nasıl değiştiğini ve yine nasıl sona erdiğini ve neden yaşamaya devam ettiğini gösterir.

Hukuk tarihi, hukuk kurallarının yürürlükte bulunduğu toplumun gerçeklerinden bağımsız olarak oluşmadığını, ülkedeki sosyo-ekonomik, siyasi ve kültürel olguların hukuk kurallarının karakterini belirlediğini göstermektedir. Bu nedenle devletin siyasî yapısı, sosyo-ekonomik durumu ve kültürü, hukuk kurallarının gerek çıkarılmasında gerekse içeriğinin tayininde önemli rol oynamaktadır. Bunlar değiştikçe hukuk kurallarının belirlenmesinin niteliği de değişmektedir. Mutlakiyet idaresinin egemen olduğu bir dönemde getirilen hukuk kuralları ile halkın idareye katıldığı bir rejimde yürürlüğe sokulan hukuk kuralları aynı mahiyette değildir. Mutlakiyet idarelerinde devlet veya kral/imparator hukukun her alanına el atmakta, ferdin hareket alanını emredici kurallarla sınırlamaktadır. Buna karşılık Cumhuriyet ile idare edilen, yani halkın iradesine kıymet verilen devirlerde çıkarılan kurallar ise fertlere daha geniş hareket serbestîsi tanımaktadır. Bu nedenle Roma Hukuku ele alınırken bu hukukun Roma devletinin farklı rejimlerinde nasıl oluştuğunu göstermek gerekir. Bu yüzden de devletin siyasi yapısı üzerinde mutlaka durulmalıdır.

Hukuk kuralları ilke olarak aniden doğmaz, belli bir gelişmenin sonucu olarak ortaya çıkar. İlk hukuk kuralları olan örf ve âdet kurallarının dışında, üç kaynak Roma Hukuku'nun oluşumuna katkıda bulunmuştur. Başka bir hukukun mukayese edilebilir bir örnek sunmadığı özgün bir usul hukuku tekniği, cumhuriyet devrinde mütevazı, sonra gitgide daha verimli kanunlaştırmalar ve altın çağını M.Ö. I ve M.S. III. yüzyıllarda yaşayan ve başka bir uygarlıkta bulunmayan, klâsik denilen hukukçuların eserleri, yayınları... Eğer hukuk fakültelerinde olduğu gibi ilim yapılıyorsa, mutlaka hukuk kurumlarının, kavramların tarihi gelişmesi de incelenmelidir. Ancak bu şekilde yürürlükteki kanunların ve kanunlardaki maddelerin sebebine ve anlamına varmak mümkün olur. Meselâ intifa hakkının niçin şahsa bağlı olduğu ve başkasına devredilemediği hukuk tarihindeki, özellikle Roma Hukukundaki çıkış sebebini bilmekle mümkün olur. Alım satım akdinin yapılmasıyla birlikte hasarın alıcıya intikali gibi Türk Hukukunda çok tenkit edilen bir ilkenin (önceki TBK m. 183) ortaya çıkış nedeninin Eski Roma Hukukunda bulmak ve gelişme sürecini İsviçre Borçlar Kanununun yapılmasına kadar izlemek mümkündür. Kuralın asırlar boyu kimseyi rahatsız etmediğini Eugen Huber gibi bir Cermen hukukçusunun İsviçre Borçlar Kanununda, Roma Hukukunun bu ilkesini madde haline getirilmesinden anlıyoruz. Daha önce yapılmış olan Alman Medeni Kanununda hasarın intikali satılan malın teslimine bağlandığı halde İsviçre Borçlar Kanunu, Roma Hukukunun bu ilkesine sadık kalmıştı. Çünkü İsviçre Borçlar Kanununda daha ziyade hukuk hayatında yaşayan, halk tarafından benimsenmiş teamüller geniş ölçüde maddelere dönüştürülmüştür. İşte bu sebeplerden dolayı Roma Hukuku, hukuk tarihine malzeme sağlamakta eşsiz bir kaynaktır. Nitekim Umumi Hukuk Tarihi seçimlik ders olarak okutulduğu zaman, bu konuda önceki yıllarda yayınlanan kitaplarda Roma Hukuku baskın bir yer işgal etmektedir.

Roma hukuku, mukayeseli hukuk alanında da kullanılabilir. Daha önce de belirtildiği ve yeri geldikçe açıklanacağı üzere Roma Hukuku birçok ülkenin hukuk sisteminin temel unsuru olduğundan Roma Hukukundan hareketle çeşitli hukuk kurumlarının yine çeşitli hukuk düzenlemelerinde nasıl bir görüntü verdiğini, bu görüntünün benzer ve farklı taraflarının belirlemek mümkündür. Bu yönden yapılan bir inceleme Roma Hukuku kurallarının evrensel nitelik taşıdığını, yani yer ve milliyetten etkilenmediğini açığa çıkaracaktır.

Roma Hukukunu bilmek, aynı zamanda yabancı hukukları anlamak, bu hukukların birbirinden ayrılan özelliklerini tespit etmek için de anahtar işlevi görecektir.

Sadece mukayeseli (karşılaştırmalı) modern hukuk ilminde değil, mukayeseli hukuk tarihinde de Roma Hukukunun önemi fazladır. Roma Hukukundan hareketle Akdeniz havzasındaki hukukların, meselâ Yunan, Mısır ve Roma hukuklarının birbirlerini etkileme süreci ve faktörlerini saptamak olasıdır. Örnek: pey akçesi, müşterek avarya.

Roma Hukuku aynı zamanda dünya medeniyet ve kültürünün önemli bir unsurudur. İktibas olayından etkilenmemiş, hatta ona direnmiş ülkelerde bile Roma Hukukunun mükemmelliği kabul edilmiş ve bu hukuka ders programlarında de yer verilmiştir. Londra'nın üç hukuk fakültesinde, Cambridge, Oxford ve University College of London'da Roma Hukuku zorunlu ders olarak okutulmakta, Avrupa'nın diğer ülkelerindeki öğrencilerden belki daha fazla bilgi sahibi olunması istenmektedir. Yine ABD'nin büyük ve köklü üniversitelerin de

Roma Hukuku Avrupa'dakine benzer bir içerikle öğretilmektedir. Adalet, hukuk ve uygarlığın bir sembolü olarak Washington'daki Yüksek Mahkemenin (Supreme Court) kapılarına ve dekorlarına *praetor* beyannamesi, Romalı hukukçular ve Iustinianus'a *Corpus Iuris*'in tevdi töreni resmedilmiştir.

Kıta Avrupa'sındaki Doğu ülkeleri Rusya dışında, İspanyol ve Portekiz etkileriyle Güney Amerika'ya, XX. yüzyıl başlarından itibaren özellikle alman hukukçuların aracılığı ile Japonya'ya yayılmıştır. Günümüzde Avrupa üniversiteleri ile anlamlı bağlar, siyasal ilişkiler ve hazırlanan kanunlar aracılığı ile benzer oluşum Çin'de de gözlenmektedir.

Sovyet Üniversiteleri Hukuk Fakültelerinde Bolşevikler döneminde bile, Roma Hukuku dersi devam ettirilmiştir. Bunun nedeni Roma Hukukunun her zaman hukuk eğitiminin temeli olarak görülmesiydi[3].

II- Roma Hukuku ve Türkiye

Roma Hukuku ile Türk devletinin kurulu olduğu topraklar arasında yakın ilişki mevcuttur. Bu ilişki dönemlere göre artmış veya azalmıştır. Bu yönden üç dönem ayırt etmek mümkündür.

1. Roma ve Bizans Dönemi

Roma devletinde uzun süre Asya eyaleti olarak nitelenen Ana- dolu ile Roma arasındaki ilişkiler sıkı idi. Daha M.Ö. 1. asırda Asya, Roma devletinin bir eyaleti *(provincia)* olarak haritada yer alıyordu.

M.S. 312-337 yılları arasında yaşamış olan imparator Constantinus o zamana kadar adı Byzantion olarak anılan şehri imar ederek 330 yılında Constantinopolis şehrini kurdu. O yerde bulunan bu küçük yerleşim yerinin dünyanın merkezi haline getirilmesi, tarihte, her bakımdan büyük bir olay olmuştur. Şehir planlanırken Roma örnek alındığından buna *Roma nova*, yani "yeni Roma" dendi. Roma imparatorları bu şehirde oturmaya başladı. Fatih Sultan Mehmet'in Bizans'ı fethine kadar ve ondan sonra da bu şehir uygarlık, kültür ve din merkezi oldu.

---

[3] Macar Ord. Prof. Dr. Gabor Hamza, Cumhuriyet Gazetesi'ndeki söyleşisinde (3 Ekim 2010) şu bilgileri vermiştir: Sovyetler Birliği'nde, Roma Hukukunun köleliği teşvik eden toplumun ürünü olduğu çekincelerine rağmen bu dersler korundu ama Lenin ve Stalin bu görüşlernde hatalıydılar zira Roma İmparatorluğunun en zirvede olduğu dönemde bile köleler tüm Roma toplumunun %5'ini bile oluşturmuyordu. Tarihçiler Roma'da köle kullanımını bir hayli abartmışlardır. Rom genel olarak bakıldığında sosyal bir devletti. Lenin ve Marksizmin kuramcıları Marks ve Engels bile Roma Hukukundan çağdaş toplumun temeli olarak söz etmişlerdir.

395 yılında Romanın Batı ve Doğu Roma olarak ikiye ayrılmasından sonra Doğu Roma imparatorluğuna Bizans imparatorluğu da denmektedir. Bu topraklarda, bilhassa İstanbul'da bu devletin hüküm sürdüğü asırlarda Roma Hukuku yürürlükteki hukuktu. Mahkemeler bu hukuku uyguladıkları gibi, o dönemin en önemli hukuk okullarından biri de Constantinopolis'teydi. Bu okullarda Roma Hukuku öğretiliyor ve bilimsel çalışmalara konu teşkil ediyordu. Nihayet *Corpus Iuris Civilis* adı verilen ve Roma Hukukunun modern milli kanunları etkilemesine sebep olan, hukuk tarihinin en önemli kanunlaştırma hareketi imparator Iustinianus tarafından İstanbul'da gerçekleştirilmişti. Bu kanunname olmasa Roma hukuku sonraki yüzyıllara intikal etmez, Roma Hukukunun önemi anlaşılmazdı. Bu yönden İstanbul'un Roma Hukukunun Avrupa hukuklarını etkilemesi yönünden önemi büyüktür. Bu sebeplerle, İstanbul dünya Hukuk tarihinde ilginç bir yer işgal etmiştir.

Eskiçağ, Cermen kavimlerinin 476'da işgalleri sonucu, batı Roma imparatorluğunun çöküşüyle sona erdi. Fakat bıraktığı hukuk mirası, Ortaçağ hukukçuları tarafından bir araya getirildi, düzenlendi ve zenginleştirildi[4].

Bizans dünyası da, Roma hukukunun mirasçılarından biri oldu. Bizans devleti ve ortodoks hıristiyanlık ile Roma hukuku slav devletleri çevresine yayılmıştır[5].

2. Osmanlı Dönemi

Bu dönem Roma Hukuku ile Türkiye arasındaki ilişkilerin gevşediği bir dönemdir, çünkü Osmanlı devletinde İslam hukuku cariydi. Kaynakları tamamen farklı olan ve Müslüman devletlerin birçoğunda hâkim olan İslam Hukuku, Roma Hukukundan çok farklıdır; Roma Hukuku laik nitelikte bir hukuktur, bu nedenle Roma Hukuku kurallarını farklı dönemlerde ve yine farklı ülkelerde uygulamak mümkün olmuştur.

Zaman zaman Roma Hukuku ile İslam Hukuku arasında bazı benzerlikler saptanmaktadır, bunlar genelde aynı ihtiyaçların aynı müessese ve kavramları ortaya çıkarmasıyla açıklanabilir. Bununla beraber gerek Osmanlı devletinin gerekse Roma devletinin mahalli halkları hukuk anlayışında mümkün olduğu kadar serbest bırakmak eğiliminde olduğu bilinmektedir. Bu nedenle Roma Hukukundan kalma teamüllerin Osmanlı devletinde devam ettiği tahmin edilebilir. Meselâ Roma toprak sistemi ile Osmanlı toprak sistemi, yine iki devletteki vergi toplama usullerinde benzerlikler sezilmektedir. Bunun dışında *Hexabiblos* (altı

---

4 Thireau J.-L., Introduction historique au droit, Paris, 2001, s. 16.

5 Gaudemet J., Les naissances du droit, 3e edition, Paris, 2001, s. 318, dn. 11.

kitap) veya «Kanunların El Kitabı» adlı 1345 yılında Harmanepulos adında bir hukukçu tarafından yazılan kitabın Bizans'ın yıkılmasından sonra da Rum halka uygulanmaya devam ettiği bilinmektedir.

Roma Hukuku ile İslam hukuku arasındaki etkileşimler ancak iki hukuku da iyi bilen hukukçuların çalışmasıyla ortaya çıkabilir.

3. Türkiye Cumhuriyeti Dönemi

Bu topraklarda Türkiye Cumhuriyeti kurulduktan sonra Roma Hukuku tekrar önem kazanmıştır, çünkü Mustafa Kemal Atatürk Türkiye'yi çağdaş uygarlık düzeyine çıkartmak için yaptığı bir dizi inkılâp hareketi çerçevesinde hukuk inkılâbına da gitmiş, bu bağlamda fertler arasındaki ilişkileri düzenleyen medeni hukuk alanında devrimi, İsviçre Medeni ve Borçlar Kanunlarını iktibas etmek, Türkiye'de yürürlüğe sokmakla gerçekleştirmiştir. Bu kanunla "hukuk için toplum" yaratılmak istenmiştir. Başka bir deyişle, çağdaş kültür ve hukuku temsil eden bir kanun benimsenmiş, toplumu bu kanunun esprisi içinde eğitmek, topluma bu hukuka göre yön vermek ve yetiştirmek amaçlanmıştır. Hukukun diğer alanlarında iktibas edilen veya hazırlanan kanunlarda da aynı hedefe ulaşılmak istenmiştir. Zamanın Adliye vekili Mahmut Esat, Medeni Kanunun gerekçesinde "... muasır medeniyet almak ve benimsemek kararıyla yürüyen Türk milleti, muasır (çağdaş) medeniyeti kendisine değil, kendisi muasır medeniyetin icabatına her ne bahaya olursa olsun ayak uydurmak mecburiyetindedir. Yaşamak kararında olan bir millet için bu şarttır. Çünkü kanunlar dine müstenit (dayalı) olursa vicdan hürriyetini kabul mecburiyetinde bulunan devlette, muhtelif dinlere salik tebaası (inanan vatandaşları) için ayrı ayrı kanun yapmak icap eder. Bu hal asrı hazır devletinde şartı esasi olan (zamanımızın devletinde ana şart olan) siyasi, içtimai (toplumsal), milli vahdete (birliğe) külliyen (tamamen) münafidir (zıttır). Hatırlamak icap eder ki: Devlet yalnız tebaası ile değil; ecnebilerle de temastadır. Bu taktirde onlar için de kapitülasyon namı altında ahkâmı istisnaiye (istisna hükümler) kabul etmek zarureti hasıl olur (gereği ortaya çıkar). Lozan muahedesi (antlaşması) ile ilga olunan kapitülasyonların memleketimizde ipkası (kalması) için ecnebiler tarafından serdedilen esbabı mucibenin (gerekçenin) en mühim ciheti bu nokta olmuştur. Bundan başka Fatih Sultan Mehmet devrinden son zamanlara kadar gayrimüslim tebaa hakkında tatbik edilen ahkâmı istisnaiyeye (istisna hükümler) bilhassa bu dini vaziyet bais (sebep) olmuştur. Halbuki yeni Türk Kanunu Medeni lâyihasının ihzarı (hazırlanması) vesilesiyle memleketimizde mevcut ekalliyetler Lozan muahedesinin kendilerine kabul ettiği haklardan sarfınazar ettikleri (vazgeçtiklerini) Adliye Vekâletine bildirmişlerdir..."

İstanbul Üniversitesi eski Rektörlerinden ve Uluslararası Hukuk Öğretim Üyesi Prof. Cemil Bilsel, İst. Üniv.'nin tarihiyle ilgili kitabının ilk sayfalarında, "Üniversitemizin en uzak tarihi" başlığı altında ele aldığı bir paragrafta, mülteci Alman profesörlerinden olan Prof. Richard Honig'e atfen, Üniversite'nin kuruluş tarihinin 1 Mart 321 tarihinden başlatılmasına dair bir görüşe yer verir. Bu tarih, *Constantinus*'un, hukuk eğitiminin de verileceği, akademik hayata dair icraatıyla ilgilidir. Bu tez, tarihçilerle uygun bulunur ya da bulunmaz, o ayrı bir konudur; ama İstanbul'da Roma Hukuku derslerinin veriliyor olmasının, bu tarihi ve özel anlamını küçümsemek sanırım mümkün değildir."[6]

İsviçre Medeni ve Borçlar Kanunlarının iktibası ile Türkiye Kara Avrupası denilen hukuk sisteminin içine girmiş olmaktadır. Bunun temelinde ise esas itibariyle Roma Hukuku bulunmaktadır. Diğer Avrupa ülkeleri gibi İsviçre Hukuku, özellikle Borçlar hukuku olmak üzere Roma Hukukundan kaynaklanmıştır. Nitekim Roma Hukuku İsviçre'nin çeşitli kantonlarındaki hukuk fakültelerinde hukuk tarihi derslerinden biri (diğeri Cermen hukukudur) olarak okutulmaktadır. Bu durumda Medeni hukukumuzun tarihini bilmek, anlamak, öğrenmek istiyorsak Roma Hukukunu bilmemiz gerekmektedir. Roma Hukuku derslerinin ana gayesi, her şeyden önce bugün yaşamakta olan hukuk kurumlarının doğuşunu ve gelişmelerini ortaya koymak, başka bir deyişle günümüz hukuku ile bağlarını somut örnekler vermek suretiyle güncelleştirmektir.

Roma Hukuku eğitiminin önemli bir sebebi de, Avrupa kültür birliğinin oluşumunda oynadığı roldür.

Batı Avrupa, kıtada yaşayan çeşitli devletlerin arasındaki farklara rağmen, kültürü bakımından bir birlik manzarası sunar ve "Avrupa Uygarlığı" dünyanın, eski ve yeni diğer uygarlıklardan farklı nitelikler taşır. Avrupa Birliğini oluşturan unsurlardan birisde, Roma Hukuku'dur. Batı Avrupa'nın her yerinde rağbet görmesinin sebebi, sadece mükemmelliğinde değil, Roma imparatorluğunun bu ülkeler üzerinde oynadığı rolde aranmalıdır. Eğer Roma Hukuku olmasaydı, Bologna'daki Glossator'ların mektebine akın eden öğrenciler ona bu kadar iltifat etmezlerdi (Koschaker).

---

[6] Kaldı ki, 1874 yılında açılan ve bugünkü Galatasaray Lisesi binasında öğretim yapan Darülfünun-ı Sultanî döneminden itibaren hukuk öğretiminde Kamu Hukuku (Mösyö D'Hollis ve Mösyö Jakobi tarafından) ve Usul-i Hukukiyi-i Roma dersleri (Mösyö Gold tarafından) verilmiştir. Roma Hukuku derslerinin verilmesi (Mişon Efendi tarafından) erken Cumhuriyet döneminde de devam etmiştir (Bkz. (İstanbul Üniversitesi Kuruluş, Tarihçe, Teşkilat ve Öğretim Üyeleri), Cilt I (1453-1981), [İstanbul Üniversitesi Yayını], İstanbul, 1983, s.15 ve s.23. Tarhanlı T., Profesör Belgin Erdoğmuş Bir Romanist, Prof. Dr. Belgin Erdoğmuş'a Armağan, İstanbul, 2011, s.4 ve s.4, dn. 2).

Hukuk Tarihi boyunca, Roma devletinin yıkılışından sonra, Roma Hukuku ilkelerinin 1804'den itibaren modern kanunları etkilemesi ciddi ve karmaşık sorunları oluşturmuştur[7].

Batı Avrupa ülkeleri, Roma Hukukunu, hukuk düzenlemeleri oranında en iyisi olduğu için seçerek, benimsemiş değildiler. Onlar, kendi topluluklarının -aynı zamanda mükemmel olan- hukukunu adetâ zorunlu olarak iktibas ediyorlardı. Türkiye, bu birliğe girmekle, o hukuk sistemini benimseyerek, aynı ilgiyi göstermekten başka bir şey yapamazdı[8].

Roma Hukukunun önemli bir parçasını teşkil ettiği Roma tarihi, aynı zamanda insanlık tarihidir. Bu tarihin önemli unsurları Türkiye'dedir. Ankara'daki Ankara anıtı *(monumentum Ancyranum)*, Antakya'daki *monumentum Antiochenum*, Ayasofya ve sayısız birçok eser ve anıt Roma ile Türkiye'nin bağlarının sanıldığından daha derin olduğunu göstermektedir. Ancak bir hukukçu için hayranlık uyandıran, çekiciliğini hiç yitirmeyen nokta *Corpus Iuris Civilis* gibi gerek insanlık tarihinin gerekse hukuk tarihinin başyapıtlarından biri olan kanunnamenin İstanbul'da yapılışı ve bu topraklarda uygulanışıdır.

---

7 Bkz., Vinogradoff, P., Ortaçağ Avrupasında Roma Hukuku, Yayına Hazırlayan M. T. Özcan, İstanbul 1997, s.21.

8 Umur Z., Roma Hukuku, 1974, İstanbul, s. 321-322.

BİRİNCİ BÖLÜM

TARİHİ GİRİŞ

§ 1. Roma Devletinin Siyasi Devirleri

Romanın siyasi tarihi bugünkü İtalya Cumhuriyeti'nin başkenti olan Roma şehrinin kuruluşu ile başlamaktadır. Efsanelere göre M.Ö. 754-753 yıllarında gerçekleşen bu kuruluşa Romalılar özel bir önem vermişler ve bunu tarihlerine başlangıç saymışlardır[1]. Kendileri için mühim olan olaylara şehrin kuruluşu itibarıyla *(ab urbe condita)* tarih vermişlerdir[2].

Tiber nehri dolaylarında küçük bir şehir devleti olarak kurulan Roma, o zamanki adı Constantinopolis olan İstanbul'un Fatih Sultan Mehmet tarafından fethedildiği tarih olan 1453 yılına kadar uzanan iki bin iki yüz yıllık zaman içinde büyüyerek bir imparatorluk haline gelmiştir. Bu gelişmede dikkat çeken nokta, büyümenin organik bir şekilde yürüdüğüdür. Gelişmesi uzun bir zaman sürecine yayılan Roma devletinde aşağıda görüleceği üzere farklı rejimler hüküm sürmüştür, ancak bir rejimden diğerine geçiş toplumsal çalkantılara rağmen ani, şiddetli, toplumu kökünden sarsan ihtilal veya devrimler yoluyla olmamış, âdeta evrim içinde, geleneklere mümkün olduğu kadar bağlı kalınarak gerçekleşmiştir. Buna rağmen tarihe, geriye bakan bilim adamları

---

1 Aslında Roma devletinin kurulduğu topraklarda daha önce başka medeniyetlerin mevcut olduğu çeşitli buluntulardan anlaşılmaktadır. Tiber nehri ve civarı, çok verimli toprakları ve ulaşım imkânları ile çeşitli toplulukların yerleşim alanı olmuştur. Daha bronz devrinde bu topraklarda insanların devamlı yaşadıkları tespit edilmiştir.

2 Roma'da tarih Milat civarında yazılmaya başlanmıştır. Efsanelerin gerçek tarihe baskın olduğu kitaplarda Romanın, Truvalı Aeneas'ın torunlarından biri olduğu ileri sürülen Romulus tarafından kurulduğu belirtilmektedir. Efsaneye göre Truva harbinden sonra (Truva, Çanakkale'nin Hisarlık köyü yakınlarında kuruluydu) yaklaşık olarak M.Ö. 1100 yıllarında Aeneas, tahrip edilmiş Truva'yı terk ederek yanındakilerle İtalya'ya gelmiş ve Alba Longa şehrini kurmuştur. Daha sonra ise Aeneas'ın soyundan gelen Romulus, Romanın kurucusu olmuştur. (Fustel de Coulanges N D., Der antike Staat, Kult, Recht und Institutıonen Griechenlands und Roms, Fransızca (La Cité antique) aslından çeviren Ingrid – Maria Kleft auf der – Grundlage der Übersetzung von Paul Weiss München 1988, s.190, s.473).

bazı karakteristik olguları dikkate almak suretiyle Roma siyasi tarihini dört itibari döneme ayırmaktadır:

I. Krallık Devri *(Regnum)*

II. Cumhuriyet Devri *(Res Publica)*

III. İlk İmparatorluk Devri *(Principatus)*

IV. Son İmparatorluk Devri *(Dominatus)*

Bu dört dönemin hepsi rejime niteliğini veren kendisine has özellikler gösterir, ancak ilk üç devrin birbirine benzeyen yönleri vardır. Üç organ: *magistra, senatus* ve halk meclisleri ilk üç rejimde her zaman mevcuttur ve bu organlar arasındaki ilişkiler rejime karakterini verir. Son dönem olan *Dominatus* ise tamamen mutlakiyete dayanan, Roma ruhunun ikinci plana itildiği bir yönetim biçimini ifade eder. Bu nedenle de birçok hukukçu ve tarihçi bu dönemi özellikle *Corpus Iuris Civilis* adlı eseri meydana getirmek suretiyle klâsik Roma ruhunu tekrar yaşatmak isteyen Iustinianus'un ölümünden (565) itibaren olmak üzere Bizans devri olarak ele almaktadır.

Ayrı ayrı incelenecek bu devirlerden önce, Eski Çağın hür devleti olan *Civitas*'ı (yunancası *polis*), açıklamak gerekir: *Civitas*; bir şehir sınırları içindeki ortak hayatta, örgütlenmiş, hukuken hür insanlardan kurulu devlettir. Bu, ilk demokratik ve hür devlettir.

Civitas'ın amacı, kendisinden önceki hür kişilerden kurulu topluluklarda, aile *(familia)*, kabile ve aşirette *(gens, tribus)* olduğu gibi; 1) içeride, toplu şekilde kurallara uygun yaşamak, 2) dışarıya karşı, gereğinde kendini savunmaktır.

Devletlerin ilk ve esas amaçları, modern dünyada da, aynıdır.

Civitas kendine özgü bir kuruluştur ve bu topluluğun iki niteliği vardır;

1) Devleti oluşturan, kişilerin hepsi, devlet hayatına doğrudan doğruya katılırlar. Eğer kişiler devlet hayatına katılmıyorlarsa, o topluluk *civitas* değildir.

2) Bu katılış, ancak hukukî bir örgütlenme ile olabilir. Hukukî örgütlenme üç unsurun dengesidir: a) Bir veya birkaç başkan, reis *(magistratus)*, b) bir danışma heyeti *(senatus)*, c) tüm kişilerin katıldığı halk meclisi *(comitia)*.

Dolayısıyla, toplu halde yaşayan her insan grubu, bir *civitas* yani devlet değildir. Mesela, Romalılar tarafından istilâ ve tahrip edilmiş *Capua* şehri halkı toplu bir şekilde yaşamaya devam ettiği halde, *Senatus*'ları, *Comitia*'ları, *Magistra*'ları olmadığı için bir *civitas* olarak kabul edilmemekteydi.

Bu üç organın düzenli ve uyumlu çalıştığı devirler, ilk üç devirdir. En mükemmeli, Cumhuriyet denilen *Respublica*, yani ikinci siyasal devirdir[3].

I. KRALLIK DEVRİ (M.Ö. 753-510)

Birçok devlette olduğu gibi Roma'nın da kuruluşu efsanelere dayanmaktadır. Fakat efsaneler de, siyasal olaylardır[4].

İlk devirlerde Romanın krallar tarafından yönetildiği tarihçiler tarafından kabul edilmektedir. Roma kralı *(rex)*[5] politik, dinî, askerî ve yargı güçlerini kendisinde toplamış olan, Roma devletini mutlakiyetle yöneten kişiydi. Romanın tek *magistra*'sı olarak hayatı boyunca görev yapardı. Kral, kural olarak kendisinden sonra devleti yönetmesini istediği kişiyi ölümünden önce belirtirdi. *Gens* adı verilen kabilelerin ve *pater familias* denilen aile reislerinin arasından kralın ömür boyu görev için belirlediği kişiler, kralın danışma organı olarak görev yapan *senatus*'u (senior: yaşlı) oluştururdu. Danışma kurulu görevinin yanısıra *senatus*, kralın kendisinden sonra gelecek kralı göstermeden ölmesi halinde bu boşluğu bir süre doldurmaktaydı; *senatus* üyeleri yeni kral belirleninceye kadar muntazam aralıklarla *interrex* (aradaki kral) olarak görev yapardı.

O tarihlerde Roma, Latin ırkından gelen, esas itibarıyla tarım ve hayvancılıkla uğraşan, nüfusu 10-12 bin kadar olan küçük,kendi halinde bir yapıdaydı, bir şehir devletiydi *(civitas)*. Daha çok Etrüsk kökenli asil aileler Romanın siyasal ve dinî hayatını ellerinde tutmaktaydı[6]. *Populus Romanus*, yani

---

3 Umur, Roma Hukuku, Ders Notları, İstanbul, 1987, s. 7-8.

4 Carbasse, Introduction historique au droit, 3e édition, 2001, Paris, s. 22.
İnsanlar basit şekilde açıklayamadıkları büyük işleri, insan üstü varlıklara atfederek, onlar tarafından ve bir anda meydana getirildiklerine inanırlar. (Umur, Ders Notları, s.9).

5 Roma kenti isminin, ilk krallardan, Romulus'tan (kentin kurucusu) geldiği düşünülmektedir.

6 Etrüsk'lerin kökeninin ne olduğu, Romalılarla ilişkilerinin nasıl ortaya çıktığı ve kaybolduğu konusunda sayısız teori ortaya atılmıştır. Etrüsklerin Önasya'dan İtalya'ya göç ettiklerinden bahsedilmektedir. Gerçekten ileri bir uygarlık düzeyine ulaşmış olan Etrüsklerin sanat alanında meydana getirdikleri eserler Doğu izlerini taşımaktadır. İtalya yarımadasında Etruria denilen bölgede hem askerî hem de kültürel yönden önemli bir devlet kuran Etrükskler M.Ö. VII. yüzyılda İtalya'ya kentleşmeyi getiren kavimdir. Roma'yı uzun süre egemenliklerinde tuttukları bilinmektedir. Nitekim Romanın son kralları Etrüsk adları taşımaktadır. Yine Roma'da *patricius* denilen soylu sınıfa mensup ailelerin adları Etrüsk

bir şehir devleti içinde örgütlenmiş Roma halkı siyasi hayata *comitia* denilen halk meclisi vasıtasıyla katılırdı. Bu meclis ekseriya dinî – merasimli görevleri yerine getirirdi.

Krallık devrinin hukuku yazılı olmayan örf ve âdetlerden oluştuğu için kralın veya meclislerin bu alana etkisi pek yoktu. Bu devrin özel hukuku, *pater familias* denilen aile reislerinin hâkimiyeti altında bulunan aile fertleri üzerindeki iktidarının ve aile reislerinin birbirleriyle olan nadir hukukî ilişkilerinin düzenlenmesini temel almıştır. Mal değiş tokuşları, trampaların çok az olduğu bu toplumda, ilişkiler çiftçilikle geçinen ev, aile *(domus)* çerçevesinde gelişiyor ve kuralı aile reisi *(pater familias)* koyuyordu.

II. CUMHURİYET DEVRİ (M.Ö. 510 – M.Ö. 27)

M.Ö. 510 yıllarında asillerin (*patricius* sınıfı) başlattığı bir hareketle kralın sınırsız iktidarına son verildi. Başta bulunan Etrüsk kökenli kralın devrilmesiyle monarşik, aristokratik ve demokratik unsurların bir arada görüldüğü yeni bir rejim kuruldu. O zamandan itibaren; Cumhuriyetin resmî ideolojisi, krallığı, kamu özgürlükleri ile bağdaşmayan tiranik (keyfi, zorba) bir siyasal kurum olarak kabul edecektir[7]. Batı siyaset bilimcilerine göre yeni kurulan rejimin önceleri eski rejimden pek farkı yoktu. Politik hayata yine *patricius*'lar hâkimdi. Ancak giderek demokratik unsurların etkisi artmış, nihayet M.Ö. VI. yüzyılda günümüzün cumhuriyet idaresine yaklaşan bir sistem yerleşmiştir.

Romayı bir yüzyıl kadar idare eden Etrüsk krallarına karşı yapılan darbe, son kral Tarquinius Suberbus'un (kibirli Tarquinius) keyfi ve zorba idaresine

---

adları gibi iki isimden oluşmaktadır. Roma halkının ayrıldığı idari bölgeleri belirten *tribus*'ların en eskileri Etrüsk diline göre adlandırılmıştır. M.Ö. III. yüzyılda İtalya'daki diğer ırklarla karışan Etrüskler hem Latinceyi hem de Roma sanatı ve şehirciliğini büyük ölçüde etkilemişlerdir. Bkz. Kunkel W. Römische Rechtsgeschichte, 4. erweiterte Auflage Köln 1964, s.2; Siber H., Römische Rechtsgeschichte, erster Band 2. unveränderte Auflage, Darmstadt 1968, s.7 – 8; Schwind F., Römisches Privatrecht Wien 1950, s.9 vd.

7 Hausmaninger H. – Selb W. Römisches Privatrecht, 8. verbesserte Auflage, Wien 1997, s.33. Bu devire, bir çeşit rejimi ifade eden bir kelime ile "Cumhuriyet" diyoruz. Halbuki Romalıların kullandıkları *"Respublica"* terimi kamu malı, "kamuya ilişkin görev ve menfaatlerin toplamı", yani "devlet" demekti. Monarşinin zıddı olan rejimi göstermesi, çok sonraki zamanlarda olmuştur. *Respublica*'yı bugünkü anlamı ile ilk kullanan Montesquieu (1689-1755) oldu: Despotik idarenin zıddına, halkın kendi kendisini idare etmek hakimiyetine sahip olması. Bizde de, XIX. yüzyılda, Şinasi Efendi, bunu "Cumhuriyet" diye tercüme ederek kullanmıştır (Cumhur = halk). Romalılara göre ise, önceki krallıkla *Respublica* arasındaki en büyük fark, *magistra*'ların çokluğu ve görevlerinin süreli olmasıdır. (Umur, Ders Notları, s. 13).

son vermeyi hedeflemekle birlikte sosyo-ekonomik yapıdaki değişmelerle güçlenen *pleb* sınıfı karşısında *patricius* sınıfının sahip olduğu imtiyazları kaybetme endişesiyle de yapılmış olabilir. Aslında bu darbeyle yapılan, monarşik bir idareyi asillerin egemen olduğu oligarşik bir yönetim biçimine döndürmekti. Özellikle son kralların *patricius* sınıfı dışında kalan halka da *patricius* sınıfına özgü hakları tanımak istemelerinin, krallığın yıkılmasında rol oynamış olduğu ileri sürülmektedir.

Siyaset bilimcileri tarafından Cumhuriyet şeklinde adlandırılan bu yeni rejimde devlet yapısında büyük bir değişiklik görülmemiştir. *Senatus* ve halk meclisleri muhafaza edildiği gibi kralın *imperium*[8] denilen iktidarı *consul* (Cumhuriyet devrinde Devlet başkanı) denilen *magistra*'ya geçmiş, ancak bu emretme yetkisi bir yıllık süre ile sınırlandırılmıştır. Başlangıçta *consul*'ün tek oluşu, anlayışta pek büyük bir değişiklik olmadığını göstermektedir. Yukarıda belirttiğimiz üç temel organ ve bunlar arasındaki ilişkiler Cumhuriyet rejiminin karakterini belirler.

1. *Magistra*

Magistra'lar devletin icra organı olarak faaliyet gösteren, halk meclislerinin seçimiyle, bir yıl için göreve getirilen yüksek derecedeki görevlilerdir. Şehir devletinin *(civitas)* idaresiyle yükümlüdürler. Cicero[9] *magistra*'nın konuşan kanun olduğu söylemektedir. Kanunun, sessiz magistra olması gibi (De Legibus, III, 1[10]). Ancak hemen belirtilmelidir ki, *magistra* günümüzdeki anlamıyla memur değildir. *Magistra*'nın makamı bir şeref makamıydı ve *magistra* yaptığı iş için ücret almaz, görevinin gerektirdiği masrafların çoğunu kendisi yapardı[11]. Bu nedenle *pleb*'lerin *magistra* olmaları kolay değildir. *Magistra'nın* klâsik anlamda memur sayılamayacağı onun geçici süreyle işbaşına gelmesinden de anlaşılmaktadır. *Magistra*'nın Cumhuriyet devrinin sonlarına kadar genellikle bir yıl için seçilmesi ve üst üste aynı görev yapamaması, krallık rejimine bir tepki olarak nitelendirilebilir. Yine kural olarak her makamda aynı yetkilere sahip iki *magistra* bulunurdu. Bunların yetkileri birbirine eşittir. Di-

---

8 En üstün kumanda etmek yetkisi. Maiyetindeki kişilere emretme ve yerine getirilmesi için gerekli tüm tedbirleri alma yetkisi.

9 Siyaset adamı ve hatip (M.Ö. 106-43). Eserlerindeki üslûp, Latincenin en iyi kullanıldığı örnekler olarak gösterilir.

10 Mouchette – Ladjili, J., Histore Juridique de la Mediterranée Droit Romain, Droit Musulman, Tunis, 1990, s.494.

11 Bununla birlikte *magistra'nın* hizmetinde bulunan görevliler maaş alırlardı

ğer bir ifadeyle bir makamın verdiği yetkilerin tümüne *magistra*'nın her birisi sahipti. Ancak bunlar arasında bir işbölümü yapılırdı. *Magistra*'ların birbirlerinin kararlarını veto etmek *(intercessio)* yetkisi bulunmaktaydı. Önemli işlerde *magistra*'lar birbirlerine danışırlardı. Roma *magistra*'ları arasında hiyerarşik bir düzen, mertebe silsilesi, alt üst ilişkisi bulunduğundan, üst seviyede bir *magistra* alt düzeydeki bir *magistra*'nın aldığı kararı yasaklayabilirdi *(prohibitio)*.

Her şeyden önce politik bir makam olan *magistra*'lıklara önem sırasına göre en alttaki *magistra*'lıktan başlanır en yüksek *magistra*'lık olan *consul* makamına gelmek için çaba gösterilirdi[12].

Bu şekilde *magistra*'lık makamının, genel nitelikleri, dört tanedir. Birincisi, her görevde, birden fazla magistra vardır. Genellikle iki *magistra* görevdedir, dolayısıyla ekseriyet mümkün değildir. Her *magistra*'nın görev ve yetkisi diğerinin aynıdır. Bunların çalışma tarzları bugünkü anlayıştan farklıdır. Bugün, aynı işte birkaç kişi çalışıyorsa, aralarında müzakere ve ekseriyet usulü uygulanır. Veyahut aynı düzeydeki kişilerin, meselâ bakanlar gibi, bağımsız faaliyet alanları vardır. İkincisi, görevin geçici, genellikle bir yıl olmasıdır. (Yalnız, vatandaşların listelerini düzenleyen devlet işlerinde önemli görevli *Censor*, beş yılda bir seçilir). Görev yılı bitince, yetkileri kendiliğinden sona erer. Üçüncüsü, görevin geçici olmasının sonucu, görev sona erince, kanunlara aykırı hareket etmişse, *Senatus*'a karşı sorumlu tutulmasıdır. Son olarak da, ücret alınmamasıdır.

Roma *magistra*'larının daha *magistra*'lığa gelmeden önce toplumda saygınlık kazanmış kişiler oldukları görülmektedir. Başka bir deyişle toplumun *magistra* olan kişi hakkındaki kanaati olumludur. Bu nedenle *magistra*'lığın verdiği büyük yetkilerin, otoritenin kötüye kullanılmayacağı fikri hâkimdir. *Patricius-pleb* sınıf mücadelesi bittikten sonra, hukuken, kağıt üzerinde her saygın Romalının *magistra* olma yolu ilke olarak açıktı. Ancak gerçeğin böyle olmadığı bellidir; hem Cumhuriyet hem de İlk İmparatorluk devrinde itibarlı, nüfuzlu kişilere *magistra*'lık tevdi ediliyordu. Uygulamada sıradan bir Roma vatandaşının *magistra* olması mümkün değildi. Sadece *senatus* ve süvari zümrelerine mensup kişiler, yani belli bir malvarlığına sahip Romalılar devlet hizmeti için akla gelebiliyordu. Bunu kırmak adetâ imkânsızdı. Ailesi içinde daha önce *magistra*'lık yapmış olanların seçilme şansı daha fazlaydı.

---

12 *İmperium*'u olan *magistra*'lar, *consul*, *praetor*, *dictator*, *magistra*'lığın tüm yetkilerine sahipti. Buna karşılık, *censor*, *aedilis curulis* ve *quaestor*'ların yetkileri sınırlıydı. bkz., Umur, Ders Notları ve Roma Hukuku Lügatı, İstanbul, 1983, Schwind, s. 2.

2. Cumhuriyet Devrinin Magistra'ları

Krallık idaresi yıkıldıktan sonra devletin işlerini görmek, kralda toplanmış yetkileri kullanmak üzere birçok *magistra*'lığın ihdas edildiği görülmektedir. Ancak bu hemen olmamış, krallığa son verilmesini takiben önce *consul*'lük makamı daha sonra, zaman içinde diğer *magistra*'lıklar ortaya çıkmıştır.

Magistra'ların bir kısmı, devlet iktidarını fiilen kullanma yetkisini ifade eden *Imperium*'a sahiptir. *Imperium* orduya komuta etmek, buna bağlı olarak, vatandaşları askere çağırmak, düzeni sağlamak için emir ve ceza verebilmek, bunların yanında, halk meclislerini toplantıya çağırmak, kanun teklif etmek yetkileridir. Bütün *magistraların* değil, *Consul*, *praetor* ve *dictator*'un *Imperium*'u vardır[13].

Bu şekilde *Imperium*, son derece güçlü hem askerî, hem idarî, hukukî ve zorlayıcı bir iktidardır[14]. *Imperium'u* olan *magistra*'lara tanınmış genel yetkiler şu şekilde sıralanabilir.

- *Senatus*'u toplantıya çağırmak yetkisi *(ius agendi cum senatu)*
- Halk meclisini toplantıya çağırmak yetkisi *(ius agendi cum populo)*
- Beyanname neşretmek yetkisi *(ius edicendi)*
- Emirlere karşı gelenleri cezalandırmak yetkisi *(coercitio)*

Magistra'nın hukukî ve cezaî sorumluluğu ancak görev süresinin bitiminden sonra gündeme gelebilirdi.

Consul

Yukarıda değindiğimiz Cumhuriyet idaresindeki monarşik unsur, özellikle *consul* adlı *magistra*'da ifadesini bulur. Krallık rejiminin devrilmesinden bir müddet sonra Roma devletinde iki *consul*'un görev yaptığını görüyoruz. İktidarlarının kalıcılığını önlemek için görev süreleri bir sene ile sınırlandırılmıştı.

Halk meclisi (comitia) tarafından seçilen *consul*'ler *imperium* (emretme, devlet adına kararlar alarak icra etme, devlet gücünü kullanma) yetki-

13 Umur, *Imperium*, Roma Hukuku Lügatı, İstanbul, 1983.

14 Mouchette- Ladjili, s.501.

sine sahip olarak devletin işlerini yürütürdü[15]. Bu yetkiler orduya komuta etmek gibi askeri işler, devleti yönetmek, *praetor*'luk ihdas edilinceye kadar yargı işlerine bakmak, halk meclisleri ve *senatus*'u toplantıya çağırmak ve toplantılara başkanlık etmek, kanun tasarılarını meclise sunmak şeklinde özetlenebilir.

Cumhuriyet devrinin ilk yıllarında *consul*'ler *patricius* sınıfından seçiliyordu. M.Ö. 367 yılından itibaren *pleb*'lerin de *consul* olabileceği kabul edildikten sonra M.Ö. 342 yılından itibaren *consul*'lerden birinin *Pleb* sınıfından geldiği görülmektedir.

Özellikle *praetor* ve *censor* adını taşıyan yeni *magistra*'lıkların kabulü, daha önce, *consul*'de toplanmış yargı, malî işler yetkilerinin bazılarının bu yeni *magistra*'lara geçmesi sonucunu doğurmuştu. Bu yeni düzenlemenin sebebi, *consul*'lerin yükünü azaltmak olmakla beraber yetkilerin dağılması, Cumhuriyet idaresinde monarşik unsurun gerilemesini de sağlamıştır. Senatörleri, artık *consul*'lar seçmektedir.

Dictator

Bu *magistra* istisnai zamanlarda görev yapardı. Halk meclisi (comitia) tarafından seçilmez. Roma'yı tehdit eden iç ve dış tehlikelerde, kriz zamanlarında *consul*'lerden biri diğerini *dictator* tayin ederdi. Altı ayı geçmeyecek şekilde görev yapan *dictator* kendisini tayin eden *consul*'un görev süresinin bitmesiyle bu sıfatını kaybederdi. Cumhuriyet devri sonlarında, uygulamadan kalkmıştır. Ancak, terim, yüzyıllar sonra, tamamen zıt bir anlam kazanmış, XVIII. Yüzyıldan itibaren ve özellikle Fransız ihtilâlinden itibaren, despotizm ve tiran'lıkları, yani bir kişinin veya partinin keyfî şekilde ve terörle toplumu yönetmek için ikdidarı gasp etmesini, ifade etmiştir. Auguste Comte ve Karl Marx, burjuvazi ve proletarya diktatörlüğünden söz ettikleri zaman, bu roma örneğinden esinlendiklerini bilmek, gerekir[16]. Görevi sırasında askerî yetkiler

---

15 *Imperium* ile donatılmış olan *magistra*'ların yetkileri Roma dışında sınırsızdı. Romada ise verdikleri ağır cezalar dolayısıyla sadece halk meclislerine başvurma halinde kararlarının haklılığı inceleniyordu. Bunun dışında ne halk meclislerine ne *senatus*'a karşı sorumlu oluyorlardı. Ancak her makamda iki *magistra* olduğundan, biri diğerinin kararını veto edince, bu kararı uygulamak mümkün olmuyordu. Yine çok önemli işlerde *magistra*'ların birbirlerine danışmaları veya *senatus*'u toplantıya çağırmak suretiyle görüş almaları olağandı. *Magistra*'lar devlet hazinesinden harcama yapmışlarsa, görev bitiminden sonra bunun hesabını vermek zorundaydılar.

16 Mouchette Ladjili, s. 496 ve s. 496 dn. 13.

başta olmak üzere idarî ve yargı yetkileri de *dictator* tarafından kullanılırdı. *Dictator*'un yaptığı işleri, aldığı kararları diğer *consul* veto edemezdi[17].

Praetor

Praetor, *consul*'den sonra gelen en önemli *magistra*'dır. Bu *magistra*'lık M.Ö. 367 yılında *Liciniae Sextiae* adlı kanunlarla ihdas edilmişti. Amaç, yoğun devlet işleriyle meşgul olan, sık sık orduyla birlikte Roma'dan uzakta kalan *consul*'lerin işlerini azaltmak, onların yokluğunda aksayan hukuk düzeniyle ilgili meselelerle uğraşmaktı. *Praetor*'un gelişinden sonra *consul*'lerin elinde sadece ceza davalarıyla ilgili görev ve yetki kaldı, fertler arasındaki özel hukuk ihtilaflarına ise *praetor* bakmaya başladı.

Önceleri tek olan *praetor*, genel eğilime uygun olarak M.Ö. 242 yılında ikiye çıkarıldı[18]. Bu tarihten itibaren *praetor*'lardan biri şehir *praetor'u (praetor urbanus)* sıfatıyla Romalılar arasındaki hukukî ihtilaflara bakarken yabancılar *praetor*'u *(praetor peregrinus)* farklı kavimlere mensup yabancılar *(peregrini)* ve Romalılar ile yabancılar arasındaki hukukî ihtilaflarla ilgileniyordu. *Praetor urbanus* kural olarak şehirden ayrılamazdı.

Praetor'luk makamının kurulmasıyla devletin yürütme (icra) erkini kullanan makam *(consul)* ile yargı erkini kullanan makam *(praetor)* birbirinden ayrılmış oluyordu.

Halk meclisi tarafından seçilen *praetor* da *consul* gibi *imperium* yetkisine sahipti. Bu yetkiye dayanarak *praetor* Roma Hukukunun gelişmesinde en önemli öğelerden biri olmuştur. *Praetor*'un Roma Hukukunun gelişmesindeki büyük katkısı ileride geniş olarak açıklanacaktır.

Censor

Censor'lar M.Ö. 443 yılından itibaren iki kişi olarak görev yapan, Roma sosyal hayatında etkili olacak tarzda icraatta bulunan *magistra*'lardır. Bunlar Roma toplumunun malî ve ahlâkî yaşayışını denetlerlerdi. Beş yılda bir seçilen *censor*'ların yaptıkları nüfus sayımı *(census)* sırasında vatandaşlara

---

17 Umur, Ders Notları, s.16.
IV. yüzyıldaki savaşlarda ve III. yüzyılın Pön savaşlarında sık sık, bu magistralığa başvurulmuştur. I. yüzyılın *dictator*'ları ise, tamamen kural dışıdır.
(Aynı faraziye, halen yürürlükteki, 1958 Fransız Anayasası'nın 16. maddesinde öngörülmüştür) (Carbasse, s. 25, dn. 1).

18 Daha sonraları *praetor*'ların sayıları giderek arttı. Caesar zamanında onaltı, *Principatus* devrinde ise onsekiz *praetor* vardı. Bunlar yine halk meclisi tarafından seçiliyor, fakat görev ve yetki alanları kura ile belirleniyordu. Umur, Ders Notları, s.22.

verdikleri kötü not *(nota censoria)* o vatandaşın toplumdaki itibarının azalmasına, şerefsizliğine sebep oluyordu. *Censor*'lar ayrıca alınacak vergiye esas olmak üzere Roma vatandaşlarının malvarlıklarını saptamaktaydılar. İlerleyen yıllarda *censor*'lara *senatus* üyelerinin listesini hazırlamak görevi de verildi. *Censor*'lar, census (Roma'da her beş yılda veya dört yılda bir yapılan ve vatandaşların durumunu tespit eden bir tür nüfus istatistik cetvelleri, halkı, askerî, iktisadî, siyasî, idarî ve ahlâkî bakımlardan sınıflandıran listeleri) işlerini on sekiz aylık sürede bitirmek mecburiyetindeydiler. Aile reisleri nüfus sayımı sırasında bu *magistra*'lara ailesinin sosyal durumunu, servetini ve kendisine ait bu malvarlığının nasıl elde edildiğini açıklamak zorundaydı[19]. *Censor*, kamu görevlisi olarak kentin yollarının, köprülerinin, binalarının bakımını sağlamakla da yükümlüdür[20].

Tribunus Plebis

Pleb tribunus'luğu Cumhuriyetin ilk asırları boyunca sürmüş olan *patricius-pleb* sınıflarının mücadelesi sonunda ortaya çıkmış bir *magistra*'lıktı. *Pleb*'lerin sözcüsü sıfatıyla görev yapan bu *magistra*'lık makamına her yıl *Pleb* meclisi *(concilia plebis)* tarafından iki *tribunus* seçilirdi. *Pleb'leri patricius*'ların keyfi davranışlarına karşı korumak amacıyla getirilmiş olan bu *tribunus*'luk *imperium*'u bulunmamasına rağmen temsil ettiği *pleb* sınıfının menfaatlerine aykırı bir iş yapıldığını görürse veto (= yasak ediyorum) hakkını kullanarak bunu engelleyebilirdi. İktidarı, esas olarak, olumsuzdur: Genel olarak bir tür "engel olmak" iktidarıdır[21]. *Tribunus plebis'in* dokunulmazlığı vardı ve bunlara yapılacak tecavüzler ölümle cezalandırılırdı[22].

Quaestor

Bunların görevi; malî işleri, devlet hazinesini idare etmek vergi ve para cezalarını toplamak şeklinde özetlenebilir. *Consul*'lere yardımcı olan *quaestor*'ların cezaî işlerde de yetkileri mevcuttu[23].

---

19 Schwind, s.18; Siber, Röm. Rechtsgeschichte s.25; Hausmaninger – Selb, s.35 vd; Umur, Roma Hukuku Lügatı, *censor*; Umur, Ders Notları, s.20.

20 Eutropius, Roma Tarihinin Özeti, s. 281.

21 Carbasse, s. 23.

22 *Pleb tribunus*'u, sadece *censor*'un kararlarını veto edemezdi. Roma dışında *veto* hakkı yoktu. Veto yetkisi yanında vatandaşlara ölüm, para cezaları vermek, mallarına haciz uygulamak ve tutuklatmak hakkı *(ius pensionis)* gibi ceza ve disiplin yetkileri de mevcuttu. Schwind, s.19; Siber, Röm. Rechtsgeschichte, s.26.

23 *Quaestor*'lar başlangıçta *consul*'ler tarafından atanan, ona özellikle ceza işlerinde yardım eden memurlardı. Umur, Lügat, *quaestor*.

Aedilis Curulis

Cumhuriyet döneminde yine her yıl seçilen ve sayısı iki olan, *quaestor* ve *tribunus plebis*'ler gibi *imperium*'u bulunmayan bu *magistra*'lar, çarşı pazarda hukuk düzeninin sağlanması, alım satımların gözetimi ve Roma için erzak temini ile görevliydiler[24]. *Aedilis curulis*, kamu oyunlarının, sportif faaliyetlerin düzenlenmesinden de sorumlu kamu görevlisidir[25].

Cumhuriyet devrinin zirvelerinde, *magistra*'lıklar, hiyerarşik, ast-üst ilişkisi içindedir (buna *cursus honorum:* şeref makamları mesleği denmektedir). Üst *magistra*'lık makamlarına, alttaki görevlerde bulunmadan gelinemezdi. II. yüzyılda, *cursus honorum*, alttan yukarı şu şekilde sıralanmıştı: *Pleb tribunusu*, *quaestor*, *aedilis curulis*, *praetor*, *consul*, *censor*[26].

3. *Senatus*

Krallık devrinden Cumhuriyet devrine intikal eden bir başka organ *senatus*'dur. Önceleri üye sayısı yüz civarında olan *senatus* Cumhuriyet rejiminde üç yüz kişiden oluşmaktaydı[27]. Cumhuriyet devrinin aristokratik unsurunu *senatus* temsil eder. *Senatus* üyelerinin çoğunluğu Cumhuriyet devrinde görev süresi bitmiş *magistra*'lardan meydana geliyordu[28]. *Magistra*'lar her yıl değiştiği halde, bunlar daha sonra *senatus* üyesi olduklarından *senatus*, devletin istikrarını sağlayan organdı. Devlet işlerini en yakından bilen ve takip etmiş kişilerin çekirdeğini oluşturduğu bu meclis, her yıl değişen *magistra*'lar karşısında bir devlette bulunması gereken devamlılık unsurunu gerçekleştiriyordu. Devlet tecrübesi olan kişilerden oluşan *senatus*'un itibarı bu nedenle çok büyüktü. Görevlerindeki devamlılık, *Consul*'lar üzerinde nüfuz kurmalarına yol açmıştır. Artık her işten önce, *Senatus*'un fikri sorulmaktadır[29].

Senatus listesini başlangıçta *consul*'ler, daha sonra ise *censor*'lar hazırlardı. İlk zamanlarda *pleb*'lerin *senatus* azası olmaları mümkün değildi. Fakat *Patricius-Pleb* mücadelesi sonunda, *pleb*'ler de tedricen *magistra*'lıklara gelme

24 Umur, Ders Notları, s. 23.

25 Eutropius, s.281.

26 Carbasse, s. 24.

27 Bu sayı giderek artmıştır. Caesar (M.Ö. I.asır) zamanına kadar 600'e kadar çıkan *senatus* üyeleri sayısı, Caesar'ın kendi taraftarlarını *senatus'a* sokmasıyla iyice yükselmişti.

28 *Senatus* terimi, *senes*'ten (yaşlılar) gelmektedir.

29 Ekinci, E.B., Hukukun Serüveni, İstanbul 2011, s. 151.

hakkını elde ettiler ve eski *magistra*'lar sıfatıyla *senatus*'a girmeye başladılar[30]. *Magistra* seçimini kazananlar çok defa *senatus* üyeliği yapmış ailelerden geldikleri ve görev süreleri bitiminde *senatus* üyesi oldukları için *senatus*'a girmek âdeta irsî hale gelmiş, bu imtiyaz belli ailelerde toplanmıştır[31].

Senatus kararları *(senatus consultum'lar)* hukuken istişarî nitelikteydi, ancak *magistra*'lar önemli konuları *senatus*'a danıştıklarından *senatus*'un aldığı kararlar fiilen büyük otoriteye sahipti. Bu nedenle iç ve dış işlerde *senatus*'un etkisi önemlidir.

Danışma organı olmaya devam etmekle birlikte, Cumhuriyet devrinde, Roma devletinin dış siyaseti ve iç idaresini elinde tutan organdır. Geçici, süreli *magistra*'lara göre devamlıdır. *Magistra*'lar âdeta onun yürütme (icra) organı gibidir.

Özel hukuk davalarında, sadece senatörler, hâkim olabilir. Senato, ceza davalarında, en yetkili ve son yargı makamı oldu[32]. Senatus'un iktidarı, bir *auctoritas*'a bir otoriteye dayanır. Senatus, bu gücü vererek, halkın (meclisinin) kararına, kanun niteliği verir. Bu *auctoritas*, roma cumhuriyetinde, halkın (meclisinin) yanında, senatus'un yerini belirleyen ifadeyi oluşturur. "Senatus Populusque romanum" şeklindeki ifadede, Senatus ve Roma halkının Roma devletini temsil ettiği gösterilir.

Senatus; devletin geleneksel ve idarî yapısının korunmasına dikkat ederdi. Bu nedenle halk meclislerine gelen kanun tasarıları daha önceden *senatus*'ta görüşülür ve yine halk meclislerinin aldıkları kararlar geçerlilik yönünden incelenir, bunlar *auctoritas patrum* denilen tasdikle yürürlüğe girerdi. Ancak Cumhuriyet devri boyunca *senatus* gücünü halk meclisleri lehine olmak üzere giderek kaybetti, halk meclislerinin aldığı kararların *senatus* tarafından onayı formalite haline geldi[33] [34].

---

30 Umur, Ders Notları, s.12,27; Schwind, s.21.

31 Bu imtiyazı aşanlardan biri de: M. Ö. I. yüzyılda yaşamış olan devlet adamı, hatip Cicero idi.

32 Imbert J. Le Droit Antique, 1961, Paris s. 65.

33 Mouchette – Ladjili, s.501.

34 *Senatus*'un yetkilerini sınırlı olarak saymak mümkün değildir. Devletin içte ve dışta kaderini ilgilendiren bütün işler *senatus*'da görüşülebiliyordu, ancak *senatus*'un özellikle dış işlerde büyük ağırlığı vardı. Savaş ve barış kararlarında mutlaka *senatus*'un görüşü alınırdı. Ordu komutanlarının düşmanla yaptığı ateşkes ve barış anlaşmalarının yürürlüğe girmesi *senatus*'un onayı ile olurdu. Yabancı devletlerin elçileri *senatus* tarafından kabul edilir ve teklifleri dinlenirdi. Bu tekliflerin kabulü *senatus*'un onayı ile mümkündü. Bir meseleyi

M.Ö. III. yüzyılda çıkarılan bir kanunla deniz ticaretiyle uğraşmaları ve vergi toplama şirketlerine katılmaları yasaklanan *senatus* üyeleri gelirlerini toprağa yatırdıklarından büyük arazi sahipleri haline gelmişlerdi.

4. *Roma Halkı (Populus Romanus) ve Halk Meclisleri*

Daha Krallık devrinde Roma halkının *patricius*'lar ve *pleb*'ler olmak üzere ikiye ayrıldığı görülmektedir. Krallık döneminin sonlarında başlayan *patricius-pleb* mücadelesi Cumhuriyetin başlarında da devam etmiştir.

Patricius'lar Roma'nın soylu sınıfı olarak toprak mülkiyetine sahipti, devleti kuran, hukukun vatandaşlara tanıdığı tüm hakları kullanan üst sınıftır. Bunlar Roma hukukuna özgü muameleleri yapma *(ius commercii)*, evlenme *(ius conubii)* seçme *(ius suffragii)* ve *magistra*'lıklara seçilme *(ius honorum)* haklarına tam olarak sahiptiler. İlk zamanlarda ordu da sadece bunlardan oluşuyordu. Politik ve dini hayatın en önemli mevkileri *patricius*'ların elindeydi, aileleri önemli *gens*'ler (kabileler) halinde örgütlenmişti. Savaşlara süvari olarak katılırlardı. Sayıları *pleb*'lerden daha azdı.

Pleb'in kökeni ise tartışmalıdır. Bunlar muhtemelen Roma şehrinin etrafında toplanan - küçük çiftçi, sanatçı ve zenaatkârlardan oluşan, *patricius*'ların sahip olduğu hakların hepsine sahip olmayan bir sınıfı ifade etmekteydi. *Pleb*'lerin Roma'ya akraba olan kavimlerin Roma şehri civarına göç eden mensupları olduğu tahmin edilmektedir. *Pleb*'lerin çoğu *patricius*'lara ait topraklar üzerinde tarımla uğraşırlardı.

Patricius ve *pleb* sınıfı arasında yer alan *clientes* ise, *patricius*'lara bağımlı, onlara hizmet veren ve onların himayesinden yararlanan bir grup insana verilen addır. Bunlar kısa bir süre sonra *pleb*'lere karışarak kimliklerini kaybetmişlerdir[35].

A. HALK MECLİSLERİ

Roma halkı devlet faaliyetine halk meclisleri *(comitia)* vasıtasıyla iştirak ederdi. Cumhuriyet rejimindeki demokratik unsuru meydana getiren halk

senatus'a götüren *magistra*'nın, *senatus* kararına uyup uymaması kendi takdirine giren bir meseleydi. Fakat *magistra* görev süresi bitince *senatus* üyesi olabileceğinden, *senatus* ile ters düşmemeye dikkat ederdi. *Senatus* toplantısına başkanlık eden *magistra*, konuşmakta olan *senatus* üyesinin sözlerini konuyla ilgili olmasa bile, kesmezdi.

35 Bu sınıflar hakkında bkz. Umur, Ders Notları s.11; Siber, Röm. Rechtsgeschichte, s.8; Schwind, s.7; Fustel de Coulanges, s.313 – 319.

meclisleri, *imperium* yetkisine sahip magistra'lar toplantıya çağırırdı. *Senatus* gibi *comitia*'lar da yalnızca kendi iradeleriyle toplanamazlardı.

Roma halkının, devletin belirli bir meselesinin tartışıldığı toplantılarda *magistra* ve toplantıyı idare eden *magistra*'nın söz verdiği kişiler konuşurdu. Burada her zaman bir karara varılması söz konusu değildi. Buna karşılık Roma halkının karar verdiği, oy kullandığı toplantılara *comitia* denirdi. Meclisin gündemini meclisi toplayan *magistra* belirlerdi. Meclislerin toplantısı hava kararıncaya kadar devam ederdi. Karar verilecek toplantılarda konuşma ve müzakere usulü yoktu. Belirli bir düzene göre toplanan halk, *magistra*'nın kanun teklifi veya belirli bir görev için gösterilen adaylar hakkında olumlu ya da olumsuz oy kullanırdı[36].

B. HALK MECLİSLERİNİN FAALİYETİ VE KANUNLAR

Halk meclislerinin faaliyetlerine yine bu meclislerin seçtiği *magistra*'lar hâkimdir. *Patricius-Pleb*'in birlikte bulunduğu meclisleri toplantıya çağırmak hakkı başta *consul* olmak üzere *imperium* yetkisine sahip *magistra*'lara tanınmıştı. Sadece *pleb*'lerin yer aldığı *concilia plebis*'i ise *Pleb tribunus*'u toplantıya davet ederdi. Meclislerin toplanmak ve karar almak hususunda inisiyatifleri mevcut değildi. Bütün toplantılar belli günlerde yapılırdı, yine her meclisin toplanma yeri ayrıydı. Bu toplantıların zamanı daha önce çağrıyı yapan *magistra* tarafından bildirilmeli ve gündemindeki konu da açıklanmalıydı.

Halk meclisleri arasında konu önemine göre paylaştırılmış kanun koyma faaliyetinin başlayabilmesi için *magistra*'nın bir kanun tasarısı (*latio legis)* hazırlaması gerekiyordu. Meclislerin veya vatandaşların böyle bir yetkisi yoktu. Daha sonra *magistra* bu tasarının ilân edilmesini *(promulgatio)* temin ederdi, tasarı hakkında oy verecek kişilerin öğrenmesini temin için ilan tahta levhalar üzerine yazılmak ve Romanın büyük bir meydanına asılmak suretiyle gerçekleştirilirdi. Bu sırada kanun teklifinin oylanacağı tarih de açıklanırdı. İlân ile oylama arasında bulunması gereken üç haftalık süre içinde meclis üyeleri gayrı resmî bir şekilde toplanarak tasarıyı tartışabilirdi. Böyle bir toplantıya daveti *magistra* da yapabilirdi. Meclis toplandığında tasarının lehinde veya aleyhinde konuşmalar cereyan etmezdi, yani tasarının müzakere edilmesi söz konusu değildi. Belirlenmiş bulunan günde meclis sadece oylama için toplanırdı. Meclisi toplantıya çağırmış ve başkanlık etmekte olan

36 Meclisler hakkında bkz. Hausmaninger – Selb, s.37 – 39; Siber, Röm. Rechtsgeschichte, s.28-29; Karadeniz – Çelebican, s.23; Umur, Ders Notları., s.25 vd.

magistra yaptığı konuşmayla teklifinin gerekçesini açıklar ve tasarı metni bir daha okunurdu. Oylama günü tasarıda herhangi bir değişiklik yapılması yolu açık değildi. İlan edilen günde oy verme hakkı olan vatandaşların fikri sorulurdu *(rogatio)*. İlk zamanlarda oy sözlü olarak verilirdi. Bu sırada oylar tutanağa geçirilirdi. M.Ö. II. yüzyılın başından itibaren yazılı ve gizli oy usulü getirildi. Toplantıya katılanlar oylarını küçük levhaların *(tabella)* üzerine yazarlardı. Kabul için kullanılan kelimeler "istediğin gibi olsun" *(uti rogas)* ve red için "eskisi gibi kalsın" *(antiquo)* şeklindeydi. *Magistra*'nın dağıttığı ve üzerine oyların yazıldığı levhaları vatandaşlar sıraya girmek suretiyle oy sepetlerine atardı. Oylar daha sonra sayılırdı. İcabında tekrar sayılmak üzere oy levhaları, sandıklar içinde saklanırdı. Sonuç bir görevli tarafından açıklanırdı. Kabul edilen kanunlar bazen toplumun öğrenmesi için ilan edilirdi *(publicatio)*[37]. İlân, toplantıyı idare eden *magistra*'nın kararıyla veya kanun metni bunu öngörmüşse, yapılırdı[38].

Kanunlar teklifi yapan *magistra*'nın veya *magistra*'ların adıyla anılırdı, meselâ başkasının malına verilen zararlar hakkında çıkarılmış olan *lex Aquilia*, bir *tribunus* olan Aquilius'un teklifi üzerine pleb meclisi *(concilia plebis)* tarafından çıkarılmıştı[39].

M.Ö. 98 yılında çıkarılan *lex Caecilia Didia* isimli kanunla aynı kanun tasarısında birbiriyle yakın ilişkisi olmayan konuların yer alması yasak edilmişti. Bu şekilde halkın kabul edeceğine inanılan teklifler, tek başına oylanırsa reddedileceği kesin olan tekliflerle beraber aynı kanun tasarısında yer alamıyordu[40].

---

37 Schwind, s.36. Mesela XII Levha Kanunu Forum meydanında on iki levha üzerine yazılarak ilân edilmişti.

38 Roma'da kanunların yayınlanması için önceleri "resmî gazete" yoktu. Fakat Caesar'dan itibaren devlet bir gazete çıkarmaya başladı. Burada siyasi haberlerin yanında kanunlar ve *senatus* kararları tarih sırasına göre ilan edilirdi.

39 Roma'da kanunlar *leges rogatae* ve *leges datae* olarak ikiye ayrılmaktaydı; *Leges rogatae*, yetkili *magistra*'lar tarafından getirilen tasarıyı yetkili meclisin kabul etmesiyle oluşan kanunlardır. Halk meclislerinin verdiği yetkiye dayanarak bir *magistra*'nın, bir eyalet veya *municipium*'un idaresiyle ilgili olmak üzere çıkardığı kanunlara ise *leges datae* denirdi. Umur, Ders Notları, s.79.

40 M.Ö. 91 yılında, *tribunus* olan *Livius Drusus* bir *plebiscitum* vasıtasıyla bütün İtalya halkına Roma vatandaşlığı tanımış, ancak bu kanunun içinde toprak dağıtma, bedava buğday verme gibi teklifler de bulunduğu için *senatus* bunun *lex Caecilia Didia'ya* aykırı olduğunu ileri sürerek *plebiscitum'a* onay vermemiştir.

Ulpianus, Hukuk Kurallarına ait tek kitaplık eserinde (Ulpianus libro singulari Regularum 1, 1 - 2) hukukî işlemlerini etkilemek üzere kanunları müeyyideleri *(sanctiones)* bakımından üçe ayırmaktadır:

- *Lex perfecta* (tam kanun) niteliğindeki bir yasaya aykırı olarak yapılan işlem batıl sayılıyordu; mesela *lex Aelia Sentia*'ya aykırı olarak yapılan azat etmeler geçersiz addediliyordu.

- *Lex quam minus perfecta* (daha az tam kanun) mahiyetindeki kanunlar, yapılan işlemi geçersiz kılmaz, fakat muameleyi ceza tehdidi altına alırdı; M.Ö. 200 sıralarında çıkarılmış olan *lex Furia Testamentaria* ile miras yoluyla intikal etmiş malvarlığının çok sayıdaki muayyen mal vasiyetleri ile değersiz hale gelmesi önlemek istenmiştir. Bu kanun 1000 *As*'ı aşan muayyen mal vasiyetlerinin kabulünü yasaklamıştı. Buna rağmen lehine mal vasiyetinde bulunulmuş olan kimse mirasçıdan 1000 *As*'ı aşan vasiyetin yerine getirilmesini isterse bunun dört katı ceza ödemek zorunda kalırdı. Başka bir deyişle muamele geçerli kalır, fakat faydalanan ceza öderdi. Yine dul bir kadının 10 aylık matem süresi içinde evlenmesi yasaktı. Evlenme gerçekleşmişse geçerlidir, fakat taraflar cezalandırılırdı[41]. (TMK m. 132, 10 aylık süreyi düzenlemektedir).

- *Lex imperfecta* (müeyyidesiz kanun) muameleyi yasaklamasına rağmen bu yasağa aykırı hareket halinde herhangi bir yaptırım öngörmezdi. Bağışlamalarla ilgili *lex Cincia* (M.Ö. 204) bu alanda bazı sınırlamalar getirmişti, ancak bağışlama, bağışlananın malvarlığına girmişse muamele geçerli olur, buna karşı yaptırım uygulanamazdı[42].

Kanunlar, Cumhuriyet devri kaynakları arasında ölçülü bir rol oynadı. Dolayısıyla bu devirde, kanunların değil, hukukun hâkimiyeti görülmektedir.

"Kanun değil, hukuk halkı oluştu[43].

Halk meclislerinin yargı alanında da faaliyet gösterdikleri görülmektedir. Roma ve çevresindeki bir mil içinde *magistra* tarafından ölüm, kırbaçlama veya ağır para cezasına çarptırılmış olan bir Roma vatandaşı bu cezanın kaldırılması için halk meclislerine başvurursa *(provocatio ad populum)* cezayı veren

---

41 Siber, Röm. Rechtsgesehichte, s. 35.

42 Bkz. Umur, Lügat, *lex Aelia Sentia, Lex Furia Testamentaria, lex Cincia*. Yaptırımsız kanunların hükümleri yine emredici nitelikteydi, taraflar aksi kararlaştıramazdı. Postklâsik dönemden itibaren kanuna aykırılığın müeyyidesinin kesin hükümsüzlük, geçersizlik (butlan) olduğu fikri yerleşti.

43 Fritz Schulz (zikreden: Thireau, s. 57).

magistra, savcı gibi hareket eder, cezanın infaz edilip edilemeyeceğine halk meclisi karar verirdi.

5. Cumhuriyet Devrinin Gelişmeleri ve Sonu

Roma M.Ö. III. yüzyıla kadar nispeten önemsiz bir küçük *civitas* (şehir devleti) halinde yaşadı. Ancak bu yüzyıla kadar komşu devletlerle yapılan savaşlar başarılı oldu ve İtalya tamamen Roma'nın nüfuzu altına girdi. Bugünkü Tunus civarında kurulmuş ve Güney Akdeniz'i kontrol ettiği için rakip durumunda olan Kartaca ile üç aşamada yapılan, Kartaca'lı ünlü komutan Anibal'in yenilgisiyle sonuçlanan Pön Savaşları Roma tarihinin dönüm noktasını teşkil eder. Bundan sonra Roma sınırlarını her yönde genişleterek bir imparatorluk haline gelmiştir.

Devlet idaresi İtalya yarımadasının dışına taşınca, işler değişti *Civitas* idaresi kalktı, onun yerine merkezi idareye sahip bir imparatorluk (*Principatus*) geldi.

Romalılar önce, yarımadadan dışarı çıkmak istemediler. Fakat, orasını koruyabilmek için deniz hâkimiyeti ellerinde olmalı idi. Birinci Pön savaşı sonucu Sicilya ve Sardinya adalarını işgal ettiler. Anibal'a karşı ikinci Pön savaşında başarı kazandılar ama geçirdikleri büyük tehlike onları çok korkutmuştu. Karşı tedbirlere başvurdular ve üçüncü Pön savaşı sonucu Kartaca'yı tahrip ederek, onun bir tür mirasçısı gibi, Akdeniz'e hâkim oldular ve muazzam ticaret şebekesini ele geçirdiler. Akdeniz'e "*Mare nostrum*" (bizim deniz) adı verdiler[44].

Dıştaki bu başarılı sonuçlar, içte bütün hızıyla sürmekte olan *patricius-pleb* mücadelesine rağmen elde edildi. *Pleb*'ler *patricius*'lara karşı devlet teşkilâtında ve sosyal hayatta önemli başarılar elde ettiler[45]. Fetih savaşla-

---

44 Umur, Ders Notları, s. 33-34.

45 *Patricius* kökenli *magistra*'ların keyfi davranışları, düzelmeyen kötü ekonomik durum ve hukukî güvenceden mahrum bulunmaları *plebleri* M.Ö. 494 yılında Roma'dan ayrılarak kutsal dağa yerleşmeye zorladı. Bu sıralarda orduda görev yapmaya başlamış bulunan *pleb*'lerin toplum için vazgeçilmezliğini anlayan *patricius*'lar, *pleb*'leri keyfi davranışlara karşı korumak için onların *tribunus plebis* denilen iki adet *magistra*'nın seçmesini kabul ettiler. Bu *magistra*'ları *concilia plebis* denilen ve sadece *pleb*'lerin katıldığı meclis seçecekti. Daha sonra, XII Levha Kanunu'nun yapılmasıyla (M.Ö. V. yüzyılın ortası) *pleb*'ler için hukuk güvenliği bir ölçüde sağlanmış oldu. M.Ö. 445 yılında çıkarılan *lex Canuleia* ile *pleb*'lere *patricius*'larla evlenme hakkı verildi. M.Ö. 367 yılından itibaren çıkarılan kanunlar ile *pleb*'lerin diğer *magistra*'lıklara gelme yolu açıldı. M.Ö. 300 yılında çıkarılan bir kanun ile rahip olma imkânı tanındı. Bu mücadeleyi *pleb*'ler lehine tamamlayan M.Ö. 286

rından esas itibarıyla yararlanan yine *patricius*'lar oldu, ellerindeki arazi miktarı arttı, buna mukabil fetih savaşları dolayısıyla topraklarından uzaklaşmak zorunda kalan *Pleb* sınıfına dahil küçük çiftçiler büyük ekonomik kayıplara uğradı.

Bu devrede, savaşların zorunlu kıldığı alt yapı yatırımlarına ağırlık verildi. Roma devleti müdahaleci görüşle iktisadi faaliyetlere müdahale etti. Savaşların başarısında büyük rol oynayan yol, köprü, su yolları, liman, hamam gibi yatırımlara devletin büyük ihtiyaçı vardı. Bu yatırımlar halka yönelmekten çok savaşlarda başarılı sonuçlar verdi[46].

Kartaca savaşları (M.Ö. 264-146) ile genişlemeye başlayan Roma, tüm İtalya, Kuzey Afrika, İspanya, Batı ve Doğu Akdeniz'e doğru yayıldı, başarılı bir konfederasyon ve eyalet sistemi ile M.Ö. II. yüzyılda o zamanın dünyasının âdeta hâkimi oldu.

Ele geçirilen yerleri Roma çeşitli usullerle idare ediyordu. Bazılarına yaptığı anlaşmalarla kendini idare hakkını veriyor, bazı topraklarda ise yeni yerleşim ve yönetim birimleri kuruyordu. Bunlardan bir kısmında eyalet *(provincia)* idaresi tesis edilmişti. Sicilya, Afrika, Asya gibi eyaletler Roma'dan gönderilen eyalet valileri tarafından yönetiliyordu. *Municipium* ve *colonia*'lar Roma'nın yeni fethedilen topraklarda kurdukları idarî birimlerdi. *Municipium*'lar merkezden idareleri güç olan, idari ve kazaî bağımsızlıkları bulunan uzak yerleşim üniteleriydi. Bu yerleşim birimlerinin tarımsal ihtiyaçlar bakımından önemi büyüktü. Roma'dan gönderilen veya oradan seçilen bir *magistra*'nın başkanlığında kendi idare organları mevcuttu. *Colonia* ise politik, ekonomik ve askeri amaçlarla yeni topraklar üzerinde kurulmuş yerleşim birimleriydi. Buraya yerleştirilenler ise Romalılar veya Latinlerdi. *Colonia*'lardan bir kısmına Roma vatandaşlığı verilmişti *(colonia civium romanorum)*. Nisbeten uzak yerlerde oluşturulan *colonia*'lar için *plebiscitum*'larla kuruluş kanunları çıkartılıyordu[47].

Pön savaşlarına kadar Cumhuriyet döneminin ilk asırlarında Roma'da tahıl üretimine önem veren tarım ekonomisi hâkimdi. Bu toprakların işletilmesinde gereken işgücü fetih savaşları sonunda Roma'ya kitle halinde getiri-

---

tarihli *lex Hortensia* oldu. Bu kanunla *concilia plebis* adlı meclisin çıkardığı bütün kanunlar her iki sınıf için geçerli sayıldı ve bu tarihten itibaren *pleb* meclisinin çıkardığı kanunlara da *lex* denilmeye başlandı.

46 Özgüven, A., Çağdaş Devlet Anlayışı ve Türkiye, İstanbul 2011, s. 35.

47 Bu konuda fazla bilgi için bkz. Umur, Ders Notları, s.28-34; Kunkel, s. 43-45.

len savaş esirlerinin köle olarak çalıştırılması suretiyle sağlanıyordu[48]. Tahıl üretimiyle daha ziyade köylüler ve arazi kiracıları meşgul oluyordu. Ancak Pön savaşları sırasında *Pleb* sınıfı içinde yer alan köylü sınıfı büyük kayıplar verdiği gibi Sicilya ve Afrika'dan deniz taşımacılığı yoluyla Roma'ya ucuz tahıl gelmesi yüzünden tahıl üretimi kârlılığını yitirmiş ve üretim *latifundium* denilen geniş arazilerde yapılan hayvancılık, meyvacılık, zeytincilik ve bağcılığa dönüşmeğe yüz tutmuştu. Bu nedenle küçük çiftçilerin birçoğu geçimlerini sağlayamayan toprakları boş bırakarak veya büyük toprak sahiplerine satarak Roma şehrine göç etme ve yaşamlarına burada devam etme yolunu seçtiler. Ekonomisi tarım yanında ticaret ve bankacılık gibi mali işlere dayanan Roma'da küçük çiftçi sınıfı tamamen ortadan kalkmadı ama, bunların çoğu kendi toprakları yerine büyük arazi sahiplerinin topraklarını kira karşılığında işleyen yani bağımsızlığını bir ölçüde kaybetmiş çiftçiler haline geldi.

Latifundium'u oluşması bazı sonuçlara da yol açmıştır:

Birincisi; fetihlerin sonu gelince, dış ticaret gerilemiş, gelirler azalmış, lüks harcamalar kısılmıştır. Fethedilen bölgelerin altınları Romada toplanıyordu (XIX. yüzyılda Londra'nın altın merkezi olması gibi). Bu yüzden deniz aşırı ithalatı önlemek ve bir gelir kaynağı yaratmak için %5 dolaylarında gümrük vergisi uygulama yoluna gidilmiştir. **İkincisi;** fetihler bitince ucuz köle veya işçi bulma imkânı azalmıştı. Büyük çiftliklerde verim ve üretim düşmüştür. **Üçüncüsü;** büyük oranda vergi alınması, tarımla uğraşanların tohum, hayvan ve iş araçları almalarını zorlaştırmış tarlalarını bırakıp kente göç hareketleri gittikçe artmış, bir süre sonra ise yasaklanmıştır[49].

Cumhuriyet döneminin ilk yüzyıllarına damgasını vuran *patricius-pleb* mücadelesine rağmen Roma devletinin akılcı bir yönetimle idare edildiği ve yine akılcı yönetim biçiminin Roma'nın tüm İtalya'ya hâkim olmasını sağladığı görülmektedir. Bütün bunlardan sınıf mücadelesinin, her şeye rağmen devletin temellerini sarsmadığı, dış tehlike söz konusu olduğunda sınıfların birlikte devlet için iyi olana karar verdikleri ve bunun için savaştıkları sonucu çıkarılabilir.

---

48 Daha önceki yüzyıllarda aile içindeki durumları aile evladından farklı olmayan ve sayıca da az olan kölelerin durumu *latifundium* sisteminin yerleşmesiyle kötüleşti. Bunlar kötü şartlar altında sahiplerinden uzakta bir kâhyanın emrinde boğaz tokluğuna çalıştırılmaktaydı. Makine gücünün yerini köle emeği tutuyordu. Köle pazarlarında, bazen günde 20.000 kölenin satıldığı bilinmektedir. Yine büyük köle isyanları Cumhuriyetin son iki yüzyılında görülmüştür.

49 Dicleli, V., İktisadi Gelişme Tarihi, İstanbul 1966, s. 74, Özgüven, A., s. 39.

M.Ö. II. yüzyıldan itibaren yukarıdaki tablo değişmeye başlamıştır. Yapılan savaşlar sonunda, şehir devleti olma özelliğinden ayrılarak imparatorluk sınırlarına ulaşan Roma Cumhuriyet rejimi, Romalılaşmış İtalya'daki sorunları çözemez hale gelmişti. Nüfusu milyonu aşmış olan Roma başkent olarak çeşitli siyasi çalkantıların içine girdiği gibi İtalya yarımadasında yaşayanlar Roma vatandaşlığını ayaklanma sonunda elde etmişlerdir (M.Ö. 88).

Savaşlardan elde edilen zenginlikler, esas itibarıyla devletin yüksek organlarını ellerinde tutan büyük toprak sahibi haline gelmiş soylular *(nobilitas)* sınıfı ile ticaret ve para işleriyle zenginleşmiş olan süvari sınıfı *(ordo equester)* mensupları arasında paylaşılıyordu. *Senatus* üyelerini içeren soylular sınıfına yüksek *magistra*'lıklarda bulunmuş *patricius*'lar ve *pleb*'ler dahildi. Yeni oluşan bu sınıf *patricius*'lar gibi sınıf menfaatlerini kıskançlıkla koruyordu. Bu sınıfa dahil olmadığı halde politik hayatta çıkış yapabilmiş çok az Romalı vardı[50]. *Nobilitas* dışında orduya süvari olarak katılmak hakkına sahip, malvarlığı itibarıyla süvari donanımını sağlayabilecek kimselerden oluşan bir süvari *(equites)* sınıfı ortaya çıkmıştı. Bu iki sınıf arasındaki politik rekabet ve hâkimiyet mücadelesi Cumhuriyet devrinin son iki asrındaki krizlerin önemli sebeplerinden biridir. Roma'da üst seviyede cereyan eden iktidar mücadelesinde her iki sınıf tarafından kullanılan *proletarius* sınıfı, toplumsal huzursuzluklara yol açıyordu. Roma'ya kuzey Afrika'dan ucuz tahıl gelmesi yüzünden artık tahıl üretimiyle geçimini temin edemeyen[51], üretim biçimini hayvancılık ve meyveciliğe döndürmek için gerekli sermayeyi de bulamayan küçük toprak sahipleri, topraklarını satıp Roma şehrine geliyorlardı. Sayıları giderek artan bu malvarlığı olmayan kişileri kullanarak Roma'ya hâkim olma eğilimi kuvvetlenmişti. Bedava dağıtılan tahıl ve zengin sınıfların bunları kendi saflarına çekebilmek için verdikleri ödünlerle iyice tembelleşen *proletarius* sınıfı huzursuzluk kaynağı olmuştu[52].

---

50 Böyle bir aileden gelmemesine rağmen büyük *magistra*'lıklara gelen kimselere *homo novus* (yeni insan) deniyordu. M.Ö. 106-43 yılları arasında yaşamış olan devlet adamı, hatip Cicero bir *homo novus* idi.

51 Çin Filozofu Konfüçyüs (MÖ 551 - 479) ve Yunan tarihçisi, Xénophon (MÖ 427 - 355) tarım ürünleriyle devletlerin ömürleri ve güçü arasında ilginç bir ilişki kurmuşlardır. Diğer anlamda; tarım ürünleri stokunun artması, savaşları kazanmada ve siyaset alanında önemli bir güç yaratır. Nitekim 1976'da, ABD Başkanı Gerald Ford şöyle diyordu; ABD'nin elinde bulunan buğday, atom bombasından daha güçlü bir silahtır.

52 *Proletarius*, askerlik hizmeti için kendi donanımını sağlayamayan, malvarlığı 1500 As'tan (Roma para birimi) az olan Romalıdır. XII Levha Kanunu bir *proletarius*'a herkesin kefil olabileceği belirtir.

M.Ö. 133 ve 123/122 tarihinde *tribunus plebis* olan kardeşler Tiberius ve Gaius Gracchus'un yapmak istediği reformlar sosyal çalkantıların artmasına sebep oldu. Gracchus kardeşler toprak reformu vasıtasıyla Roma'nın köylü-çiftçi sınıfını tekrar oluşturarak, *proletarius* sınıfını ortadan kaldırmak istiyorlardı. Zenginlerin elinde toplanmış olan toprağın bir kısmının, başkalarına satılmamak kaydıyla topraksız köylülere dağıtılmasını öngördüler. Ancak bu teşebbüse *senatus* aristokrasisi karşı çıktı, çeşitli usullere diğer *tribunus*'un vetosu, *senatus consultum ultimum*[53] gibi başvurularak bu reformun başarıya ulaşması engellendi.

Monarşiye doğru bir süreç başladı ve huzursuzluklar giderek arttı. Bu arada paralı ordu sisteminin getirilmiş olması, orduların iktidar mücadelesinde acımasızca kullanılması sonucunu getirdi. Daha çok, soylu sınıf içindeki bu mücadelede her türlü silaha ve kanlı usullere başvuruluyordu. İç savaş, her türlü iktidarı kendisinde toplayan güçlü bir adama âdeta çağrı çıkardı. Rakibi Pompeius'u ve *senatus* aristokrasisini dize getiren ordu komutanı ve devlet adamı Caesar (M.Ö. 100-44), Helen benzeri bir askerî diktatörlük kurarak devleti karışıklıklardan kurtarmak istedi. Ancak içlerinde evlatlığı Brutus'un da bulunduğu Cumhuriyet idaresine sadakatle bağlı bir grup Romalı tarafından öldürülünce, yeni devlet idaresi biraz nitelik değiştirerek yeğeni ve evlâtlığı Octavianus'a kaldı.

Sosyal bakımdan, İtalya içindeki halk Romalılaşarak bir millet doğdu. Siyasal bakımdan, Roma, diğer topluluklarla bir imparatorluk haline geldi[54].

Mutlak idare nispeten kolaydır. Emir veren tek kişidir ve bütün örgüt merkezdedir. Arazi gelişmesi, böyle bir, devlete güç kazandırır. Halbuki *Civitas*'ta, arazi genişlemesi, zayıflama sebebidir. Maddî bakımdan, halkın bir araya gelerek devleti idare etmesi zorlaşır, manevî bakımdan, birbirine benzemeyen insanlar arasında, ruh ve düşünce birliği olmaması, büyük bir sakınca oluşturur.

Nasıl, ilk çağlarda; "bir *Civitas* normal sınırlarını aşarsa, hür kalamaz" deniyorsa zamanımızda da, "birkaç devlet bir araya gelirse, hepsinin aynı ölçüde hür kalması tasavvur edilemez" denmektedir. İtalyan devlet adamı ve tarihçi Makyavel (1469-1527), XVI. Yüzyıl başlarında "İtalya devletle-

---

53 *Senatus consultum ultimum*, *senatus*'un tehlike zamanlarında aldığı kararlara denirdi. Bu kararla *consul* tehlikeyi her tedbire başvurarak önlemek yetkisine sahip olurdu.

54 Roma devleti; düşmanlarını dost edinmiş, onlar da birer Romalı olup çıkmıştır. Romalı olmaları, Galyalı, Afrikalı, İspanyol olmalarına engel olmamıştır.

rinin birliği ancak mutlak idare ile mümkün olur" demekte idi. Eski çağın yunanlıları da aynı düşüncede idiler, fakat mutlak idare uygulandığı zaman, tahakküm altına alınan kavimlerin düşmanlık hisleriyle karşı karşıya kalınıyordu. Romalıların, büyük kabiliyeti, mağlup ettiği devletler üzerinde tahakküm sistemine başvurmamakta görülmüştür. Serbestî içinde bırakmışlar, haysiyetlerini rencide etmemişler, semeresini, özellikle Pön savaşları gibi, tehlikeli devrede almışlardır. Hiçbir müttefik devlet Roma'ya isyan etmemiştir. Eski Çağda hem eşit hem ortak idareyi mümkün kılan tek *civitas*, Roma olmuştur[55].

III. İLK İMPARATORLUK DEVRİ (M.Ö. 27 - M.S. 284)

Caesar'ın ölümüyle başlayan iç karışıklıklar, yeğeni Octavianus'un rakibi Antonius'u Actium savaşında yenmesiyle son buldu. M.Ö. 27 yılında *senatus* Octavianus'a "*Augustus*" (kudretli, büyük) payesini verdi. Augustus'un kurduğu yeni rejime İlk İmparatorluk *(Principatus)* adı verilmektedir[56].

Augustus, Caesar'ın ölümünden bazı dersler çıkarmıştı. Roma toplumunun tek kişinin iktidarına dayanan bir rejime tepki gösterdiğini görmüş, diğer taraftan soylu sınıfın desteğini almadan tek başına iktidara gelmenin de mümkün olmadığını anlamıştı. Sonuç olarak Cumhuriyet döneminin geleneklerini ve kurumlarını Roma toplumuna hâkim sınıfın anlayışını ve tek kişinin iktidarına dayanması gereken yeni rejimle bağdaştırmaya çalıştı. İdarî yönden, Cumhuriyet düzenini tekrar kuracağını ilân eden Augustus, yeni bir rejime geçilmediğini belirtmiştir. Cumhuriyet rejiminin idarî yapısını restore ettiğini gösteren davranışlarıyla yeni esasları geleneklere ve eski yapıya dayandırmaya özen göstermiştir. Cumhuriyet idaresi Augustus tarafından yenilenmiş görünmektedir, çünkü halk meclisi ve *senatus* işlevlerini yeniden elde etmişler, Cumhuriyet döneminin *magistra*'lıklarına ise dokunulmamıştır. Aynı düşünceyle Augustus, kendisinden önceki her reform hareketine sahip bulunduğu imtiyazları kaybetmek endişesiyle karşı çıkan Roma soylu sınıfının tepkisini önlemek için Cumhuriyet rejiminin geleneklerini arkasına almıştır[57]. Augustus, M.Ö. 43 yılında *triumviratus*'un (aynı işleve sahip üç kişiden oluşan kurul) oluşmasıyla elde etmiş olduğu ve iktidarının temelini teşkil eden olağanüstü yetkileri M.Ö. 27 yılında törenle *senatus* ve halka

---

55 Umur, Ders Notları, s. 33-35.

56 Karadeniz – Çelebican, s.24; Schwind, s.55 vd.

57 Anayasa gibi özel bir kanunla rejimin düzenlenmesi daha önce de hiç düşünülmemiştir. Roma geleneklerinde bu gibi haller için kanun çıkarmak fikri yer almamaktadır.

iade etmişti. Görünüşte sadece Cumhuriyet idaresinin verdiği yetkilere sahip oldu, ancak gerçek böyle değildir; birden fazla *magistra*'lığın verdiği yetkilere aynı anda sahip olduğu gibi devamlı uzatılan *tribunus*'luğun verdiği yetkiyi de elinde tutmuştur. Sadece bu iki olgu, yeni rejimin Cumhuriyet idaresinden farklı olduğunu göstermeye yeter, çünkü buhranlı son yıllar bir tarafa bırakılacak olursa Cumhuriyet devrinde bir makama uzun süreli gelmek veya aynı kişide farklı *magistra*'lıkların verdiği gücün toplanması mümkün değildi. Başka bir deyişle Augustus ne *proconsul* ne de *tribunus* olduğu halde Cumhuriyet döneminin bu iki makamının verdiği bütün yetkilere sahipti. Görünüşte yetkilerini *senatus* ve halk meclisinden almakla birlikte Augustus, önde gelen kişi *(princeps)* sıfatıyla aslında Roma devletini tek başına yönetiyordu.

Ancak, Augustus ve halefleri, (izleyen imparatorlar) mutlak hükümdar gözükmemek için, hiç olmazsa görünüşte cumhuriyetin kurumlarını korumuştur. Cumhuriyet terimi de devam ettirilmiştir[58].

Principatus devrinin kurucusu Augustus, ölümünden bir yıl kadar önce yaptığı işleri anlatan, bir yazı hazırlamış ve anıtlar üzerine kazdırmıştı. Burada Augustus hür bir devletin ilk sırada gelen vatandaşı olmaktan fazla bir şey istemediğini, kendisiyle birlikte *magistra*'lık makamında bulunan diğer *magistra*'lardan daha fazla bir kudrete sahip bulunmadan *auctoritas*'ı (otorite, siyasi itibar) ile düzeni sağladığını anlatmaktadır. Romada olması gereken bu orijinal anıt bugün ortada yoktur, ancak bir kopyası halen Ankara'da (o zamanki adıyla Ancyra) oldukça iyi muhafaza edilmiş bir şekilde durmaktadır. Bu abideye Monumentum Ancyranum (Ankara Anıtı) denmektedir[59].

---

58 1789 Fransız İhtilâlinin sonunda, benzer bir durum görülecektir. Fransa'da da 18 Mayıs 1804 tarihli senatus kararı *(senatus-consultum)* ile Cumhuriyet açıkça kaldırılmadan, imparatorluk kurulmuştur. "Cumhuriyet idaresi bir imparatora emanet edilecektir". Ülkeye zamana karşı koyacak "granit kütleler" yerleştirilmek eski monarşi ve Cumhuriyet arasında, bir uyuşma sağlanmak istenmiştir. Bu amaçla; Danıştay, (Merkez) Bankası, Sayıştay oluşturulmuş, Fransız MK. çıkarılmıştır. Bu "granit kütleler" arasında en sağlamı, en az tartışılanı Fransız MK. olmuştur. (Carbasse, s. 26 ve 325).

59 Bu anıt Hacı Bayram Camii yakınındadır. Antakya'da bulunmuş olan diğer bir anıt (Monumentum Antiochenum) yine bu konuda önemli bilgiler vermektedir. Augustus'un Roma'da da anıt mezarı bulunmaktadır.

Augustus'un Roma'daki anıt mezarı

1. *İlk İmparatorluk Devrinde Devlet Teşkilâtı*

Bu yeni rejimde Cumhuriyet devrinin teşkilatı esas itibarıyla muhafaza edilmiş olmakla beraber yeni unsurların ortaya çıktığı görünmektedir.

A. MAGISTRA'LAR

Princeps, Cumhuriyet devrinden intikal eden teşkilatın üzerinde sınırsız yetkilerle donatılmış olan, yeni idare şekline adını veren en yüksek *magistra*'dır. Augustus için *Princeps* tabiri kullanılmaktaydı. *Princeps*, Cumhuriyet devrinde *censor*'un hazırladığı *senatus* listesinin başına yazılmış en kıdemli üyeyi ifade ederdi. *Senatus*'un kendisine verdiği bu paye ile Augustus ve sonraki imparatorlar *senatus* toplantılarının ilk söz ve oy hakkına sahipti. *Princeps* diğer bütün *magistra*'lıkların verdiği yetkileri kendinde toplayan, Cumhuriyet döneminde bulunmayan olağanüstü bir *magistra*'dır. Diğer *magistra*'ların ne ölçüde faaliyet gösterebileceği *princeps*'in iradesine bağlıydı. *Princeps*'in gücü, *magistra*'lıkların yetkilerinin tümüne sahip olmaktan kaynaklanıyordu; ordulara komuta etmek, *princeps*'e verilen *imperium proconsulare*'ya dayanmaktaydı[60]; ayrıca *princeps*'e verilmiş olan *tribunus*'luk gücü, *tribunus*'luğun bütün

60 *Senatus* tarafından verilen *imperium proconsulare* paralı askerlerden oluşan ve imparator eyaletlerinde bulunan orduları yönetmek yetkisini veriyor, dolayısıyla tüm imparatorluğu

imtiyazlarını sağlamaktaydı[61]; dokunulmazlık (*sacrosanctus*), halk meclislerini ve *senatus*'u toplantıya çağırmak ve başkanlık etmek, diğer *magistra*'ların kararlarını bozmak gibi[62].

İktidara gelişte, hanedanlar ortaya çıkmıştır. Birçok büyük imparator da birbirini izlemiştir. "Filozof-kral", platoncu[63] modeli benimseyen II. yüzyılın imparatorları, hayattayken haleflerini seçmeye gayret ederek, iktidara en layık görüneni evlât edinmişlerdir. Bununla birlikte; cumhuriyet faraziyesi kaybolmuş, tahta çıkışta hiçbir kesin kural kabul edilmemiştir. Bu sebeple, imparatorun belirlenmesi sistemin zayıf noktasıdır[64].

Cumhuriyetten intikal eden *magistra*'lar, *princeps*'in büyük yetkileri karşısında eski önem ve işlevlerini yitirdi[65]. Artık devlet işleri *princeps* tarafından atanan, maaş alan memur kadrosu tarafından görülmeye başlanmıştı. Bunun yanında yine imparator tarafından, ağırlıklı olarak süvari sınıfından atanan yeni *magistra*'lıklar ihdas olunmuştu.

Praefectus praetorio imparator muhafızlarının komutanıydı. Ancak zamanla idari alanda yetkileri genişlemişti. İmparatorun vekili gibi hareket eden bu *magistra*'nın zamanla âdeta Adalet bakanı olarak görev yaptığını, bu sebeple bu makama meşhur hukukçuların (mesela Papinianus M.S. 203-212) getirildiğini görmekteyiz.

---

kontrol etmek ve iktidarında tutmak imkânını sağlıyordu. Schwind, s. 58.

61 Bu yetkiler, *princeps*'e askeri alandaki gücü sağladığı gibi, sivil idareyi tamamen elinde tutarak imparatorluğa sadece kendi iradesine göre yön vermek iktidarını sağlıyordu. (Hausmaninger - Selb, s.41; Umur, Ders Notları; s. 46).

62 Özellikle ünlü *quod pirincipi placuit legis habet vigorem* (I., 2,6) (egemenin iradesi kanundur) ilkesinin kökeni bir imparatora *Senatus*, sonra halk meclisleri tarafından verilen hakimiyet yetkisini (*Iustinianus* hukukunda *Lex Rapia*) ifade eder. Bu ilke, Fransa'da XIII. Yüzyılda Kral'ın haklarını bildiren otoriteyi, egemenliği ifade için kullanılmıştır (bir savaşa veya haçlı seferine başlama, şövalyelerin orduya katılma yükümlülüklerini erteleme gibi). Vatandaşlar güçlerini, egemene devretmiştir. bkz. (Vinogradoff, s. 78-79).

63 Platon (M.Ö. 427-346) bu görüşü, siyasal diyaloglarında, *Cumhuriyet* isimli eserinde, özellikle VII. kitapta geliştirmiştir.

64 Carbasse, s. 27.

65 *Consul*'ler ceza işlerinde kazai yetkilere sahip olmaya devam ettiler. Diğer yetkilerini ancak *princeps*'in izin verdiği ölçüde kullanabiliyorlardı. *Praetor*'ların sayısı artmıştı, fertler arasındaki ihtilaflar yine önce *praetor*'un önüne geliyordu. Bazı davalara imparatorun bizzat bakması usulü ortaya çıkmıştı. M.S. 130 yılında *praetor* beyannamesi değişmez, sabit hale getirildikten sonra *praetor*'un işlevi azaldı. Sayımla ilgili yetkileri imparatorlar kullanmaya başladığından *censor*'un faaliyeti durdu. (bkz. Umur, Ders Notları, s.47).

B. HALK MECLİSLERİ VE SENATUS

Augustus, Cumhuriyet kurumlarını korumak ve çalıştırmakta belki de en çok halk meclisleri konusunda zorlanmıştır. Bir şehir devletinde halkın idareye katılmasını sağlayan halk meclisleri, Roma'nın imparatorluk sınırlarına ulaşmasıyla gerektiği gibi faaliyet gösteremez hale gelmişlerdir. Augustus, mektupla oy göndermeyi uyguladı. Bazı sosyal problemler için gerekli kanunları halk meclislerine çıkarttı. Ancak, Cumhuriyet idaresinde *comitia* denilince Romalıların fiilen biraraya gelerek karar almaları anlaşılıyordu ki, bu artık mümkün değildi. Tüm imparatorluk halkı, oy vermek için, artık, bir alanda toplanamazdı. Augustus'tan sonra halk meclisleri *magistra*'ları seçme yetkisini de kaybetti. Kanun koyma faaliyetleri ise I. asrın sonunda bitti. Halk meclislerinin kanun çıkarma yetkisi, açıkça kaldırılmadan, yavaş yavaş, âdeta farkına varılmadan, sona ermiştir.

Senatus'un durumu *principatus* ile kuvvetlendi. Bunun sebeplerinden biri, halk meclislerinin işlev yapamaz hale gelmeleridir. Belki de daha önemli diğer bir sebep ise *principatus* devrinin yüzyılında imparatorların, *senatus*'un güç ve itibarını arttırmak için bazı tedbirler almalarıdır. Augustus ve ondan sonra gelen *princeps*'ler, *senatus*'u yönetime katma ve ona seçkin bir yer verme eğilimi göstermişlerdir.

Üye sayısı 600 olarak belirlenen *senatus*, halk meclislerinin kanun koyma fonksiyonunu yerine getirememesi üzerine bu yetkiye sahip oldu. Özellikle *princeps*'in getirdiği kanun tekliflerinin *senatus* tarafından kabul edilmesiyle -halk meclislerine götürülmeden -yasalaştığı görülmektedir. Cumhuriyet devrinden gelen *magistra*'lıklar için seçim yapma yetkisi, Augustus'un ölümünden sonra *senatus*'a geçmişti[66].

Cumhuriyet devrindeki yetkileri yanında *principatus* devrinin başlarında *princeps*'in, *senatus*'u seçkin bir konuma getirmek eğilimi dolayısıyla imparatorun devletin idaresini *senatus*'la paylaştığını söylemek mümkündür. Nitekim bu görüşten hareket eden Alman hukuk tarihçisi Theodor Mommsen (1817-1903), "Diarchia"dan yani ikili idareden bahsetmektedir. Bu görüş, *senatus*'un idaresine bırakılmış eyaletlerin idaresi gibi bazı özel durumlar için doğru olabilir. Aslında *princeps*, fiilen ve hukuken *senatus*'un üzerindeydi. II. yüzyıldan itibaren *senatus*'un gücünü giderek kaybettiği, *princeps*'in gücünün

[66] Augustus, Caesar (Sezar) zamanında üye sayısı çok artan, liyakatsiz kişilerin doldurduğu *senatus üyelerini*, toplumun en zengin ve yararlı kişileri arasından dikkatle seçerek Roma toplumunda her zaman büyük itibarı olan bu meclisi etkin ve işlevli bir hale getirmiştir. Bu devirde *senatus*'a eyalet kökenli kimseler de girmişti. (Umur, Ders Notları, s.49).

arttığı tespit edilmektedir. Bu tarihten itibaren *senatus*'un yetkileri içeriksiz kalmış, sadece şeklen mevcut olmuştur.

Senatus'un gücünü giderek kaybetmesinde, *princeps*'lerin fikrini aldığı bir danışma kurulunun (*consilium principis*) mevcudiyeti de rol oynamıştır[67].

2. İlk İmparatorluk Devrinde Sosyo-Ekonomik Durum

Üç yüzyıl süren *principatus* döneminin özellikle ilk iki yüzyılı siyasi yönden Roma devletinin en görkemli, istikrarlı zamanıdır. İçte ve dışta büyük çalkantılar ve mücadeleler sonunda kurulmuş imparatorluğun ilk iki asrına *Pax Romana* (Roma Barışı) adı verilmektedir. Geniş imparatorluk sınırları içinde önemli bir karışıklık çıkmamış iki yüzyıla yakın süren bu barış ve sükûn devresinde Helen kültürü ile de karışan Roma medeniyeti başta Akdeniz havzası olmak üzere o zamanın dünyasına yayılmıştır.

Pax Romana (Roma Barışı) denen, Milâdı izleyen iki yüzyıl, insanlık tarihini en parlak bir devri olarak kabul edilir. Eyaletler güvenlik içindedir; ölçülü bir merkeziyet vardır; 300.000 kişilik imparatorluğun büyüklüğüne oranla küçük bir ordu, sadece sınırların bekçiliğini yapmaktadır. Bu sınırlar içinde barış ve sükûnet havası hâkimdir[68].

Pax Romana'nın temelinde, Roma'nın adalete verdiği önem ve güçlü hukuk sistemi bulunmaktadır.

İlk imparatorluk devrinde eyaletler giderek Romalılaşmaya başlamıştı. Kişilere, toplumlara, hattâ eyaletlere Roma vatandaşlığının verildiği sık görülmekteydi. Eyaletlerde oturan Roma vatandaşlarının sayısı da artmıştı. İlerleyen devirlerde imparatorların da (meselâ Traianus M.S. 98-117, Hadrianus M.S. 117-138) eyalet kökenli olduğu görülmektedir.

---

67 *Consilium* (danışma), Roma'nın tüm toplumsal yaşamında görüntü veren, geleneklere dayanan bir kurumudur. Meselâ *pater familias* (aile reisi) aile fertleri üzerinde haklarını kullandığı zaman, çok defa oluşturulan bir aile meclisine danışırdı. *Magistra*'lar ve hâkimlerin de danıştıkları *consilium*'ları mevcuttu. Bu bağlamda *senatus*'un da istişare, danışma organı niteliği gözden kaçırılmamalıdır. Danışan, hukuken *consilium*'un düşüncesiyle bağlı değildir ama, bu *consilium* itibarlı, güvenilir kişilerden meydana geldiğinden çok defa *consilium*'un fikri gözardı edilemezdi. (Umur, Ders Notları, s.48).

68 O devrin romalı yazarları ise, kötümser yazılar yazmış, devirlerinden şikayet etmişlerdir. Onlar, eyaletler karşısında Roma'nın imtiyazlarının azaldığını görerek, eski iktidar ve üstünlüklerin hasretini duyuyorlardı. İmparatorlarını kötülemeleri de bu yüzdendir. Aslında Tiberius, Claudius, hattâ Neron gibi imparatorlar hakkında şikâyeti gerektiren fazla bir şey yoktur, (bkz. Umur, Ders Notları, s. 53).

Principatus idaresi zamanla monarşiye, mutlakiyete dönüştükçe Roma devleti içinde yaşayanlar uyruk, haline geliyordu. Nihayet imparator Caracalla M.S. 212 yılında çıkardığı *Constitutio Antoniniana* ile *Roma* sınırları içinde yaşayan herkese bazı küçük istisnalarla Roma vatandaşlığı tanıdı[69]. Bu, M.Ö. I. yüzyılda İtalya halkına Roma vatandaşlığı verilmesiyle başlayan bir sürecin noktalanmasıdır. Bu emirnameyle monarşik idareyi daha kolay benimseyen eyaletlerle İtalya'nın hukukî durumu kaynaştı. Artık Roma sınırları içinde ilke olarak, *peregrinus* (yabancı) olan kimse kalmamıştı[70]. Yukarıda belirtilen siyasi sebep, yani eyaletleri İtalya ile aynı statüye sokmak fikri yanında, anılan emirnamenin çıkarılmasını maddi bir nedene bağlamak da mümkündür: Sadece Roma vatandaşlarının ödediği %5 tutarındaki veraset vergisi artık imparatorluk içinde yaşayan herkes tarafından ödenecek ve devletin hazinesine para girecekti[71].

Principatus döneminin parlak yıllarında, Cumhuriyet döneminde başlayan ekonomik büyümenin devam ettiğini, daha önceki yıllara kıyasen zenginliğin arttığını söylemek mümkündür. Roma devletinin bu zenginliği esas itibarıyla yine tarıma ve hayvancılığa dayanıyordu. Meyvecilik ve zeytincilik gelişmiştir. Ama, ticaretin de buna katkısı çok olumluydu. Kuzey Afrika, Avrupa ve Asya'daki geniş çayırlar, topraklar otlak olarak çok verimliydi. Zapt edilen birçok bölgeye İtalya'ya has sebze ve meyveler dikiliyordu. Eskiden bu meyve ve sebzeleri İtalya'dan ithal eden bölgeler şimdi tam tersini yapabiliyordu. Kölelik meselesi uyur vaziyettedir, kaynakları kalmamış, azatlılardan oluşan bir orta sınıf meydana gelmiştir[72]. Ancak; Cumhuriyet devrinde *latifundium* denilen geniş topraklarda üretim aksamaya başlamıştı, bunun nedenleri arasında Roma'ya artık eskisi kadar köle gelmemesi, arazi sahiplerinin üretimi arttırmak için tedbirler almayarak kentlerde oturmayı tercih etmeleri, nihayet bu toprakların bir kısmının uzun vadeli olarak fakir Romalılara kiraya verilmesi gösterilebilir. İşlenen toprağın yüzölçümü arttığı halde üretimde bir artış görülememekteydi.

---

69 *Caesar'a suikast* sebeplerinden biri de tüm imparatorluğa Roma vatandaşlığını yaymak isteyişidir.
Vatandaşlık hakkı tanımakta oldukça ihtiyatlı olan Romalılar şartların zorlamasıyla buna mecbur kaldılar.

70 Roma'da insanların *cives Romani* (Roma vatandaşları) ve *peregrini* (yabancılar) olarak ayrılması çok eskiye dayanır. Esas itibarıyla Roma vatandaşı olmayan herkes yabancıydı. Bu yabancılar Roma devleti sınırları içinde veya dışında yaşayabilirdi. M.S. 212 tarihli *Constitutio Antoniniana*'dan sonra Roma İmparatorluğu sınırları dışında yaşayanlar yabancıdır.

71 Umur, Ders Notları, s.52.

72 Umur, Ders Notları, s. 54.

Gelişen ticaret liberal bir anlayışa dayanıyordu. Ticaretin serbestçe yürümesini Akdeniz'i bir göl haline getirmiş olan Roma deniz filosu sağlamaktaydı. Diğer taraftan bütün İtalya ve eyaletleri birbirine bağlayan karayolları ticaretin imparatorluk sınırları içinde oldukça güvenli cereyan etmesinde önemli bir unsurdu. Milat sıralarında 80.000 km. uzunluğunda kaliteli karayolu inşa edilmişti. Bu derecede mükemmel bir yol şebekesine Avrupa, ancak bir daha XIX. yüzyılda tren yolu şebekesi ile kavuşacaktır. Su ve kanalizasyon şebekesi kurulurken sadece zamanın değil, geleceğin ihtiyaçları da hesaplanmıştı.

Devlet için kurulmuş posta teşkilatı, günde 75 km hızla işlemekteydi. Çok sonraları, İran'da Abbasî halifeleri zamanında olduğu gibi, bu posta, devlet hizmetleri içindi. Özel kişilerin postadan istifade etmeye başlaması, çok sonraları, üniversitelerin ve ticaret şirketlerinin, XVI. yüzyılda kurdukları, tamamen başka bir gelişmenin sonucudur. Dolayısıyla; devlet hizmetine çalışan posta ile özel kişilerin hizmetine çalışan postanın kökenleri farklıdır[73].

Ticaretin ilerlemesinde, gelişen madencilik, tunç imalatı, demircilik, cam ve çömlek işçiliği, dokumacılık, yün, keten işlemeciliği, araba yapımı, imparatorluk çapında balıkçılık, salamuracılık gibi çeşitlenen ekonomik faaliyetler ve uygun bir para politikası olumlu rol oynamıştır. Bu kollarda çalışan işçiler örgütlenmiştir. Eskiden basılmış paralara ilave olarak yeni paralar da basılmıştır. Diğer taraftan Augustus döneminde faiz oranları yüzde dört ile altı arasında olmak üzere bir hayli düşmüştü. İtalya, eyaletlerden çok çeşitli mallar ithal ediyordu. Bunlar arasında Roma'da makine gücünün yerini tutan köleler, tahıl, madenler, keten, mermer, fildişi, kürk sayılabilir. İmparatorluğun dışında kalan ülkelerden mesela Çin'den ipek getirilerek imparatorluk içinde işleniyordu. Cumhuriyet döneminde olduğu gibi bu dönemde de imparatorlar huzursuzluğu önlemek maksadıyla İtalya'ya düşük fiyatlı tahıl ithal ediyorlardı. Tahıl artık daha çok Kuzey Afrika'dan getiriliyordu. Hayvancılık, meyvecilik, zeytincilik yapmayı tercih eden geniş arazi sahipleri yanında halkın çoğunluğunu oluşturan ve zengin iki sınıf dışında kalan hür Romalılar buğday ve arpa ekip biçiyorlar, fakat dışarıdan gelen ucuz tahıl yüzünden geçimlerini güçlükle sağlıyorlardı. Augustus ile başlayan Roma barışı *(Pax Romana)* esas itibarıyla yine varlıklı sınıfların yararına olmuştur.

Devlet gelirini esas itibarıyla İtalya yarımadası dışındaki halktan toplanan arazi vergisi ile Mısır, Suriye ve diğer bazı yerlerde şahıs başına alınan ver-

---

[73] Umur, Ders Notları, s. 54.

gi oluşturuyordu[74]. Bunlar devlet tarafından doğrudan tahsil ediliyordu. Diğer taraftan bir başka gelir kaynağı da gümrük vergileriydi. Ancak gümrük vergi oranları düşük tutulduğu için ticarete engel teşkil etmiyordu[75].

Yunanistan, eski çağlara göre gerilemiştir. Fakat bu gerilemenin Roma ile ilgisi yoktur. Roma ile ilişkilerinden önce gerileme başlamıştı. İmparatorluk döneminde; Yunanistan, kültür, sanat ve düşünce ülkesi, ziyaret ve eğitim merkezi olarak, rahatlık içinde yaşanan bir yerdi.

Mısır, eski devrin büyük zenginlik ambarı, servet kaynağı idi. ileri bir kâğıtçılık, cam, işleme sanayi merkezi, ayrıca o devirden beri efsane diyarı olan Hindistan yolu üzerinde bir ülke idi.

Küçük Asya ila Suriye, Mısır'a rakip düzeyde, sahil şehirleri son derecede zengindi.

Kuzey Afrika, Mısır gibi bir buğday ambarı, tahrip edildikten sonra yeniden inşa edilen Kartaca şehri, Akdeniz'in en büyük limanı ve ticaret şehri idi.

İmparatorluğun bazı mıntıkaları (meselâ kuzey Afrika), Roma İmparatorluğu devrindeki refaha, tarihlerinde, bir daha ulaşamamışlardır[76].

3. *İlk İmparatorluk Devrinin Sonu*

Principatus devrinin zayıf noktası, belirtildiği gibi, imparator olmanın açık bir kurala bağlanmayışıdır. Başka bir ifadeyle ölen imparatorun halefinin nasıl belirleneceği kesin olarak tesbit edilememiştir. Bir *magistra*'lık olan *prin-*

---

74 Devletin aldığı arazi vergisi en çok yoksulları etkiliyordu, çünkü vergide esas alınan oran herkes için aynıydı. Bu nedenle yaşamlarını zaten zor sürdüren, politik hayatta bir etkisi olmayan bu halk kitlesi diğer sınıflara nazaran vergilerden olumsuz etkileniyordu. Ancak devletin aracıları kaldırarak, vergiyi doğrudan toplaması halkın rahatlamasına sebep olmuştu.

75 Cumhuriyet döneminde ise devletin vergileri dolaylı topladığını söylemek mümkündür. Bu dönemde devlet bir bölgenin vergisini saptadıktan sonra bu paranın ödenmesini arttırmaya çıkarıyor, bu vergiyi en yüksek oranda ödemeyi taahhüt eden kişi (ekseriya bunun için ortaklıklar kurulmaktaydı) ihaleyi kazandıktan sonra ve bu miktarı devlete ödedikten sonra, kendisi halktan vergiyi topluyordu. Devlete ödediğinden fazla vergi toplarsa aradaki fark *publicani* denilen bu toplayıcıların oluyordu. Süvari sınıfının içinde yer alan bu toplayıcıların vergi toplamak için zorlamalarından huzursuzluk baş gösteriyordu. Toplayıcılar, *censor*'un emriyle vergi ve gümrük resmî borçlularının mallarına el koyabiliyordu (Gai. 4, 28). İmparatorluk devrinde bu usul giderek azalmış, *publicani*'lerden götürü, yani halktan dolaylı olarak alınan vergi yerine dolaysız vergiler geçmişti.

76 Umur, Ders Notları, s. 55.

ceps makamının babadan oğula geçmesi Cumhuriyet geleneklerine aykırıdır. "Önde giden vatandaş" anlamına gelen *princeps*'in gücü, kanunlardan değil politik kişiliğinden, güçlü yapısından geliyordu. Bu özellik Augustus'ta vardı. Augustus'un başlattığı, kendi ölümünden sonra *princeps* olmasını istediği kişiyi bazı davranışlarla belirtme usulü ilk zamanlarda kabul görmüştü. İmparatorlar halefi olmasını istediği kişiyi evlat edinirler veya ona önemli devlet görevleri verirlerdi. İmparator öldüğünde belirlediği kişinin imparator kabul edilmesi mutlak değildi, bu seçimin bağlayıcı bir yanı yoktu, ancak ölen imparatorun arzusuna genelde uyulurdu.

İlk imparatorluk devrinin aynı zamanda bir filozof olan, İmparator Marcus Aurelius'a kadar (M.S. II. yüzyılın, ikinci yarısı) çok büyük bir problemle karşılaşmadan devam ettiğini görüyoruz. Ancak Doğuda Pers'ler, Batıda ise Cermen ve diğer ırklardan gelen ordularla savaşmak zorunda kalındı. M.S. 235-284 yılları arası, Roma tarihinin en karanlık ve karışık devridir. Savaşlar kazanıldı ama, bu arada Roma orduları büyük kayıplar verdi ve devlet maddî sıkıntı içine düştü. Marcus Aurelius'un bir oğlu vardı, başka bir kimseyi evlat edinmedi, oğlu Commodus, onun ölümüyle imparator oldu. Artık gerçek anlamda monarşik bir idare başlamıştı. Commodus, zalim ve keyfi davranışları yüzünden öldürüldükten sonra imparator olacak kişi ordular tarafından belirlenmeye başladı. Yeni imparatorun belirlenmesi çok defa ordular arasında çatışmalara yol açıyordu. Öte yandan Roma sınırlarının diğer kavimler tarafından zorlanması, kötüleşmeye başlayan ekonomiyi daha büyük sıkıntıya soktu. Bu arada orduların yapısı da değişmişti. Augustus zamanında daha çok Romalılardan oluşan orduya artık çoğunlukla doğu eyaletlerinden gelen askerler alınmaya başlamıştı. Güçlerinin farkına varan ordular giderek daha fazla ücret istemeye başladılar. Bu şekilde devletin masraflarıyla birlikte vergiler de arttı, enflasyon görülmemiş boyutlara ulaştı. Salgın hastalıklar ortaya çıktı. Yeni vergiler getirildi. Zaman zaman mal olarak alınan vergiler orduya dağıtılıyordu. Ordu komutanlarının merkezi dinlememesi, hattâ isyanları ve bulundukları yerleri talan etmeleri çöküntüyü hızlandırmıştır[77]; ancak iç karışıklıklara rağmen Roma'nın dış dünya ile savaşlarda zaferleri sürmüştür.

Roma hukukçularının altın devri imparator Hadrianus (117-138) zamanında başlamış, Marcus Aurelius hukukçuları çok teşvik etmiştir. Artık ünlü hukukçuların imparatorluğun doğusundan geldiği görülmektedir. Severus hanedanı (M.S. 193-235) zamanında hukuk tatbikatı keyfiliğe yöneldiği

---

[77] Hausmaninger - Selb, s. 42-43; Umur, Ders Notları, s. 57 vd. Roma devletini yıpratan en önemli sebep olarak Hıristiyanlığın yerleşmesini, yayılmasını göstermektedir.

halde hukuk biliminde zirveye ulaşılmış, imparatorun hizmetinde çalışan ve Iustinianus'un *Corpus Iuris Civilis* adlı kanunnamesinde eserlerinden birçok parça alınan hukukçular (Papinianus, Paulus, Ulpianus) bu devirde yaşamıştır.

IV. SON İMPARATORLUK DEVRİ (M.S. 284-565)

Augustus'un ölümüne kadar Roma devletinde İtalya yarımadasından çıkan Roma (İtalyan) kavmi fikri hâkimdi. Buna dayanılarak da Roma'ya has Cumhuriyet devri kurumları esas itibarıyla devletin temelini oluşturmaktaydı. Augustus'un ölümünden sonra devlette, imparatorluğa özgü bir gelişme, yapılanma görülür. İmparatorluk duygusu güçlenmeye hattâ imparatorlar tarafından teşvik edilmeye başlandı. Bu değişim olmasa, birbirlerinden çok farklı kavimleri (Batıda İspanya, Galya, Doğuda Asya, Suriye; Güneyde Mısır gibi) yüzyıllarca bir arada tutmak mümkün olmazdı. Tek kişinin iktidarına daha yatkın olan Doğu kültürü, imparatorluğa hâkim oldu. Ancak bu birbirinden farklı halk kitlelerini, kavimleri eski gelenek, kurum ve usullerle yönetmek imkânsızlaştı. Bu durumda imparatorluğa hâkim olan Doğu anlayışına uygun bir yönetimin, yani tek kişinin idareyi başka hiçbir kurumla paylaşmadığı mutlakiyetin gelmesi kaçınılmaz oldu.

İlk imparatorluk devrinde görülen imparatorun belirlenmesindeki zayıflık artarak devam etmiştir. İktidarın her zaman başka bir usulle devamı istikrarsızlık yaratmıştır. Her imparatorun ölümünde kargaşalık çıkıyor, her ordu kendi kumandanını imparator yapmak üzere baskı yapıyordu. M.S. 235 yılından sonra, elli yıl kadar süre, her kumandan kendi bölgesinde kendisini imparator ilan ettirmişti.

Özellikle Severus hanedanından itibaren imparatorun diğer organlar karşısında giderek artan gücü yine ordular tarafından imparatorluğa getirilmiş olan Diocletianus (M.S. 284-305) ile birlikte *Dominatus* denilen devrin başlamasına yol açtı. Ilımlı bir imparatorluk dönemi olarak niteleyebileceğimiz *Principatus* devrinden farklı olarak *Dominatus*, *dominus* (efendi, hâkim kişi) denilen tek kişinin mutlak egemenliğine dayanan bir rejimdir. Başka bir deyişle devlet iktidarı tamamen âdeta tanrılaştırılan bir imparatorda toplanmıştır[78].

Bu rejim, Doğu imparatorluğunda, Ortaçağ sonuna kadar devam edecek, daha sonra, rus "aristokratları"na esin kaynağı olacaktır[79].

---

78 Bu dönemde *Dominatus* adını veren modern tarihçilerdir. Umur, Ders Notları, s. 60; Hausmaninger - Selb, s. 43.

79 Carbasse, s. 28.

Diocletianus, imparatorluğun yönetiminin Batı'dan Doğu'ya alınmasının, istediği merkeziyetçi, mutlak idare, savunma için gerekli olduğunu anlamıştı. Bu nedenle imparatorluk Batı ve Doğu olmak üzere iki idari bölgeye ayrıldı. Batı'ya arkadaşı Maximianus'u atadı, kendisi ise Marmara Denizi kenarındaki Nikomedia (İzmit) şehrine yerleşti. Bu hareketle Marmara Denizi ve buna bağlı olarak Boğaz'ın önemi vurgulanmış oldu. Roma-Helen kültürlerinin birlikte mevcut olduğu, ancak Doğu unsurunun ağırlık taşıdığı karmaşık yapıdaki bu devlet idare bakımından fiilen ikiye ayrılmıştır, hukuken imparatorluk yine bir bütün oluşturmaktaydı. Ancak devlet idaresi Constantinus (M.S. 307-337) tarafından bir merkezde toplandıktan sonra yine ikiye ayrıldı. Nihayet bu ayrılık kalıcı hale geldi, daimîleşti. Aslında her iki bölüm de, yani Romalı olma özelliğini koruyan Batı ve Helenizm'in ağır bastığı doğu bölgeleri bunu istemekteydi, çünkü her iki bölge birbirinden farklı gelişmeler içindeydi. Batı'da hâkim dil Latince olduğu halde, Doğu'da Yunancaydı. Doğu'da ekonomik durum Batı'ya oranla çok daha iyi idi. Nihayet Doğu'da devletçilik çerçevesi içinde belirli bir gelişme sağlanmıştı, halbukî Batı'da büyük toprak sahipleri feodal güç olarak idareyi etkileyip, halkın durumunu düzeltmesini engelliyorlardı. İki bölgenin kaderi ayrıldı.

Doğu ve Batı'yı tek elden yönetmeyi tercih eden Constantinus döneminde Hıristiyanlığa serbesti tanınmıştı. Bu hoşgörü, içte birliğin sağlanmasında önemli rol oynadı. Constantinus, 330 yılında İstanbul'un bulunduğu yerde kurduğu Constantinopolis'i başkent yaptı. Constantinus'un ölümünden sonra Roma bir süre Batı Got'larla mücadele etti. Got'lar Hun saldırısı yüzünden yerlerinden olmuş ve Roma sınırlarına dayanmışlardı. Büyük Theodosius (M.S. 379-395) usta bir manevrayla Batı Gotlar'a bazı imtiyazlar vererek tehlikeyi önledi. Aynı hükümdar Hıristiyanlığı devletin resmî dini olarak kabul etti ve öldükten sonra imparatorluğun iki oğlu arasında Doğu ve Batı olarak ikiye ayrılmasını vasiyet etti. Bu nedenle 395 yılında ölümüyle vasiyeti yerine getirildi. Roma İmparatorluğu'ndan Doğu ve Batı Roma olmak üzere iki ayrı imparatorluk doğmuş oldu.

1. *Son İmparatorlukta İdari Teşkilât*

Bu idare biçiminde imparator, *magistra*'lardan tamamen farklı bir statüye sahipti. İmparator artık *princeps*, yani vatandaşların birincisi değil, tüm yetkilerin toplandığı efendi ve tanrıdır *(Dominus et Deus)*. Hiyerarşik düzende sıralanan devlet memurları ve organları imparator tarafından atanmakta ve yetkilerini yine imparatordan almaktaydı.

Yasama, yürütme ve yargı erkleri imparatorda toplanmıştı. İmparatorluğun ikiye ayrılmasından sonra Doğu'da veya Batı'da çıkarılan bir kanun kural olarak diğerinde de yürürlüğe giriyordu.

Principatus devrinde olduğu gibi bu devirde de imparatorlukta halefiyet kanunla düzenlenmiş değildi. Yeni imparatorlar önceki imparator tarafından belirlenmekle birlikte, tatbikatta ordular işe karışmakta imparatorun belirlenmesi sırasında büyük karışıklıklar ortaya çıkmaktaydı.

Yüksek memurlardan ve imparatorun güvendiği kişilerden oluşan bir kurul *(consistorium)* özellikle imparatorun danışmanlığını yapıyordu[80].

İmparatorun uygun gördüğü ve bir emirname ile ifade ettiği irade, kanundur. Ulpianus bu durumu, daha II. yüzyıldan itibaren açıklamış ve bu geniş yetki, Ortaçağıdaki monarşik rejimlerin siyasal tartışmalarında büyük önem kazanmıştır. Eğer imparator kanun yapabiliyorsa, bu daha önce kanun koyucu iktidarına sahip bulunan halkı, açıkça, ona yetki verdiği içindir. Bu iktidar, imparatora yetki kanunu ile *(lex de imperio)* verilmiştir.

Bu düşünce; Ulpianus'ın Institutiones'inden, Iustinianus'un Digesta'sının başlarında yer alacak (D. I, 4, 1, pr) ve Ortaçağ siyasal düşüncesinin temel metinlerinden biri olacaktır[81].

2. Son İmparatorlukta Sosyo - Ekonomik Durum

Dominatus döneminde asil sınıfı imparatorun kendilerine soyluluk verdiği kişiler, özellikle yüksek memurlar oluşturmaktaydı. *Senatus* sınıfının bu devirde de mevcut olduğunu söylemek mümkündür. Bu sınıfın katıldığı *senatus* meclisi sadece şeklen, imparatorun kanun tasarılarını kabul etmek için toplanmaktaydı. Üye sayısı, sağlıklı bir meclisin çalışmasını engelleyecek kadar çok artmıştı, hattâ *senatus* üyesi azatlılar dahi bulunmaktaydı. İmtiyazlı sınıflar içinde ordu mensupları, devlet memurları ve Hıristiyanlığın kabulünden sonra kilise mensupları görülmektedir.

Roma devleti vatandaşı olan halk artık "teba, uyruk" idi, imparatora itaat etmekle mükellefti. İdareye katılması mümkün değildi.

Daha *Principatus* devrinin ortalarından ama özellikle *Dominatus* devrinden itibaren halk mutlakiyete özgü olarak belli sınıflar içinde yer almaya

---

80 Umur, Ders Notları, s.61; Karadeniz - Çelebican, s.32-34.

81 Carbasse, s. 43 ve s. 43 dn. 1.

başlamıştı. Bir sınıfa mensup olmak irsî hale geldiği gibi bir sınıftan diğer sınıfa geçmek hattâ farklı sınıflar arasında evlenmek yasak edilmişti. Bunun amacı her sınıfa yüklenen kamusal görevlerin ifasının aksamamasının temini idi. Son imparatorluk devrinde soylu sınıf olarak kabul edilen, bu nedenle bazı imtiyazlardan yararlanan ve kendilerine vergi toplama mükellefiyeti yükletilmiş olan *decurio* sınıfı üyeleri bile bundan şikâyetçiydiler, çünkü hesaplanmış vergilerin ödenmemesinden malvarlıklarıyla sorumlu tutuluyorlardı. IV. yüzyıldan itibaren *colonus* denilen, daha önceki devirde bir toprağı ürün kirasına dayanarak işleyen köylülerin, vergi ödemelerini teminat altına almak için bulundukları topraktan ayrılmaları yasak edilmişti. Vergi sistemi yine tarımı esas alıyordu. Ancak vergi belirlenirken artık ürünün miktarı ve toprağın verimi de dikkate alınmaya başlanmıştı. Yine vergi mükelleflerinin durumunu düzeltmek için her yıl verginin ne zaman toplanacağı ve oranının ne olacağı önceden ilân edilmeye başlamıştır. Diğer taraftan esnaf ve zenaatkârların da mutlaka meslek kuruluşları içinde yer almaları gerekiyordu. Meslek kuruluşları üyelerinin vergilerini ödemelerinden sorumluydu. Devlet vergi gelirlerini azaltmamak için akla gelebilecek her tedbire başvuruyordu. Vergi toplayıcılarının baskısından bunalan halk çok defa toprağını terkederek toprağa bağlı *colonus* olmayı tercih ediyor, büyük toprak sahiplerinin yanına sığınıyordu[82].

Şehirler de boşaltılıyordu. Bu sadece, nüfus azalışının bir sonucu değildi, geçimi yerinde aileler de bürokratik zorlamalardan ve malî baskılardan korunmak için çiftliklerine sığınıyorlardı[83].

Principatus devrinde imparator Nero (M.S. 54-68) zamanında başlayan enflasyonist baskılar yüzünden para sistemi tamamen bozulmuştu. Diocletianus, üzerinde Roma'nın büyüklüğünü ifade eden ibareler yazdırdığı yeni paralarla sistemi düzeltmek, maaşlar ve vergilerin mal olarak ödenmesini ortadan kaldırmak istemiştir.

Hukuk alanındaki liberal düşünceye ve ferdiyetçi rejime karşılık, özellikle tarım ürünlerinde, devletin müdahalesini görüyoruz (narh uygulaması). İktidar ve memurları, iktisadî hayatı düzenlemeyi üstlenmişlerdir.

Bu bağlamda fiyat artışlarını, enflasyonu kontrol altında tutmak isteyen Diocletianus bir narh kanunu çıkarmıştı. *Edictum de pretiis rerum venalium* denilen bu kanunla tüm hizmetlerin ve malların fiyatları değişmez bir biçimde tespit edilmişti. Diocletianus'un fikrine göre piyasada istikrarı, vergilerin top-

---

82 Umur, Ders Notları, s.62-66; Kunkel, s.124 vd.

83 Carbasse, s. 30.

lanmasını sağlamak ancak fiyatların ve ücretlerin kesin bir biçimde saptanmasıyla mümkündü. Ancak mal üretimini arttırmak ve tüketimini etkilemek imkânı olmadığından bu beyanname başarılı olmadı, birçok mal piyasadan kayboldu. Esas olarak, tahıl fiyatları, narh fiyatına tabi olduğu ve fiyat düşük bulunduğu için, üretim azalmıştır. Mal az üretildiğinden, satışlar azalmıştır.

Daha önce başlayan karaborsa yayılmış, piyasalar altüst olmuş, halkın devlete güveni, modern zamanlarda da zaman zaman görüldüğü gibi azalmıştır[84].

Çok ağır cezalara rağmen, kanun tam bir başarısızlıkla sonuçlanmıştır[85]. Enflasyonu durdurmak mümkün olmamış, sonradan alınan diğer bütün tedbirlere rağmen devam etmiştir[86].

3. *İmparatorluğun Sonu*

M.S. 395 yılında imparatorluğun Batı Roma İmparatorluğu ve Doğu Roma İmparatorluğu şeklinde kesin olarak ikiye ayrılmasından sonra Batı'nın varlığı uzun sürmedi. Devamlı olarak Roma sınırlarını aşmak isteyen Cermen kavimleri (Got'lar) Batı Roma'yı hırpalamaya devam ettiler. Bir başka tehlike de Asya'nın ortalarından batıya doğru yürüyen Hun'lar tarafından yaratılıyordu. IV. yüzyıldan önce Doğu Got'larını yenen Hunlar Tuna nehri çevresinde elli yıl kadar kaldılar. Önce Bizans, yani Doğu Roma ile savaşan Attila'nın krallık ettiği Hunlar, daha sonra Batı Roma'ya saldırdılar. Ancak bu sırada Batı Got'larla ittifak içinde olan Batı Roma, Hun'lara başarıyla karşı koydu. Attila'nın ölümünden (453) sonra Hunlar güçlerini kaybettiler. Bu arada iyice zayıflayan Batı Roma devam eden Cermen saldırılarına karşı koyamadı. 476 yılında Cermen orduları komutanı Odoacre, Batı Roma İmparatorluğuna son verdi.

Zaten, asıl Romalı olan putperestler, işlerden el çekmeye başlamışlardı. İnançlı insanlar olan Hıristiyanlar durumdan şikâyetçi değildir. "Pön Savaşları sırasında insanların durumu daha fena idi" diyorlardı. Bir devlet yıkılırken içinde yaşayan fertler şöyle veya böyle yaşamaya devam ettiklerinden, bunu fark edememektedir[87].

---

84 Özgüven, A., s. 36.

85 Imbert. s. 73.

86 Bkz. Umur, Lügat, *Edictum Diocletiani De Pretiis;* Kunkel, s.150

87 Umur, Ders Notları, s. 66.

Doğu Roma İmparatorluğu ise giderek yıpranmasına rağmen on asır kadar daha yaşamayı başardı. Kaybedilen birliğin özlemini yaşadı, fakat onu tekrar kuramadı[88]. Batı Roma'nın sona ermesinde sonra Latin kültürü ile bağları iyice kopan Doğu Roma, Yunan kültürünün hâkimiyetine girdi. Bu bin yıllık süreç içinde başkent Constantinopolis, Avrupa'nın kültür düzeyi en yüksek ve en görkemli şehri kabul ediliyordu. İhtiyarlayan, devrini dolduran, soysuzlaşan Doğu Roma İmparatorluğu doğudan gelen Türk saldırılarına bir müddet karşı koydu ise de, 1453'de II. Mehmet (Fatih Sultan Mehmet) İstanbul'u fethederek imparatorluğa son verdi. Constantinopolis İstanbul adını aldı. Bizans'ın fethi aynı zamanda, Osmanlıların Yeniçağ'da yapacakları atılımların başlangıcı oldu.

Romanistler *Dominatus* devrinin Iustinianus (VI. yüzyıl) ile sona erdiğini kabul ederler. Iustinianus kısa bir süre için de olsa imparatorluğu canlandırmış, kültür, din ve özellikle hukuk alanında birlik sağlayan adımlar atmıştır. Başka bir deyişle Iustinianus'un ölümüne kadar Doğu Roma İmparatorluğunda Roma ruhunun tekrar canlandığını söylemek mümkündür. Ancak bu imparatorun ölümünden sonra imparatorluğa tekrar Helen ve doğu kültürünün hâkim olduğu, Bizans imparatorlarının kendilerini Romalıların kralları olarak nitelemelerine rağmen yeni bir düşüncenin ağırlık kazandığı görülmektedir. Bu nedenle Bizans Devri ayrı bir uzmanlık ve inceleme konusudur.

Roma İmparatorluğu sonraki çağlarda etkisini üç alanda sürdürmüştür.

1) Siyaset alanında, Avrupa'da hep Roma İmparatorluğu geleneği var olmuştur. Roma-Cermen İmparatorluğu Papa'nın 800 yılında Frank[89] Kral'ı, Şarlman'a[90] giydirdiği Roma İmparatorluğu tacı ile başlamıştır. Şarlman; Papa'nın da yardımı ile dağılan birliği sağlamıştır. Franklar Cermen olmasına rağmen imparatorlukta Roma kültürü ağır basmıştı. Çünkü Roma'nın mirasçısı ve ülkenin yeni egemenidirler. Bu devlet filen veya sembolik olarak 1804 yılına kadar devam etmiştir. Ortaçağ'dan itibaren imparatorlar, özellikle Alman İmparatorları Roma İmparatoru sıfatıyla taç giymişler, kendi imparatorluklarına meşruluk kazandırmak için Roma imparatorlarının halefi gibi davranmışlar ve aynı nedenle imparatorluklarında Roma hukukunu uygulamışlardır.

---

88 Carbasse, s. 31.

89 *Galya*'yı işgal eden *Cermen* kavimi.

90 Karolenj Hanedanı'nın kurucusu (724-814). Hukuk alanında *"Kapitüler"* denilen emirnameleri yayınladı, yargı ve idare örgütünde reform yaptı. İleri gelenlerin oluşturduğu Meclisleri sayesinde, sürekli geniş imparatorluğunun ihtiyaçlarını karşılamıştır.

Siyasal anlamda imparatorluk fikri, hemen hemen hiçbir zaman kaybolmamıştır. Şarlman, Fatih Sultan Mehmet, Şarlken[91], Napolyon, hep aynı fikrin peşinde koştular.

2) İmparatorluğun yarattığı fikir, dünyayı tek elde, bir birlik olarak idare etmek fikri idi. Başarılı olan siyasal hayatından sonra Roma, aynı fikri başka bir alanda yaşattı: Merkezi Roma'da olan Hıristiyanlık dini ile Avrupa'yı birleştirmekte de başarılı oldu: Ortaçağda hâkim olan kanaate göre, bu durum, putperest imparatorluk insanlarının anlayamayacağı bir sonuçtu.

Roma devletinde ilk Hıristiyanlar izlenmiş, cezalandırılmış ve eziyet çekmişlerdir. Roma devleti hıristiyanlığa mani olmaya çalışmakta kendi açısından haklıydı, çünkü hıristiyanlık askerlik, kamu hizmetlerinin ifası gibi dünyevî değerler için çalışmayı reddediyor, bu durum ise dinden uzak, dünyevî temellere dayanan Roma devletini sarsıyordu[92]. Bir müddet sonra, Constantinus zamanında Milano beyannamesi ile hıristiyanlığa hoşgörülü davranılması öngörüldükten sonra, IV. yüzyılda hıristiyanlık devletin resmî dini haline geldi. Bu şekilde bir hıristiyan imparatorluğu ortaya çıkmış oluyordu. Hıristiyanlık ile Roma devleti birbirlerini, bazı alanlarda hukuk yönünden etkilediler. İnsaniyet, hakkaniyet gibi önemli prensipler Roma hukuku kurallarında ifadesini bulurken, Kilise Hukuku da Roma kaynaklarına dayanılarak yaratıldı. Hıristiyanların dinî lideri Papa XXI. yüzyılda da bir şehir devlet olan Vatikan'da bulunmakta ve Roma Hıristiyanlığın merkezi sayılmaktadır. Daha önce olduğu gibi, bugün de, Hıristiyanlığın dünya politikasındaki etkisi küçümsenemez.

3) Ortaçağ sona ererken; Roma, bu kez üçüncü bir alanda dünyayı birleştiren bir merkez oldu: Hukuk birliği sahasında da başarılı oldu. Roma hukuku, uzak yakın pekçok devletin esin kaynağıdır.

Roma İmparatorluğu'nun kültür ve özellikle hukuk alanındaki etkisi XX. yüzyıldaki kanunlaştırma hareketlerine kadar doğrudan doğruya olmuş-

---

91 Alman İmparatoru (1519-1556), Almanya'da, Lütercilere vicdan özgürlüğü tanımış (1555),1535'te Tunus'ta, 1541'de Cezayir'de Osmanlılara karşı seferleri başarısızlıkla sonuçlanmıştır.

92 Hıristiyanlığın kurucusu İsa Peygamber, Augustus zamanında doğmuş, Tiberius zamanında çarmıha gerilmiştir.
Hıristiyanlık özellikle köleler ve yoksul halk arasında çok taraftar bulmuştur. Askeri yenilgiler, ekonomik bozukluklar zaman zaman hıristiyanlara bağlanmış, hattâ Nero zamanında hıristiyanlar Roma'yı yakmakla suçlanmışlardır.

tur. Modern milli kanunların yapılmasından sonra Roma hukuku kuralları kanun sistemlerinde, ilkelerinde, maddelerinde yaşamaya devam etmektedir.

Bugün bir Avrupa toplumunun, birliğinin varolduğu kabul edilirse, bu toplumun temelinde Roma hukuku yatmaktadır. Avrupa birliğini; hukuk alanında, Roma hukukundan kaynaklanan hükümler sağlamaktadır[93].

93 Umur, Ders Notları, s.67; Karadeniz -Çelebican; s.35.

İKİNCİ BÖLÜM

ROMA HUKUKU TARİHİ

§ 2. Roma Hukukunun Devirleri

Romanın kurulduğu M.Ö. 753 tarihinden Iustinianus'un ölüm tarihi olan M.S. 565 yılına kadar uzanan bir süreçte oluşan ve yürürlükte kalan hukuka "Roma Hukuku" denmektedir. Bu uzun süre içinde hukuku yaratan kaynaklara ve çeşitli etkenlere bağlı olarak hukuk kuralları da değişiklik göstermiştir.

Hukuk kaynağı deyimi iki farklı anlam taşıması açısından önemlidir. Hukuk kaynağı, öncelikle hukuku yaratan kaynakları ifade eder. Hukuk kurallarının ortaya çıkmasını, doğmasını sağlayan bu yaratıcı kaynaklar *(fontes originis)* siyasi devirlere göre etkilerini kaybetmiş, değişmiş ya da eski kaynaklara yenileri ilave olmuştur. Yaratıcı kaynaklar, *senatus* ve halk meclisleri, hukuk ilmi, imparatorlar ve başkaları olabilir.

Hukuk kaynağı deyimi, hukukun bilgi kaynakları *(fontes cognoscendi)*, bir başka deyişle hukukun öğrenilmesine yarayan yazılı yapıtlar anlamında da kullanılmaktadır. Bilgi kaynakları Roma hukuku açısından çok önemlidir. Yüzyıllar boyunca devam eden bir süreçte meydana gelen Roma hukukunu yaratan şartları ve hukuk kurallarının varlık sebeplerini ancak bilgi kaynakları oranında öğrenebiliriz. Tarih içinde geriye gidildikçe bilgi kaynaklarının sayı ve güvenilirliğinin azaldığı görülür. Eski hukuk kaynakları hakkında bilinenler az ve efsanevi olduğu halde, Milâttan itibaren kaynaklar çoğalmakta ve hukukun bilinmesi nispeten kolaylaşmaktadır. Bilgi kaynakları arasında, hukukçuların kitapları, tarihçilerin ve edebiyatçıların eserleri, anıtlar ve günümüze ulaşan kanunlar, belgeler sayılabilir.

Üstelik hukuk sistemlerinin gelişmesi tam anlamıyla açık değildir. Birçok noktada uzmanlar tartışmaktadır: eski devirler için belgeler eksik, "kaynakları" bazen sislidir veya boşluklar vardır. Kaynakların giderek, daha bol olduğu daha yakın devirler için, farklı yorumlar, görüşler mevcuttur[1].

---

1 Carbasse, s. 11.

Roma hukuku bilgi kaynakları içinde imparator Iustinianus tarafından M.S. 529-534 yılları arasında yapılmış aynı zamanda bir kanun ve bir ders kitabı olarak, o devre kadar gelen hukuk malzemesini bir araya toplayan *Corpus Iuris Civilis* ve II. Yüzyılda yaşamış olan hukukçu Gaius'un yazmış olduğu *Institutiones* adlı eser çok önemlidir. Roma hukuku hakkındaki bilgilerimiz esas itibarıyla metinleri elimize doğrudan doğruya geçen bu iki kaynağa dayanmaktadır. Bu yapıtlar hakkında ileride geniş bilgi verilecektir.

Bazı eserlerde hukuk siyasi devirlere, yani daha önce incelediğimiz Krallık, Cumhuriyet, İlk İmparatorluk, Son İmparatorluk devirlerine göre açıklanmaktadır. Ancak, Hukuk kurallarının değişen rejimlere hemen uygunluk göstermesi beklenemeyeceğinden hukuk devirlerinin siyasi devirlerle aynı ayrıma tabi tutulması isabetli değildir. Konuyu açıklarken çok benimsenen bir ayırımdan hareket ederek Roma Hukuku kaynakları üç dönemde incelenecektir. Eski Hukuk Devri, Klâsik Hukuk Devri, Klâsik Sonrası (Postklâsik) Hukuk Devri.

I. ESKİ HUKUK DEVRİ (M.Ö.753 – M.Ö. II. yüzyıl ortaları)

Ius Civile veya *Quirites* devri de denilen Eski Hukuk Devri'nde esas itibariyle teamül hukuku hâkimdir. Romalılara ait gelişmiş hukuk kurumlarının bir çoğunun kökleri *mores maiorum*'a (ataların âdetleri) kadar uzanır[2]. En eski hukuk olarak nitelendirilen bu kurallar yazılı değildi. İlk devirlerde Romalılar nereden geldiğini bilmeden, araştırmadan bu hukuk kurallarına itaat ederlerdi.

Hukuk tarihi araştırmaları, ilk hukuk kurallarının kanun koyucunun iradesi olarak ortaya çıkmadığını, insanların toplum halinde yaşayabilmelerini sağlayan bazı davranış kurallarının yine bir toplum halinde yaşama sonucunda örf ve âdet kuralı biçiminde belirdiğini göstermektedir. O zamanlar hürler ve köleler beraber yaşardı. Uzun bir süre tekrarlanan âdetler toplumda yerleşir, artık başka türlü davranmanın mümkün olmadığı ortak bilincine varılır. Buna *opinio necessitatis* (zorunluluk fikri) denmektedir. İnsanlar, kaynağını bilmeden o şekilde davranmanın gereğine inanırlar. İlk hukuk kuralları bu amaçla konulmayan fakat zamanla üzerinde ortak bir inanç meydana gelen davranış kurallarıdır. Bununla birlikte her örf ve âdet kuralı mutlaka hukuk kuralı düzeyine yükselemez. Bir örf ve âdetin hukuk kuralı sayılması, teamül

---

2 Örf ve âdet hukukunu ifade etmek üzere Romalılar *mores maiorum*'dan başka *consuetudo* (alışkanlık, gelenek) ve *ius non scriptum* (yazılı olmayan hukuk) ibarelerini de kullanırlardı. Hukukçu Pomponius, (Digesta, 1, 2, 2, 1-3'de) devletin ilk zamanlarında halkın belli bir kanuna, belirli hukuk kurallarına tâbi olmadan işlerini gördüğünü belirtmiştir.

hukuku içinde düşünülebilmesi için bir müeyyideye, yaptırıma bağlanmış olması gerekir. Diğer unsurlar, yani uzun süre tekrarlanma[3] ve zorunluluk fikri bulunsa bile bu kurala aykırı davranan kimseye yaptırım uygulanmıyorsa ortada bir örf ve âdet kuralı vardır, ancak hukuk kuralı yoktur[4].

Âdetlerin, geleneklerin Roma hayatında çok önemli bir yer tutması özel hukuk alanında daha da belirginleşmektedir. Özel hukuk alanında kanun çok azdır. Romalılar yürürlükteki hukuku radikal müdahalelerle değiştirmek eğiliminde değillerdi, ancak sosyal sorunların zorladığı, kamu düzeninin tehlikeye girdiği durumlarda kanun yoluna başvurulur, yazılı hukuk yaratılırdı[5]. Kanun "devletin" ortaya koyduğu hukuk kaynağıdır. Sadece Roma hukuk tarihinde değil, genel hukuk tarihinde de önemli bir yeri olan, toplum sorunlarına ilişkin XII Levha Kanunu *(Lex Duodecim Tabularum)* buna örnektir.

1. *Oniki Levha Kanunu (Lex Duodecim Tabularum)*

Gelenekler, örf ve âdetler yoluyla oluşmuş hukuk kuralları rahipler sınıfı tarafından bilinir ve gizemli bir sanat olarak, gereğinde kullanılırdı. O tarihlerde rahipler sınıfına ancak *patricius*'ların girebildiği düşünülürse, rahiplerin yazılı olmayan bu hukuku *Patricius* sınıfı yararına yorumlayıp uyguladıkları ve bu durumun *pleb* sınıfının tepkisini çektiği sonucuna varılır.

Roma tarihinin ilk kanunlaştırma hareketi, M.Ö. V. yüzyıldaki XII Levha Kanunu'nun yapılmasıdır. Özellikle *patricius-pleb* müdahalesi, böyle bir kanunun yapılmasına yol açmıştır. Teamül hukukunu hâkim bırakan, yalnız tartışmalı hususlara açıklık getiren bu kanun ve atalardan intikal eden hukuk,

---

3 D. 1,3,33'te yazılı bir kuralın bulunmadığı hallerde uzun süreli geleneğe hukuk ve kanun olarak riayet edilmesini söyleyen Ulpianus, D. 1,3,34'de geleneğin (tekrarlanma) ya toplumda ya da davalarda oluşacağına değinmektedir.

4 Ancak, örf ve âdet kuralı, eleştirilerle de karşı karşıyadır. Büyük merkezî devletler için, belirlenmesi zor, değişken ve bölgelere göre birbirinden çok farklıdır. Ayrıca, bazı kez, akla ve bilime aykırı olabilir. Bu sebeple, XVIII. yüzyılda Voltaire, "Fransa'da; yolcu, bir bölgeden bir bölgeye giderken, posta atlarından çok, örf ve âdet değiştirmektedir" demektedir (Gaudemet, s. 59).

5 D.1,1,6,1 Ulpianus *lus nostrum constat aut ex scripto aut sine scripto ut apud Graecos* (Yunanlılarda olduğu gibi hukukumuz yazılı olan ve yazılı olmayanlardan meydana gelir). D. 1,3,32'de lulianus, yazılı kanunların olmadığı hallerde gelenekler ve âdetlerle getirilmiş olana dikkat edilmesi gerektiğini, eski bir âdetin kanun gibi dikkate alınmasının doğru olduğunu, geleneklerle getirilmiş olanın teamül hukukunu oluşturduğunu belirtmektedir. Hukuk kurallarına ilişkin tek kitaplık eserinde (1,4) Ulpianus "Uzun süreli geleneklerde yerleşmiş örf ve âdet hukuku *(mores)* halkın zımni kabulüdür" demektedir. Iustinianus da (I. 1, 2, 9) yazılı olmayan hukukun, geleneğin kabul ettiği hukuk olduğunu ifade etmektedir.

sınıf mücadelesine rağmen Roma halkının etnik, kültürel ve ekonomik alanda bir kavim olarak teşkilâtlanmasında önemli bir rol oynamıştır.

Krallığın yıkılmasından sonra gelen Cumhuriyet döneminin ilk yıllarında, durumun önceki rejimden pek farklı olmadığı, *patricius* sınıfının hayatın her sahasında egemen kalmayı sürdürdüğü görülmektedir. Ekonomik bakımından güçlü olan bu sınıf devletin yüksek, etkili makamlarını (*consul* vb.) elinde tuttuğu gibi savaşlarda toplanan ganimeti de kendine ayırıyordu. Düşmandan ele geçirilen arazi (*ager occupatorius*) devletin mülkiyetine geçmekle beraber bu topraklardan yararlanma hakkı ücretli veya ücretsiz olmak üzere daha ziyade *patricius*'lara bırakılıyordu. Bu toprakların bir bölümü *patricius*'lar tarafından ücret karşılığında, işlenmek üzere *pleb*'lere kiraya veriliyordu[6].

Bu durum ise *pleb*'leri, *patricius*'lara bağımlı kılıyordu. Diğer taraftan; açlık, salgın hastalıklar ve sınır savaşları en çok *pleb* sınıfını etkiliyordu. Ekonomik bakımdan daha güçlü olan *patricius*'lardan borç almak zorunda kaldıkları para ve malları geri veremeyenler çoğunluktaydı. Borç para çok yüksek faiz karşılığında sağlanabiliyor ve ödenemeyen borçlar için sert icra usullerine başvuruluyordu.

Patricius ve *pleb*'ler arasında diğer bir eşitsizlik ve huzursuzluk da iki sınıf mensuplarının evlenme yasağından kaynaklanıyordu. Bu durum XII Levha Kanunu ile dahi düzeltilememiş, daha sonra, M.Ö. 445 yılında çıkarılan *lex Canuleia* adlı kanunla eşitsizlik giderilmiş, *pleb*'lere *patricius*'larla *conubium*, yani evlenme hakkı tanınmıştır.

Bu sosyo-ekonomik problemler yanında ve yine bunlarla ilişkili bir diğer neden hukuk güvenliğinin bulunmamasıdır. Yukarıda değinildiği gibi hukuk bilgisinin *patricius* sınıfından gelen rahiplerin elinde bulunması, rahiplerin hukuku gizli tutmaları ve geniş bir kitlenin bu hukuku öğrenmesine olanak tanımamaları, kısaca hukukta açıklığın sağlanamaması *pleb*'lerin aleyhine oluyordu. Sınıf mücadelesinin amacı olan yürürlükteki hukukun tüm halkın bilgisine sunulması ve herkes tarafından öğrenilebilmesi ancak hukukun yazılı hale gelmesiyle mümkündü.

---

6 İktisadi olayların önceliği; yemek, içmek ve barınmak saçayağının dün olduğu gibi, bugün ve yarın da devam etmesidir. Diğer bilimler de, yine insan ihtiyaçlarına (sağlık, hukuk, eğitim, teknik) cevap vermeyi ve değiştirmeyi sürdürecektir (bkz. Özgüven, A., s. 533).

Oniki Levha Kanunu *bu* mücadele sonunda kanun koyucunun iradesiyle ortaya çıkmış olan yazılı hukuktur[7]. Bu kanun elimize doğrudan doğruya geçmemiştir. Ancak yüzyıllar boyunca ağızdan ağıza intikal ederken değişikliklere uğradığı çok muhtemel olan bu kanun hakkında ondan çok sonra, Milât sıralarında yaşamış tarihçiler (meselâ Titius Livius) ve hukukçular bilgi vermektedir. Bu bilgilerin gerçeğe ne kadar uyduğunu kesinlikle tespit etmek mümkün değildir, çünkü yazarlar verdikleri bilgileri efsanevî açıklamalarla süslemişlerdir.

Titius Livius, Roma Tarihi isimli eserinde, kökeninde sınırsız olan *consul* (devlet başkanı) *imperium*'u[8], "hür bir şehir devletinde *(civitas)* kabul edilemez" olduğu için, bu düzenleme ile, yetkileri sınırlayan kanunların söz konusu olduğunu yazmaktadır[9].

M.Ö. 451 yılında *consul*'lerin normal seçimi ertelendi ve sadece *patricius*'lardan oluşan on kişilik bir kurul kanunu yazmak üzere *(decemviri legibus scribundis)* görevlendirildi. Bu on kişilik kurul görev yaparken diğer *magistra*'lar devreden çıkarılmıştı *Patricius*'lar daha önce *pleb*'lerin kanun yapılması yolundaki isteklerine karşı çıkmış, sonra *pleb*'lerin *tribunus plebis* makamından vazgeçmelerini şart koşmuşlardı. Nihayet rivayete göre Solon kanunlarını incelemek üzere Yunanistan'a bir heyet gönderilmiştir[10].

---

7 Tarihî Mektep hukukçularından Rudolf von Ihering'e göre (1818-1882), her hukuk kuralı, kişilerin veya insan zümrelerinin bir mücadelesi sonunda oluşur. Hukuk kuralı, insanların menfaatleri çatıştığı zaman bozulan dengeyi yeniden sağlamaya yarayan geçici bir formüldür; menfaatlerin şeklinin veya insanların birbirleriyle olan ilişkilerinin değişmesi, kişilerin teşkil ettiği zümrelerin kuvvetlenip zayıflaması, o dengenin de değişmesine yol açar ve o zaman yeni bir kural, dengeyi tekrar sağlar. Hukukların tarihlerine bakıldığı zaman, hukuk kurallarının daima, menfaat çatışmaları sonunda, fertlerin veya zümrelerin sarfettikleri bir faaliyetten doğdukları görülür. Ihering, bu açıklamasından sonra, hukuku, yalnız hukuk kurallarının gelişmesi bakımından değil, bir hukuk kuralının doğmasına yol açabilecek olan bütün dış sebeplerin de dikkate alınarak, incelenmesi gerektiğini, belirtmektedir (Umur Z., Türk Hukuk Tarihi, İstanbul, 1993, s. 19-20).

8 Maiyetindeki kişilere emretme ve yerine getirilmesi için gerekli tüm tedbirleri alma yetkisi.

9 Carbasse, s. 33.

10 Honsell H., Romisches Recht, vierte, ergänzte Auflage, Berlin 1997, s.4. XII Levha Kanunu üzerindeki Yunan etkisi çok (D. 10, 1, 13) tartışılan bir konudur. *Pleb*'lerin Roma'ya yakın yerlerde bulunan Yunanlılarla temas ettikten sonra kanun yapılmasını bir çare olarak görmeleri mümkündür, çünkü kanunlaştırma hareketleri Yunanistan'a yabancı değildir. M.Ö. 494 yılında *pleb*'lerin Roma'dan ayrılarak Aventinus dağına gittikleri ve orada yunan lıların demokratik sayılabilecek bazı fikirlerinden etkilendikleri sanılmaktadır. Bunun dışında Romalılar ve Yunanlılar arasında çeşitli ilişkilerin varlığı da bir gerçektir. Güney İtalya ve Sicilya'daki Yunan şehirlerine heyet gönderilerek özellikle kanun tekniği, konuların sıralanması hakkında araştırma yapılmış olması mümkünse de, bunun dışında

Geniş açıdan alınırsa, Atina, hukukun vatanı, Roma'ya felsefi düşünceyi vermiş, fakat ona hiçbir hukuk tekniği teklif etmemiştir. Birincisi hukuku sistemleştirmeden âleti yaratmış, diğeri bu âletle, yüzyıllara karşı koyacak bir doktrin inşa etmiştir[11].

M.Ö. 450 yılında 10 levha tamamlanmıştır. Ertesi yıl bu kez hem *patricus*'ların hem de *pleb*'lerin yer aldığı bir kurul son 2 levhayı hazırlamıştır. Bu arada keyfi idareye meyleden bu kurul görevden düşürüldü. Seçilen *consul*'ler hazırlanmış metnin halk meclisinde oylanarak kabulünü sağladıktan sonra, bronz veya tahta levhalar üzerine yazılarak Forum meydanında ilan ettiler. Bu şekilde, son söz roma halkının ve halk tarafından oylanarak kabul edilen ilk kanun olmuştur, ancak son olmayacaktır. XII Levha Kanununun yazıldığı levhaların M.Ö. IV. yüzyılda Galya'lıların Roma'yı istilası sırasında tahrip edilmiş olması üstelik - kısmen de olsa- başka nüsha veya kopyalarının elde bulunmaması bu kanunun yapılıp yapılmadığının tartışılmasına bile yol açmıştı[12].

Zamanımızın Romanist doktrini XII Levha Kanununun gerçek olduğundan ve M.Ö. V. yüzyılın ortasında yapıldığından şüphe etmemektedir. Gerek bu kanunda kullanılan dil, gerek hükümler M.Ö. V. yüzyılda Roma'nın bulunduğu duruma, yani basit bir şehir devletine uymaktadır. Bu tarihte Roma ekonomisi esas itibarıyla aile içinde yapılan tarıma dayanmaktadır. Ekonomik, toplumsal ve hukukî ilişkiler ailenin hâkimi olan ve hukuk düzeninin muhatap aldığı aile reisinin (*pater familias*'ın) çevresinde yoğunlaşmaktadır. Bu ailenin içinde aile evlatları, ana ve - varsa - köleler yer almaktadır. XII Levha Kanunundaki birçok hüküm de bu olaylara uygunluk göstermektedir. Toprak mülkiyeti bu tarihlerde artık bilinmekte, Roma vatandaşları arasında hukukî muameleler yapılmakta, *paterfamilias* aile malvarlığı üzerinde vasiyetname ile tasarrufta bulunabilmektedir. Bu kanunun bilinen hükümleri birbirine yakın yerleşim birimleri halinde yaşayan bir toplumun hukukunu düzenlemektedir; Örneğin komşuluk hukukundan doğan mülkiyet sınırlamaları Roma Hukukunun M.Ö. V. yüzyıldaki yaşama biçimine uymaktadır. Yine borcunu ödemeyen borçlunun Tiber nehrinin ötesinde yani Roma devletinin

kanunun özellikle hükümleri bakımından Roma'ya özgü olduğu açıkça görülür. Bu konuda bkz. Hausmaninger – Selb, s.49-50.

11 Gaudemet, s. 267.

12 XII Levha Kanunu ilk defa Aelius Paetus adlı *consul* (M. Ö. 198) tarafından *Tripertita* denilen üç kısımlık bir eserde şerhedilmiştir. Proculianus mektebinin kurucusu Labeo (I. asır) ve Gaius (II. asır) da bu kanunu şerhetmişlerdir.

sınırı dışında satılması da diğer bir kanıttır. Romalılar bu usulü ancak M.Ö. IV. yüzyılın sonlarında kaldırmışlardır.

Kamu hukukuna çok az temas edilmiştir.

Romalıların, "bu kanun, bütün filozofların kitaplarından üstündür" gibi övücü sözleri, tıpkı sonradan büyük adam olmuş kişinin çocukluğunda yaptığı işleri göklere çıkarmak gibi abartılıdır. Bu tip ifadeler daha çok Romalıların hukuka verdikleri önemi gösterir.

Kanunun meziyetleri arasında; kişisel mülkiyet, vasiyet, aynî hak - şahsî hak gibi modern hukukun üç temel kurumunun bulunması önemlidir. Ayrıca kişiler arasında hukukî eşitlik vardır. İşkence kaldırılmıştır, cezalar herkes için aynıdır. Kanunun dili henüz basit ve ilkel olmakla beraber, klâsik devirde yerleşecek olan kuvvetli ve açık hukuk lisanını hissettirecek kadar kesin bir ifadeye sahiptir.

M.Ö. I. yüzyılda, Titus Livius, kanunun "tüm özel ve kamu hukukunun kaynağı" olduğunu yazmaktadır.

XII Levha Kanunu; Roma devleti mevcut olduğu sürece yürürlükte kalmış, başka bir deyişle hükümlerinin çoğu zamanla eskimesine rağmen açıkça yürürlükten kaldırılmamıştır. XII Levha Kanunu isteklerini *patricius*'lara kabul ettirme yönünden *pleb*'lerin bir başarısıdır ancak kanunun metninde bu başarıya işaret eden fazla hüküm yoktur. Ancak; herkesin hukuk önünde eşitliğinin ifade edilmiş olması, hiç kimsenin hüküm olmadan öldürülemeyeceği buna örnek hükümler olarak gösterilebilir.

M.S. 529-534 yıllarının Iustinianus derlemesine kadar, on yüzyıl yürürlükte kalmıştır. Kuşkusuz tamamen nazarî alanda bir yaşama: Zira devirler bu kanunun uygulanmasına imkân vermeyecek kadar değişmişti. Fakat, efsane devam etmiştir.

Romanist doktrinde - anayasal bir düzen getirmemiş olan – XII Levha'nın Usul Hukukuna ilişkin hükümlerle başladığı kabul edilmektedir. XII Levha Kanununun Usul Hukukuna ilişkin hükümlerle başlaması tesadüf değildir. Zira genel olarak *pleb*'ler *patricius*'lara borçlanmakta, yüksek faizle[13] aldıkları borçları ödeyemediklerinden, muhakemenin ve icranın sert hüküm-

---

13 Birçok toplumda olduğu gibi Roma'da da yüksek faiz sosyo-ekonomik sorundu. XII Levha Kanunu en yüksek faizi %100 olarak kabul etmişti. Hayli yüksek olan bu faiz oranı borç verilen paranın büyük ihtimalle geri ödenmemesi ile açıklanabilir, zira ekseriya mali durumu bozuk olan *pleb*'ler *patricius*'lara karşı borçlanıyorlardı. Daha önce de belirttiğimiz gibi Romalılar kanunları ekseriya sosyal sorunlar için çıkarırlardı.

lerine hedef olmaktaydılar. Bu yüzden mahkemeye davet ve verilen kararın icrası en küçük ayrıntısına kadar düzenlenmişti.

1.1-3 *Si in ius vocat ito. Ni it antestamino: igitur em capito. Si calvitur pedemve struit, manum endo iacito. Si morbus aevitasve vitium escit iumentum dato. Si nolet, arceram ne sternito.*

Fikir edinilmesi için yer verdiğimiz maddelerin serbestçe anlamı şöyledir: Bir kimse (davacı) mahkemeye davet ederse (davalı) gitmelidir. Gitmezse tanık çağrılmalıdır. Sonra davacı, davalıya el koymalıdır. Güçlük çıkaran veya kaçmaya çalışanın üzerine davacı el koyabilir. Eğer hastalık, yaşlılık veya sakatlık mani oluyorsa davacı ona binek hayvanı vermelidir. Bunu istemezse araba temin etmeye mecbur değildir[14].

Cicero'nun naklettiğine göre okullarda ezberletilen XII Levha Kanununun hükümleri özet olarak, Roma vatandaşlar hukukunun, *(ius civile*'nin) ana ilkelerini belirtmektedir.

Kişisel öç almaya ilke olarak set çekilmiş, suçları devletin cezalandıracağı kabul edilmişti. Dişe diş, göze göz diyebileceğimiz kısas usulü, ancak tarafların anlaşamaması halinde geçerli kılınmıştır. Eğer bir kimse diğerinin bir organını kullanılamaz hale getirmişse (uzuv talili) mesela bacağını kırmış veya gözünü kör etmişse bu bir *iniuria* suçudur. Buna kısas *(talio)* tatbik edilir. Kısas zarar görenin öç alma duygusunu karşılar, ama bu emredici değildir. Taraflar belli bir diyet konusunda anlaşabilirler, fakat anlaşamazlarsa *(necum eo pacit)*, bu fiile maruz kalan aynen karşılık verebilir.

Bu şekilde ilk ilerleme *ihtiyari diyetin* genelleşmesiyle gerçekleştirilmiştir. Kişisel öç, iki tarafın aile reisleri arasındaki ortak bir anlaşmayla, pakt'la (pax: barış ve pactum: anlaşma'nın ortak kökü vardır) durdurulabilir.

---

14 Bu genel hükümle bir *pleb*'in de bir *patricius*'u mahkemeye götürebileceği ifade edilmiş olmaktaydı. Mayer - Maly Th., Römisches Privatrecht, Wien 1991, s. 4. Usul Hukukunu tamamlayan İcra Hukuku alanında ayrıntılı hükümler mevcuttu: Dava sonunda mahkûm olan kişiye borcunu ödemesi için 30 günlük bir süre tanınırdı. Bu süre içinde mahkûmiyet kararı yerine getirilemezse borçlunun şahsı üzerinde icraya geçilir, bu şekilde borçluyu alacaklının hizmetine sokan *manus iniectio* (el koyma) usulü başlardı. Başka biri borçluya kefil olmazsa alacaklı borçluyu (mahkûmu) evine götürür, hapseder, zincire vurabilirdi. Bu sırada alacaklı mahkûmu doyurmaya mecburdu. El koymayı izleyen altmış gün içinde üç defa borçluyu pazar kurulduğu günlerde Roma'nın belli bir meydanına götürerek alacağını ilân etmek zorundaydı. (Bunun sebebi borçlunun borcunu ödeyecek bir kişinin ortaya çıkması ihtimalidir). Neticede borç ödenmezse, alacaklı borçlusunu Roma sınırı olan Tiber nehrinin öteki yakasında köle olarak satabilirdi.

El veya sopa ile kemik kırılmışsa *(os fractum)* zarar gören hür bir kimse ise 300, köle ise 150 *As* (Roma parası) ödenirdi. Diğer bütün hallerde, yani hukuka aykırı diğer hafif maddi tecavüzlerde, müessir fiillerde ceza 25 *As* idi.

Yalan yere tanıklık ve hâkimin rüşvet alması durumu için ağır cezalar öngörülmüştü.

Vatana ihanet ölümle cezalandırılıyordu. XII Levha Kanunu'nda yangın çıkarmaya ilişkin hükümler vardı, ancak M.Ö. V. yüzyılda bile kasten veya taksir (özel hukukta ihmal) ile yakma arasına fark gözetilmişti. Böyle bir ayırım kasıtla ve taksir (ihmal) ile insan öldürme arasında da yapılmıştı.

Kanun hırsızlık hakkında teferruatlı hükümler getirmişti: Suçüstü hırsızlık *(furtum manifestum)* ile suçüstü olmayan hırsızlık arasında fark vardı: Suçüstü veya gece hırsızlık yaparken yakalanan veya kendini silahla savunan hırsızın öldürülmesi caizdi, ancak malı çalınmak istenen kimsenin bağırarak halkı haberdar etmesi gerekirdi. Buna karşılık suçüstü olmayan hırsızlık *(furtum nec manifestum)* daha hafif cezaya tabi tutulmuştu, hırsız çaldığı malın değerinin iki katını ödemekle yükümlüydü[15].

Kamu adına takip edilen suçlar arasında sihir veya büyücülük *(malum carmen)* de sayılmıştır. Başkalarının sağlığını ve hayatını kötü etkileyecek sihir ve büyü, başkasına ait ürünün kötü olması için edilen dualar ölümle cezalandırılıyordu.

Aile hukuku ile ilgili birçok kurumdan fazla bahsedilmemiş, bunların teamül hukukuyla düzenlenmiş olduğu ve herkes tarafından bilindiği kabul edilmişti. Romada aile tek kişinin hâkimiyetine dayanan bir yapıya sahipti. Bu ailedeki mallar ve kişiler üzerinde aile reisinin *(pater familias)* sınırsız hâkimiyeti *(patria potestas)* vardı. Gaius'a göre, Romalılara özgü bir durum olan *patria potestas*'tan XII Levha Kanunu'nda yalnızca bir halde ve dolaylı şekilde söz edilmiştir; oğlunu üç kez satan babanın oğlu üzerindeki aile hâkimiyeti *(patria potestas)* sona erer. Buradan XII Levha Kanununun bütün toplum tarafından kabul edilmiş ve toplumda yerleşmiş bir kurumdan bahsetmeye lüzum görmediği sonucuna varılabilir. Başka bir deyişle bu konuda *patricius*'lar ve

15 Yukarıda özetlediğimiz kurallar Roma'da kesin çizgilerle ayrılmamış olan haksız fiil *(delictum)* ile suç *(crimen)* alanında müeyyidenin geçirdiği aşamaları göstermektedir. Önce kısas vardı, yani suçtan zarar gören veya ailesi zararı verene veya ailesine aynı fiili ika edebilirdi. Daha sonra ihtiyari diyet aşamasına gelindi. Taraflar uzlaşırsa kısas uygulanmıyordu. Nihayet kanunî diyet dönemine ulaşıldı, yani basit hallerde suçtan veya haksız fiiliden zarar gören kanunda öngörülmüş ceza ile yetinmek zorundaydı, kısasta ısrar edemezdi. Mesela kendisine bir tokat atılan kimse 25 As'la yetinmek zorundaydı.

pleb arasında herhangi bir fikir ayrılığı mevcut değildir. *Manus*'suz (kadının koca hâkimiyetine girmediği) evlenmenin daha XII Levha Kanunu zamanında mevcut olduğu anlaşılmaktadır. *Manus* altına sokan muameleler yapılmadığı halde bir kadın bir yıl süreyle kocasının evinde kalırsa *manus*, zamanaşımıyla tesis edilmiş oluyordu[16]. *Manus* istenmiyorsa evli kadın üç geceyi evi dışında geçirmeliydi. Kadınlar ve küçükler üzerindeki vesayet, akıl hastaları ve müsrifler üzerindeki kayyımlık konuları da XII Levha Kanununda ifadesini bulmuştu.

Miras Hukukunda mirasçı bırakmadan ölen kimsenin kanuni mirasçılığı düzenlenmiş, bu durumda mirasın *agnatio* hısımlığı (Roma hukukunda uzun zaman geçerli olan ve aile reisinin hâkimiyeti esasına dayanan hısımlık) yönünden en yakın mirasçıya, böyle birisi yoksa *gens*'e (civitas'tan önce, ailelerin oluşturduğu devlet kuruluşu) kalacağı hükmü konulmuştur. Bunun yanında, kişinin henüz hayattayken ölüme bağlı tasarrufuyla, yani vasiyetnamesi ile mallarına mirasçı olacak kişi veya kişileri tayin edebileceği belirtilmiştir[17].

XII Levha Kanununda toplum sağlığı ve ahlâkı ile ilgili hükümler bulunmaktaydı. Ölülerin gömülmesi için lüks sayılabilecek harcamalar yapılması ve ölülerin şehir içine gömülmesi ve yakılması yasaklanmıştı. Mezara altın da konulamazdı.

Günümüz hukuk sistemlerinde komşuluğa ait düzenlemelerin kökleri XII Levha'ya, belki de daha eskiye uzanmaktadır; komşu araziye düşen meşe palamutlarının toplanabileceği, komşu araziye uzanan dal ve köklerin kesilebileceği gibi hükümler mevcuttur[18].

Roma'nın bazı değişikliklerle hukukun her alanında kullanılabilen, önemli mülkiyeti nakil muameleleri olan *mancipatio* ve *in iure cessio* XII Levha Kanununda düzenlenmemiş, fakat yürürlükte bırakılmıştı[19]. En eski zamanlar-

---

16 Romalılar; bu konuda, günün 24 saatlik ayırımını dikkate almıştır.

17 Roma hukukunda daha ilk devirlerden itibaren – Türk hukukundan farklı olarak – kanuni mirasçılık *(hereditas legitima)* ile iradi mirasçılık yani vasiyetname ile mirasçılık *(hereditas testamentaria)* aynı anda bulunmazdı. Bir kimse vasiyetname ile malvarlığı üzerinde tasarrufta bulunmuşsa, artık kanuni mirasçılık söz konusu olamazdı.

18 krş.: TMK, m. 740-741.

19 *Fragmenta Vaticana 50:*
...et mancipationem et in iure cessionem lex XII tabularum confirmat...
... *ve mancipatio ve in iure cessio* XII Levha Kanunu tarafından teyit edilmiştir...
Mancipatio ve *in iure cessio* muhtemelen XII Levha'dan çok önceden beri Roma'da uygulanmaktaydı. Bunlar o devrin hukuk karakterini yansıtan şekilci merasimli muamelelerdi.

dan başlayarak Roma hukukuna uzun süre hâkim olan mal ayırımı, *res mancipi ve res nec mancipi* olarak yapılmıştı. *Res mancipi* denilen ve Roma hukukunda sınırlı sayı (*numerus clausus*) ilkesine tabi malların (Roma'da ve daha sonra İtalya'daki araziler, üzerlerindeki binalar, köy arazileri üzerindeki irtifaklar[20], köleler, deve ve fil dışında kalan yük ve çeki hayvanları *res mancipi*'dir) mülkiyetinin devri *mancipatio* ve *in iure cessio* ile olurdu. *Res mancipi*'ler dışında kalan diğer tüm mallar *res nec mancipi*'dir, bunların devri ise *traditio* (teslim) ile gerçekleştirilirdi.

Fertler arasındaki hukukî muameleler hakkında çok geniş hükümler mevcut değildir. Bu durum o devrede Roma toplumunun kendi üretip kendi tüketen ve hukukî ilişkilerin fazla gelişmediği, iktisadi ilişkileri zayıf olan bir toplum olmasına; ya da herkesin bildiği konulara kanunda yer verilmemiş olmasına bağlanabilir. 6. Levha'da *nexum*[21] denilen borçlandırıcı muamele veya *mancipatio* sırasında tarafların söylediklerinin hukuk hükmünde olacağı, yani tarafları bağlayacağı ifade edilmiştir[22].

XII Levha Kanununun değerlendirilmesine gelince; en önemli nokta yazısız hukuktan yazılı hukuka geçiştir. XII Levha Kanunu bir sınıf çatışması sonucu ortaya çıkmış, aralarında uzlaşma sağlamak amacıyla hazırlanmıştır. Kanunun bazı hükümleri ise tamamen reform gayesiyle getirilmiştir. Kanun önünde hiç kimseye imtiyaz tanınamayacağı, zengin bir kişinin kefilinin yine zengin bir kişi olması gerektiği gibi hükümler bu niteliktedir. Bu kanunla; *pleb*'ler keyfi davranışlara karşı belli bir ölçüde de olsa güvenceye kavuşmuştur.

XII Levha Kanunu esas itibarıyla teamül hukukunu, yani atalardan intikal etmiş olan hukuk düzeninin temeli sayılan kavram ve ilkeleri hâkim

---

20 Bir iktisadi menfaatin sağlanması amacıyla başkasının arazisinde sağlanan geçit hakları (krş. TMK. m. 780, 747 ve 761).

21 Romanist doktrinde egemen olan görüş *nexum*'u, bir kimseden ödünç para, karz, yani borç alan kişinin yapılan merasimli bir muamele ile alacaklarının hâkimiyeti altına girmesi olarak açıklar. Buna göre borçlu hâkimiyetten ancak borcunu ödemekle kurtulurdu. Bu durum *pleb*'lerin *patricius*'lara karşı çıktığı olaylardan biridir. Yine Roma'nın en önemli sözleşmesi ve uygulama alanı geniş olan *stipulatio* hakkında da XII Levha Kanunu'nda hüküm mevcuttu (Gai. 4.17a).

22 İradenin önemi miras hukukuna giren bir hükümde de vurgulanmıştır: 5. Levha'da miras bırakanın sağlığında yaptığı ölüme bağlı tasarrufların dikkate alınması gerektiği, yani miras bırakanın iradesine itibar edilmesi gerektiği belirtilmiştir. Bununla beraber hukukî muamelelerde iradenin ön planda tutulması, muameleyi yapanların iradesine kıymet verilmesi aşamasına geç varılabilmiştir. (krş. irade özgürlüğünü öngören TBK, m.26).

bırakmış, Usul Hukukuna ve İcra Hukukuna ağırlık vermiş, ölçü tartı ve sayı gibi tartışma çıkabilecek konularda kesin rakamlar belirlemiştir. Faizin, ayda en fazla %8'e kadar, yılda azami %100 olması, kemik kırılması halinde kemiği kırılan köle ise 150, hür ise 300 *As* ödenmesi, mahkûm borçluya vurulacak zincirin ağırlığının en çok 7,5 kilo, hâkimiyet altındaki borçluya verilecek un miktarının ise günde yarım kilo olarak belirlenmesi örnek gösterilebilir. Şüpheli ve tereddütte yer verecek hususlar üzerinde daha titizlikle durulduğu anlaşılmaktadır. XII Levha Kanunu modern hukuklara tesir eden Roma hukuku olmamakla beraber sonraki hukukta yer alan birçok kurumun başlangıcını bu kanuna kadar götürmek mümkündür. Nitekim daha sonraki yıllarda yaşamış hukukçular, hattâ M.S. VI. asırda *Corpus Iuris Civilis*'i hazırlatan İmparator Iustinianus bile XII Levha'dan söz etmektedir. XII Levha Kanunun birçok hükmü zamanla değiştiği halde kanun hiçbir zaman açıkça yürürlükten kaldırılmamıştır, Roma anlayışına uygun olarak yeni hükümler eski hükümlerin yanında uygulamaya girmişti.

Bu devirde hukukun iki özelliği belirmiştir: Birincisi aile başkanına (*pater familias*) her türlü sınırlamanın ötesinde tanınan hürriyet. İkincisi hukukun, davadaki hâkimin keyfîliğini kısıtlayan, kesin hatlarla çizilmiş olması[23].

2. Eski Hukuk Devrinde Hukukî Faaliyet

Roma'nın ilk hukukçuları rahiplerdi. *Pontifex* (kelime anlamı köprü kuran kimsedir) denilen rahiplerin esas görevi dini merasimleri idare etmek, tarihleri değişebilen bayram günlerini belirlemekti. Önceleri sadece *patricius* sınıfından olabilen rahiplerin, başlarında bir başrahip (*pontifex maximus*) bulunuyordu. XII Levha Kanunundan önce de rahiplerin toplum ile tanrılar arasındaki ilişkileri düzenleyen ve *ius sacrum* (kutsal hukuk) denilen kurallar kadar toplumda fertler arasındaki ilişkilere uygulanan hukuku bildikleri tahmin edilmektedir. Rahipler eski toplumlarda görüldüğü gibi devirlerinin geleneklerini iyi bilen, hayat olaylarını tanıyan, bilgi sahibi ve otoriteleri olan kimselerdi[24].

Rahiplerin sonraki devirlerde laik hukukçularda da görülen faaliyetlerini üç kategoride ele alabiliriz.

---

23 Eskiçağ Hukuk sistemlerinden, mesela Babil Kral'ı Hammurabi (MÖ 1730-1685) kanunundan farklı olarak ahlâk kurallarından ayrı kesin bir roma hürriyet anlayışı, modern çağdaki özgürlük görüşüne örnek oluşturur (bkz. Ekinci, s. 153).

24 Umur, Lügat, *Pontifex;* Kunkel, s.37 vd.

Cavere, rahiplerin yeni hukukî şekiller, muamele tipleri geliştirmesidir. Bu suretle rahipler *ius civile*'nin yaratılmasında büyük rol oynamışlardır. Romalıların fertler arasındaki ilişkileri yasa ile düzenlememek eğilimi, rahiplerin bu işlevinin önemini arttırmıştır. Politikadaki ağırlıkları fazla olan *magistra*'lara danışmanlık yapan ve açılacak bir dava, yapılacak bir hukukî muamele için bilgi isteyen, danışan kişilere yardım eden rahipler yeni hukukî şekiller, işlemler geliştirmişlerdir. Sağlararası ve ölüme bağlı hukukî muamele tipleri yarattıkları gibi usul hukukunun kanuni dava şekillerinin *(legis actiones)* oluşmasında da katkıları büyüktü. Günümüzde de önemli bir hukukî işlem yapmak, dava açmak veya bir davaya cevap vermek isteyen kimse-eski hukuk devrinde rahiplere danışıldığı gibi-bir hukukçuya veya notere danışır. Yanlış yapılan bu hukukî işleri sonradan düzeltmek mümkün olmaya bilir. Roma hukukunda muamelelerin şekilciliği nedeniyle de bu muameleleri bilen kimselere başvurmanın önemi artar. Roma'da rahip hukukçuların geliştirdiği yeni işlem tipleri arasında *in iure cessio*, bununla yakın ilişki içinde olmak üzere *praetor*'un önünde kölenin azat edilmesine yarayan *manumissio vindicta*, evlat edinme *(adoptio)*[25] ve özellikle erkek çocuklar üzerindeki baba hâkimiyetinin *(patria potestas)* sona ermesini ve çocuğun hâkimiyetten çıkmasını sağlayan *emancipatio* vardır[26].

Interpretare her devirde görüldüğü gibi yürürlükteki bir kanunun hükümlerinin yorumlanmasını ifade eder. Bu faaliyette kanunda yer alan bir hususun anlamı tespit edilir. XII Levha Kanunu'ndan önce hukuk hayatını tekelinde bulunduran rahip sınıfı bu kanun çıkarıldıktan sonra yorumunu da üstlendi. Yorum önceleri lafzî (söze bağlı) idi, rahip hukukçular kanun metninden fazla uzaklaşmak istemiyorlardı. Yorum yoluyla elde edilen hukuk da *ius civile*'ye dahil sayılmaktadır.

---

25 Rahipler sınıfının başında görev yapan *pontifex maximus*, hak ehliyetine sahip, yani *sui iuris* Romalının evlât edinilmesinde önemli işlevi vardı. *Confarreatio* denilen evlenen kadını kocasının hâkimiyetine sokan muamele de on tanık önünde Jüpiter rahibinin *(flamen dialis)* ve başrahibin *(pontifex maximus)* de katılmasıyla icra edilirdi. bkz. Kaser M. Das römische Privatrecht, erster Abschnitt 2. bearbeittete Auflage, München 1971, s. 66, 76-77.

26 XII Levha öncesi ve sonrasında normal karşılanan durum kişinin aile içinde yaşamasıydı. Roma'da hayat, aile içi faaliyetlere dayandığından, aile dışında çıkmak bir imtiyaz değildi ve ileride görüleceği gibi bir *capitis deminutio minima* aile durumunun kaybını ifade ediyordu. Bu nedenle hâkimiyetten çıkma pek düşünülen bir durum değildi. Daha sonra bu ihtiyaç ortaya çıkınca rahip hukukçular XII Levha Kanunundaki bir hükümden, oğlunu üç defa satan babanın çocuk üzerindeki hâkimiyetini kesin olarak kaybedeceği hükmünden faydalanarak birden fazla muameleyi bir araya getirdiler, hâkimiyetten çıkarma, yani *emancipatio* muamelesini düzenlediler.

Respondere eski hukukçuların kendilerine sorulan hukukî meselelere cevap vermesidir. Bu cevaplara *responsa* adı verilir. Rahip hukukçuların sonraki devirleri de etkilemiş en önemli faaliyeti budur. Hem *magistra*'lar hem de fertler kendilerini ilgilendiren hukukî sorunlar hakkında rahiplerin görüşünü alırlardı.

Roma, erkenden dinî hukuku *(fas)*, kökeni dinî kurallar olmayan hukuktan *(ius)* ayırdı. Dinî bir çerçevede oluşan hukuk, belirli bir süre rahipler tarafından uygulandı. Hukuk ve büyü sınırlarındaki formüllerini sadece onlar biliyorlardı. Kuşkusuz, ihtilafları çözüm yoluna kavuşturmak ve "hukuk kurallarını açıklamak" için krala yardım ediyorlardı[27].

Rahip hukukçuların hukukun her alanına yayılan bu tekelci faaliyeti M.Ö. 300 yıllarına kadar devam etmiştir. Bu tarihe kadar rahip hukukçular hukuk hayatı için önemli bilgileri ve şekilleri (form'ları) gizli tutmayı başardılar. Rahiplik yaşam boyu sürdüğünden bu konuda belli bir devamlılık ortaya çıkmıştır. Rahipler sınıfında nesilden nesile geçen bir birikim oluşmuştu. İşte bu birikim *patricius* sınıfından gelen rahiplerin tekelindeydi. *Pleb* sınıfının bu tekelciliği ve gizliliği neden yıkmaya çalıştığı anlaşılmaktadır: Hukuk karşısında eşitlik için hukukta açıklığın sağlanması gerekir.

M.Ö. 304 yılında çeşitli *magistra*'lıklarda bulunmuş devlet adamı Appius Claudius[28] bir azatlının oğlu olan kâtibi Flavius'a *legis actio*'ları (kanuni dava şekillerini) vererek yayınlanmasını sağladı. O zamana kadar *legis actio*'lar XII Levha Kanunu'nda yer aldığı oranda biliniyordu. Bunlar hakkında teferruat rahiplerin arşivinde saklı kalmıştı. Bu yüzden sadece rahiplerin yardımıyla dava açılabiliyordu. Artık dava açmak isteyen kimsenin hiç olmazsa kâğıt üstünde yayınlanan bu kitaptan faydalanarak dava açması mümkündü. M.Ö. 300 yılında çıkarılan kanunla üye sayısı arttırılan rahipler sınıfına *pleb*'in girmesi de mümkün olunca, rahiplerin topluma kapalı bir şekilde sürdürmekte oldukları tekelci faaliyetlerin kırılması yönünde yeni bir adım atılmış oldu. Artık cevaplar *(responsa)* rahip sınıfının tümü adına bildirilmediği gibi *pleb* sınıfından gelen bir rahip olan Tiberius Coruncanius kendisine yöneltilen

---

27 Gaudemet, s. 268.

28 M.Ö. 312 yılında *censor* olan Appius Claudius, Roma'nın önemli bir devlet adamıdır. Roma'nın ilk su kanalı Aqua Appia onun adıyla anılır ve bu kanalın uzunluğu 1,6 kilometredir. Bunun yanında 8 metre genişlikte ve 540 km uzunluğunda yaptırdığı Via Appia adlı yol meşhurdur. Kendisi bir *patricius* olmasına rağmen *pleb*'lerin kamu hayatına katılmasında büyük rol oynamıştır. Diğer bir yenilik ise şehirde oturan ve arazisi olmayan halkın *tribus*'lara (nüfus ve askerlik durumuna esas olan birimler) kaydının sağlanmasıdır. Schwind, s. 13, 41.

sorulara alenî, açık yani herkesin önünde cevap vermeye başladı. Ancak bu gelişmelere rağmen laik hukukçu sınıfının yetişmesine kadar rahip hukukçuların hukuk hayatına hâkim kaldıklarında tereddüt yoktur[29].

Romalıların atalardan intikal ettiğine ve kendilerinin hazır bulduklarına inandıkları örf ve âdetler *(mores maiorum)*[30] XII Levha Kanunu ve yorumu suretiyle elde edilen hukuk malzemesi, daha önce değinildiği gibi sosyal meseleleri çözmek için çıkarılan az sayıda kanunla desteklenmiştir. Cumhuriyet döneminde açıklandığı üzere kanunları *magistra*'ların toplantıya çağırdığı ve başkanlığını yaptığı halk meclisleri çıkarırdı[31]. *Magistra* kanun tasarısını hazırlar, *senatus* bunu görüşür, meclislerin kabul ettiği yasa *senatus*'un tasdikinden *(auctoritas patrum)* sonra ilân *(publicatio)* edilerek yürürlüğe girerdi.

Hukukun yazılı *(ius scriptum)* kaynağı olan kanun, kanun koyma yetkisi ve görevi verilmiş bir organ tarafından usulüne uygun bir şekilde çıkarılan[32], devletin sınırları içinde veya vatandaşlarına uygulanacak hukuk kurallarından oluşur. Kanunlarda genellik ve eşitlik ilkesi hâkimdir[33]. Ana kural kanunun yürürlüğe girdikten sonraki olaylara uygulanmasıdır. Romalılar kanuna esas itibarıyla *Lex* derlerdi[34]. Bir kanun çıkarıldıktan sonra kaldırılıncaya ka-

---

29 Ancak; laik hukukçuların sağladığı gelişmeler, hukuk hayatının soylu *senatus* üyelerinin elinde kalmasına engel olamamıştır. M.Ö. I. yüzyılın sonlarına kadar adını duyuran önemli hukukçular Roma'nın idaresini elinde tutan soylular sınıfından *(nobilitas)* gelmekteydi. Hausmaninger-Selb, s.59; Umur, Ders Notları, s.80-82.

30 Romalı geleneğe bağlıdır. Sırf eskiliği yüzünden birşeyi yıkmayı aklından geçirmez. Ahlâki unsurlar görev ve adalet duygusunun güçlenmesine yardım etmiştir (Ekinci, s. 144).

31 Gai. 1,3: *Lex est quod populus iubet atque constituit...* Kanun halkın emrettiği ve karar verdiğidir.

32 D. 1,3.32'de Iulianus, Gaius'un bu fikrine uygun olarak kanunların bağlayıcılığını halkın kabulüne dayandırmaktadır. 1. 1,2,4'de Iustinianus Gaius'un tanımına çok benzeyen bir tarif vermektedir.

33 D. 1,3,8 *Iura non in singulis personas, sed generaliter constituuntur.*
Hukuk kuralları belli (münferit) kişiler için değil, herkes için çıkarılır.
D. 1,3,5, *Nam ad ea potius debet aptari ius, quae et frequenter et facile, quam perraro eveniunt.*
Hukuk çok seyrek olan konulardan çok sık ve kolay meydana gelen konular için getirilmelidir.

34 *Lex* kaynaklarda çeşitli anlamlarda kullanılmıştır. Öncelikle *Pleb* meclisi dışında kalan halk meclisleri *(comitia)* tarafından çıkarılan kanunları ifade ederdi. M.Ö. 286 yılında çıkarılan *lex Hortensia*'dan sonra o zamana kadar *plebiscitum* denilen *Pleb* meclisi kanunlarına da *lex* denilmiş ve bu meclis tarafından yapılan kanunların sadece *Pleb*'i değil *patricius*'ları da bağlayacağı kabul edilmişti. Gai. 1,3'te *patricius*'ların *Pleb* meclisi tarafından çıkarılan kanunlara, yapılışına iştirak etmedikleri gerekçesiyle uymak istemedikleri anlatılmaktadır. İmparatorluk devrinde çıkarılan emirnamelere de *lex* ismi verilmiştir. Hukukî

dar yürürlükte kalırdı. Halk meclisi kanunlarının yine bu kanunu çıkarmış olan meclis tarafında aynı usule dayanılarak ilgası Roma'da pek rastlanılan bir olay değildi[35]. Ancak, aynı konuyu düzenleyen yeni bir kanunun kabul edilmesi eski kanunun fiilen uygulanmaması sonucunu doğururdu. Sonraki kanunların daha önce çıkmış kanunlara göre öncelikle olduğu kaynaklarda ifade edilmiştir. (D. 1,4,4,) Kanunların uzun süre uygulanmaması onların hukuken ilga edilmiş oldukları anlamını taşımaz[36].

Miras, bağışlama, kefalet gibi toplumsal sorunlar yaratacak hukukî düzenlemelerin kanunla yapılması[37] tercih edilmekle beraber özellikle M.Ö. 367 yılında *praetor*'luğun ihdasından sonra hukukun gelişmesinin esas itibarıyla *magistra*'ların beyannamelerine ve hukukçuların faaliyetine dayandığı görülmektedir.

II. KLÂSİK HUKUK DEVRİ (M.Ö. II. yüzyıl ortaları - M.S. III. yüzyıl)

Cumhuriyet rejiminin son yıllarını kaplayan iç huzursuzluklara rağmen üçüncü Pön Savaşları ile (M.Ö. 150-146) Kartaca'ya karşı son ve kesin zaferi elde eden Roma coğrafî ve siyasî yönden İmparatorluk sınırlarına doğru genişlemiştir. Roma İtalya yarımadasından sonra Akdeniz havzasını fethetmiş, diğer toplumlarla ilişkiye girmiştir. Klâsik hukuk devri, Cumhuriyet *(res*

muamelelerde *lex*, tarafların üzerinde anlaştıkları şartları, özel hükümleri de ifade ederdi, *lex venditionis*, *lex commissoria* gibi.

35 D. 9,2,1, pr'da Ulpianus, *lex Aquilia* ile bu konudan önce hukuka aykırı olarak verilen zararlarla ilgili düzenlemelerin kaldırıldığını belirtmektedir. Roma kaynaklarından hareketle bu konuda bazı özdeyişler yerleşmiştir: *Lex posterior derogat priori* (sonraki kanun önceki kanunu kaldırır), *Leges posteriores priores contrarias abrogant* (Sonraki kanunlar bunların zıddı olan kanunları ilga eder), *Lex specialis derogat legi generali* (Özel kanun genel kanunu - o konuda - ilga eder).

36 Yazıldıktan sonra değişikliğe uğramış olduğu kabul edilen bir metinde (D. 1,3,32,1) Iulianus, kanunların sadece kanun koyucunun yeni bir iradesiyle değil, uygulanmama suretiyle ortaya çıkan zımni bir mutabakat ile de ilga edilebileceğini belirtmektedir. Gerçekten bir kanunun uygulanmaması âdet haline gelebilir, ama bu örf ve âdet hukuku ile kanunun kaldırıldığı anlamını taşımaz. Fiilen uygulamama uzun sürse bile, kanun hukuken ilga edilmiş olmaz.
Anayasa Mahkemesi 8.5.1967 tarihli Resmî Gazete'de yayınlanan kararı ile iptal ettiği 25 Kasım 1336 günlü (1920) "Düğünlerde Men'i İsrafat Kanunu" iptal gerekçesinde uzun süre uygulanmaması olgusu da dikkate alınmıştır.

37 Bağışlama konusu *lex Cincia ve* Roma Usul Hukuku'nun gelişmesinde büyük katkısı olan *formula* usulünü vatandaşlar arasında uygulamaya sokan *lex Aebutia* örnek gösterilebilir. Sözleşmeler Hukuku, Eşya Hukukunun büyük bölümü, Aile Hukuku gibi özel hukukun başlıca sahalarının gelişmesi ise kanun dışında kalan kaynaklara bırakılmıştır.

publica) döneminin esas itibariyle son birbuçuk yüzyılı ile birlikte, Roma'nın bir dünya devleti görünümü aldığı İlk İmparatorluk *(Principatus)* devrindeki Roma hukukudur. Roma hukukunun olgunluk yönünden zirveye ulaşması, özellikle Ortaçağ'dan itibaren çeşitli ülkelerin hukukî ihtiyaçlarını karşılayacak nitelikte kuralların ortaya çıkması bu dönemde gerçekleşmiştir. Bununla birlikte klâsik hukuk-modern hukuklardan farklı olarak - tek bir kaynaktan çıkan kurallardan oluşmamıştır. Kanunların dışında, başta *praetor* olmak üzere *magistra*'lar, hukukçular, *senatus* kararları ve imparator emirnameleri tarafından getirilen kurallar yan yana, bazen de kesişen bir biçimde yürürlükteki hukuku meydana getirmiştir.

Roma halkının kendine özgü hukuk anlayışı, böyle farklı kaynaklardan gelen hukuk kurallarının tatbikinde sorun ve karışıklık çıkmayışının sebebidir. Romalılar, hukuku soyut kavramlar üzerine oturtulmuş, önceden planlanmış bir hukuk politikasına dayanan yekpare bir sistem olarak görmemişler, hukuk düzeninin kanunlarla müdahale edilmeden kendi normal akışı içinde oluşacağını düşünmüşlerdir. Klâsik hukukçular denilen, kendilerine özgü çalışma ve hukukî meselelere yaklaşım tarzı bulunan, her devirde saygınlık ve hayranlık uyandırmış bir hukukçu grubunun âdeta önderlik ettiği hukuk tatbikatının meydana çıkardığı hukuk kuralları, klâsik hukuk devrinin en önemli ürünüdür. Hukukta gelişim evrim içinde sağlanmıştır. Eski, ihtiyaçları karşılamayan, uygulamadan kalkmakta olan hukuk kurallarını esas itibariyle açıkça ilga etmemişler, yeni kurallar eskilerinin yanında yürürlüğe girmiş, âdeta iyi kuralın kötü kuralı kovmasını, zamana bırakmışlardır.

M.S. II. yüzyılda yani Roma hukuk ilminin zirveye ulaştığı bir çağda yaşamış olan hukukçu Gaius, *Institutiones* adlı eserinde Roma hukukunun kaynaklarını sayarken, aynı zamanda bu hukukun en çok geliştiği devir olan klâsik dönemin kaynaklarını, öğelerini de belirtmiş olmaktadır.

Gai. 1,2: *Constant autem iura populi Romani ex legibus, plebiscitis, senatus consultis, constitutionibus principium, edictis eorum qui ius edicendi habent, responsis prudentium.*

«Roma halkına ait hukuk kuralları kanunlardan, *senatus* kararlarından, *plebiscitum*'lardan, imparatorların emirnamelerinden, beyanname çıkarmak hakkına sahip olanların beyannamelerinden, hukuk bilginlerinin cevaplarından meydana gelir.»

Kanunların dışındakiler, klâsik hukuk devrinin kaynaklarıdır.

1. *Praetor ve Hukuku*

Romalılar arasındaki ve yabancılarla yapılan hukuki işlemlerin artması, ticaret hayatının tarım alanının yanında önem kazanması, sadece Romalılar arasındaki hukukî ilişkiler için öngörülmüş olan dar ve şekilci *ius civile*'nin yetersiz kalması sonucunu getirmiştir. Küçük bir toplumun sınırlı ihtiyaçlarına o zamana kadar cevap vermiş olan *ius civile*, yeni ilişkilerin gerektirdiği hukuk elâstikiyetini ve çabukluğunu sağlayamadı. Romalılar yeni ekonomik hayatın bir gereği olarak kendi aralarında *ius civile*'nin düzenlemediği ilişkiler kurmak ve yabancılarla daha sık hukukî ilişkiye girmek zorunda kaldıklarından, tarafların mensup olduğu kavimden bağımsız, bu hukukî ilişkileri düzenleyen yeni kurallara ihtiyaç duyuluyordu. Şekil ve formalitelerden kurtulmak, hukuku yenilemek gerekmişti.

Bilhassa Kartaca ile yapılan savaşlarla başlayan bu yeni devrin yeni hukukî ihtiyaçlarına cevap vermek, *ius civile*'de yer almayan yeni talep ve dava haklarını davacıya, ya da yeni savunma imkânlarını davalıya tanımak, eskimiş *ius civile* kaidelerinin uygulanmasına izin vermeyerek adaleti sağlamak, *iurisdictio* denilen yargı faaliyetiyle görevli ve yetkili *magistra*'ların önemli işi olmuştu. Krallık devrinde krala, Cumhuriyet devrinde önce *consul*'lere ait olan *iurisdictio* işlevi, M.Ö. 367 yılında çıkarılan kanunla hiyerarşik bakımdan *consul*'lerin altında bulunan *praetor*'lara tevdi edilmişti. Başka bir deyişle *iurisdictio*, Cumhuriyet döneminin ortalarından *Principatus* denilen rejimin ilk asırlarına kadar esas itibarıyla *praetor*'luk makamının işlevidir.

Iurisdictio'nun kelime anlamı «hukuku söylemek» (*ius dicere*) dir. Bununla Romalılar bir ihtilâfı karara bağlayarak halleden yargıcın işlevini kastetmezlerdi. *Iurisdictio, magistra*'nın muhakemeyi başlatarak ihtilâfın kendisinin tayin ettiği hâkim önünde görüşülmesini sağlayan faaliyetini ifade ederdi. *Magistra* tarafların katılımı ile, hâkimin ihtilâfa uygulayacağı kuralları belirlerdi. Hâkim (*iudex*) laik devirde *praetor* tarafından son şekli verilen yazılı dava programına (*formula*) uyarak davayı karara bağlardı. *Praetor* yargı işleriyle görevli kendine özgü (*sui generis*) işlevi olan önemli bir *magistra* idi. Göreve bir yıl için seçilir, davaları örgütlemek ve yargıyı idare ile görevlidir.

Hukukun amacı huzurlu hayatın temini olarak görülmüştür. Böylece hakkaniyet hukuku[38] doğmuş, hukukun değişen zamanın şartları ile uyum sağlaması yeni ihtiyaçlara cevap verebilmesi için hukukçunun müdahalesi gerekmiştir[39].

---

38 krş., TMK. m. 4... Hâkim, hukuka ve hakkaniyete göre karar verir.

39 Ekinci. s. 155.

Praetor'luk ekseriya ordunun başında Roma dışına giden *consul*'lerin yerine, Roma'da düzeni sağlamak ve bunun için çok önemli olan yargı işlerine bakmak üzere M.Ö. 367'de ihdas edilmiştir. M.Ö. 337'den itibaren bu makama *pleb*'lerin de gelebileceği kabul olunmuş, M.Ö. 242 yılında yabancılar arasındaki veya taraflardan biri Romalı olan anlaşmazlıkları halletmek, bunun için gerekli usul vasıtalarını yürürlüğe sokmak üzere yabancılar *praetor*'luğu *(praetor peregrinus)* kurulmuştu[40]. Daha sonra *praetor*'ların sayısı artmış, bunlardan bazıları ceza işlerinin tetkiki ve karara bağlanması için kurulan *Quaestiones*[41] adlı mahkemelere başkanlık etmekle beraber özel hukukun gelişmesi esas itibariyle Romalılar arasındaki ihtilaflara bakan *praetor urbanus* (şehir *praetor*'u) ve içinde yabancılık unsuru olan meseleleri ele alan *praetor peregrinus*'un (yabancılar *praetor*'u) elinde kalmıştır.

Praetor'un özel hukuk alanındaki etkisi ve katkısı yasama faaliyetinin sonucu değildir, çünkü *praetor* kanun koyucu değildir. *Praetor'un* işlevi *imperium* (emretme) yetkisine dayanarak fertler arasında çıkan ihtilafa hangi hukuk kuralının uygulanacağını tespit etmektir *(iurisdictio)*[42].

Bu bağlamda; *praetor peregrinus*'un, yani Roma vatandaşları ile yabancılar arasında uygulanacak hukuku belirleyen *(praetor qui inter cives et peregrinos ius dicit) praetor* üzerinde durmak yararlı olacaktır, çünkü Roma hukukuna evrensel nitelikte kuralların girmesi esas itibariyle bu *praetor*'ların faaliyeti sayesinde olmuştur. Teamül hukuku, XII Levha Kanunu ve bunun yorumu,

---

40 *Praetor* kelimesi, *praeire* (önden gitmek) fiilinden türetilmiştir. Başlangıçta, *consul*'lere *praetor* denilmiş olması muhtemeldir. *Praetor*'ların *consul*'lerin yerine askeri işler de gördükleri olmuştur. Diğer taraftan *praetor*'lar görev sürelerini bitirdikten sonra eyaletlerde vali olarak görev yaparlardı. *Formula* denilen yargı usulünü yürürlüğe sokan *praetor* önünde azat etme muamelesi, evlat edinme *(adoptio)* yapılır, *praetor* vasi atardı. Roma'nın önemli muamelesi olan *in iure cessio praetor* önünde gerçekleştirilirdi. *Ius civile*'ye göre mirasçı olmayan kimselere *praetor* mirasçılık tanıyabilirdi. *Ius civile*'nin aradığı şekillere uyulmadan yapılmış olan muamelelerle azat edilenler *praetor* tarafından himaye edildikleri müddetçe hür gibi yaşarlardı. Karadeniz – Çelebican s. 22, 95 – 98; Umur, Lügat *Praetor;* Kunkel, s.24, 26.

41 *Quaestiones* mahkemeleri M.Ö. II. yüzyılda belli suç tiplerine (meselâ seçim hilesi, belgeleri tahrif, insan öldürme, rüşvet, vatana ihanet suçları) bakmak için kurulmuş olan ve *praetor*'un başkanlığında çalışan ceza mahkemeleriydi. *Quaestiones* usulü, ceza hukukunda başka mahkemelerin ortaya çıkmasıyla terkedilmiştir. Kunkel, s. 14 vd.; Umur, Lügat, Quaestio.

42 D. 2,1,3 ... *Iurisdictio est etiam iudicis dandi licentia... Iurisdictio* dava vermek yetkisidir.
I. 4, 6, 3... *Aliae autem sunt, quas praetor ex sua iurisdictione comparates habet tam in rem quam in personam...*
... *Praetor*'un yargı yetkisine dayanarak yarattığı diğer aynî ve şahsi davalar vardır...

kısmen de az sayıdaki diğer kanunlara dayanan *ius civile* sadece Romalılar için oluşturulmuştu ve yine sadece Romalılara uygulanıyordu. Böylece bu *praetor*'luğun ihdasına kadar Romalılara göre kural olarak yabancıların hukuku yoktu. *Hostis* (düşman) denilen yabancıyı hâkimiyetine alan onun efendisi olurdu. Zamanla eski devrin bu anlayışı terkedilerek yabancılarla iyi ilişkiler kurmanın yararlı olacağı fikri benimsendi[43]. İşte yabancılar *praetor*'luğu bu fikrin bir yansımasıdır. Bu *praetor*'un görev ve yetki alanında oluşan kurallara *ius gentium* (evrensel hukuk) adı verilmiştir. Bu kurallar hukukî ilişkiye taraf olanların kavminden bağımsız herkes için geçerli ve herkese uygulanabilecek nitelikte idi. Bunlar aynı zamanda Roma devletinin diğer devletler arasındaki ekonomik, sosyal ve siyasî ilişkilerin gelişmesinde, Roma devletinin etki alanının genişlemesinde önemli rol oynamıştır. Yabancılar *praetor*'u, şehir *praetor*'una nazaran daha serbest hareket edebiliyordu, çünkü *ius civile* ve bunun dayanağı olan atalardan intikal etmiş örf ve âdetler, kanunlar, *mancipatio* gibi Roma'ya özgü muameleler yabancılarla olan münasebetlerde geçerli değildi. Meslektaşı olan şehir *praetor*'u gibi yabancılar *praetor*'u da *imperium*'una ve *iurisdictio* yetkisine dayanarak *ius gentium* (evrensel hukuk)[44] kavramı içine giren kurallar yaratmıştır.

Praetor urbanus ve *praetor peregrinus* Roma hukukunu zamanın ihtiyaçlarına uydurmak için yeni himaye vasıtaları ve kurallar getirirken *consilium*'ların buna etkisi çok büyük olmuştur. *Consilium*, *magistra*'ların fikirlerini aldığı, ekseriya hukukçulardan oluşan danışma kuruludur[45]. Esas itibariyle *praetor*'luk siyasi bir makamdı. Başka bir deyişle bu makama politikada yükselmek isteyen kimseler geliyordu. Bu kişiler hukuk eğitimi görmüş olsalar bile bu kadar yeniliği tek başlarına getirmeleri mümkün değildir. Roma hukukunun yeni hü-

---

43 Romalılar *hospitium* (misafirlik andlaşması) yaptıkları devletlerin vatandaşlarını himaye ederlerdi.
Roma vatandaşı da aynı devletin ülkesine gidince bu durumdan yararlanırdı. Roma ticaret yaptığı devletlerle ticari andlaşmalar imzalardı. Bunlardan doğan ihtilafları her iki devlet hâkimlerinin birlikte görev yaptığı kurullar karara bağlarlardı. Kartaca ve Yunan şehir devletleriyle bu nitelikte andlaşmalar yapılmıştı. Umur, Lügat, *hospitium*; Heumann – Seckel, s.239; Kaser, s.35.

44 Ancak, *Ius gentium* kuralları *ius civile*'den tamamen farklı değildir. Bu kurallar yaratılırken yine ius civile dikkate alınmıştır.

45 *Consilium* kurumu Roma toplumunun bütün alanlarında görülmekteydi. *Senatus* devletin danışma kuruluşuydu. Bir karar vermeden önce *magistra*'ların *consilium*'larına danışması gelenekti. İmparatorluk döneminde imparatorların da yine çoğunluğunu hukukçuların oluşturduğu *consilium*'ları vardı. Nihayet *pater familias* aile fertleri üzerinde sahip olduğu disiplin yetkisini kullanmadan önce aile meclisinin fikrini alırdı. (Kunkel, s.101; Hausmaninger – Selb, s. 72, 86; Kaser, s.60, 61).

kümlerini şeklen yürürlüğe sokan *praetor*'lardır ama, onların arkasındaki danışma kurulunun içerik yönünden katkısını unutmamak gerekir. Bu danışma kurulunun üyelerini *praetor*, serbestçe belirlerdi. *Magistra*'nın güvendiği ve fikrine hürmet ettiği kişilerden oluşan bu kurulda hukukçular büyük yer tutardı. *Praetor* bu kurulun fikriyle bağlı değildi, ancak genelde buna uyardı. Fakat bu fikir dış dünyaya *praetor'un* kararı olarak yansırdı. Bu şekilde *consilium*'un bilimsel görüşü ile *praetor*'u temsil ettiği devlet gücü birleşerek tatbikat için gerekli hukuk kuralları yaratılırdı. *Praetor*'ların faaliyet alanında ortaya çıkan hukuka *ius praetorium* ve *ius honorarium* denmekteydi.

Praetor'ların yargı alanında oluşturdukları hukuk kuralları ikinci hukuk katmanını oluşturmuştur.

A. PRAETOR BEYANNAMESİ

Praetor'ların yargı alanındaki faaliyetleriyle hukuku geliştirmelerinde *edictum* denilen beyannameleri önemli bir faktör olmuştur. Diğer *magistra*'lar gibi *praetor*'ların da *ius edicendi*'si, yani beyanname yayınlamak yetkisi mevcuttu. Edictum'lar, hukukun canlı sesi *(viva vox)* sayılmıştır. Göreve gelen *praetor* görev süresi içinde yargı işlerinin görülmesinde uyacağı programı ve ilkeleri beyaza boyanmış levhalar üzerinde ilân ederdi. Beyanname metni siyah harflerle yazılırdı. *Praetor*'un beyannamesi kanun metni içermediği gibi, beyannamede yer alan prensip ve kurallar kanun maddesi niteliğinde de değildir. Bu beyannamede bir yıllık görev süresi içinde *praetor*'un tanıyacağı dava hakları, def'iler ve diğer himaye araçlarının ilkeleri, kuralları yer almaktaydı. Özellikle *formula* denilen dava kalıplarına yer veren *praetor*'lar bu şekilde hukukta gerekli açıklığı temin ediyorlardı; dava açmak isteyen kimseler de hem *praetor* önünde hem de dava etmek istedikleri kimselere karşı talep edecekleri davaları beyannamedeki esaslara dayandırıyorlardı.

Diğer *magistra*'lar gibi *praetor*'lar da M.Ö. 67 yılında çıkarılmış *lex Cornelia de iurisdictione*'ye kadar, görev süreleri içinde beyannamelerinden ayrılabiliyorlardı. Ancak anılan kanun *magistra*'ların görev süresi bitinceye kadar yayınladıkları beyannamelerle bağlı olacakları esasını getirdi. Buna rağmen *praetor*'ların beyannamelerinde yer vermedikleri hukukî himaye araçlarını fertlere tanıyabileceklerini belirtmek gerekir.

Praetor'ların görevi bir yıl devam ettiğinden dayanağı *imperium* olan beyannamenin yürürlük süresi göreviyle birlikte sona ermekteydi. Yeni gelen *praetor* önceki *praetor*'un beyannamesiyle bağlı değildi. Ancak eski beyannamede yer alan esaslar yerleşmiş ve tatbikatta tutulmuş kurallardan meydana geldiği için çok defa eski beyannameyi aynen muhafaza eder ya da bunda bazı değişiklikler veya ilâveler yapardı. Bu şekilde hukuk hayatının ihtiyaçları derhal karşılanmış olurdu. Yapılması, değiştirilmesi ve kaldırılması ancak belli usullerle yapılan kanunlarla karşılaştırıldığında hukukun beyannameler yoluyla düzenlenmesi çok elâstikî ve yeni ihtiyaçlara daha uygundu. Göreve yeni başlayan *praetor*'un eski beyannamedeki kısımları aynen benimsemesi suretiyle beyannameden beyannameye intikal eden değişmez, hukukta istikrarı temin eden hukukî temel oluşmuştu. Beyannamede yapılan değişiklikler yavaş yavaş, evrim içinde meydana geldiği için hukuk hayatı bakımından vazgeçilmez olan hukukî devamlılık sağlanmış oluyordu. Hattâ bu devamlılığın yabancılar *praetor*'u şehir *praetor*'u ilişkisi yönünden de mevcut olduğu söylenebilir. *Magistra* görevlerindeki hiyerarşi, siyasî kariyer yönünden şehir *praetor'u* olmak için kural olarak önce yabancılar *praetor*'u olmayı gerektiriyordu. Bu görevinde benimsediği bir yeniliğe, şehir *praetor*'u olduğu zaman çıkardığı beyannamede de yer vermeyi sürdüren *magistra* bir başka deyişle, yabancılık unsurunun mevcut olduğu bir ilişki için öngörülmüş kuralı Romalılar arasındaki hukukî ilişkilere de uyguluyordu. Bu sebeple *ius honorarium* alanında çıkmış bazı kurumlar daha sonra *ius civile* kapsamına da alınmıştır.

Zamanla beyanname, *praetor*'un yargı alanındaki faaliyeti sonucu ortaya çıkan tüm hukuk malzemesini, hukukî himaye vasıtalarını içeren bir hale geldi. Bu şekilde bu hukuk kaynağı, kanun olmamakla beraber, açık ve kesin, hukuk güvenliğini sağlayan özelliği ile klâsik hukukun önemli bir öğesini teşkil etti. Diğer taraftan her sene yenilenebilmesi beyannameye değişen şartlara uygunluk ve elastikiyet kazandırıyordu. Bu yüzden *edictum* kanun ile örf ve âdet arasında yer alan bir hukuk kaynağı idi.

Praetor'un sahip olduğu *imperium* (emretme) yetkisine dayanan yargı işlevinin sonucu olarak yayınlanan hukuk kuralları *ius honorarium*'un önemli bölümünü oluşturmaktadır. Bu hukukun görünümünde ise, muhakeme hukukuna ilişkin, yani duruşmalarda uygulanan usul kurallarına ait düşünceler ve kurallar baskın durumdadır. Çünkü *edictum*'da dava haklarına *(actiones)*, savunma imkânlarına, yani def'ilere *(exceptiones)* ve diğer hukukî himaye araçlarına öncelik verilmiştir. Beyannamede hukuka, hakların korunmasına ilişkin bir görüşle yaklaşılmaktadır. Nitekim *praetor* beyannamelerinin en parlak devri *lex Aebutia* ile M.Ö. II. yüzyılda *formula* usulünün kanuni hale gelmesiyle başlar, *Principatus* devrine kadar devam eder. *Lex Aebutia* ile *formula* usulü, *legis actio*'lar usulü yanında, kanunlar ve *ius civile*'den doğan talep hakları için de yürürlüğe sokulmuştu. Yeni davalar ve def'iler ile *praetor*'un özel hukuka katkısı artmıştı. *Edictum*'a alınan yeni ilkeler yanında *praetor*'un günlük hayattaki hukuk faaliyetlerinden dolayısıyla yeni ihtiyaçların karşılanmasından da söz etmek gerekir. *Praetor* bir dava vermek veya dava talebini reddetmek yetkisine sahipti. Usul Hukuku'nda görüleceği üzere *legis actio*'larda olduğu gibi *formula* usulünün ilk aşaması *praetor* önünde cereyan ederdi. *Praetor* iddianın hâkim önünde görülmesini uygun bulursa, istenen davayı tanır, bunun *formula*'sını hazırlayarak meseleyi çözmesi için tayin ettiği hâkimin önüne gönderirdi. Açılmak istenen davanın *ius civile*'de dayanağı olsa bile *praetor* böyle bir dava talebini reddedebilirdi. Bunun aksi de mümkündü; o zamana kadar dava tanınmamış bir hukukî ilişkiyi artık korunmaya değer bulursa *actio in factum* (korunması gereken bir olaya, duruma dayanan), yani *ius civile*'de veya *praetor* hukukunda yer almayan davayı verebilirdi. *Praetor*'un dava vermek veya vermemek konusundaki kararları da hukukun gelişmesinde önemli bir unsurdu.

Beyannamenin değişmez hale getirilmesi:

M.S. 130 yılında imparator Hadrianus, Roma'nın büyük hukukçularından Salvius Iulianus'u beyannameyi değişmez, kesin hale getirmekle görevlendirdi. Iulianus beyannameyi elden geçirerek eskimiş kısımları çıkardı, bazı yerlerini yeniden kaleme aldı. İmparator Hadrianus'un beyannameyi değişmez hale getirmesinin sebebi, imparatorların mutlak iktidarları yanında bu iktidarla bağdaşması mümkün olmayan başka bir kaynaktan, *praetor* faaliyetinden hukuk oluşturulmasını önlemek istemesidir. Salvius Iulianus'un tesbit ettiği beyanname *senatus* kararıyla da onaylandı. Bu metne "*Edictum Perpetuum*" (Devamlı Beyanname) denildi. Bu tarihten itibaren hukukun gelişmesi, iktidarına dayanak yeni kaideler koyan imparatorun eline geçmiş oldu. Göreve gelen *praetor*'lar kesin hale getirilmiş beyannameyi aynen neşretmek zorundaydı. *Praetor*'un beyanname neşretmeye devam etmesi artık gelenek icabı oluyordu.

Edictum perpetuum kanun niteliğinde değildi. *Praetor* beyannamesi olarak, *ius civile* yanında, ayrı bir hukuk gibi kabul edilir, devamlı uygulanması olduğu için, hukuk kaynağı olarak ayrıca şerh edilirdi[46]. Diğer taraftan, *Edictum Perpetuum* sayesinde yargı sistemi sürekliliğini korumuştur.

Praetor urbanus yanında beyanname neşretmek yetkisine sahip olan *praetor peregrinus*, *aedilis curulis* ve eyalet valilerinin beyannameleri hakkında bilinenler çok eksiktir. *Praetor* beyannamesinin hazırlanmasında yardımcı olan ve bu şekilde yürürlükteki hukuku etkileyen hukukçular *edictum*'un değişmez

---

[46] Umur, Ders Notları, s. 95.

hale gelmesinden sonra faaliyetlerini bu *edictum perpetuum*'un şerhedilmesi üzerinde yoğunlaştırdılar. Şehir *praetor*'unun beyannamesine hukukçuların yaptığı şerhlerden Iustinianus'un *Digesta*'sına bir çok parça alındığından bu beyannamenin içeriği hakkında bilinenler, daha fazladır. Klâsik hukukçuların *praetor* beyannamesine yazdıkları şerhlerden buraya alınmış parçalardan hareket eden Alman Romanist Otto Lenel, *praetor* beyannamesinin muhtemel yapısını ve içeriğini *Edictum Perpetuum* başlığı altında XIX. yüzyılın sonlarında yayınlamıştır. Bu beyanname Roma hukukunun tümünü kapsamaz; hukukun değiştirilmesi veya tamamlanması gerekmeyen kısımları beyannamede yer almaz[47].

Iurisdictio yetkisine sahip bu *magistra*'ların fertler arasındaki ilişkilerde sağladıkları himaye vasıtaları çeşitlilik gösterir. Bu himaye vasıtaları, Usul Hukukunda görüleceği gibi) praetor davaları, def'iler, *(exceptio'lar)* eski hale iadeler, *(in integrum restitutio'lar) interdictum*'lar vb. dir.

2. *Senatus Kararları (Senatus Consulta)*

Principatus devrinde devlet ve siyasi yapıdaki değişikliğe paralel olarak hukuk kaynaklarında da değişiklik olmuştur.

Cumhuriyet devrinde *senatus*'un kanun niteliğinde kararlar alması mümkün değildi. Ancak, *Principatus*'un ilk yıllarında bir müddet çalıştırılabilen ve bazı toplumsal sorunları çözmek için kanunlar *(leges)* çıkaran halk meclislerinin toplanamaz ve sağlıklı karar alamaz duruma gelmesiyle o zamana kadar danışma niteliğinde olan *senatus* kararları kanun kuvveti kazandı. Gaius, Gai. 1,2'de Roma halkının hukuk kaynaklarını saydıktan ve Gai. 1,4'te *senatus*'un emir ve kabul ettiğinin *senatus consultum* olduğunu söyledikten sonra bir ara tereddüt edilmiş olsa dahi bu kararların kanun kuvvetinde olduğunu belirtmektedir. Roma'da temsil fikri zayıf olduğu halde, *senatus* (Bazı yazarlar tarafından Cumhuriyet'in kalbi olarak da nitelendirilmektedir)[48] halk meclislerinin temsilcisi gibi kabul edilmiştir.

İlk imparatorluk döneminde *senatus* önceleri *princeps*'in kanun tasarılarını görüşerek bunları kanun haline getirmiştir. *Senatus*'un imparatorun ira-

---

47 *Praetor*, beyannamesinde *ius civile*'ye giren kanunlar ve *senatus* kararlarının uygulanmasını sağlamak üzere de davalara ve def'ilere yer verirdi. Meselâ 25 yaşından küçüklerin aldatılmasını önlemek için getirilen *lex Plaetoria* ve aile evlâtlarına para borcu (karz, tüketim ödüncü) verilmesini yasaklayan *senatus consultum Macedonianum*'un işlerliği, *praetor*'un *edictum*'a koyduğu himaye vasıtalarıyla sağlanmıştı.

48 Thireau, s. 33.

desini *(oratio)* görüşerek tasdik etmesiyle özel hukuk alanında birçok önemli kanun çıkarılmıştır. Augustus ve onu izleyen imparatorların bu konudaki ısrarlı davranışları, yani *senatus'un* itibarını yükseltmek istemeleri sonucunda *senatus*, Milâdı izleyen iki yüzyıl boyunca en yetkili devlet organı haline geldi. Ancak, zamanla *senatus*'un otoritesi azaldı. M.S. II. yüzyılın ortalarından itibaren *senatus* gerek *magistra*'ların seçiminde gerekse kanun yapmada imparatorun iradesine, isteğine göre hareket eden bir meclis haline dönüştü. İmparatorun *senatus*'ta okuduğu veya okuttuğu metin *(oratio principis)* herhangi bir görüşme olmadan kanun olarak kabul ediliyordu; *senatus* imparatorun borazanı haline gelmişti[49]. İmparatorun mutlakiyete dönüşen gücü, hukukun gelişmesinde en önemli kaynağın imparator emirnameleri olması sonucunu doğurdu.

Senatus kararının muhatabı Roma halkı değildir. *Senatus* iradesi *magistra*'ları muhatap alır ve onlara tavsiyede bulunur. Bu tavsiyeyi Roma'nın önemli devlet görevlerinde bulunmuş tecrübeli üyeler yaptığından, *magistra* buna uygun davranırdı. Aynen halk meclisi kanunlarında olduğu gibi, *senatus* kararları da sosyal problemlerin çözülmesi için çıkarılmıştır. Halk meclisleri kanunları kanun teklif eden *magistra*'ların adıyla anıldığı halde *senatus* kararları ekseriya teklifi getiren imparatorun adıyla anılmaktadır. Meselâ *senatus consultum Claudianum*, imparator *Claudius*'un (M.S. I. asır) hür kadınların başkalarına ait kölelerle cinsel ilişkide bulunmasını yasaklamak üzere teklif ettiği ve *senatus*'un da kabul ettiği kanundur. *Senatus consultum Neronianum* M.Ö. 60 yılında muayyen mal vasiyetlerinin geçerliliği için çıkartılmıştı. Senatus, miras hukuku alanında da yeni düzenlemeler yapmıştır.

3. Hukuk İlmi (Iurisprudentia)

M.Ö. III. yüzyılın ortalarında Usul Hukuku ile ilgili önemli bilgilerin (kanunî dava şekilleri, dava açılabilecek günler) yayınlanmasıyla hukuk tatbikatı alanında rahip hukukçuların tekelinin kırılması ve laik hukukçuların yetişmesi için engel kalmadığını söylemek mümkündür. Ancak daha önce de belirtildiği gibi böyle bir hukukçu sınıfının yetişmesi zamana bağlı olduğundan hukuk hayatı bir süre daha rahip hukukçuların elinde kaldı. M.Ö. II. yüzyıldan itibaren klâsik hukukçuların öncüleri diyebileceğimiz, laik bir anlayışla hukukî meselelere eğilen, sonraki devirlerde *veteres* (eski hukukçular) olarak adlandırılan hukukçuların faaliyet gösterdikleri görülmektedir.

---

49 *Siber*, Röm. Rechtsgeschiechte, s. 48; *Schwarz*, s. 114.

Daha Cumhuriyet devrinin son asırlarından itibaren laik hukukçular yorum konusunda rahip hukukçulardan farklı davranmaya başlamışlardır. Yunan kültür ve felsefesi, metodolojisi ve düşünce tarzının etkisiyle metne ve şekle bağlı kalarak yorum yapmak yerine takip edilen amaca göre yorum, kanun veya tarafların gerçek iradesine değer verme eğilimi görülmektedir. Yine Cumhuriyetin son yüzyılından itibaren görülen bir diğer eğilim de hukukî alanda sistematik denilebilecek, soyut kurallara ilişkin yazılan eserlerdir. XII Levha Kanunu, *praetor* beyannamesi, alışveriş hayatında sık görülen muamele şekilleri (formülleri) hukukçuların inceleme ve araştırma konularıdır. Bu hukukçuların eserlerinin ancak çok az bir kısmı yapılan atıflar dolayısıyla bilinmektedir.

Esas itibariyle İlk İmparatorluk dönemiyle birlikte faaliyetleri artan klâsik hukukçuların Roma hukuku, dolayısıyla modern hukuk içinde özel bir yeri vardır. Bu hukukçular münferit hukukî meselelerden hareket ederek hukukî çözüme varmak suretiyle bugün de geçerli hukuk ilkelerini ortaya koymuşlardır. Klâsik hukuk ilmi her şeyden önce tatbikatçı eğilimi, meseleci (kazuist) metoduyla kendini gösterir. Bunların doktrini, tatbikata yönelik faaliyetlerin bir yan sonucudur.

Önemli de olan bazı istisnalar bir yana bırakılacak olursa, bu hukukçular hukuku teorik ve didaktik yönden açıklamaya pek fazla zaman ayırmamışlardır. Davalarda avukatlık yapmazlardı. Tarafları hukuk kültürü olan hatipler savunurdu.

Hukukun toplumsal bir olgu olduğunu gözden kaçırmadan, yeni hukukî sorunlar için meseleci çözümler üreten, hukuk hayatının gereksinim duyduğu kavram ve kuralları ortaya koyan klâsik hukukçular modern anlamda bilim adamı değildirler; onlar için önemli olan adalet, hakkaniyet, insaniyet, dürüstlük, iyi niyet, menfaatler dengesi *(utilitatis causa) ilkeleriyle* uyuşan cevaplar vermekti[50]. Bu hukukçuların otoriteleri o kadar büyüktü ki, kendilerine arz edilen meselelere cevap verirken, gerekçe göstermeye ekseriya lüzûm görmezlerdi[51].

---

50 *Iurisconsulti*, yani hukuk ilmini ve uygulamasını bilmeleri nedeniyle meselelerin danışıldığı hukukçuların çok yönlü kişiliği, genellikle soylu ailelerden gelmeleri, önemli devlet görevlerinde bulunmaları, nihayet Augustus'tan itibaren birçoğunun imparator adına cevap vermek yetkisine sahip olmaları, bu cevapların doğru kabul edilmesi için yeterli görülmüştür. Hukukçuların kendileri de birçok metinde başka hukukçuları zikretmek suretiyle bu otorite anlayışını güçlendirmiştir. Bkz. Umur, Lügat, *iurisconsulti*..

51 Yukarıda anılan ve ahlâkî içeriği de olan bu prensiplere rağmen klâsik hukukçular hukuk kurallarını ahlâki, dini kurallardan titizlikle ayırt etmişler, sadece hukuk açısından

Iurisprudentia (hukuk ilmi) her şeyden önce hukuk bilgisidir. İyi, ayrıntılarıyla düşünülmüş, dengeli ve bilge hukuk faaliyetleridir. Bu terimin Roma anlamı, İngilizcedeki ile uyuşmaktadır. Hukukun genel teorisini, hukukun temel ilkeleri üzerindeki düşünceleri ifade etmektedir. Özetle; *iurisprudentia*, bugün, doktrin dediğimiz kavramla, tam olarak, uyuşmaktadır[52].

Dünyanın her yerinde, hukuk kuralları vardır. Ancak, Roma'da bilim haline getirilmiştir. Hukuk; hukuk âlimleri tarafından inşa edilmiş ve eğitimi verilmiştir.

Praetor'un *iurisdictio* faaliyetine paralel olarak klâsik hukuk ilmi, özel hukuka daha çok hakkın korunmasına yarayan dava, def'i ve diğer himaye vasıtaları bakımından yaklaşırdı, *praetor*'un *edictum*' unda yer verdiği *actio* ve *exceptio*'ların şartlarını inceler ve açıklardı. Bu da onların hukuk tatbikatı ile yakından ilgisini gösteren bir olgudur.

Klâsik hukukçuların etkinliği kendilerine danışılan meselelere cevap vermek yanında *ius civile* ve *ius honorarium*'un açıklanması üzerinde yoğunlaşmıştı. *Ius civile*'yi açıklarken XII Levha Kanunu'ndaki düzenlemelere kadar gidilirdi. Buna karşılık özellikle *praetor* beyannamesi M.S. II. yüzyılda Devamlı Beyanname *(Edictum Perpetuum)* haline geldikten sonra *praetor* hukukunun açıklanması ve yorumu hukukçuların önemli işlerinden biri olmuştur.

II. yüzyılda, yunan kültürü yavaş yavaş İtalya'ya girer. Hukukçular, Platon, Aristo, stoisyenler gibi filozofları okumaya başlar[53]. Cicero "hukuku sanat

---

önemli olana yönelmişlerdir. Kanunlarla veya beyannamelerle düzenlenmemiş konulara hukukçular nadiren girmişlerdir. Karı- koca ilişkilerinden dikkatle söz edilmiştir. Hukuk kurallarının sosyo-ekonomik ve siyasî olgulardan etkilendiği şüphesizdir, ancak Romalı hukukçular hukuk kurallarının bu yönüne bakmamışlardır. Meselâ intifa hakkının başkasına niçin devredilemeyeceğini, kiracının, ariyet alanın niçin zilyet sayılmadığını, klâsik devirde formula usulünde geçerli olan nakdi mahkûmiyetin sebebini açıklamamışlardır. Kamu hukuku klâsik hukukçuların uzak durduğu bir alandı. Bu konuda Bkz. Fritz S; Prinzipien des römischen Rechts, Berlin 1954, s.14 vd.

52 Fransa'da *jurisprudence* terimi ile ifade edileni belirtmek için, İngilizler *the decisions of the Courts*, demektedir (Carbasse, s. 39 ve s. 41, d.n. 1).
Pomponius (D. 1, 2, 2,13), hukuk alanında her gün ilerleme kaydeden uzmanlar olmasaydı, hukukun oluşamayacağını, söylemektedir. Hermogenianus, (D. I, 5, 2) başka bir açıdan, IV. yy başında tüm hukukun insanlar için oluşturulduğunu, yazmaktadır.

53 Stoisyenlerin düşünceleri, filozof Epiktet ve imparator Marcus Aurelius (121-180) (Düşünceler isimli kitabı yunanca yazılmıştır) eserleri aracılığı ile gelmiştir. Bir kölenin çocuğu olan, kendisi de köle olan Epiktet (doğumu M.S. 50) azat edilmiş ve Roma'da, her zaman kapıları açık olan evinde yaşamaya devam etmiştir. 90 yılında, imparator Diocletianus'un (51-96) bir beyannamesi, bütün filozofları İtalya'dan gönderir. Yunanistan'a çekilen

haline dönüştürmenin" (*ius in artem redigere)* hukukçulara ait olduğuna işaret ederek, hukukçuların rolünü belirlemiştir.

Iurisprudentia sadece düşünce alanında değildir. Mütalaalar vererek hukukî işlemleri kaleme alarak tarafların adına davalara yön vererek, hukuk hayatına faal olarak katılırlar[54].

Klâsik devrin hukuk yayınları esas itibarıyla *Digesta* denilen hukukun her alanına giren konuların incelendiği kapsamlı eserler, *ius civile* ve *ius honorarium*'un açıklandığı şerhlerle kendini gösterir. Bunların yanında hukukçuların danışma faaliyetinin ürünü olan sorular, meselelere verilen Cevaplar *(Responsa)*, *Sorular* (Quaestiones), Tartışmalar (Disputationes) kazuistik eserler tipinin vurgulayıcı örneğidir. Hukuk öğrenimine esas teşkil eden yayınlar içinde *Institutiones* denilen hukuka giriş niteliğindeki *Def'initiones* (Tanımları) *Sententiae* (Hükümler) gibi eserler önemlidir[55]. Bunlardan hukukçu Gaius'un yazdığı ve orjinali bütününe yakın bir şekilde elimizde bulunan *Institutiones* Roma hukukunun çok önemli bir kaynağıdır. Çalışmaları hukuku işleyip geliştirmiş, çağını aşan bir nitelik kazandırmıştır. Hukuk biliminin bu parlak devrinde hukuk çiçeklenip tüm meyvalarını vermiş sonraki yüzyıllar boyunca hukuka yeni birşey ilave edilmemiştir[56].

Kara Avrupası modern hukuklarının temeli olan hukukun, özel hukuk-kamu hukuku şeklindeki ayırımı klâsik hukuk dönemine dayanmaktadır.

II. yüzyılın ikinci yarısında, Roma'nın büyük hukukçuları arasında, eyalet kökenlilerin varlığı dikkati çeker ve bu devre, Afrikalı hukukçuların parlak zamanıdır. Daha, I. yüzyılın ilk yarısında, Iuvenalis[57], Afrika'dan; servet kazanma peşindeki "avukatların süt annesi" olarak, küçümseme ile söz eder. (Hicivler, VII, 148)[58].

Epiktet'in şakirtlerinden biri, görüşlerini sekiz kitapta yayınlamıştır. (Bize ilk dördü intikal etmiştir. (Mouchette – Ladjili, s. 531).

54 Carbasse, s. 40.

55 Eğitici diğer eserler *Def'initiones* (Tanımlar) ve *Sententiae* (Hükümler)dir. Hukuk ilmi hakkında bkz. Umur, Ders Notları, s.96. D. 1,1,10,2'de Ulpianus; hukuk ilminin ilahî ve beşerî olanları bulmak, haklı ve haksızın bilimi olduğunu belirtmektedir.

56 bkz., Ekinci, s. 148 - 159.

57 Latin hiciv şairi (M.S. 65-128 sıraları) Hicivleri, imparatorluk Roma'sının bozukluklarına karşı öfke doludur.

58 Gaudemet, s. 283.

Bu şekilde; hukuk ilminin romalıların veya kökeni italyan olanların tekelinde olmadığı görülmektedir. Eyaletlerde, çoğu kez orta düzeyde, fakat danışmak ve gerekirse vatandaşlarını savunmak için yeterli hukukçu mevcuttu.

A. HUKUK MEKTEPLERİ

M.Ö I. Yüzyılda, ihtilâflarla uğraşan hukukçu, kendisine danışan müvekkillerine bilgi verirken, çevresi, hukuk öğrenmek isteyen gençlerle doludur. Büyük hukukçulara yaklaşabilen gençlere özgü, daha çok aristokratik bir hukuki yetişme söz konusudur. İstişareler sırasında, hukukla birlikte sosyal kuralları da öğrenmektedirler[59].

Principatus dönemiyle birlikte hukukçuların iki ekole ayrıldıkları, bu ekollere daha sonra *Sabinianus* Mektebi ve *Proculianus* Mektebi adları verildiği görülmektedir. Augustus'un iktidarının ilk yıllarında etkin olan hukukçular, hukuki görüşleri nedeniyle Proculianuslar ve Sabinianuslar olmak üzere iki gruba ayrılmışlardı. Bu iki hukuk mektebi, Klâsik Hukuk devri boyunca hukukun gelişimine büyük katkı sağlamışlardır. Bunun başlıca nedeni, hukuk kurumlarını kendi bakış açılarıyla, farklı şekillerde yorumlamalarıydı. Sabinianus hukuk mektebi mensupları ius civile'ye daha bağlı oldukları halde, Proculianus mektebi savunucuları, praetor hukukuna daha fazla önem vermekteydiler. İki mektep arasındaki farklılık önce siyasî idi, daha sonra hukuk alanına intikal etmiştir. Ancak bugünkü anlamıyla ders verilen mahal olarak anlaşılmaması gereken bu iki mektep[60] arasındaki görüş ayrılıklarını belli bir zemine oturtmak mümkün değildir. Çalışma metotları, verdikleri eser tipleri arasında esas itibarıyla fark yoktur. İlkelerde fikir ayrılığından ziyade münferit meselelerdeki görüş farklılıkları bilinmektedir[61].

---

59 Ladjili – Mouchette, s. 457.

60 Henüz belirli bir binası, personeli, program ve ders saatleri olan bir "hukuk okulu"ndan uzaktayız.
Burada daha çok bir *magistra*'lığa aday olanların, gelecekteki seçmenlere hukuk bilgisini sunarak, kendilerine çevre yapma amacı da görülür.

61 İki mektep arasındaki bazı ihtilaflara değinmek istiyoruz: - *Sabinianus* Mektebi, kişilerin ergenlik çağına varıp varmadıklarının her olayda fizikî olgunluğa bakılarak belirleneceği görüşündeydi. *Proculianus* Mektebi ise, ergenlik çağını 14 yaşın bitirilmesi olarak kabul ediyordu. Iustinianus da, bu son görüşe katılarak problemi tartışmasız hale getirmiştir.
- *Sabinianus* Mektebi alım-satım akdinde mala karşı mal verilebileceğini savunurken, *Proculianus*'lar bedelin mutlaka para olmasını arıyordu.
- İşleme (hukukî tağyir- *specificatio)* halinde *Sabinianus* Mektebi üretilen yeni malın mülkiyetini işlenen maddenin malikine tanıdığı halde, *Proculianus* Mektebi yeni malı üreteni, malik kabul ediyordu. (krş. TMK m. 775).

Hukukun kanunlaştırılmasında önemli rolleri olmuş, hukuka hareket ve canlılık getirmişlerdir.

Sabinianus Mektebi

Kurucusu Capito siyasi bakımdan İlk İmparatorluk *(Principatus)* dönemi taraftarıydı, hukuk alanında muhafazakârdı. Ius civile'ye ait üç kitaplık eseri, bu konuda kaynak olmuştur. Mektebe adını veren Sabinus, zor şartlarda yetişmiş bir hukukçuydu[62]. Devlet hizmetine girmemiş olan bu hukukçunun öğrencilerin yardımıyla geçindiği söylenir. *Ius civile*'ye dair üç kitaplık eseri sonraki yüzyıllarda aynı konularda yazılan şerhlere temel teşkil etmiştir. Cassius Longinus, *consul* ve eyalet valiliği görevlerinde bulunmuştur. Nero zamanında sürgüne gönderilen bu hukukçunun en önemli eseri *ius civile*'ye ait üç kitaplık şerhidir.

Proculianus Mektebi

Kurucusu Labeo ile, klâsik hukuk ilminin altın çağı açılır. Labeo eski rejim, yani Cumhuriyet taraftarıydı. *Praetor* beyannamesi ve XII Levha'yı açıklayan kitapları olan Labeo, felsefe ve filoloji alanında da ünlüdür. Birçok eseri vardır. Pomponius (D. 1, 2, 2, 47) dört yüz kadar kitabından söz etmektedir. Elli kadarı bilinmektedir, ölümünden sonra yayınlanan kırk kitap, bunlara eklenmiştir. *Praetor*'luk görevinde de bulunmuştur.

Labeo'nun yeniliği ve metodunun önemi konusunda herkes mutabıktır. Labeo'da, somut bir olay hakkında hukukî çözüm yoluna varılır, hukukî temel unsurlar esas alınır. Bu şekilde, hukuk meselesi bir "tip" olarak belirir. Bir "kural" (*regula*) şeklinde sunulacaktır. Bu kural değiştirilebilir ve eleştirilebilir. Her ne kadar Paulus (D. 50, 17, 1) tarafından ifade edilse de, bu formül Labeo'nun metodunu ifade eder: "Kural, durumun kısaca ortaya konulmasıdır. Hukuk, kuraldan gelmez, fakat durumun âdil değerlendirilmesinden doğar"[63].

Capito'nun ise, geleneklere bağlı ve yeniliklere biraz daha kapalı olduğu kaynaklardan anlaşılmaktadır.

Rakibi Capito, Labeo'yu, Roma halkının gelenekleri ve vatandaşlar üzerine uzmanlaşmış bir kişi olarak tanımlamaktadır. Bunun yanında, Labeo,

---

62 Labeo ve Capito tarafından kurulan bu iki hukuk mektebi çok ilginçtir ki, bu hukukçuların öğrencilerinin isimleriyle anılmaktadır.

63 Gaudement, s. 273-274.

imparator kuralları şeklinde, bazı kişilere tanınan imtiyazlardan da duyduğu rahatsızlığı her zaman dile getirmiştir[64].

Proculus, mektebe adını veren hukukçudur. Augustus'tan sonra gelen imparator Tiberius zamanında yaşamıştır. 11 kitaplık *Epistolae* (Mektuplar) adlı kitabı vardır.

Pegasus, imparator Vespasianus zamanında yaşamıştır. M.S. 73 yılında çıkarılmış olan ve Miras Hukuku ile ilgili bulunan *senatus* kararı onun adı ile anılmaktadır (*senatus consultum Pegasianum*).

Proculianus Mektebi'ne mensup Celsus *consul, praetor* ve eyalet valisi olarak görev yapmıştır. İmparator Hadrianus'un danışmanların olan bu hukukçunun 39 kitaplık *Digesta*'sı vardır. *Corpus Iuris Civilis*'in klâsik hukuku aksettiren *Digesta* bölümüne bu hukukçudan yüzden fazla parça alınmıştır.

Sabinianus Mektebi'nin çok önemli bir hukukçusu Salvius Iulianus'tur. Afrika'da doğumlar bu hukukçu tüm önemli makamlarda görev yapmıştır. Hadrianus'un emriyle *praetor* beyannamesini Değişmez, devamlı hale getirmiştir (Edictum Derpetuum). 90 kitaplık *Digesta*'sı ünlüdür.

Bu yüzyılda yaşamış ve faaliyet göstermiş olan Pomponius önemli devlet görevlerinde bulunmamış, fakat çok eser vermiştir. Hem *ius civile'ye* hem *praetor* beyannamesine şerh yazmıştır. *Liber singularis enchiridii* (elkitabı) Roma hukuk tarihine ilişkin önemli bilgiler vermektedir. Öğretici tarafı ağır basan bir hukukçudur.

Diğer hukukçuların aksine sadece adı ile anılan Gaius (M.S. II. yüzyıl) kendi ifadesi ile *Sabinianus* Mektebi'nin son temsilcisidir. Klâsik Hukuk ilminin uygulamaya yönelik faaliyet tarzına uymamıştır, eserlerinde okuyucusunu bilgilendirmeyi ön planda tutmuştur. Muhtemelen eyalet kökenli olan bu hukukçuya diğer klâsik hukukçular atıfta bulunmamışlardır. Yaşadığı devirde tanınmamaktadır. Kitaplarında kullandığı açık ve sade üslup, hukuka başlangıç kitapları için örnektir. Belki de imparator adına cevap verme

---

64 İyi bir aileye mensup olan Labeo'nun babası avukattı ve Brutus'un yakın arkadaşıydı. Caesar'a suikast olayına karışmıştır. Labeo M.Ö. 50-60 yıllarında, vatandaşlar hukuku üzerinde çalışmalarını yoğunlaştırmıştı. Kendisine danışan kişilerin hukukî sorunlarına cevap veriyordu. Bunların yanında tarih ve felsefe gibi bilimlere de ilgisiz değildi, dil bilgisi ve edebiyat üzerine araştırmalar yapıyordu. Aynı zamanda, latince kelimelerin kökeni ve oluşması konularında da deneyimliydi ve bu becerisini hukukî metinleri kaleme alırken çok kullandı. Eserleri, ancak ölümünden sonra, Posteriores adlı üç kitap halinde basılmıştır. (Ceylan, S.G., Roma Hukukunda Klâsik Hukuk Dönemi, Prof. Dr. Belgin Erdoğmuş'a Armağan, s.47, s.47 ve dn. 41 ve 42).

yetkisi bulunmadığından öğretici kitaplar yazma yolunu seçmiştir. XII Levha Kanunu'na 6 kitaplık, *praetor* beyannamesine ve eyalet beyannamesine şerhler yazmıştır. Gaius'un en önemli eseri *Institutiones*'tir. Dört kitaba ayrılan bu öğretici eserde hukuk kuralları üç ana bölümde açıklanmaktadır. *Institutio*'lar sistemi denilen ve bazı değişikliklerle modern kanunlarda da izlenmiş olan bu sistemde kişilere, mallara ve davalara ilişkin hukuk bölümleri mevcuttur. *Corpus Iuris Civilis*'i hazırlarken Gaius'un *Institutiones*'ini model alan Iustinianus da aynı ayırımdan hareket etmektedir (I. 1,2,12). Birinci kitapta insanların hür yahut köle oluşundan hareket edilerek, kişilerin hukukî durumları, açıklanmaktadır. İkinci ve üçüncü kitaplar Miras Hukuku, Borçlar Hukuku ve Eşya Hukukunu içeren malvarlığı hukukuna özgülenmiştir. Dördüncü kitapta ise Roma hukukunun *actio* (dava) kavramından yola çıkılarak Usul ve İcra hukukları hakkında bilgi verilmektedir. Kitaplarda paragraf alt ayırım olarak kullanılmıştır. (Gai. I 3,4 formulü, Gaius'un yazmış olduğu *Institutiones* adlı eserin 3. kitabının 4. paragrafını ifade etmektedir).

Klâsik devirde başka hukukçuların da (Florentinus, Modestinus gibi) bu adı taşıyan eserleri olmakla beraber Gaius'un *Institutiones*'i elimize doğrudan geçen bir eser olduğu için daha fazla önem taşır. 1816'da Alman romanist Niebuhr bu kitabı Verona'da parşömen üzerine yazılmış olarak bulmuştur. Daha sonra Mısır'da da italyan Romanist Arangio-Ruiz aynı eserin bazı parçaları bulunmuştur[65]. Buna rağmen Gaius'un *Institutiones*'inde okunamayan eksik kısımlar Iustinianus'un *Institutiones*'i göz önüne alınarak tamamlanmıştır.

İkinci asrın sonu ile üçüncü asrın başlarında yaşamış olan Papinianus ile hukuk ilminin zirveye ulaştığı söylenebilir. Eyalet kökenli hukukçulardan biri olan Papinianus, imparator Septimus Severus'un (İktidarı 193-211) akrabasıydı ve *praefectus praetorio* gibi yargı işlerine bakan makamda yıllarca bulunmuştur. Hem zamanında, hem de sonraki devirlerde deha olduğu kabul edilen Papinianus karışık meseleleri kısa cevaplarla halletmek meziyetine sahip bir hukukçu idi. 19 kitaplık *Responsa*'sı (Cevaplar) ve 37 kitaplık

---

65 1933 yılında şubat ayının sonlarında Kahire'deki bir antikacı, Floransalı uzmana latince yazılmış birkaç parşömen parçasını gösterir ve satmayı teklif eder. Uzman, bu parçaların hukukî bir esere ait olduğunu anlamakla birlikte, bunların *Corpus Iuris Civilis* ile ilgili olmadıklarını anlar ve o sıralarda Roma Hukuku dersleri vermesi nedeniyle, Kahire'de bulunan ünlü Roma Hukukçusu Vincenzo Arangio Ruiz'den yardım ister. Arangio Ruiz, metni görür görmez bunun Gaius'a ait olduğunu ve Verona'da daha önce Niebuhr tarafından ortaya çıkarılmış olan metinde bulunmayan bazı kısımları içerdiğini belirler ve bir süre sonra bu metni yayınlar. Bu şekilde, eserin orjinali bütün olarak elimizdedir. (Ali Selkor Atek, Consortium Ercto Non Cito, Prof. Dr. Belgin Erdoğmuş'a Armağan, s.20).

Quaestiones'i (Sorular) önemlidir[66]. Papinianus'un iki öğrencisi Ulpianus ve Paulus ile klâsik devre özgü hukukçuların neslinin sona erdiğini söylemek mümkündür. Bu iki hukukçu hocaları Papinianus'un yardımcılığını yaptıkları gibi, kendileri de daha sonra önemli devlet görevlerine getirilmişlerdir. İkisi de hem *ius civile*'yi hem de *praetor* hukukunu şerh etmişlerdir. Eserlerinden alınmış parçalar Iustinianus'un *Digesta*'sında en geniş yeri tutmaktadır.

Ulpianus belki de tam bir modeldir. Bilimsel eseri, önceki kitaplardan üstündür. *Digesta*'nın üçte biri, eserlerinden alınacaktır. Diğerlerinden farklı olarak, iktidara yakın, dostu olduğu imparatorun adetâ temsilcisi olmuş, ancak bunu, hayatıyla ödemiştir.

Ulpianus'un öğrencisi olan Modestinus ile klâsik hukukçu tipi sona ermektedir. Bu hukukçu *Responsa* (Cevaplar) ve *Regulae* (Kaideler) yazmıştır.

İzleyen devrin hukukçuları orta düzeylerini, eserlerinde isimlerinin olmaması ile saklayacak veya imparatorluk devlet dairelerinin gizliliğinde hizmet edeceklerdir[67].

Üçüncü yüzyılın ortalarından itibaren kaynaklarda önemli bir hukukçudan bahsedilmemektedir. Bu, önemli düzeyde hukukçu yetişmemesi ile de açıklanabilir. O devirdeki siyasi ve toplumsal çalkantıların hukuk ilmini olumsuz etkilemiş olduğu düşünülebilir.

B. İMPARATOR ADINA CEVAP VERMEK İMTİYAZI

Hukukçuların en önemli faaliyet tarzı kendilerine sorulan hukukî meselelere cevap vermekti *(respondere)*. Cumhuriyet devrinin ortalarından itibaren hukukçuların kendilerine danışılan meseleleri alenî, herkesin dinlemesine açık bir şekilde cevaplamaları usulü yerleşmişti. Bu usulle hukukçulara otorite ve saygınlık kazanma yolu açılmış oluyordu. Taraflar zaman zaman hukukçuların cevaplarını yazılı olarak hâkimlere iletiyorlardı. Ancak, hukukçuların fikirleri kanuna veya imparatorun bir cevabına eşit miydi? Hâkim, bunlara uymak zorunda mıydı? Fikirler farklı ise, durum ne olacaktı? "Kanun değerinde olması için hukukçuların fikir birliği içinde olması aranacak mı veya bazılarına üstün bir otorite tanınacak mıdır? "Hukuk uzmanlarının",

66 Papinianus, kardeşini öldürterek tek başına hükümdar olmak isteyen ve buna haklı bir zemin arayan imparator Caracalla'ya (iktidarı 211-217) karşı çıkmış, bunu hayatıyla ödemişse de, bu duruşuyla, kendisinden sonra gelen hukukçulara örnek olmuştur.

67 Gaudemet, s. 286.

yeni bir hukuk oluşturdukları gerçekti. Fakat tam bir özgürlük rejimi, karışıklık yaratıyor ve sonuçta cevaplarının değerini düşürüyordu[68].

Principatus dönemi ile birlikte, yukarıda değinildiği üzere yeni rejime karşı olan hukukçular (Labeo) olduğu gibi, *princeps*'in hizmetinde çalışmayı tercih eden hukukçular da (Capito, Nerva) görülmektedir. Augustus; hukukçuların, sorunları cevaplandırma faaliyetine resmî bir statü vermiştir. Titizlikle seçilmiş, özellikle kendisine bağlı bazı hukukçulara imparator adına cevap verme hakkını *(ius respondendi)* tanımak suretiyle hem hukukçuların yeni rejimi desteklemesini sağladı, hem de hukukçuların itibarını yükseltti[69].

Bu şekilde bir imtiyaza dönüşen imparator adına cevap verme daha çok *senatus* sınıfına mensup hukukçulara veriliyordu.

Belirli bir devirden, belki Augustus'tan itibaren hukukçuların faaliyeti siyasal iktidar tarafından denetlendi. Bu şekilde; hukukçuların cevapları, hukukun yaratılmasının bir şekli oldu. Siyasal otorite bunu kabul etti, fakat kalitesini garanti etmek ve değerini sağlamak için yönlendirmek istedi[70].

M.S. II. asrın ilk yarısında İmparator Hadrianus'un bir emirnamesiyle hâkimlerin, ancak bu imtiyaza sahip hukukçuların fikir birliği içinde olmaması durumunda, fikirlerden istediğine uyabileceği belirtilmiştir. Fikir birliği mevcut ise hukukçuların cevapları kanun gücüne sahip oluyordu. (I.1,2,8) yani hâkim bununla bağlı idi. Bu hukukçuların cevapları, hukuk kaynağı olarak görülüyordu (Gai. 1,7). Gaius, Roma hukukunun unsurları arasında hukukçuların cevaplarını da *(responsa prudentium)* saymaktadır (Gai. 1,2)[71]. Hadrianus'un emirnamesinden sonra bu imtiyaza sahip olan hukukçularla, olmayanlar arasında fark yaratılmış bulunuyordu. İmparator adına cevap vermek imtiyazı bulunmayan hukukçular ancak imtiyazlı hukukçuların fikir beyan etmedikleri konularda etkili olabiliyorlardı. Bu imtiyaza sahip olmadan bir hukukçunun kendisini kabul ettirmesi zorlaşmıştı. Bunlardan biri Gaius,

68 Gaudemet, s. 280-281.

69 D. 1, 2, 2, 49'da Pomponius, Augustus'tan önce ancak kendine güveni olan hukukçuların fikirlerini soranlara bildirdikleri, bu görüşlerin hâkime doğrudan yazılı olarak veya taraflara dinleyiciler huzurunda açıklandığını, Augustus'tan itibaren ise hukukçuların otoritesinin artmasını sağlamak için bu imtiyazın tanındığını belirtmektedir.

70 Gaudemet, s. 282.

71 Schmidlin B., Droit Privé Romain, I Sources, Famille, Biens, Lausanne 1988, s.28. D. 1,1,7 pr'da Papinianus da *ius civile'yi* oluşturan unsurlar arasında hukukçuların otoritesini saymaktadır. Böylece, hukukçuların fikirleri, *ius civile*'nin diğer kaynakları olan kanunlar, *senatus* kararları ve imparator emirnameleri ile bir tutulmuş olmaktadır.

diğeri Pomponius'tur; ikisi de daha ziyade öğretici ve yazar olarak etkin olmuşlardır[72].

Bu hukukçular sayesinde, Roma hukuku sadece günlük hayatın meselelerine dayanan bir hukuk sistemi olmaktan çıkarak, Roma uygarlığının esas unsurlarından birini oluşturmuştur. Roma'nın, eskiçağ Yunan'da olmayan orjinalliği, yargı kuvvetinin yanında bir hukukçu gurubunun olması ve Eskiçağ ve Ortaçağ uygarlıklarda görülmeyen hukuk yayınlarıdır[73].

Praetor hukukunun gelişmesi M.S. II. yüzyılda beyannamenin devamlı hale getirilmesiyle (Edictum Derpetuum) durmuştu, bundan sonra hukuk kaynağı olarak hukukçuların ortak kanaatlerinin ön plana çıktığı görülmektedir. Aynı tarihlerde, imparator emirnameleri de hukukun yaratıcı diğer bir kaynağı olmuştu. Ancak bunlarda da, hukukçuların katkısı büyüktü. Çünkü hukukçular imparatorun danıştığı kurul olan *consilium*'da yer alıyorlardı[74].

Bu sistem, mükemmel olmasa da, en az üç yüzyıl işlevini yerine getirmiştir. Klâsik sonrası (post-klâsik) hukuk, iktidarın hukukçuları üzerinde gitgide ağırlaşan müdahalesi olsa da, onu daha iyi hale getirilmeye çalışılacaktır[75].

III. yüzyılın sonlarında hukukçulara imparator adına cevap verme imtiyazı artık tanınmıyordu. İmparatorlar bu cevapları kendileri veriyordu.

4. *İmparator Emirnameleri*

Principatus dönemiyle birlikte Roma'da hukuk yaratan yeni bir organ daha ortaya çıkmıştır. Emirnamelerle, imparatorlar Cumhuriyet devri *magistra*'larından farklı olarak - hemen hemen sınırsız olan hâkimiyetlerine ve hayatları boyunca süren iktidarlarına dayanarak yeni kurallar koydular. Gaius'a ait metinde (Gai. 1,2) görüldüğü gibi Roma hukukunun kaynakları arasında sayılan imparator emirnamelerinin en geç M.S. II. yüzyılın ortalarından itiba-

---

72 İmtiyazlı hukukçuların fikirlerinin ilk planda gelmesi hukuk tatbikatı açısından önemlidir. Bu şekilde hâkimin uygulayacağı hukuk kuralının tespitinde kolaylık da sağlanmış oluyordu. Bu hukukçuların görüşlerinin yer aldığı yazılar da aynı güç ve otoriteye sahipti. Umur, Ders Notları, s.98.

73 Ekinci. s. 160.

74 Schwind, s.63; Hausmaninger – Selb, s. 72, 86.

75 Gaudemet, s. 282.

ren kanun kuvvetinde olduğu yine Gaius'un eserinden anlaşılmaktadır (Gai. 1,5)[76]. Artık, İmparator emirnameleri diğer kaynakları gölgede bırakmıştır.

İmparator hukukun ve adaletin tek kaynağı olmuştur.

İmparator emirnameleri, *edicta* (beyannameler), *decreta* (kararlar), *rescripta* (yazılı cevaplar) ve *mandata* (talimatlar) şeklinde ayrılmaktadır:

Edicta (beyannameler) Cumhuriyet devrinden *Principatus* devrine intikal eden diğer *magistra*'lar gibi imparatorun bu konudaki yetkisinden kaynaklanıyordu. Ancak imparatorun yetkisi hayatı boyunca devam ettiğinden beyannameleri de iktidarları süresince yürürlükte kalıyordu. Hattâ; yeni imparator tarafından açıkça yürürlükten kaldırılmadıkça, beyannameyi çıkaran imparatorun ölümünden sonra da yürürlükte olduğunu söylemek mümkündür. Bu şekilde kanun hükmünü kazandılar. İmparator beyannameleri toplumun bütününe yönelen düzenlemeler olduğu için hukukun her alanına ilişkin kurallar içerebilmekteydi. Meselâ; bazı istisnalarla, imparatorluğun sınırları içinde yaşayan herkese Roma vatandaşlığı veren *Constitutio Antoniniana* bir beyannamedir.

Rescripta, imparatorun kendisine yazılı olarak başvuran bir memurun veya bir kimse tarafından mektubunda sorulan meseleye verdiği yazılı cevaptır. İmparatorun kendisine sorulan hususu mektupla cevaplandırması mahkeme kararı değildir. Bu cevaplar imparatora sunulan olayların doğru anlatılması ve kanıtlanması halinde bağlayıcı oluyordu. Bunun tetkiki ihtilâfı karara bağlayacak olan hâkime aitti. Uygulamada hâkimlerin imparatorun belli bir meseleye dair cevabını emsal alarak diğer olaylara da tatbik ettikleri görülmekteydi.

Decreta, imparator tarafından ihtilaflarda verilen kararlardır. İmparator hem hukuk hem de ceza işlerinde bizzat hâkimlik yapabilirdi. İşte imparatorların ilk derece mahkemesi hâkimi veya kendisinin görevlendirdiği hâkimlerin kararlarına itiraz edilmesi durumunda üst derece hâkimi olarak verdikleri kararlar, imparator iradesinin ürünü kabul ediliyordu. D. 1, 1, 7 pr'da Papinianus, sadece imparatorların kararlarını *(decreta) ius civile*'nin kaynağı olarak göstermektedir.

---

76 D.1,4,1'de Ulpianus imparatorun emrettiğinin kanun gücünde olduğunu söyledikten sonra teferruata inerek imparatorun mektupla veya gönderilen dilekçeye şerh düşmek veya hâkim olarak veya mahkeme dışı beyanda bulunmak veya beyanname ile hüküm vazetmek suretiyle kanun koyduğundan bahsetmektedir.

Mandata; imparatorların memurlarına, özellikle eyalet valilerine gönderdikleri talimatlardır. Öncelikle sadece gönderildikleri memuru bağlayan bu talimatlar zamanla, aynı konumdaki bütün memurlar için bağlayıcı oldu. Hattâ kişiler bile idarî denilebilecek, bu talimatları iddialarına dayanak yapabiliyorlardı.

M.S. III. yüzyıldan itibaren halk meclisi kanunları, *senatus* kararları ve *praetor* beyannamesi eskide kalınca, imparator emirnameleri hukuku yaratan tek kaynak olarak kaldı[77]. Ancak bu emirnamelerde hukukçuların katkısını gözardı etmemek gerekir. İmparatorun hizmetinde yüksek maaş karşılığında çalışan ve imparatorun danışmanı olarak *consilium*'unda yer alan hukukçular imparatorun iradesini formüle eden kişilerdi.

İmparator emirnameleri *Codex*'lerde toplandığı gibi, hukukçular da eserlerinde bazen bunları zikretmektedir.

III. KLÂSİK SONRASI (POSTKLÂSİK) DEVİR (III. yüzyıl-VI. yüzyıl)

Bu devrin III. yüzyıldan Iustinianus'a kadar (565 yılı) sürdüğü kabul edilmektedir. Klâsik sonrası devir kendi içinde Iustinianus'tan önceki ve Iustinianus dönemi olmak üzere ikiye ayrılabilir:

1. *Iustinianus'tan Önceki Dönem*

İmparator Diocletianus ile başlayan *Dominatus* rejimine denk düşen postklâsik devirde görülen siyasi ekonomik ve toplumsal sorunlar hukuk hayatına da yansımış ve klâsik hukukçuların faaliyeti sona ermiştir. Mutlakiyet idaresinin tam anlamıyla hüküm sürdüğü bir dönemde imparator yanında başkalarının hukuk yaratması mümkün olmadığından artık klâsik hukukçu özelliğine sahip hukukçulardan söz etmek mümkün değildir. Hukukçular tamamen imparatorun hizmetinde ve gölgesindedir. Artık yeni dönemde hukuku yaratan tek kaynak vardır: İmparatorun iradesidir. Bu irade, imparator emirnameleri ile hukuk hayatına yansıyordu. Sadece yeni kuralların konulması değil, meselelerin cevaplandırılması ve hükme bağlanması da imparatorun iktidarına dahildi. Hattâ kanunların yorumlanması bile imparatorun işi olarak görülüyordu[78]. Artık "tek kanun koyucu" imparatordur. Daha farklı ve

---

77 İmparator emirnamelerine izafe edilen kanun gücü, imparatora halk tarafından *lex de imperio* ile verilen iktidar, dolayısıyla halk iradesine dayandırılmıştı (D. 1, 4, 1 pr).

78 C. 1,14,12,3: *...si enim in praesenti leges condere soli imperatori consessum est, et leges interpretari solum dignum imperio esse oporteret.*

geniş kapsamlı olarak, Iustinianus derlemesi, 533 yılında aynı yola girecektir. Bu durum yeni kuralların tek bir kaynaktan çıkması nedeniyle birlik sağlamakta yararlı olmakla beraber, hayatın yeni ihtiyaçlarını karşılamaktan uzak kalmıştır.

İmparatorluktaki kişilere giderek Roma vatandaşlığının verilmesi imparator Caracalla'nın 212 yılında *Constitutio Antoniniana* ile doruk noktasına ulaşmıştı. İmparatorluk sınırları içinde yaşayanlar-bazı istisnalarla-Roma vatandaşı olmuştur. Bunun sonucunda ise herkese Roma hukukunun uygulanması gerekiyordu. Roma *civitas*'ının (şehir devletinin) hukuku, imparatorluk hukuku oluyordu. Önemli eyalet şehirlerinde, Roma'yı örnek olarak, hukuk eğitimi başladı[79].

Kültürü Romalılara nazaran daha düşük seviyede olan Batı'da (İspanya, Galya) Roma hukukun uygulanmasında fazla bir güçlükle karşılaşılmadı. Fakat Anadolu, Suriye, Yunanistan gibi Doğu eyaletlerinde hem genel kültür düzeyi yüksekti, hem de Yunan ve Doğu hukuk anlayışlarının birleşmesiyle oluşmuş Helen Hukuku esasları yerleşmişti. Yerel denilebilecek bu hukuk, imparatorluğun hukukuna karşı direndi. İkisi arasında etkileşim gerçekleşti. Klâsik Roma hukukuna yabancı olan âdetler uygulamada görülmeye başlandı. Yazılı şeklin öneminin artması, mülkiyetin intikalinin malın bedelinin ödenmesine bağlanması gibi Roma hukukunda daha önce görülmeyen usuller yerleşti. Bu devirde hukuk seviyesinin düştüğünü, hukukun basitleştiğini (Vulgarrecht) söylemek mümkündür. Ancak Roma hukukunun düzeyinin düşmesine yerel hukuklarla karışmasından çok, hukuk düşüncesinin basitleşmesi ve klâsik hukukçu sınıfına özgü faaliyet tarzının kalkması neden olmuştur. Mülkiyet *(dominium)* ile zilyetlik *(possessio)*, mülkiyet ile sınırlı aynî haklar arasındaki kesin çizgiler kaybolmuş, iltizamî (borçlandırıcı) muamele ile tasarruf muamelesinin sonuçları birbirinden ayrılmaz hale gelmiştir[80].

Postklâsik devrin önemli özelliklerinden biri hukuk okullarının kurulması ve burada görülen bilimsel çalışmalardır. Daha önceki devirlerde hukuk, büyük hukukçuların yanında bulunmak ve öğrenciliğini yapmak, çeşitli şekildeki çalışmalarına, özellikle *respondere* (cevap vermek) faaliyetine iştirak,

... halen kanun çıkarmak sadece imparatora tanınmıştır. Kanunları yorumlamak da sadece onun *imperium*'una girer.

79 Daha 239 yılında Beyrut, "kanunların okulu" olarak nitelendirilir.

80 Hausmaninger – Selb, s.90-91; Schwarz, s.161 vd. Kaser, s. 3-4; Kunkel, s.131-132. Yerel hukukların yanında bu devrin Roma hukukunda, hıristiyanların da etkisi özellikle kölelik ve Aile Hukukunda ifadesini bulmuştur.

mesele çözümlerinde tartışmaya katılmak suretiyle öğrenilirdi. III. yüzyıldan itibaren kurulmaya başlanan hukuk mektepleri büyük ölçüde *Dominatus* devrinin gereksinmeleri sonucunda doğmuştur. Bu gereksinmeler hem idarî, hem de hukuk sahasında ortaya çıkmıştı. Yeni rejim geniş bir idari kadroya ihtiyaç gösteriyordu. Yine bu devirde davaların belli bir hiyerarşik düzen içinde kurulmuş devlet mahkemeleri tarafından görülmesi esasına dayanan Sistem Dışı (Fevkalâde) Usul (*cognitio extra ordinem*) tek muhakeme usulü haline gelmişti. Bu usulde ise davalara, devrimizdeki gibi devlet memuru olan devletten maaş alan hâkimler tarafından bakılması öngörülmüştü. Yürürlükteki hukuku öğrenmek çok zorlaşmıştı. Hukuk malzemesi özellikle *Principatus* devrinin ilk üç yüzyılı içinde farklı kaynaklardan gelen yığından oluşmaktaydı. Çelişkili kurallar içeren hukuk malzemesini hukukla uğraşanlara öğretmek zorlaşmıştı. İşte yönetimin ve yargı mekanizmasının ihtiyaç duyduğu hukukî bilgilere sahip memur ve hâkimlerin yetişmesinde bu mekteplerin işlevi mühimdi.

Aslında, roma evreninde hukuk eğitimi daima varlığını sürdürmüştür. Beyrut'ta daha III. yüzyılda kurulmuş olan hukuk mektebinin ünü imparatorluğun her yanına yayılmıştı. II. Theodosius, 425 yılında İstanbul Hukuk Fakültesi'nin öncüsü denilebilecek diğer bir hukuk mektebini Constantinopolis'te kurdu veya yeniledi. Emirnamesi ile o zamana kadar uygulanan özel hukuk eğitiminin yerini, kamu eğitimi almıştır. Burada, retorik (sekiz kürsü), gramer (iki prof.) felsefe (bir prof.) ve iki prof. ile hukuk eğitimi yapılacaktır. Gönüllü ders verenler, şehirden sürülmekle tehdit edilmiştir. Sadece; kamuda görevli profesörler, öğretim üyelerine sunulan imtiyazlardan yararlanacaktır.

Roma'nın başarısı olan, bilgi edinme iştahı o kadar büyüktü ki, 370 yılından itibaren I. Valentianus, öğrenci sayısını sınırlamak zorunda kalmıştır. (Öğrencinin geldiği şehir yetkilisinin vereceği izin, Roma'da şehir valiliğine kayıt, kaldığı süre boyunca, görevliler tarafından sık sık kontrol, eğitimin 20 yaşına kadar sürmesi). Caracalla'nın bir *rescriptum*'u (cevabı) Roma'ya hukuk eğitimine gelen öğrencileri bazı harçlardan muaf tutmuştur. Bu eğitim sonucu, öğrencilerin önemli ve kazançlı işlere girebilme ümidini de, göz ardı etmemek gerekir[81].

İmparatorlar kaliteli bir eğitimi sağlamak için bir çok kez, müdahale etmiştir. Başarılar farklı olmuştur. Çoğu hukuk eğitimi almış, yüksek bürokratların denetiminde, devlet dairelerinde hazırlanan mevzuat, belirli bir hukuk

---

[81] Bir yazar, V. yüzyıl başlarında, Roma'da hukuk eğitimi görmek için ülkesinden ayrılan genç bir galyalı'dan (bugünkü Fransa'dan) söz etmektedir. bkz.: Gaudemet, s. 298.

kültürünün varlığını yansıtır. Ne yazık ki, retoriğin (güzel cümleler kullanma) etkisiyle, ağdalı ve tumturaklı bir üslupla kaleme alınmıştır[82].

Beyrut ve Constantinopolis'teki iki şöhretli mektebin yanında başka yerlerde de (İskenderiye, Atina ve Roma) yine hukuk okulları mevcuttu. Burada görev yapan, ders veren öğretim üyeleri klâsik hukukçulara benzemeyen kimselerdi. Klâsik hukukçular uygulamaya dönük şekilde çalışıyorlardı. Halbuki bu mekteplerin hocaları profesörlerdi. Konulara bilimsel açıdan yaklaşıyor, meseleleri teorik yönden araştırıyor ve açıklamaya çalışıyorlardı. Bu okullarda hukuk öğretiminin konusunu ilk planda klâsik hukukçuların eserleri teşkil ediyordu. Bunları analiz edici bir usulle ele alan bilim adamları klâsik hukuk yığınını sistematik bir tarzda açıklamaya gayret ediyorlardı. Hukuk bilgisi vermek yanında öğrencilerin hukukçu gibi düşünmeyi öğrenmesine önem verilmekteydi[83].

Yaratıcılıkları olmamasına rağmen klâsik dönemin son asrında yaşamış olan hukukçuların eserlerine notlar, açıklamalar yazan bu profesörler bu çalışmalarında klâsik hukukçuların otoritelerine olan kesin inançla hareket ederek klâsik hukukun, hukuk düzeyinin düştüğü bir dönemde unutulmamasını sağlamışlar ve VI. yüzyıldaki Iustinianus'un kanunnamesinin *(Corpus Iuris Civilis)* âdeta hazırlık faaliyetini gerçekleştirmişlerdir. Okulların bazılarının Doğu'da, yunanca konuşulan yerlerde bulunmasına rağmen, öğretimin latince yapılması klâsik Roma hukukunun muhafaza edilmesine dikkat edildiğini göstermektedir. Iustinianus'a kadar olan dönemin belirgin bir diğer özelliği de, hukuk malzemesinin bilinmesinde ve kullanılmasında büyük sorunlar çıkmasıdır. IV. yüzyılın başlarında bu hukuk malzemesi iki büyük bölümden oluşuyordu: *ius vetus* (eski hukuk) ve *leges*. *Ius vetus (iura)* klâsik hukukçuların eserlerinden oluşan, tatbikatta kullanılan hukuk malzemesiydi[84]. Diğer hukukçuların eserleri ancak, beş "Büyük" hukukçudan en az biri tarafından zikredilmesi halinde, otorite sahibi olacaktır. Klâsik devrin sonlarında yaşa-

---

[82] Gaudemet, s. 299.

[83] Bu okullarda öğretim önceleri 4 yıldı, daha sonra 5 yıla çıkarılmıştır. Evvela Gaius'un *Institutiones*'i ve *ius civile* hakkında yazılan eserlerden seçilen parçalar üzerinde çalışmalar yapılıyordu. Daha sonra Ulpianus'un eseri alınmak suretiyle *praetor* beyannamesi, yani *ius honorarium*'un önemli kısımları öğretime konu alınıyordu. Papinianus'un cevapları ilerleyen yıllarda okutuluyordu. Son yıllarda ise Paulus'un cevapları ve imparator emirnameleri inceleniyordu. Hausmaninger – Selb, s.95-96.

[84] Klâsik hukuk eserleri üzerinde daha o zamanlar *glossa* denilen bazı değişiklikler yapıldığı ve bunların zamanın hukuk tatbikatında kullanılacak hale getirildiği saptanmıştır. Schwind, s.81; Kunkel, s.151; Hausmaninger – Selb, s.93.

mış olan hukukçuların *(Gaius, Ulpianus, Paulus, Modestinus)* eserleri kanun gibi uygulanıyordu. *Leges* ise imparatorluğun başlangıcından itibaren çıkarılan emirnamelerdeki *(constitutiones)* hukuktu. Bu bağlamda *rescripta* denilen imparatorların yazılı cevaplarıyla çözüme bağlanmış meselelere uygulanan hukuk ön planda gelmekteydi. İşte bu iki yığının farklı hukuk kültürüne sahip hâkimler ve çalışma biçimleri farklı olan hukuk hocaları tarafından kullanılması güçlükler yarattığından bunları aşmak için iki yola başvuruldu:

a) İmparator emirnamelerini toplayan çalışmalar yapıldı. Bunlardan tarih itibariyle ilk ikisi özel çalışmalardır ve III. yüzyılda yapılmıştı, üçüncüsü ise resmî derlemedir.

Codex Gregorianus imparator Hadrianus'tan imparator Diocletianus'a kadar olan imparator emirnamelerini toplamış olan kitaptır.

Codex Hermogenianus sadece imparator Diocletianus'un emirnamelerinin derlenmesiyle oluşmuş bir çalışmadır.

Codex Theodosianus 438 yılında yapılmıştır. 16 kitaptan oluşan bu resmî derlemeyle imparator Constantinus'tan imparator Theodosius'a kadar olan emirnameler bir araya getirilmiştir. 3000 kadar emirnameyi içeren bu *codex*, ilk iki *codex*'i tamamlayan bir derlemedir[85].

b) Klâsik hukukçuların eserlerinin çokluğunun ve bunlardaki fikir ayrılıklarının yarattığı güçlükleri önlemek gayesiyle bazı kanunlarla sınırlamalar getirilmiştir[86]:

321 yılında imparator Constantinus tarafından hukukçular Ulpianus ve Paulus'un hocaları Papinianus'un eserlerine ilişkin açıklayıcı notların kullanılması yasak edildi.

---

85 İmparatorluğun Batı kısmında da yürürlüğe giren bu *Codex* aslında II. Theodosius tarafından planlanmış olan kodifikasyonun bir bölümü olarak düşünülmüştü. (Siber Röm. Rechtsgeschichte, s.66); Bizans el yazmalarında muhafaza edilen *Codex* Theodosianus, hümanist mektep hukukçusu ve Cenevre Akademisi profesörü Jacqvue Godefray (1587-1652) tarafından basılmış ve şerh edilmiş hakkında önemli bir eser yazılmıştır. (Schmidlin, s. 52, n.1).

86 Son imparatorluk devrinde, hukukçuların sayısı, rolü ve önemi azalmıştır. Önceki hukuk yürürlüktedir. Ancak metinlerin asılları aranmamakta, şerhleriyle yetinilmektedir. Hâkimlerin hukuk bilgileri zayıf olduğu için, tarafların sunduğu, fakat orijinali olmayan bir şerh metnine göre karar verilebilmektedir. (Ekinci. s. 162).
İmparator Theodosius Codex'i hazırlayan yüksek memurların başarısından sonra bile, kendi zamanındaki hukukun durumunu büyük ölçüde doğru olan şu sözlerle açıklamaktadır: "Roma Hukuku'nun karanlıktaki incelemelerinin solgun renginin temel sonuçlarından biri, öğrenilen muazzam tutardaki bilimsel eserlerin, çeşitli dava yollarının çeşitliliğine, olay hukukunun (case law), yoğun bir sis duvarı oluşturan imparator kanunlarının dev yığını ile uyumlu hale getirilmesi olmuştur" (Vinogradoff. s. 25-26).

426 tarihinde II. Theodosius tarafından çıkarılan bir kanunla (*lex citationis* = başvurulacak eserlere ilişkin kanun) sadece *Papinianus*, *Paulus*, *Gaius*, *Modestinus* ve *Ulpianus* adlı hukukçuların, yani bu beş hukukçunun eserlerinde ileri sürdükleri fikirlerin bağlayıcı olduğu açıklandı. Bu beş hukukçu arasında bir meselede görüş farklılığı mevcut ise, mahkeme çoğunluğun fikrine, görüş eşitliği durumunda ise Papinianus'un fikrine göre karar vermek zorundaydı. Sadece Papinianus'un fikir beyan etmediği hallerde hâkim eşit görüşlerde istediğine göre karar vermek serbestisine sahipti[87].

Diocletianus'tan beri uygulamadan kalan *ius publice respondendi* kurumunun ne duruma geldiğini gösteren bu emirnamenin çıkarılması, o devrin hukuk ilminin düşük seviyesini göstermektedir. Müracaat edilecek hukukçuların sayısı beşe indirildikten başka, hâkimin, o beş hukukçunun fikirlerini inceleyip şahsî bir kanaate vararak hüküm vermesine bile lüzum görülmemekte, ekseriyetin kararına uyması tercih edilmektedir. Âdeta, o sırada hiç birisi hayatta olmayan, *Papinianus*'un başkanlığında beş hukukçudan kurulu bir mahkeme heyetinin, ekseriyetle verdiği kararlara uyulmalıdır. Zaten, hâkimler veya avukatlar, bu heyetin görüşleri hakkında az veya çok bir bilgiye sahipti.

2. *Iustinianus Dönemi ve Corpus Iuris Civilis*

527 yılında Doğu Roma imparatoru olan ve 565 yılına kadar hüküm süren Iustinianus Roma devletini Milâdın ilk iki yüzyıldaki görkemli haline getirmek ve üç alanda, siyasal, dinî ve hukuk alanlarında birlik sağlamak istiyordu. Devrin tarihçilerinin dedikleri gibi, "uykusuz" imparator büyük bir istekle, geniş bir programla, bu faaliyete girişmiştir[88]. Bu amaçla önce askeri ve siyasî alanda harekete geçti. Batı Roma'yı yıkarak o topraklar üzerinde yerleşmiş olan Cermen kavimlerinin yerleştiği toprakların bir kısmını geri aldı. (Ancak bu uzun sürmedi daha sonra Kuzey İtalyada Cermen devletcikleri

---

87 Umur, Ders Notları, s.104; Hausmaninger – Selb, s. 93-94. Postklâsik devirlerdeki hukuk yayınları, bu devrin seviyesi düşmüş hukukunu ve derleme eğilimini simgelemektedir. Şu eserler gibi:
Fragmenta Vaticana (Vatikan parçaları) IV. ve V. yüzyılın hukukunu yansıtan özellikle hukukçu Papinianus, Paulus ve Ulpianus ile imparator emirnamelerinden oluşan bir eserin XIX. yüzyılda Vatikan kütüphanesinde bulunan parçalarıdır.
Collatio Legum Mosaicarum et Romanorum. Bu eser; Musevi hukuku ile Roma hukukunu karşılaştırarak, Roma hukukunun esaslarının daha Musa'nın kanunlarında mevcut olduğunu göstermek için hazırlanmıştır. Eserdeki Roma hukukunun esasları, klâsik devrin sonlarında yaşamış hukukçuların eserlerinden ve *codex*'lerden alınmıştır.

88 bkz. Honig R., Digest'in Yıldönümü Münasebeti ile, Turcica, s. 54.

kuruldu). Başarılı savaşlar sonunda İtalya, İspanya ve Kuzey Afrika'nın bazı yerleri tekrar imparatorluğa katıldı. Fakat, Bizans'ın geleceğinin artık Batıdan çok Doğuya dönmüş olduğunu, anlayan imparator, doğu sınırlarında aynı başarıları gösterememiştir[89].

İmparator Iustinianus ve İmparatoriçe Theodora

Dinî birlik, Hıristiyanlığın devletin resmî dini olarak kabul edilmesiyle büyük ölçüde gerçekleştirilmişti. Iustinianus bu arada ortaya çıkmış olan Hıristiyanlığın çeşitli mezheplerini kaldırarak Kilise'yi imparatorun güdümüne sokmaya çalışmıştır. Roma devletinin büyüklüğünde Milât sıralarındaki Roma hukuk ilminin büyük rolünü fark etmiş olan Iustinianus, ağırlığını klâsik devrin hukukunun taşıdığı bir hukuk reformu ile hukuk birliğini de sağlama düşüncesindeydi. Siyasî, dinî birliğin hukuk birliği ile de desteklenmesi gereğinden hareket eden bu imparator faaliyetlerini hukuku toparlamaya ve döneminin ihtiyaçları için kullanılabilecek hale getirmeye yöneltti. Avrupa Ortaçağının, modern devirlere taşıyacağı, Roma Hukukuna dayanan evrensel

89 Iustaniunus, Institutiones, Türkçe metin, Umur Z., İstanbul, 1968, Giriş, s. VII.

bir hukuk ideolojisi tasarladı[90]. Başarılamaz gibi görülen bu işi başardı. Onun bu çabaları sonunda yapılan ve imparatorlukta birliğin sağlanması için önemli unsur olarak görülen *Corpus Iuris Civilis* gibi bir kaynak olmasa, Roma hukukunun modern hukukları etkilemesi mümkün olmazdı.

İtalya'nın Ravenna şehrindeki bu muhteşem mozaik imparator Iustinianus'u (MS. 482-565) göstermektedir. İmparator'un omuzundaki incilerden oluşan mücevher, eskiçağ geleneğine göre, gerçekleştirdiği kanunlar dolayısıyla, olağan insanlara üstünlük gösteren ve ölümsüzler eşiğine yaklaşan kişilerin eriştiği şerefi simgelemektedir.

Corpus Iuris Civilis

İmparator Iustinianus'un on yılda tamamlanmasını öngördüğü, buna rağmen altı yılda, 528-534 arasında tamamlanan kanunlaştırma hareketinin başına bir müddet sonra Adalet Bakanı olan Tribonianus getirildi. Tribonianus bu büyük işi avukatlar, memurlar ve profesörlerden oluşan bir kurul ile başarmıştır. Iustinianus bu kanunnamede esas itibari ile imparator emirnamelerinin toplanmasını *(Codex)*, klâsik hukukun derlenmesini *(Digesta)* ve hukuk öğrenimi için bir hukuka giriş kitabı *(Institutiones)* öngörmüş ve gerçekleştirmiştir. Bu kanunnameye, Iustinianus'un imparatorluğu sırasında çıkarılmış olan emirnameler ilave edilmek suretiyle yeni bir bölüm daha *(No-*

90 Ladjili – Mouchette J., s. 21.

vellae) oluşturulmuş, böylece dört bölümden meydana gelen kanunnameye XVI. yüzyılda *Corpus Iuris Civilis* adı verilmiştir.

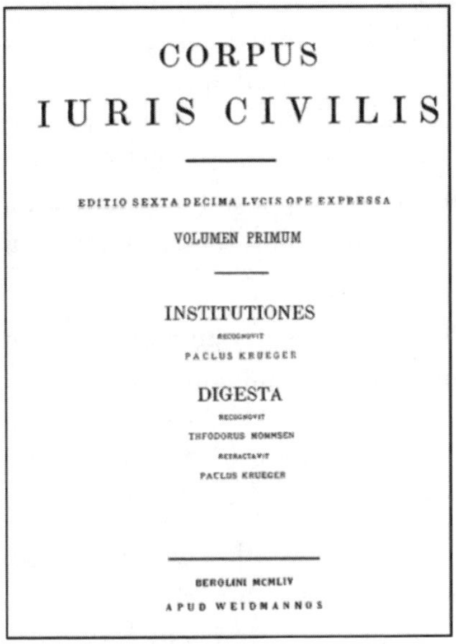

CORPUS
IURIS CIVILIS

EDITIO SEXTA DECIMA LVCIS OPE EXPRESSA

VOLUMEN PRIMUM

INSTITUTIONES
RECOGNOVIT
PAULUS KRUEGER

DIGESTA
RECOGNOVIT
THEODORUS MOMMSEN
RETRACTAVIT
PAULUS KRUEGER

BEROLINI MCMLIV
APUD WEIDMANNOS

"Hak, haksızlığı yener" (Antik bir vazodan alınmıştır)

a) Institutiones

İmparator, 530 yılında, yeni birinci Codex'i hazırlattıktan bir yıl sonra Deo Auctore emirnamesinde Digesta'nın düzenlenmesini emrederken, ileride Institutiones niteliğinde bir kitabın da yayınlanabileceğini ve bunun öğrencilere ilk bilgileri vermeye yarayan, kanun kuvvetine sahip hukuk düzenlemesi olacağını bildirmektedir.

Gerçekten, gerek tamamlanmış birinci *Codex*, gerek üzerinde çalışılan *Digesta*, hukuku yeni öğrenmek isteyenler için fazla zor, fazla uzun idiler. Gençleri ilk anda büyük gayret ve zorluklarla karşılaştırmak istemeyen imparator, eğitim için daha kolay bir araç bulmak gerektiğini hissetmişti. Zaten bu tür kitaplar birkaç yüzyıldan beri kullanılıyordu ve en önemlisi, öğrencilerin ders kitabı olarak yararlandığı Gaiusun Institutiones'i idi. Fakat son imparatorluk devrinin hukukta yaptığı bir çok değişiklik dolayısıyla, Gaius'un eseri, zamanın ihtiyaçlarına artık cevap verememekte ve bir çok şerh, yorum ve özetler aracılığı ile (meselâ *Res Cottidianae*) zamanın hukuku ile uyumlu hale getirerek okutulmakta idi.

Digesta'nın kaleme alınmasını emreden emirnameden üç yıl sonra (21 Ekim 533), Iustinianus, Imperatoriam emirnamesini yayınlayarak, hukuk öğrenmeye hevesli olan gençliğe yeni eseri sundu. Bütün hukuk biliminin ilk bilgilerini kapsayan bu kitap, Gaius'un Institutiones'inin yerini tutacak ve hukuk eğitimi görenlerin ilk yıl okuyacakları metni oluşturacaktı[91].

Tarih itibariyle daha önce yapılan *Digesta*'dan sonra Iustinianus, Constantinopolis hukuk mektebinden profesör Theophilus ve Beyrut hukuk mektebinden Dorotheus'u hukuk öğrenimi için bir öğrenci kitabı hazırlamakla görevlendirdi. Bu iki hukuk hocası Iustinianus'un *Institutiones*'i yürürlüğe sokan emirnamesinde belirttiği gibi Gaius'un *Institutiones*'ini esas almak, ancak başka klâsik hukukçuların (Florentinus, Ulpianus vb.) aynı niteliğe sahip kitaplarından da yararlanmak suretiyle, Iustinianus'un *Institutiones*'ini kaleme aldılar. *Institutiones*, *Digesta* gibi toplama ve derleme bir eserdir. Fakat bilgilerin hangi kaynaktan alındığı gösterilmemiştir.

Gaius'un izlediği üçlü ayrıma uyulmuştur, yani hukukî bilgiler, kişilere ilişkin hukuk *(ius quod ad personas pertinet)*, mallara ilişkin hukuk *(ius quod ad res pertinet)*, davalara ilişkin hukuk *(ius quod ad actiones pertinet)* başlıklı bölümlerde verilmektedir. Gaius'un *Institutiones* sisteminde ise bir değişiklik yapılmıştır: Iustinianus *Institutiones*'i kitaplara *(libri)*, kitaplar fasıllara *(tituli)*, fasıllar ise paragraflara ayrılmaktadır. Aslında ilk paragrafa «*principium*» denmekte, paragrafların 1'den itibaren numaralanması sonra başlamaktadır.

I. 3,4,2, şeklinde atıf verildiği zaman bundan Iustinianus *Institutiones*'inin 3. kitabının 4. faslının 2. paragrafının kastedildiği anlaşılır.

---

91 Iustinianus, Türkçe Metin, Giriş. VIII.

533 yılında *Digesta* ile birlikte yürürlüğe giren *Institutiones* kanun gücüne sahip bir ders kitabı niteliğindedir[92].

IUSTINIANI

INSTITUTIONES

RECOGNOVIT

PAULUS KRUEGER

b) Digesta

530 yılında Iustinianus yine Tribonianus'u klâsik hukukçuların eserlerinden yapılacak derleme için görevlendirdi. Bu arada Adalet bakanı *(Quaestor Sacri Palatii)* olan Tribonianus başkanlığında 17 kişilik bir kurul oluşturdu. İçinde dört hukuk profesörü, avukatlar ve yüksek dereceli memurların yer aldığı bu kurul, klâsik hukukçulara ait eserlerden zamanın ihtiyaçları için kullanılabilecek olan parçaları derlemek, gerekli görülmeyenleri ayıklamak, çelişkileri ortadan kaldırmak ve eskimiş olan, değişiklik yapılması gereken kavramlarda yenilik yapmak yetkisiyle işe başladı. Romanist doktrinde klâsik eserlerden kısımlar aldıklarından kendilerine *compilator* (derleyici) denilen

92 *Institutiones*'in öğrenime yeni başlayanlar için hazırlanmış olduğu, Iustinianus'un bunu yürürlüğe sokan emirnamesinde «hukuk öğrenmeye hevesli gençliğe» *(cupida legum iuventus)* sözleriyle ifade edilmektedir. O sıralarda hukuk öğreniminin ilk sınıfında olanlara şaka olarak *dupondii* (iki paralıklar = çömezler) denmekteydi. Iustinianus emirnamesinde artık onlara *Iustinanei novi* (Iustinianus'un yenileri) denilmesini emretti. İkinci sınıftakilerin adı *Edictales* idi, çünkü *praetor* beyannamesi üzerinde çalışıyorlardı.
Üçüncü sınıftakilere hukukçu Papinianus'un eserleriyle uğraştıklarından *Papinianistai* deniliyordu. Dördüncü sınıftakilere *Lytae* denmesinin sebebi ders takip etmek mecburiyeti olmadan kendi başlarına çalışabilmeleriydi. Beşinci ve son yıldakilere ise *Proliytae* denirdi ve bunlar *Codex*'i okurlardı. (Bu lâtince kelimeler için bkz. Heumann-Seckel ve Umur, Lügat). Bu şekilde; Roma Hukuku, eğitimin kanunu olarak da algılandı. Düzenli bir hukuku eğitimi başladı. Bunun sonucu, İskenderiye, Atina, Roma, o devirde Constantinopolis denilen İstanbul'da, Beyrut'ta bulunan dil bilimi, retorik (güzel, etkili konuşma sanatı) ve felsefe okulları gibi, Romalılar, hukuk eğitim okulları yaratmışlardır. (Mouchette – Ladjili, s. 461.)

bu kurul klâsik eserleri elden geçirerek metinlerde *interpolatio*[93] adı verilen değişiklikler yaptı ve bu işi kısa bir zamana sığdırdı. 533 yılında *Digesta*, daha sonra yapılan *Institutiones* ile birlikte bir imparator emirnamesiyle yayınlandı. Institutiones'lerin amacı, hukuk ilkelerinin, hukuk öğrencileri tarafından anlaşılmasını kolaylaştırmaktı. İmparator Iustinianus için de, Institutiones ve Digesta birbirini tamamlayan tek eserdi[94].

Digesta'nın hazırlanmasında, ikibin kitap ve üç milyondan fazla satır elden geçirilmişti (C.1,17,2). Bu yazılar *Digesta*'nın yüzellibin satırıyla özetlenmiştir[95]. Ancak hiçbir hukukçunun eseri *Digesta*'ya tam olarak alınmamıştır.

---

93 *Interpolatio* yani metin değişikliklerinin sebebi mantıkîdir. *Digesta*'ya alınması öngörülen klâsik hukukçulara ait eserler, kanunun yapıldığı tarihten 4-5 asır kadar önce yazılmışlardı. Bu kadar uzun zaman içinde sosyo-ekonomik, siyasî, dini ve kültürel sebeplerle hukuk da değişmişti. Bu yüzden metinlerde zamanın hukukuna uygun değişiklikler yapıldığını Iustinianus bizzat söylemiştir. Filolojik, tarihi ve hukukî metodlarla yapılan *interpolatio* araştırmaları özellikle XX. yüzyılın başından itibaren yoğunluk kazanmıştı. Bu araştırmalar o kadar ileri görülmüştür ki «*interpolatio*» avcılığından bahsedilmeye başlanmıştı. Bu arada klâsik metinlerde yapılan her değişikliği Iustinianus'a mal etmenin doğru olmadığı, daha postklâsik devrin başlarından itibaren bu tip değişikliklerin, kısaltmaların yapıldığı da haklı olarak ortaya konulmuştur. *Interpolatio*'lar çeşitli sebeplerle yapılmışlardır:
- Eskidiği kabul edilen kavram ve teknik terimler yerine yürürlükteki hukukta geçerli olanlar konulmuştur. Meselâ II. asırdan sonra uygulanmayan *mancipatio* veya *in iure cessio* adlı mülkiyeti nakil muamelelerinin geçtiği metinlerde, bunlar kaldırılarak *traditio* kelimesi yazılmıştır. Yine *res mancipires nec mancipi* şeklindeki mal ayırımı ortadan kalktığı için yerine taşınır (menkul) taşınmaz (gayrimenkul) kelimeleri konulmuştur. Klâsik hukuk esas itibariyle bir *actio*'lar sistemiydi. *Praetor*'un faaliyet tarzından kaynaklanan bu eğilimin yerine postklâsik dönemde genelleştirme eğilimi gelmişti. Buna uygun olarak *actio praescriptis verbis*, *condictio generalis* gibi genel nitelikte yeni davalar oluşturmuştur.
- Öğretimde kolaylık sağlamak, konuları sistematiğe bağlamak amacıyla, derlemeyi hazırlayanlar yeni terimler ve kavramlar da getirdiler. Örneğin akit benzerleri ve haksız fiil benzerleri kategorisine giren yeni borç kaynakları belirlediler.
- Devlet dininin Hıristiyanlık olarak kabulünden sonra dini ve ahlâki sebeplerle de *interpolatio*'lara gidilmiştir. Hakkaniyet ve merhamet gibi görüşlerin tesiriyle bazı eski metinler değiştirilmiştir. Sakat kölenin sahibi tarafından terk edildiği zaman özgürlüğünü kazanması buna örnektir.
- *Corpus Iuris Civilis*'i hazırlayanlar, klâsik hukukçular arasındaki görüş ayrılıklarını ortadan kaldırmak içinde *interpolatio*'lar yapmışlar, tercih ettikleri görüşlere gerekçeler ilave etmişlerdir.
- Başta Yunan hukuku olmak üzere doğu hukuklarının etkisi ile yapılan değişiklikler de mevcuttur.

Romanist bilimde *interpolatio* adı verilen bu değişiklikler sadece *Digesta*'da değil, *Codex*'te de vardır. Bazı değişiklikler ise kâtiplerin yazım hatası sonucunda ortaya çıkmıştır. Umur, Ders Notları, s. 117; Kunkel, 150 vd., 190 vd.

94 Honig R., Digest, s. 55.

95 Ekinci. s.164.

Belli bir konu klâsik hukukçuların çeşitli eserlerinden alınmış metinlerin arka arkaya sıralanması şeklinde açıklanmaktadır. *Digesta*'da veya yunanca adı ile *Pandectae*'da Ulpianus ve Paulus adlı hukukçulardan alınan parçalar en geniş yeri tutar[96]. Toplam 40 kadar klâsik hukukçuya ait parçaya yer verilmiştir. Bunlar içinde imparator adına cevap verme imtiyazına sahip olmayan hukukçular da vardır (Pomponius, Gaius).

Göründüğü şekliyle *Institutiones*'in klâsik eserlerden parçalar alınarak düzenlenmiş bir "mozayık"tan çok, "orijinal" bir eser gibi yapıldığı sanılabilir. Gerçekten, bu kitap da, *Digesta* gibi klâsik hukukçuların parçalarının birbirine eklenmesinden meydana gelmiştir. Yalnız, ekleme işlemleri yapılırken, parçalar birbirinden ayrılmadığı için, bunların hangi yazara ait olduğu anlaşılamamaktadır. Devamlı bir konuşma haline getirilmiş ifadeye, sanki bizzat imparatorun ağzından çıkıyor ve gençliğe hitap ediyormuş gibi bir hava verilmiş ve çoğu kere, bir imparatorun konuşmasına yakışacak şekilde, bir ifade kullanılmıştır.

Digesta 50 kitaba *(libri)*[97] ayrılmıştır. Her kitap fasıllara *(tituli)*, fasıllar da parçalara *(fragmenta)* bölünmüştür. Uzun parçalar paragraflar şeklinde dizilmiştir. İlk paragraf *Institutiones*'te olduğu gibi *principium* (giriş) adını almaktadır. Her parçanın yanında o parçanın kimin hangi eserinden alındığı yazılmıştır. *Digesta* D. harfiyle kısaltılır.

(D. 41,7,5,1) (*Pomponius libro trigesimo secundo ad Sabinum)* şeklinde bir atıf yapıldığında, *Digesta*'nın 41. kitabının 7. fasıl, 5. parçası ve 1. paragrafı belirtilmiş olmaktadır. Parantez içindeki kısım ise bu parçanın *Digesta*'ya hukukçu Pomponius'un *ius civile*'ye yazmış olduğu eserin 32. kitabından alınmış olduğunu göstermektedir.

Uzun bir süre öngörüldüğü halde kısa sürede bitiren kurulun ne şekilde çalıştığını Iustinianus açıklamamıştır[98]. Eserin başarılması Iustinianus'a haklı

---

96 Ulpianus ait parçalar 1/3, Paulus'a ait olanlar 1/ 6, oranındadır.

97 Roma'da kitap, üzerine yaklaşık 1500 satır veya 10.000 sözcük yazılmış olan papirus destesini, ifade ederdi; (Umur Lügat, *Libri*).

98 Kurulun üyeleri aynı zamanda devlet görevlerinde bulunduklarından daha uzun süreyle bu görevlerinden uzak kalmaları istenmemiştir, (Hausmaninger - Selb, s.99).
Bu konuda, önceki yüzyılda hukuk mekteplerindeki profesörlerin bilimsel çalışmaları da bulunmaktadır. Iustinianus böyle zor bir işe kalkışırken klâsik hukuk eserleri üzerinde daha önce zaten yapılmış olan çalışmaların varlığını dikkate almış olmalıdır. XIX. yüzyılda Alman Bluhme'nin kurulun çalışma şeklini açıklamak üzere ortaya attığı Külliyat teorisi *(Massentheorie)* bugün de kabul görmektedir. Kurul çalışmalarında hukukçuların eserlerini üç ana bölümde gözden geçirmiştir. İlk bölüm *ius civile* hakkında yazılan eserlerden oluşmaktadır. Bu edebiyatın esası, *ius civile*'ye dair bir şerh yazmış olan hukukçu Sabinus'a

ve büyük gurur vermiştir. Eksiklerine rağmen *Digesta*, uygarlık tarihindeki en önemli yapıtlardan birisidir. Düşünce hayatı üzerinde çok büyük etkisi olan *Digesta* Avrupa hukuk anlayışına yön vermiş XIX. yüzyıldaki modern kanunlaştırmalardan itibaren, diğer kıtalara yayılmıştır. Avrupa Uygarlığı'nın temel taşlarından birisidir.

Klâsik devir hakkında bugün bilinenlerin temeli *Digesta*'dır[99]. *Corpus Iuris Civilis*'in bu bölümünde Cumhuriyet döneminin sonunda yaşamış hukukçuların eserlerinden bile parçalar bulunduğundan, *Digesta* vasıtasıyla M.Ö. I. yüzyıldan klâsik devrin sonuna kadar hukuk ilminin gelişmesini takip etmek mümkündür. *Digesta*'da Hermogenianus gibi klâsik sonrası devirde yaşamış hukukçulara ait metinlere de yer verildiğinden bu dönemin hukuku ve hukukçularının düzeyi hakkında da bilgi sahibi olunabilmektedir.

IUSTINIANI

DIGESTA

RECOGNOVIT

THEODORUS MOMMSEN

RETRACTAVIT

PAULUS KRUEGER

İstanbul'da VI. ve XIX yüzyıllarda iki büyük kanunlaştırma hareketi gerçekleşmiştir. *Corpus Iuris Civilis* ve *Mecelle* her ikisi de yapıldıkları coğrafi beşiği aşarak diğer ülkeleri de etkilemiştir. *Corpus Iuris Civilis* Kara Avrupa sisteminin temelini bu arada (TMK.'nun 1. Maddesi dahil) çağdaş Türk hukukunu oluşturmuş, anglo-sakson hukukunu uygulandığı dönemde sosyalist hukuk sistemi düşüncesini etkilemiştir.

---

dayandığından Sabinus Külliyatı denmektedir. İkinci bölüm ise *ius honorarium*'a ilişkin eserlerden meydana gelmektedir. Bu yüzden Beyanname Külliyatı adını almaktadır. Üçüncü bölüm ise klâsik dönemin sonlarında yaşamış hukukçu Papinianus ve diğer bazı hukukçuların münferit meselelerle ilgili yazılarından oluştuğu için Papinianus Külliyatı şeklinde anılmaktadır. Bu çalışmalar sırasında gözden kaçan ve sonradan ilave edilen parçalar ise İlave Külliyat'ı oluşturmaktadır.

99 *Digesta*'nın el yazması nüshalarının en değerlisi, İtalya'nın Floransa şehri kütüphanesinde muhafaza edildiği için *Littera Florentina* (Floransa metni) olarak anılan nüshadır.

c) Codex

İmparator Hadrianus'tan (II. yüzyıl) Iustinianus'a kadar olan süreç içinde çıkarılmış emirnamelerin derlenmesinden oluşan kısımdır.

Iustinianus'un kanunlaştırma hareketine 528 yılında, imparator emirnamelerinin toplanmasıyla başlanmıştı. Bu tarihte 10 kişilik bir kurul oluşturulmuş ve 529 yılında o zamana kadar yürürlükte bulunan ikisi özel, biri resmî *codex*'lerin yerine geçmek üzere bir *Codex* yayınlanmıştı. Iustinianus klâsik hukukçuların görüş ayrılıklarını, elli kadar görüş ayrılığını emirname ile çözüme bağlamıştı. Bunlar *Quinquaginta Decisiones* (Elli Karar) başlığı altında neşredilmiştir.

İmparator emirnamelerinin gözden geçirilerek yeniden toplanmıştır. 534 yılında yayınlanan *Codex*, *Corpus Iuris Civilis*'in üçüncü kısmıdır.

Codex; 12 kitaba, kitaplar fasıllara, fasıllar emirnamelere *(constitutiones)* ayrılmaktadır. Uzun emirnameler paragraflara bölünmüştür. Birinci paragraftan önce gelen kısma *principium* denilmektedir. 4600 kadar olan emirnamelerin başında çıkaran imparatorun adı, muhatabı ve yayın tarihi yer alır. Iustinianus *Codex*'i C. harfiyle kısaltılır.

Iustinianus, *Codex*'i imparatorluk sınırları içinde tek kanun olmak üzere onaylamış ve yayınlamıştır. Hâkimler ve avukatlar, ancak bu Codex'te bulunan kurallara dayanabilirdi[100].

C. 4, 49,2,1 şeklindeki bir atıf, bunun Iustinianus'un *Codex*'inin 4. kitabı, 49. faslı, 2. emirnamesinin 1. paragrafı olduğunu gösterir. *Codex*'in kapsamı çok geniştir. Hattâ, her zaman hukuk kurallarının içeriğine uymayan tumturaklı bir ûslûbunun olduğu söylenmiştir. Montesquieu; imparatorları, kâtipler gibi konuşturan bu Bizans mevzuatının şeklini eleştiriyordu. *(L'esprit des Lois, XXIX,16)*.

CODEX IUSTINIANUS

RECOGNOVIT

PAULUS KRUEGER

---

100 Honig R., Digest, s.55.

d) *Novellae*

Bu kısımda Iustinianus döneminde çıkarılmış olan emirnameler bulunmaktadır. Yeni kanunlar anlamına gelen *Novellae* bölümü *Corpus Iuris Civilis*'e XVI. yüzyılda ilâve edilmiştir. *Iustinianus*'un öngördüğü üç kısımlık kanunname yayınlandıktan sonra çıkarılan ve bilhassa Miras Hukuku ile ilgili 168 emirname biraraya getirilmiştir. Bunların bir kısmı Latince bir kısmı Yunancadır. *Novellae*, Nov. olarak kısaltılır. Emirnameler bablara *(caput)*, bunlar da paragraflara ayrılmaktadır.

IUSTINIANI NOVELLAE

RECOGNOVIT

RUDOLFUS SCHOELL

3. Corpus Iuris Civilis'in Önemi

Özü itibariyle geçmişi aksettiren *Corpus Iuris Civilis*'in bu niteliği, uygulama kabiliyetini azaltmıştır. Diğer bir deyişle, başka bir devrin hukukunu içerdiği için uygulanması zordu. Eser, esas itibariyle lâtince olarak kaleme alınmıştı, halbuki yaşayan ve mahkemelerde kullanılan dil yunanca idi. Bu nedenle özetlenmesini yasak ettiği *Corpus Iuris Civilis*'in sadece yunancaya tercümesine izin veren Iustinianus'un hukuk reformu, tam anlamıyla, amacına ulaşamamıştır. Yine imparator çelişkilerin kaldırılmasını emrettiği halde, *Corpus Iuris Civilis*'i hazırlayanlar bunda, bütünüyle başarılı olamadı.

İmparator tarafından bir araya toplanan kanunlar, bu hukuk sistemi, XI. yüzyıldan itibaren Bolonya Mektebi bilginleri tarafından inceleme alanına konulduktan sonra, Avrupa'nın hemen hemen bütün ülkelerin kanunlarının ve yüzyıllarca birçok ülkenin medenî hayatının temellerini oluşturdular. Kara Avrupası hukuk sistemindeki ülkelerde XIX. yüzyıldan itibaren uygulama alanına giren kanunların esin kaynağı olmuştur. Yirmi yüzyılı aşan bu son derece değişik, özgün hukuk gelişiminin sonucu olarak, Roma artık sadece Roma'da değil, tüm kıtalarda yani, yeryüzünün tüm hukuk düzenlemelerindedir.

Şu hususu belirtmek gerekir ki; Eskiçağ eserleri arasında, sonraki devrin hıristiyan toplumlarında, sadece İncil'in daha fazla etkisi olmuştur[101].

Iustinianus'un Roma İmparatorluğu'nun eski görkemli devirlerini geri getirmek amacının hukuk alanına yansımasının bir ürünü olan *Corpus Iuris Civilis* ile Roma hukukunun gelişme süreci sona ermiştir[102]. Böylece Tiber nehri kıyılarında başlayan tarihî süreç, Boğaziçi'nde noktalanmıştır. Gerek uygulamada gerek hukuk öğreniminde mevcut hukuk belirsizliğini ortadan kaldırmak için hukuk eserleri *(ius)* ve imparator emirnamelerini *(leges)* toplatmak suretiyle Iustinianus, Roma hukukunun modern zamanlardaki hukuku etkilemesi yolunu açmıştır. İmparatorluğun eski devirlerine duyduğu romantik, nostaljik duygularla meydana getirdiği *Corpus Iuris Civilis*, Roma hukukunun düzeyini yükseltmiş değildir ama, Roma hukukunun muhafaza edilmesinde en büyük rolü oynamıştır[103]. Amacı Roma hukukunu kendisinden sonraki kuşaklara aktarmak değildi, fakat bu kodifikasyon ile Roma hukuku gelecek kuşaklara aktarılmıştır.

Iustinianus, *Digesta*'yı halka takdim eden *Tanta* emirnamesinde, eserinin geleceği kapsayan bir büyüklüğe de sahip olduğu düşüncesindedir. "... Bu sadece zamanımızın değil, geleceğin de hukuk eseridir..." Sadece; kendi yüzyılı için değil, gelecek için de mükemmel kanunlar hazırlandığını belirtmektedir[104].

Ortaçağ'da Novellae, önceki derlemeye yasama eserinin dördüncü kısmı olarak eklenmiştir.

"Corpus Iuris Civilis" ismi de, Iustinianus tarafından verilmiş değildir. Ortaçağ'da bu terim yavaş yavaş kendisini kabul ettirmeye başladı ve nihayet 1583'de Hümanist mektep hukukçularından, Fransız bilgini Dionysius Gothofredus (1549-1622) bu derlemenin bütününü "Corpus Iuris Civilis" başlığı altında yayınlandı[105].

---

101 Imbert, s.78.

102 Caesar ve II. Theodosius'un da böyle bir kodifikasyon düşüncesinde oldukları bilinmektedir. Nitekim *Codex Theodosianus* böyle bir niyetin ürünüdür.

103 Iustinianus hırslı ama, başkalarının tesirinde kalan dindar bir kişiliğe sahipti. Kilise içindeki teorik görüş ayrılıklarını da ortadan kaldırmak istemiştir. Büyük amaçlar peşinde koşan ve bunların bir kısmını da gerçekleştirmeyi de başaran imparator Iustinianus'un yapıtları arasında Ayasofya da meşhurdur.

104 Mouchette – Ladjili, s. 463.

105 Schwarz A. B., Roma Hukuku Dersleri, I Cilt., İstanbul. 1964, s. 36.

§ 3. Roma Hukukunun Ortaçağ'daki Durumu

İmparator lustinianus, *Corpus luris Civilis*'e şerh yazılmasını yasak etmiş, bunu sürgün cezasıyla müeyyidelendirmişti. Bu yasaklamalara rağmen bilhassa Iustinianus'un ölümünden sonra *Corpus Iuris Civilis*'in bölümlerini izaha çalışan yunanca eserlerin yazıldığı görülmektedir[106].

476 yılında Batı Roma İmparatorluğu'nun yıkılışı ile Eskiçağ sona ermiş, Ortaçağ başlamıştı. Iustinianus Batı Roma topraklarının bir kısmını Cermen kavimlerinden geri almış, bu topraklarda da (Roma- Güney İtalya) *Corpus Iuris Civilis*'i yürürlüğe sokmuştu. Ölümünden sonra Roma hukuku Batıda karanlıklara gömüldü. Özellikle *Digesta*'yı özümseyecek gelişmiş bir yapının hukuk kültürünün bulunmayışı, Roma hukukuna ilişkin uygulamacı ve bilimsel çalışmaların yokluğunun ana sebebidir. *Digesta* unutulmuştur. Tatbikatta *Institutiones* ve *Novellae*'dan yapılan özetler, küçük bir kısmı ile Novellae'lar kullanılmakta idi.

İtalya'yı işgal eden Cermen kavimleri 438'de yapılan *Theodosius*'un *Codex*'i kendi hukuklarına aldılar. İkinci Alaric'in *Codex*'i (M.S. 506) bu *Codex* ile Paulus'un *Sententia*'sı ve *Gaius*'un eserine dayanmaktadır. Bu bölgelerde M.S. 518 tarihli *Lex Romana* (Roma Kanunu) uygulanmıştır.

Roma İmpatorluğu yıkıntıları üzerinde yükselen barbar devletlerin en güçlüleri bile hukuki düzenlemeler karışımına dayanan bir yapıya sahipti. Özellikle IX. yüzyıldaki ilk kutsal Roma *Cermen* İmparatoru Şarlman kamu hukukuna bir parça bütünlük getirdi. Roma kurallarının devamlılığı ile bağlantı sürdürüldü. Örneğin arazi sahibi, mal varlığına ilişkin bir vasiyetname düzenleyebilirdi. Fakat Roma'nın *Lex Falcidia*'yasına (M.Ö. 40) uygunluk sağlamak için tereke'nin 3/4'ünden fazlasını vasiyet edemezdi[107].

Değişen ekonomik ve sosyal çevrenin ticari sorunların çözüm yollarına ilişkin boşluklar büyük ölçüde Roma hukukundan alınan malzemeyle başa-

---

106 *Paraphrasis Institutionum*, Iustinianus'un *Institutiones*'ini hazırlayanlardan Theophilus tarafından yazıldığı iddia edilen, yunanca *Institutiones* şerhidir. Yazarının Gaius *Institutiones*'inden de faydalandığı kanıtlanmıştır. *Basilica* denilen eser ise *Corpus Iuris Civilis*'in bazı bölümlerinin yunanca açıklamasını yapmaktadır. IX. yüzyıldaki bu eser *Corpus Iuris Civilis*'in anlaşılmasına yarayan önemli bir kitaptır. (bkz. Umur, Lügat). Basilica Osmanlı İmpatorluğu zamanında Ortodoks tebanın imtiyazları çerçevesinde uygulanmış, Osmanlı hakimiyetinden ayrılmış Yunanistan, Bulgaristan, Romanya gibi Ortodoks ülkelerde de bir süre varlığını sürdürmüştür.

107 Vinogradoff, s. 100. (krş: Saklı paya ilişkin TMK. m. 506).

rıldı. Mesela Roma hukukunun miras açısından cinsiyetler arasındaki eşitlik görüşü, *Cermen* geleneklerinde gedik açtı. Salik Hukuk'u araziyi erkeğe tahsis etmesine rağmen kıza miras bırakıldı. Kölelerin azadında önceki mallikle ilişkisi Roma veya kilise hukuk kurallarına göre düzenlenmiştir.

Roma'dan en az etkilenen İngiltere dahi bu konuda istisna oluşturmamaktadır. Özel mülkiyete ilişkin eski ingiliz kitapları, krallarla birleşen kilise tarafından dışarıdan getirilen romalılaşmayı göstermektedir[108].

VI. ve XI. yüzyıllar arasında Roma Hukukunun yaşamasında Kilisenin rolü olmuştur. Düzen, güvenlik ve kurallara saygıya önem veren Kilise, Roma'nın mirasını saklamış ve kullanmıştır[109].

Hukuk uygulamasından, roma hukuku eğitiminin imparatorluğun çöküşüyle tamamen kaybolmadığı anlaşılmaktadır. Eski kültürün diğer kalıntılarıyla birlikte o günlerin eğitim görmüş kiliseye ve manastıra mensup kişileri aracılığından geçti. Ancak örgütlenmiş hukuk okullarının belirgin izleri yoktu[110].

Cermen kavimlerinin istilâlarından ve Roma imparatorluğunun çöküşünden sonra X. yüzyıla kadar şiddet hareketlerine ve kargaşaya terkedilmiş bir Batı görüntüsü vardır. Her yönden tehdit altındaki insan toplulukları küçülmüş şehirlerde veya ufak feodal beyliklerde himaye aramıştır. Böyle bir

108 Vinogradoff, s. 38.

109 Bu şekilde, Kilise hukuku da, Roma hukukunun unutulmasını engellemiştir. Kilise hukuku, malzemesini Roma hukukundan almıştır, yani Roma hukukunu iktibas etmiştir. «*Ecclesia vivit lege Romana*» (Kilise Roma hukukuna göre yaşar) özdeyişi bu durumu ifade etmektedir.
Roma imparatorluğu Batı'da sona ererken, Kilise, Roma kurumlarını devralmıştır. Bölgesel ve merkez örgütü, roma modelinden esinlenmiştir.
Hukuku, esas olarak, dinî ilkelere dayanmakla birlikte, roma tekniklerini ve şekillerini kabul etmiştir.
Üstelik, Kilise hukukunun uygulanması bir tür istisnadır: geri kalan kanunlarda, hıristiyanlar devletin kanunlarına tabidir. İmparatorluktan sonra da; Kilise, roma hukukuna sadık kalacaktır.
Roma devleti tarafından, üç yüzyıl hor görüldükten ve eziyetlerden sonra, Kilise kendisi *Romalı* olmuştur. Ortaçağ başlarında; hiç olmazsa Batı'da, kaybolan imparatorluğun mirasçısı olarak belirmektedir. Temel yapısının, dilinin, bazen ihtiraslarının mirasçısı olarak, Roma'nın mirasçısı olmak isteyen yeni devletlerle karşı karşıyadır. Siyasal, kültürel, hukuki alanda... izleyen yüzyılların tarihi, bu paylaşılan malvarlığının tarihi olacaktır. (Carbasse, s. 81., Gaudemet, s. 104.

110 Vinogradoff. s. 39-41.

dünyada hukuk ne olacaktır? Bununla birlikte; hukuk bazı başarılarla, toplumun bu kadar siyah bir tablosunu düzeltmeye çalışarak varlığını sürdürür.

Hukuk; kavimlerin tarihi ile birlikte gider. Hiçbir zaman kaybolmaz, fakat çehre değiştirir. Batıda, imparatorluğun çöküşü, farklı hayat tarzları benimsemiş kavimlerin gelişi, ekonomik çöküş, genelleşen bir fakirlik, hukukta krize yol açar. Pek az kanun çıkarılmıştır. Yeni gelenekler oluşur ve hukukun temel kaynağını oluşturur. Düşünceye, bilgiye dayanan kültür iyice azalır. Çoğu kez, manastırlarda barınır ve bazı kilise rahiplerinin imtiyazı haline gelir. Hukuk alanı pek ilgi çekmez. Kiliseden bazı kişiler, diğer işleri arasında hukukla da meşgul olurlar[111]. Hayata hâkim olan hukuk değil, dindir. Eski büyük imparatorluğun yerinde, birbiriyle ilişkisi olmayan küçük, ilkel devletler, gruplar vardı[112].

Corpus Iuris Civilis, hukuk anlayışı Roma'ya göre çok farklı olan Doğu'da hazırlandığından uygulama imkânı zordu. Iustinianus'un koyduğu sıkı yasaklara rağmen, Bizanslılar kendi anlayışlarına göre yorumlar, şerhler, açıklamalar, özetler yaparak, Roma Hukukundan çok farklı bir Bizans hukuku meydana getirdiler. Bu hukuk konumuz dışındadır. Institutiones'in şerhli yunanca tercümesi ile *(Paraphrasis Institutionum)* ile *Corpus Iuris Civilis*'in bazı kısımlarının açıklamalı ve aslında farklı tercümesi olan *Basilica* isimli eserden yararlanılmıştır.

Doğuda pek az olan etkisine karşılık, Batıda, özellikle bilimsel çalışmalar yoluyla son derecede etkili olmuştur. XI. yüzyıldan sonra, asırlarca, özellikle *Digesta*, Üniversitelerde ders kitabı olarak kullanılmış hukuk bilginleri tarafından ayrıntılarıyla incelenmiştir. Her cümlesi yorumlanmış, devirlere göre değişik acılardan görülmüş, farklı doktrinlere konu olmuştur[113].

XI. asrın sonu ve XII. asrın başlarına doğru, Roma hukukuna karşı olan ilginin birden bire artmasının görünür sebebi, VI. asırda yazılmış ve Pisa şehrinin bir kütüphanesinde kalmış olan el yazması bir *Digesta* metninin yeniden bulunmasıdır. *Digesta*'nın yeniden incelenmesi, Roma hukuk ilminin, zamanımıza kadar sürecek olan parlak gelişmesinin başlangıcı olarak kabul edilir. Asıl sebep ise, bu devirlerde Avrupa toplumunda görülen canlanma hareketidir. O zamana kadar kendi içlerine kapanmış yaşayan insan grupları, XI. asrın sonlarına doğru hareketlenmişlerdi. Uzun yol gemiciliğinin gelişmesi, Hin-

111 Gaudemet, s. 105 ve 301.

112 Umur, Ders Notları. s. 122.

113 Umur, Ders Notları. s. 121.

distan yolunun aranması, Haçlı seferleri gibi hareketler, yeni hayat imkânları ve yeni ticaret ufukları bulmak isteyen Avrupalıları[114], birbirleriyle temasa getirmiş, bu temaslar yeni ihtiyaçlar doğurmuştu. Böyle bir canlı ortam içinde yeniden bulunan *Digesta* metni, büyük bir şöhret yaptı ve toplumun en seçkin kişileri, bu hukukun incelenmesi ile uğraşmaya başladılar[115].

Digesta'nın tekrar incelenmeye başlanması XI. yüzyılla birlikte yeni bir hukuk ilminin canlanmasına yol açmıştır. VI ile XI. yüzyıllar arasında mevcut olmayan hukuk ilmi, Kuzey İtalya'daki şehirlerde görülen kültürel ve akademik canlanmadan olumlu etkilenmiş, *Digesta*'nın bir el yazması nüshası *Floransa*'da bulununca yeni hukuk ilminin malzemesi ortaya çıkmış oldu. Ortaçağ boyunca süren politik çalkantılar ve Roma hukukunu konu alan bilimsel faaliyetler Avrupa hukuk ilminin yaratılması sonucunu getirmiştir. Artık konuşulmayan latincede, eski bir hukuk kültürünün ürünü olan Roma hukukunun özellikle Kara Avrupa hukuklarına tesir etmesi, Roma-Cermen hukuk sisteminin oluşmasında ana faktör *Corpus Iuris Civilis*, özellikle *Digesta*'yı konu alan bilimsel çalışmalardır. Başka bir deyişle Roma hukukunun yeni zamanların hukuklarını etkilemesi *Corpus Iuris Civilis* üzerindeki çalışmalarla açıklamalarla gerçekleşmiştir. Modern millî kanunlar yapılıncaya kadar Roma hukuku malzeme olarak kullanılmış ve bu hukuk millî kanunların sistematiğini ve içeriğini etkilemiştir.

Hukuk ilmi, tartışmaları ve büyük eserleri başlatır. İncelemeler, Üniversitelerde organize edilir, düzenlenir. Roma hukukunun ***ikinci hayatının*** başlaması ile hukuk ilminde o zamana kadar görülmemiş bir atılım başlar[116].

XI. yüzyıl sonu ve XII. yüzyılda başlayan **ikinci hayatı,** Avrupa'nın hukukî manzarasını tamamen değiştirecektir.

I. GLOSSATOR'LAR

İtalya'nın Bolonya şehrinde XI. yüzyılda ünü kısa sürede Avrupa'ya yayılan bir üniversite kurulmuştu[117]. Hukuk alanındaki bu ünün sebebi, Hukukun

---

114 İngiltere'de, XVII. yüzyıldan itibaren denizcilik avantajını kullanarak dünyaya yayılmış, 1815'lerde dünyanın süper gücü haline gelmiş ve durumunu II. Dünya Savaşı sonlarına kadar sürdürmüştür.

115 Umur, Roma Hukuku, s. 288.

116 Gaudemet, s. 302 ve 305.

117 Bolonya'ya, VI. yüzyıldaki Beyrut gibi, *nutrix* legum (kanunların sütannesi) denildi. (Mouchette-Ladjili, s. 473). Bolonya, bir "Öğrenci Üniversitesi" *(Universitas scolariorum)* oldu. "Okulların" rektörü seçen güçlü bir birliği, loncası vardı.

Işığı *(Lucerna Iuris)* diye anılan Irnerius isimli hukukçunun (ölümü 1125) kurucusu olduğu *glossator*'lar akımının Roma hukuku üzerinde başlattığı bilimsel çalışmalardır. Öğrencileri Bulgarus. Matrinus, Iacobus Hugo'dur. Mektebe bu adın verilmesini nedeni bu hukuk hocalarının *Corpus Iuris Civilis*'i *glossa* denilen notlarla açıklamalarıdır. *Glossa*'lar ya metnin kenarına *(glossae marginales)* ya da satırların aralarına *(glossae interlineares)* yazılıyordu[118]. *Glossator*'lar Iustinianus kanunnamesi'nin ruhuna erişmeyi başaran ve çalışmalarıyla bu eserin sonraki yüzyıllarda da anlaşılmasını sağlayan bilim insanlarıdır.

Metinlerin anlamları, yavaş yavaş, açıklığa kavuştukça, *glossator*'ların metotları gelişti: Söze değil, amaca, öze önem verilmeye başlandı[119].

Bu hukukçuların metodu, Ortaçağ'ın skolastik ilmine dayanır. Skolastik ilim ilâhiyat alanında ortaya çıkmış, daha sonra diğer alanlara geçmiştir. *Glossator*'lar da *Corpus Iuris Civilis*'i bir dogma, değişmez, tartışılmaz olarak kabul edip tarihi araştırma yoluna gitmeden açıklamaya uğraşmışlardır. Bu hukuk kurallarının hangi ihtiyaçlar sonucu ortaya çıkmış olduğu onları ilgilendirmemiş, klâsik hukuk ile klâsik sonrası hukuk kurallarının farklılığının üzerinde durmamış, *interpolatio* araştırması yapmamışlardır. Zamanlarının uygulanmasıyla fazla ilgilenmedikleri için ilimleri teorik alanda kalmıştır.

Irnerius ve öğrencileri, skolastik metodla çalışmış, yani *Corpus Iuris Civilis*'in otoritesine dayanmışlardır. Eserin tüm kısımlarını ayrıntılarıyla inceleyerek açıklamışlar, metinlerin anlaşılmasına çalışmışlardır.

Glossator'lardan Bartolus; halkın hukuk yaratmadaki baskısı, imparatorluğun yargılama yetkisi ve siyasal otoritesi ve diğer hususları devrinin şartlarına uyarladı ve geliştirdi. Bu konudaki açıklamaları Avrupa kamu hukukunun temellerini oluşturdu. Bartolus'un görüşlerinin modern unsurlarından XV. yüzyıl Almanya'sının karmaşık iş ilişkileri sorunlarının çözümünde de yararlanıldı. Yasama ve yargılama alanındaki tohumlar uygulamada XV. yüzyılda ürün verdi[120].

---

118 *Glossator*'lar *Distinctiones* denilen sistematik eserler yazmışlar, *Generalia* denilen hukuk kurallarına ilişkin hafızada kolay kalan özdeyişler üretmişlerdir. (Kunkel, s.159.)
Klâsik hukukçularda önemli yer tutan "Hukuk Kuralı" *(Regula)* kavramı, Ortaçağ'da roma hukukunun ***ikinci hayatında*** tekrar itibar kazanmıştır.

119 *Thireau*, s. 137.

120 Vinogradoff, s. 115.

MAGNVS ACCVRSIVS FLORENTINVS M·CC·XXXVI

XIII. yüzyılda yaşayan Accursius bu akımın son temsilcisidir. Bu hukukçu zamanında artık yorumlanacak, açıklanacak bir husus kalmadığı, yorum yolu tükendiği için kendisine kadar gelmiş olan *glossa* yığınından seçmeler yapıp *Glossa Ordinaria* adında bir toplama eser meydana getirmiştir. Bu eserin içinde 100.000 kadar açıklayıcı not bulunmaktadır. *Glossa Ordinaria* sonraki devirlerdeki çalışmaları da etkilemiş, bunun içinde yer almayan *glossa*'lar unutulmuş, üzerinde çalışılan *Corpus Iuris Civilis* nüshaları yalnız Accursius'un *glossa*'larını içermiştir[121]. Sonradan uygulamaya da hâkim olan bu eser yüzünden «*Quod non agnoscit glossa non agnoscit curia*» (*glossa*'nın tanımadığı hukuk mahkeme tarafından uygulanmaz) ilkesine uyulmaktaydı.

II. POSTGLOSSATORLAR (COMMENTATOR'LAR)

Yüzyıllar boyunca, hukukun yeni çehreleri, şekilleri ile karşılaşılmaktadır. Şu hususu da belirtmek gerekir ki, tarih, düz bir çizgi takip etmemektedir. XII. ve XIII. yüzyıldan itibaren batı Avrupa'da hukuk araştırmaları, faaliyetleri tekrar kendini göstermiş, devamlı ve düzenli bir şekilde gelişmiştir[122].

XIV. yüzyılda, tüm batı Avrupa'da, "hukuk ilminin" diğer dalların üzerinde yer aldığı görülür. Hukuk; itibar, çoğu kez güç ve zenginlik sağlar. Mütalâalara, görüşlere sık sık başvurulur. Bunlar; XII. yüzyılda uygulamada kullanılmaya başlanmış, XIV. ve XV. yüzyıllarda tam olarak yaygınlaşmışlardır. Hukuk meselelerine yazılı olarak verilen bu danışmalar, bazı kez birden fazla hukukçunun müşterek eseridir. Bir davada ünlü bir hukukçu tarafından verildiği zaman ağırlığı önemlidir. Mütalâayı verene ve yardımcılarına, bazı kez önemli gelirler sağlar[123].

---

121 *Glossator*'lar özellikle *Corpus Iuris Civilis*'teki çelişkileri açıklamaya, ortadan kaldırmaya çaba göstermişlerdir.

122 Gaudemet, s. 301.

123 Bir mütalaadan 100 altın florin alan bolonyalı bir danışmandan söz edilmektedir. O zamanlar, Floransa'da bir felsefe profesörünün aylığı 40, tıptakinin ise 25 florindi (Gaude-

XIII. ile XV. yüzyıllarda yaşamış olan *postglossator*'ların metodu *glossator*'ların metodundan farklı değildir. Ancak, bunlar *glossator*'ların aksine *Corpus Iuris Civilis* ile uygulamanın ihtiyaçlarını göz önüne alarak meşgul olmuşlardır. Ortaçağ'da önem kazanan örf ve âdet hukuku da dahil olmak üzere yerel hukukları da dikkate alarak uygulama için gerekli yeni ilkelere, kavramlara ve kurumlara varmışlardır. Aslında açıkladıkları Roma hukuku, *Corpus Iuris Civilis*'in *glossa*'larla açıklanmasıyla elde edilen teorik hukuktur. Başka bir deyişle *postglossator*'lar *glossa*'yı şerh etmişlerdir. Çalışmaları ilmi yönden kısa izahlardan değil, geniş şerhlerden oluşmaktadır. Zamanımızın Roma hukuk ilminde *postglossator*'lara *consiliatores* (danışmanlar) denmesi tercih edilmektedir. Bunun sebebi gerek tarafların gerekse hâkimlerin bu hukukçulardan mütalaa *(consilium)* almalarıdır. Karşılığında ücret aldıkları *consilium*'ları (bilimsel görüşler, mütalaalar) yoluyla uygulamayı etkileyen *postglossator*'ların doktrini sayesinde Roma hukukunun iktibası mümkün olmuştur. Bu hukukçular skolastik ilmin karakteristik özelliği olan ince mantık oyunlarıyla *Corpus Iuris Civilis*'i modernize ederek iktibasa hazırladılar[124]. En büyük temsilcisi Bartolus de Sassoferato (ölümü 1357) olan *Postglossator*'lar Usul Hukuku; Ceza Hukuku ve Devletler Hukukunda yeni ilkeler ve kavramlar yaratmışlardır[125]. Ticaret Hukuku, Bankacılık Hukuku gibi yeni dalların temellerini atmışlardır[126].

PostGlossatorlar; Roma-Cermen imparatorluğuna bağlı ülkelerde Roma hukuku'nun değişen devrin sorunlarına çözüm yolları getirmesi ve *Ius Commune* (Ortak Hukuk) olarak uygulanabilmesi için çalışmışlardır.

---

met, s. 315-316).

124 Hukukun, çoğu kez, soyut kavramlar içinde hareket etmesi gerekir ve modern hukuk doktrinleri, köklerini, özellikle *Postglossator*'larda bulur.
Ancak, metotları, XVI. yüzyılda ciddi eleştirilerle karşılaşmaya başlamıştır. Her konuyu çeşitli ayırımlara tâbi tutarak sistemleştiriyorlardı: *Qui bene distinguit, bene dicit:* İyi ayırım yapan iyi öğretir. Ancak, aslında doğru olan bu metot, Postglossator'lardan sonra hukukçular tarafından, aşırıya götürülmüştü. En basit konularda bile, lüzumlu lüzumsuz, sonu gelmez bölümler yapmak, açıklık yerine bulanıklık getirecek şekilde, meseleleri darma dağınık etmekte, içinden çıkılmaz bir hale sokmakta idi. Her türlü fikri birbiriyle telif edebilmek için, aklı selimi değil, kuru mantığı tatmin edebilen bir takım muhakeme oyunları yapıyorlardı. Bütün bunlar, eserlerinin, fazla uzun ve muğlak olmalarına sebep olmuştu. XVI. asrın büyük hukukçusu Cuiacuis, bütün bu "gevezelikler"in, cehaletleri saklamak için bir vesile olduğunu söylüyordu: *Sunt verbos et prolixi more suo: et solent in re facili esse multi, in difficili muti, in angusta diffusi*, yani "O kadar gevezedirler ki, kolay şeylerde çok konuşurlar, zor meselelerde susarlar, münakaşalı meseleleri bulaştırırlar".

125 Umur, Roma Hukuku, s. 292. Hausmaninger – Selb, s.107-109.

126 Umur, Ders Notları, s. 124.

Artık, Üniversite hayatı da canlanmıştır: Kısmen bulunan üniversite kayıtları öğrenci sayıları hakkında bilgi vermektedir. 1265'de Bolonya'da hukuka kayıtlı 712 öğrenci, 1339'da Perugia'da, 119 öğrenci vardı. 1394'de sayı Orléans'da 368, aynı yıl Angers'de 407 idi. Öğrenci sayısı özellikle hukuk fakültelerinde giderek artar, zira hukukçuya ihtiyaç çoğalmaktadır. XV. yüzyılda Köln'de 100-200 hukuk öğrencisi, Leipzig'de 100 kadar vardı. Alman üniversitelerinde, XV. yüzyılın ikinci yarısında, öğrenci sayısı, çoğunluğu güzel sanatlarda olmak üzere 6000-7000 arasındadır[127].

Bolonya'dakine benzer Hukuk Mektepleri Avrupa'nın diğer ülkelerinde, Fransa'da, İspanya'da da kuruldu. Bilim lisanının her yerde aynı, latince olması, mektepler arasında hoca ve öğrenci değişimini kolaylaştırıyordu[128].

XV. yüzyılda İtalya'da başlayan Rönesans (Yeniden Doğuş) Avrupa'da tatlı bir meltem gibi esiyor ve tüm kıtaya yayılıyordu. Yeni bir devlet, hayat anlayışı ve iktisat politikası geliyordu. Ortaçağ insanları, geleneksel ve karanlık düşüncelerden, dar kalıplardan kurtulup yeni ufuklara açılmak istiyordu. Edebiyatta, sanatta, mimarlıkta olduğu gibi hukukta da yeni bir çağ başlıyordu. Bazı kilise hukukçuları bile bu göz kamaştıran değişiklikleri destekliyordu.

III. HÜMANİST AKIM

Jacobus Cuiacius (1522-1590)

XV-XVII. yüzyılda özellikle Fransa'da kendisini gösteren bu akım *Corpus Iuris Civilis*'e tarihi açıdan yaklaşmıştır. Hümanistler, Roma hukukunun tatbikat için kullanılmasını benimsememişler, hattâ reddetmişlerdir. Her memleketin kendi millî hukukunu uygulaması gerektiğini savunan bu mektep mensupları, *postglossator*'lar tarafından bozulmuş olduğunu düşündükleri *Corpus Iuris Civilis*'i filolojik ve tarihi bilim metodlarıyla incelemişlerdir. Hümanist doktrinde, *Glossator*'ların metinlere sıkı sıkıya bağlı kaldıkları, *Postglossator*'ların ise, Iustinianus derleme-

127 Öğrencilerin çoğu fakir, hayat pahalıdır. Yollar tehlikeli ve çoğu kez aşılması zordur. Basel'den, Bolonya'ya atla gitmek için (750 km.) iki üç hafta gerekir. Birçok öğrenci bankerlerden ve öğretim elemanlarından borç alır. Aileler, imkânları nispetinde para yollar. Okullular, zengin aile çocuklarına ders verir (İngiliz filozofu, Jean de Salisbury'nin, XII. yüzyılda, Paris'te yaptığı gibi). (Gaudemet J., s. 343 ve d.n. 199, s. 344).

128 Umur, Ders Notları, ss. 126-127.

sindeki metinleri devirlerinin ihtiyaçları ile uyum sağlamaya çalışarak bozdukları düşüncesi hakim olmuştur. Skolastik doktrinden farklı olarak hümanist doktrin *Corpus Iuris Civilis*'in mutlak otorite olduğuna iltifat etmeden, diğer kaynaklarla mukayese suretiyle *interpolatio*'ları bulmaya gayret etmiştir. Ancak hümanist doktrin Roma hukukunu tatbikattan koparan teorik bir akım niteliğindedir[129]. Filolojik araştırmalarda aşırılığa gidilmiş, konudan uzaklaşmıştır. Bu akımın en büyük temsilcisi bir yorum ustası olan Jacobus Cuiacius'tur (1522-1590)[130].

Diğer bir hümanist âlim Dionysius Gothofredus, Iustinianus'un kanunnamesini ilk defa *Corpus Iuris Civilis* adıyla yayınlanmıştır.

IV. ROMA HUKUKUNUN İKTİBASI, (BENİMSENMESİ, RESEPSİYON) VE USUS MODERNUS PANDECTARUM (PANDEKT'LERİN MODERN ŞEKİLDE KULLANILMASI)

Yeniçağın başlarında Roma Hukuku Avrupa'da iktibas edilmiştir. İktibas, benimseme bir ülkede o ülkeye has şartlar altında gelişmiş olan hukukun başka bir ülke tarafından benimsenmesini ifade etmektedir.

İktibas, benimseme olayı en geniş olarak Almanya'da cereyan etmişti[131].

---

129 Hümanizm Avrupa'da daha ziyade felsefe ve sanat alanında görülen bir akımdır. Bakışını Eskiçağa çevirerek Ortaçağın'ın otoritelere olan inancı simgeleyen eğiliminden ayrılmış, insan aklını esas almıştır. Roma hukukunu bu görüşle kiliseden ve tatbikatla olan bağlarından sıyırmıştır. Hümanizm cereyanı her şeyin insan zekâsıyla kavranması gerektiğinden hareket etmek suretiyle, modern ilmin temellerini atmış, naklî bilimlerin yerini aklî bilimlerin almasını savunmuştur. İlimlerin dogmalarla çatışmasını reddetmiş ve gerçeğin araştırılmasına ve bulunmasına önem vermiştir. Hümanistlere göre *Corpus Iuris Civilis* antik Roma ruhunu aksettiren bir belge idi, zamanın ihtiyaçları nazara alınmadan her türlü yolla incelenmesi ve değerlendirilmesi gerekiyordu. (Schwarz, s.163-164).
Hümanistler, Roma hukukunu, Eskiçağ bilgilerinin bir dalı olarak incelemişlerdir.

130 J. Cuiacius, devrin en üst düzeydeki âlimidir. Dostlarına arattırdığı veya kopya ettirdiği el yazması eserlerin ve hukuka da ilişkin eserlerin büyük koleksiyoncusu idi. Ortaçağ hukukçularının bilmediği yunancayı iyi biliyordu, harikulâde bir kültüre sahipti, eskiçağ tarihi ve edebiyatına ihtirası vardı. İncelemelerine o kadar çok bağlıydı ki, Fransa'yı paramparça eden din savaşları ile ilgilenmez gözüküyordu. Şaşıranlara, "bunun *Praetor* Beyannamesi ile ilgisi yok" diyordu (Gaudemet, s. 345).

131 Kunkel, s.162; Hausmaninger – Selb, s.109; Bununla beraber; iktibas en geç Almanya'da gerçekleşmiştir. Millî birliğin mevcudiyeti dolayısıyla hukuktaki dağınıklığın daha az olduğu Fransa'da iktibas daha erken fakat daha sınırlı gerçekleşmiştir. İtalya'da ise Roma hukuku daima yürürlükte olmuştur. Buna karşılık Roma hukukuna karşı koyan İngiltere'de

İtalya'nın Bologna şehrinde XI. yüzyılda kurulan üniversiteyi Kuzey ve Orta İtalya, Fransa, İspanya'da kurulan diğer üniversiteler takip etmişti. Bu üniversiteler, özellikle Bologna'daki üniversite, Avrupa'nın her yanından gelen öğrencilerin âdeta hücumuna uğramıştı. Muselâ 1200 yılında Bologna'da 1000'e yakın hukuk öğrencisi kayıtlıydı. Bu rağbetin asıl nedeni buralarda hukuk ilminin yüksek düzeyi idi. Bu sebep yanında politik bir sebep de mevcuttu. Papalık ve imparatorluk arasında büyük bir iktidar mücadelesi hüküm sürmekteydi. Her iki güç iktidarlarını kabul ettirmek için Roma ve hukukuna dayanıyordu. Kilise kendi alanına giren hukukî ihtilafların hallinde Roma hukukuna göre yetişmiş kişileri görevlendiriyordu. Kilise ile rekabet halinde olan imparatorlar da, düzeyi yüksek hukuk bilgisine sahip, iyi yetişmiş hukukçulara görev vermek yolunu seçince, bu tip hukukçulara olan ihtiyaç çok artmıştı. Roma hukukuna göre eğitim yapan okullarda öğrenim yapan hukukçular kendi ülkelerinde kilise ve devlet organlarında yüksek memurluklara, danışmanlıklara getiriliyor, bir kısmı da hâkim ve avukat olarak görev yapıyordu.

Fakat, Kilise açısından Roma hukuku iki tehlike oluşturuyordu: Cermen imparatorları kendilerini Roma imparatorlarının mirasçıları kabul ediyordu. Hukuklarının da mirasçıları olarak, onu iktidarlarının sembolü olarak kabul ediyorlardı. Halbuki Papalık ve Cermen imparatorlarının ilişkileri XI. yüzyıl sonu ve XIII. yüzyıl arasında, hep güçlüklerle dolu olmuştur.

Bu siyasal engelin yanında, başka kaygılar da vardı: Roma hukuku ile meşgul olmak, teolojiden vazgeçmek olacaktı. Avukatlık mesleği ile uğraşmak manastırdan ayrılmak ve rahiplere şeref getirmeyecek olan kazanç peşinde koşmakla sonuçlanacaktı. Bu konuda, korkularından söz eden Roma hukukunu bilen bazı iyi hukukçulara rastlanmaktadır. 1219 yılındaki ünlü Kararla, hukuk eğitimde önemli bir rakip, siyasal hasım, aşırı kazançlar elde etmeyi elverişli hukuk karşısında, "Paris ve komşu çevrelerde" Roma hukuku öğretiminin yasaklanmasının bu durumla ilgisi vardır[132].

XVI. yüzyılda, roma hukukuna gerçek kapsamı ve özgün anlamı verilmeye çalışılır. XVII ve XVIII. yüzyıllarda, Hollanda'dan sonra Almanya da Üniversiteler en iyi romanistlere sahiptir. XVII. yüzyıl sonlarından itibaren, roma hukuku sadece üstün olduğu için değil, temsil ettiği düşünce sistemi izlendiği için uygulanmıştır[133].

---

hukuk, Anglo-Sakson teamülleri içinde bilhassa İngiliz mahkemesinin kararlarıyla ayrı bir yönde gelişmiştir.

132 Gaudemet, s. 313-314.

133 Mouchette – Ladjili, s. 473.

Roma hukukunun Avrupa'da uygulanan hukuk haline gelmesine "Roma Hukukunun Benimsenmesi, İktibası" denir. Benimseme, iktibas İtalya, Fransa, İspanya, Portekiz, Hollanda, Almanya gibi bütün Avrupa ülkelerini kapsayan hareketti.

Bütün Cermen devletleri, XV ve XVI. yüzyıllarda Roma hukukunu tümüyle iktibas etmişlerdi. Bu durum XX. yüzyıl başında Alman Medenî Kanunu (B.G.B.) yapılıp yürürlülüğe girene kadar devam etti.

Müşterek, Ortak Hukuk *(ius commune)* niteliğinde olan Roma hukuku iktibasın gerçekleştiği ülkelerde tamamlayıcı hukuk olarak uygulanıyordu[134]. Başka bir deyişle Roma hukuku ikincil karakterdeydi. Önce şehir hukuku *(Stadtrecht)*, sonra eyalet hukuku *(Landrecht)* gelir. Bunlarda hüküm bulunmazsa, Müşterek Hukuk *(ius commune)* olarak Roma hukukuna başvurulurdu.

Usus modernus Pandectarum (Pandekt'lerin modern şekilde kullanılması) denilen akım XVI. ve XVIII. yüzyıllarda Roma hukukunu Cermen hukuku ve Alman mahkeme içtihatlarıyla kaynaştırarak uygulamanın ihtiyaçları için hazırlanmıştır. Tarihi ve teorik olmaktan çok uygulamaya yönelik bu akım Roma hukukunun mutlak otoritesine olan inançla hareket etmemiş, zamanın ihtiyaçlarını ön plana almıştır.

Ortaçağ'ın bölünmüş siyasal ve ekonomik yaşamında her birim kendi hukukunu geliştirirken, Roma hukuku öğretisine dayanan bilgiler ve hukuk tekniği hem bu hukuku ortak hukuk durumuna getirmiş hem de hukuksal bölünmeyi hafifletmiştir. Bu şekilde Ortak Hukuk batı Avrupa ülkelerinde Roma hukuku ile Kilise hukukunun, *Digesta* çerçevesinde uyumlu hale gelmesini ifade eder. Kanunlaştırmalar bu temel üzerinde gerçekleşmiş, gelişmiş bir sosyal yapının ihtiyaçlarına cevap veren Roma hukuku ilkeleri sanayileşen toplumların ihtiyaçlarını karşılayacak şekilde **ikinci hayatını** sürdürmüştür.

Pandekt Hukuku, *Ius Commune* (Ortak Hukuk) üst kavramının yanı sıra Roma hukukunun Alman yaşantısının hakim olduğu çoğrafyada aldığı şekildir ve Roma hukukunu günümüze bağlayan son halkadır.

---

134 Bugün İsviçre sınırları içinde olan bazı bölgelerde kendilerine özgü teamülleri ve hukukları ve gelenekleri olduğu gerekçesiyle iktibasa karşı çıkılmıştı.

V. TABİİ HUKUK AKIMI

Napoléon

Dağınık şehir ve eyalet hukukları karşısında *ius commune* (müşterek hukuk) niteliğini alan Roma hukukuna Tabii Hukuk mektebi karşı çıkmıştır. XVIII. yüzyılın bu ekolü, hukuk kurallarının akıldan ve eşyanın tabiatından çıkmasını savunmaktaydı. Tarihi olgulardan arındırılmış bir hukuk düzeni isteyen tabii hukuk görüşü, yürürlükteki hukuk olan Roma hukukuna da karşıydı. Ancak bu akım, savlarını açıklamak için yine Roma hukukunu malzeme olarak kullanmak zorunda kalmıştır. Tabii hukuk özel hukuk alanında somut ve ayrıntılı haller için Roma kavramlarına ihtiyaç duydu ve kurallarını kendi hukuk ilkeleri olarak kabul etti. Tabii hukuk kurallarının aynen, bazen daha iyi ifade edilmiş olarak Roma hukukunda bulunduğu gözükmektedir. Hugo Grotius, Thomasius, Christian Wolff gibi temsilcileri olan bu akım teorik açıklamalarla hayattan uzaklaşmış, teoriyi tatbikattan iyice ayırmıştır. Tabii hukukçular giderek hayattan kopuk, soyut kavramlara ve düşünce kurgularına önem vermesi dolayısıyla tepkilere yol açtı. Bu sistem tarihçi okulu ortaya çıkardı. Bununla beraber bu akım hukukun bir sistem içinde gelişmesinde ve kavramların (örneğin: sözleşme) ortaya konulmasında inkârı mümkün olmayan hizmetler görmüştür. Tabii hukuk görüşünün savunduğu medeni hukuk sistemi, Pandekt hukukçuları tarafından geliştirildikten sonra, yakın zamanlarda yapılan millî kanunlarda kullanılmıştır. Hukuk tatbikatından kopuk olarak çalışan profesörler bu asırda yapılan millî kanunları etkilemek suretiyle tabii hukuk akımının uygulamaya yansımasını sağlamışlardır. Bu kanunlar, 1794 tarihli Prusya Medeni Kanunu,[135] 1804 tarihli Fransız Medeni Kanunu ve 1811 tarihli Avusturya Medeni Kanunu'dur (Code Civil).

---

[135] Prusya Medeni Kanunu sadece özel hukuka değil, kamu hukukuna ilişkin hükümler de içeriyordu.
Her şeyi teferruatına kadar düzenlemek iddiasıyla 19.000 madde getirilmişti. Bazı maddeleri hemen hemen aynen Roma hukuku kaynaklarından alınmıştı. Avusturya Medeni Kanunu (ABGB) 1502 maddeden oluşmuştur. Kazuist olmaktan kaçınmıştır. Gaius'un *Institutiones* sistemini (bazı değişikliklerle) esas almıştır. Napoléon'un çalışmalarına bizzat katıldığı Fransız Medeni Kanunu ise vatandaşların eşitliğini ve irade özgürlüğünü en geniş ölçüde-Fransız İhtilâlinin tesiriyle- gerçekleştirmeye özen göstermiştir. Dünyada en çok iktibas

Napolyon'un Paris, Invalides'deki anıt mezarının etrafındaki heykellerden biri olan ve hukuku temsil eden bu heykelin sağ elinde Droit Romain, Institutes de Justinien (Roma Hukuku, Justinianus'un Institutiones'i), sol elinde Code Napoléon'u (Kod Napolyon, daha sonra Fransız Medeni Kanunu'nu) temsil eden kitaplar yer almaktadır.

Heykelin altında Fransız MK.'u için şu cümleler yer almaktadır: Benim kanunum; basitliği ile Fransa'ya, önceki kanunların tümünün toplamından daha fazla yarar sağlamıştır.

edilen kanun olma özelliğini taşır. (bkz Hausmaninger- Selb, s.111-116). Daha sonraları Fransız Medeni Kanunu yürürlüğe girdikten sonra bile, mahkemelerdeki davalarda Roma hukuku metinlerinden örnekler sunulurdu.

VI. TARİHİ HUKUK MEKTEBİ, PANDEKT İLMİ VE MODERN KANUNLAR

Savigny (1779-1861)

XIX. yüzyılın başlarında gelişen Tarihi Hukuk Mektebi, Roma hukukunu hukuk tatbikatında kullanılma gibi zamanının bağlarından kurtarma amacındaydı. Bu mektep, bir taraftan *usus modernus pandectarum*'un tatbikatçı ve modernleştirici eğilimine, diğer taraftan tabii hukuk akımının ifrada götürülmüş olan akılcılığına karşı çıkmıştır. Tarihi hukuk ilminden, hukuku, tarihi bir gelişmenin, evriminin sonucu olarak algılayan akım anlaşılır. Bu mektep kanunlaştırma hareketlerini reddetmiş[136], hukukun halkın ruhundan (*Volksgeist*) çıkarak evrimleşmesi gerektiğini savunmuştur. Mektebin kurucusu olan Friedrich Karl von Savigny (1779-1861) teamül hukukunun organik gelişiminin kanunlarla kesildiğini ileri sürmüştür. Ona göre her hukuk kuralı tarihi bir gelişimin sonunda ortaya çıkmıştır ve çıkmalıdır. Bu nedenle hukuk tarihi hukuk ilminin en önemli dalıdır. Savigny, XI. yüzyıldan itibaren saf Roma hukukuna karışmış olan unsurların temizlenmesi, bunun için tarihi araştırmalar yapılmasını istemiştir. Ancak, Savigny'nin saf Roma hukuku olarak anladığı *Corpus Iuris Civilis*'te yer alan hukuktur. Bilindiği üzere gerçek Roma hukuku olarak nitelendirilebilecek olan klâsik Roma hukuku, bu kanunnameye alınırken değişikliklere tabi tutulmuştur. Tarihi denen bu mektep adına rağmen *interpolatio* araştırmasına girişmemiştir. Fakat tarihi hukuk mektebi hukukun her alanında geçerli olacak hükümleri ortaya koymuş soyut kavramlar geliştirmiştir.

---

136 Bu konuda; 4 Ekim 1926 tarihinde yürürlüğe giren, Türk Medenî Kanunu'nun, devrin Adalet Bakanı Mahmut Esat (Bozkurt) tarafından hazırlanan gerekçe'den söz etmek gerekir: Fransız, Alman ve İsviçre Medenî Kanun'larının yürürlüğe girmesi, bütün hayatı ölü geleneklere bağlamak isteyen Tarihî Mekteb'in son kesin bozgunu oldu. Bu örnekleri vermekle güdülen amaç, zamanın ve uygarlığın gereklerine göre, milletlerin gelenek ve göreneklerinden bir atılımda nasıl ayrıldıklarını ve bu ayrılışın sanıldığı gibi zarar ve tehlike değil, büyük yararlar olduğunu canlı olarak görmektedir. Hayatın gereklerine uymayan gelenek ve göreneklerde direnmektedir ki, milletler için felâket olur.

Georg Friedrich Puchta

Mommsen (1817-1903)

Dernburg (1829-1907)

Bu mektebin bir devamı sayılabilecek olan Pandekt hukuk ilmi, Roma hukukunu sistematik olarak incelemeye ağırlık vermiştir. Başlıca temsilcileri Mommsen[137], Puchta, Dernburg, Windscheid ve Andreas von Tuhr[138] olan bu mektep, hukukun sistemleştirilmesinde ve modern hukukun ana kavramlarının ortaya konulmasına hizmet etmiştir. Ortaya çıkabilecek bütün hukukî meselelerin eksiksiz bir sistemde yer alan hukukî kavramlar ve kurallarla çözülebileceği görüşünde olan Pandekt hukukçuları Alman Medeni Kanunu'nun bu görüşle kaleme alınmasında etkili olmuşlardır[139].

Roma hukukçuları tek tek olaylara çözüm yolları getirmekle yetinmişler, genel kurallar oluşumunda aynı yeteneği gösterememişlerdir. Münferit, somut hukuki kurum ve meseleleri genel ilkeler

137 Hukuk kaynaklarımızın bir çoğunun modern baskılarını, Theodor Mommsen'in özenli çalışmalarına borçluyuz. Günümüzde de temel kaynak olarak kabul edilen, Paul Krüger ve Rudoef Schoell'le birlikte yayınlanan Corpus Iuris Civilis 22 kere basılmıştır. Zürih'te yayınlanan son baskı 1973 tarihlidir. Edebî metinlere dayalı "Roma Tarihi" isimli eseri, 1902 yılında ikinci Nobel Edebiyat ödülünü almıştır. (Sturm F., Theodor Mommsen, Pour Commémorer le centenaire de son décès, Scritti per Gennaro Franciosi, IV, 2007, ss. 2521-2522 ve dn. 2). Bu eserin özelliklerinden biri de, Mommsen'in tarihle güncelliği uyumlu hale getirmesidir. Teknik roma terimlerinin yerine, konuşulan dildeki modern ifadeleri kullanmıştır.

138 Andreas von Tuhr, 1920'de Zürih Üniversite'sine çağrıldıktan sonra, İsviçre'nin yeni medenî hukuku ile tüm ayrıntılarıyla meşgul oldu ve beş yıl bile sürmeyen kısa süre içinde bu hukuk hakkındaki eserini yazdı. İsviçre Medenî Hukukunun esasları irdelenirken, Alman Medenî hukuk bilimine özgü usulün uygulanması, bu eserin özelliğini oluşturur. Bu kitabın Türkiye'de ve başka ülkelerdeki etkisini de, Alman medenî hukuk nazariyesinin, çok önemli sonuçlarını nakil ve genellemeye elverişli olması açıklar. Andreas von Tuhr'un ecdadi Danzig'den Rusya'ya hicret etmiştir. Bu sebeple kişiliğinde hem Alman, hem Rus eğitim ve terbiye unsurları görülmektedir. Strazburg Üniversitesine profesör olarak çağrılması üzerine bu görevi kabul ederken, önce Çar'ın iznini aldı. Alman vatandaşlığını kazandı, bunun yanında ömrü boyunca Rus uyrukluğunu korudu. Corpus İuris Civilis, von Tuhr için, hukukî meselelerde bir hazine teşkil ediyordu ve daima yanında bulunduruyordu. von Tuhr Zürih'e geldiği zaman, maziye doğru bakan romanistler olduğu gibi, görüşleri geleceğe yönelen romanistler de bulunduğunu, kendisinin ikinci zümreye katılması gerektiğini belirtmiştir. (Andreas B. Schwaerz, Andreas von Tuhr ve Zamanın Medenî Hukuk İlmi, İstanbul Üniversitesi Hukuk Fakültesi Mecmuası, c. V, s.XVIII-XX).

139 Karadeniz – Çelebican, s. 85-87; Umur, Ders Notları, s.126-129; Hausmaninger-Selb, s.116.

halinde getirme ve genel bir kısım oluşturulması şerefi Romanist Alman Hukukçularına aittir. Pandekt hukukçularının özel hukukun genel kısmı şeklinde oluşturdukları sistem, Alman Medeni Kanununun hazırlanması ve meydana getirilmesinde esas teşkil etmiştir. Alman Medenî Hukukuna ait genel nazariyeler heryerde hukuk düşüncesinin müşterek, ortak malı olmuş, İsviçre, İtalya medeni hukuk bilimlerini etkilemiş, bu etki İngiltere ve Amerika'da da görülmüştür. Çin, Japonya, Macaristan, Yunanistan, Alman Medeni Kanununu örnek, model olarak almışlardır[140].

Windscheid (1817-1892)

1900 yılında Alman Medeni Kanunu (BGB), 1907 yılında İsviçre Medeni Kanunu ve 1911 yılında İsviçre Borçlar Kanunu yürürlüğe girdikten sonra Roma hukukunun tatbikatta doğrudan kullanılması süreci bitmiştir. Ancak Roma Hukuku kuralları dolayısıyla yürürlüktedir, çünkü bu kurallar modern kanunlarda, ilkeler, maddeler haline dönüştürülmüştür. O zamana kadar tatbikatın ihtiyaçlarına hizmet eden Roma hukuku üzerinde tam bir ilmi çalışma mümkün olmamıştır. Bilhassa klâsik hukukun özellikleri ortaya konulamamıştır. İşte XX. yüzyıldan itibaren *interpolatio* araştırmalarına önem verilerek, klâsik hukuku Iustinianus hukukundan ayıran özellikler saptanmaya çalışılmaktadır.

Roma hukukunun ilk zamanlardaki yapısıyla sonraları aldığı biçim, neredeyse iki ayrı hukuk sistemi gibi esaslı farklılık gösterir.

Andreas von TUHR (1864-1925)

Dar ve şekilci kurallar değişikliğe uğramakla birlikte, ilginç şekilde bu hukuka en fazla sahip çıkan kilise olmuştur.

Bugün çeşitli kanunların ortak paydasını Roma hukukunun teşkil ettiğini söylemek yanlış olmaz. Romanist çevreye girdiği kabul edilen medeni hukuk sistemlerinin ve kavramlarının iyi anlaşılıp bilinmesi bunların hangi evrelerden geçerek zamanımıza ulaştığının öğrenilmesiyle mümkündür. Türkiye'nin de dahil olduğu Kara Avrupası hukuk sisteminin temelinde Roma hukuku ağırlıklı olmak üzere Roma-Cermen hukuk sistemi yatmaktadır. O halde İsviçre Medeni ve Borçlar Kanunu'nu iktibas eden Türkiye Ro-

140 von Tuhr Andreas, Borçlar Hukukunun Umumi Kısmı, cilt 1-2, çev. Edege C, Ankara, 1983, s.XIV.

manist hukuk alanına girdiğinden Türk hukuk tarihinde Roma hukuku en önemli yere sahiptir.

§ 4. Roma Hukuku'nun Ortaçağ Avrupası'ndaki Durumu

I- Almanya'da Roma Hukuku

Roma Hukuku'nun Almanya'daki etkisi çok özel koşulların damgasını taşır. Başlangıçta bu doktrinin Cermen soyundan gelen nüfus ve konuştuğu dilin Almanca olduğu bir ülkede çok fazla yer işgal etmesi mümkün değilmiş gibi gözüküyordu. Ancak Alman hukuk yaşamı, XV. yüzyıl sonlarında Roma hukukunu geniş kapsamlı iktibası sonucu yeni bir yapıya dönüştü.

Alman imparatorluğu merkezi hükümetin etkisinden uzak sayısız siyasi birimden oluşan gevşek bir konfederasyondan[141] farklı değildir. Üyeleri olan çeşitli dükler, kontlar, baronlar, başrahipler ve kasabalar arasındaki çatışmaları önleyemezdi. Ülkedeki siyasi otorite temsilcilerinin imparatorluk yargısından çok, ittifaklara ve birliklere güvenmelerine şaşırmamak gerekir.

Sözkonusu siyasi koşulları altındaki bir toplumun hukuk düzenlemeleri zorunlu olarak kendisine özgüydü. Yargılama yetkisi ve hukuk böyle bir toplumda irili ufaklı parçalardan oluşan bir çokluk içinde bölünüp dağılmıştı. Her bir prenslik, lordluk ve kasaba kendisine özgü bir hukuk izlemiştir[142].

Alman hukukunda kölelik ve serfliğin[143] bulunmadığını belirtmeye özen gösterilmekle birlikte Latincedeki servus (köle) kelimesi rahatlıkla serf olarak çevrilmişti. Zaten ülkede tarım alanında serf'ler olarak adlandırılması yerinde olan çok sayıda köylü bulunmaktaydı. Bu nedenle de aslında Romalı köleler için konulmuş birçok kural alınmış, kopya edilmiştir. Aynı durum eşya, borçlar veya idare hukukunda da görülmektedir[144].

Öte yandan, laik ve kiliseye ait mahkemeler arasında büyük bir çatlak bulunmaktadır. İmparatorluktaki siyasi karışıklık yerel gelenekleri devletin ve mahkemelerin gücüyle ortak bir Cermen hukukunun oluşmasını imkânsız kılmıştır.

---

141 Konfederasyon bağımsız devletlerin oluşturduğu geçici bir siyasal yapıdır. Sonuçta dağılır veya federal bir devlete dönüşür. (Her ne kadar İsviçre Konfederasyonu resmî adını taşısa da, İsviçre 1874 yılından itibaren gerçek bir federal devlettir).

142 Vinogradoff, s. 99.

143 Ortaçağdaki toprağından ayrılamayan kişileri ifade eden terim.

144 Vinogradoff, s. 107-108.

Değişik mahkemelerdeki hakimlerin oluşumu ve bu mahkemelerde hukukun ifade ediliş biçimide güçlük yaratmaktaydı. Çoğu hukuki sorun, araştırılması veya bulunması gereken yasalaşmamış ve yazılı olmayan hukuka göre çözümlenmek zorundaydı. Kararları vermekle görevli yargı görevlilerinin bildikleri hukuk kişisel deneyimlerinden edindikleri ve bir olay dolayısıyla öğrendikleri veya pratik zekalarıyla ortaya koydukları bilgiden ibaretti. Bu hukuk herhangi bir bilimsel sisteme dayanmıyordu ve kesinlikten uzaktı. Ayrıca ekonomik ve sosyal gelişmenin belirli bir aşamasında hukuk, eğitime ve teknik donanıma ihtiyaç göstermekteydi. Mesleki eğitimin eksikliği ve birbirinden farklı eğilimler Alman hukukunun zayıflaması olgusunu ortaya çıkardı. Hukukta ileri gelişme, sistematik bilgiye dayanan "Ortak Hukuk"un yaratılmasıyla başarılacaktır[145].

Roma hukukunun uygulamada kullanılan hukuk haline gelmesinde Alman imparatorlarının büyük katkısı olmuştur. Kendilerini Roma imparatorlarının mirasçısı sayan ve bu sıfatla taç giyen imparatorlar Roma hukukunun mahkemeler tarafından uygulanması yolunu açtılar. Zaten iyi eğitimli almanların gözünde kutsal Roma-Cermen imparatorluğu Almanya ile Romayı birleştirdiğinden Alman ırkından imparatorlar Romadakilerin devamıdır. Kendi emirnamelerini Iustinianus Novellae'sına devamı olarak eklediler. Bu durum iktibas olayında sadece hukuk kalitesinin değil siyasî faktörlerin de rol oynadığını göstermektedir[146]. Diğer taraftan 1495 yılında Alman İmparatorluk Mahkemeleri Kanunu, imparatorluğun müşterek hukuka göre karar verme prensibini ifade etmiştir. Roma hukukunun en geç benimsendiği ülke olan Almanya'da, bu hukuk resmî yoldan yürürlüğe konarak en köklü bir biçimde yerleşmesi sağlanmıştır. Yukarıda da açıklandığı gibi, 1495 yılında kurulan (Reichskammergericht) imparatorluk mahkemesinin statüsünde, bu mahkemenin Pandekt hukukuna göre hüküm vereceği belirtilmişti. Böylece, imparatorluğa dahil bütün küçük Alman devletlerinde Roma hukukunun yargı yoluyla uygulanmaya konması sağlandı. Çünkü, sözü edilen mahkeme bütün bu devlet mahkemelerinin üstünde ve bunların hükümlerinde son merciydi. Böylece, yeniden yürürlüğe giren Roma hukukunun uygulanmasını sağlamak Roma hukukçularına, yani Roma hukuku doktrinine düşüyordu. Bu nedenle, zamanın Roma hukukçuları çalışma ve araştırmalarında yeniden pratik amaçlara yöneldiler[147].

---

145 Vinogradoff, s. 100-101.

146 Alman imparatorları iktidarlarını hem yerel güçlere hem de Kiliseye karşı kabul ettirmede Roma'yı ve hukukunu kullanmışlardır. Fransız kralları ve Napoléon da iktidarlarını Roma'ya bağlamışlardır.

147 Karadeniz Ö., s. 83.

Bu mahkeme bütün ağırlığını geleneksel kaynağa dayanan içtihat yerine yabancı hukukun benimsenmesine verdi. Bu hukuk Glossator'ların açıkladığı metinlerden alınmaktaydı. Glossator'ların kabul etmediği görüşleri hâkimlerin gözönüne alamayacağı (quod non agnoscit glossa non agnoscit curia) şeklindeki kural yerleşmiştir[148].

İmparatorluk Mahkemesinin görüşlerini çeşitli prensliklerin yüksek mahkemeler izledi ve iktibas, benimseme iktibas yukarıdan aşağıya doğru yayıldı. Üst mahkemelerin yol gösterici ilkeleri, daha alt mahkemelerce kademeli bir şekilde özümsendi. Bu prenslikler imparatorluk mahkemesi ile çatışmaktan kaçınmak amacıyla XVI. Yüzyılda hukuklarını Roma örnekleri üzerinde yeniden düzenlediler. Yerel hukukların kanunlaştırılmasına yönelik bir hareket, bu hukukların düzeltilmesi ve Roma doktrini'nin kabulü tüm Almanya'ya yayıldı. Bütününde yabancı "Ortak Hukuk"un benimsenmesi beklenenden daha az dirençle ile karşılaştı. XV-XVI. Yüzyıl Avrupa'sındaki ticaret ve sanayi koşulları Romadan oldukça farklı olsa da, benimseme başarılı oldu[149].

II- Fransa'da Roma Hukuku

Hukuk biliminde uyanışının en çarpıcı belirtisi güney Fransa'da Roma hukuku üzerine *Exceptiones Petri* isimli bir eserdir. Adı bilinmeyen bir yazar tarafından XI. yüzyılın ikinci yarısında biraraya getirilmiştir. Kökeni *Carpus Iuris Civilis*'tir. Kaynaklar açısından yazılı hukukla bölgesel örf ve adetler arasında ayırım yapar. Bunun yanında İvo'nun (yaklaşık 1100) çalışması, *Decretum* ve *Panormita* Roma hukuk kaynakları ve özellikle *Iustinianus*'un derlemesiyle yakınlığı gösterir. Fransız kökenli diğer bir değerli hukuk kitabı da muhtemelen XII. yüzyıl başında yazılan, çok açık ve düzeyli Roma hukuku öğretimine ilişkin *Brachylogus Iuris Civilis*'tir. Bu eser *Glossator*'ların izlerini taşır. Roma hukukunun **ikinci hayatına** kavuşmasında Fransa'nın en ilginç katkısı, Iustinianus'un kanunlaştırmasının, ülkenin güneydoğusunda, hakimlerin kullanımı için derlenen *Lo Codi* diye isimlendirilen özetidir. *Glossator*'ların etkisindedir. *Irnerius*'a atfedilen *Codex* özetini izler. Eğitim için değil, mahkemeler ve özellikle de meslekten olmamakla birlikte hakim veya hakem gibi görevliler için kaleme alınmıştır[150].

Roma hukuku büyük oranda Cermen geleneğinin örf ve adet kurallarıyla yönetilen Fransa'nın bazı bölümlerindeki hukuksal durumu somut biçimde etkilemiştir. İlk hareket bilginin yayılmasından gelmiştir.

---

148 Vinogradoff, s. 113.

149 Vinogradoff, s.115.

150 Bkz. Vinogradoff, s. 44,47,66.

Glossator'lardan Placentinus Bologna'dan ayrılarak Montpellier hukuk okulunun ünlü bir hocası oldu. Bu okul Roma hukukunun hakim olduğu, yazılı hukuk bölgesinde kuruldu, ancak Fransa'nın diğer bölgelerine de etkili bir merkez olarak hizmet etti. Bologna'nın Fransız ülkesindeki bu rekabeti hukuk bilimine ve hukukun ilerlemesine büyük ölçüde katkıda bulundu. Daha sonra Fransa'nın kuzeyindeki Orléans Okulu 1312'de düzenlenerek, örf ve adet bölgesindeki hukuk eğitiminin yetkili temsilcisi haline geldi[151].

Bolonya Üniversitesi, Avrupa'nın her yanından öğrenci çeker. Hukuk ilmi ile zenginleşen Bolonya'nın profesörleri tüm Avrupa'ya yayılır. İtalya ve Avrupa'nın diğer ülkeler arasında büyük oranda öğretim üyesi ve öğrenci değişimi gerçekleşir. Üniversitelerde başlayan bilimsel faaliyetler Ortaçağ'da tüm Avrupa'ya yayılmaya başlar. Roma hukukunu, Fransa'da, Kral güney bölgesi örf ve âdetleri gibi, kabul eder. Ancak; Roma Hukukunun tüm Fransa'ya girişinden endişelenerek, 1219'da Paris Üniversitesi'nde eğitimini yasaklar. Fakat, XIII ve XIV. yüzyıllarda eğitimi devam eder. Fransa'nın diğer bölgelerinde, örf ve adette, hukuki bir olay hakkında kural ulunmadığı zaman, hatta akitler ve borçlar gibi alanlarda Roma hukuku uygulanır. Ayrıca, örf ve adet hukukunu yorumlamak için, hâkimler Roma hukuk sistemine başvurur. Karşı koyanlara rağmen, Roma hukuku, hukuk evrenlerine girer. XIII ve XIV yüzyıllarda, bu hukukun İsviçre'ye girişi gözlemlenir. XVI. yüzyılda, Roma hukukunun ilerlemesi, bu kez, örf ve âdetlerin resmî olarak kaleme alınması ile durma tehlikesi ile karşılaşır. Bununla birlikte; Üniversitelerde eğitimi devam eden ve uygulama alanındaki örf ve âdet hukuku, roma tekniğinden yararlanarak zenginleştirilmek istenir[152].

XIII. yüzyılda krallık otoritesinin güçlenmesi ve hukuk araştırmalarının gelişmesi hukukta canlanmayı sağlar. Bir hukuk komisyonu Paris Parlamento'sunun kökenini oluşturur. "Bir Dosta Tavsiye" isimli eser *(Conseil à un ami)* basitçe *Digesta* ve *Institutiones* metinlerini kopyalar. Orléans Okulu ürünü "Adalet ve Dava Kitabı"nın 342 maddesinin 197'si Roma kaynaklı, diğerleri gelenek kökenlidir.

Kral "Saint Louis'in Emirnameleri" başlıklı büyük ün ve etki kazanan derleme Iustinianus kanunlaştırmasından seçme parçaları kapsar. "Beauvaisis'in Örf ve Adetleri" (Fransa'da bir bölge) başlıklı eserde Digesta'dan yararlanarak "Roma Krallık Hukuku'ndan ve Fransız Adetlerinden" söz edilir. Bu eserde Usul, Borçlar ve Eşya Hukukundaki Fransız terimlerinden Fransız hukukçularının yaralandığı görülür[153].

---

151 Vinogradoff, s. 68.

152 Mouchette – Ladjili, s. 473.

153 Vinogradoff, s. 70-72.

Res Iudicata: kesin hüküm[154] ilkesi de kullanılmıştır. Böyle bir kuralın bulunmaması halinde Ortaçağ'da da dava sonsuza dek sürebilecektir.

Aile Hukukunda etkiler pek açık değildir. Eski yerli gelenekler özel bir direnç göstermiştir. En çok etkilendiği kısım Borçlar Hukukudur.

Belirli durumlarda ise Roma görüşleri değiştirildi, bölgesel fikirlerle birleştirildi veya tümüyle reddedildi.

Kamu hukukunda ünlü "quad principi placuit legis habet vigorem" (I.2,6): Egemenin iradesi yasadır[155], özdeyişi açıkça nakledilmiştir. Bu kural bir kralın hakkını bildiren bir ifadeye otorite sağlamak bir savaş veya haçlı seferine başlamak, şövalyelerin yükümlülüklerini ertelemek için kullanılır.

Amaç Roma hukuk malzemesinin aynen yorumunu sunmak değildir. Roma öğretilerinden bazıları kendi amaçları için kullanılmıştır[156].

III. Türkiye'nin Durumu

Atatürk'ün üniversite devrimi, diğer bilim alanlarında olduğu gibi, hukuk eğitiminde de gerçekleştirilmiş ve 1933 yılından itibaren İstanbul ve Ankara Üniversiteleri çeşitli fakültelerinde bir zengin devir yaşamaya başlamıştır. Dışarıdan davet edilen yabancı profesörlerle, eskimiş skolastik öğretim yöntemleri yerine modern ve sistematik eğitimin gelişmesi hız kazanmıştır. Bu bilginlerden biri de XX. yüzyılda, Ceza hukuku ve hukuk felsefesinin önemli kişilerinden biri olan Richard Honig'tir. 1933 yılında İstanbul Üniversite'sinde hukuk tarihi ve hukuk felsefesi kürsüsünde çalışmalarını yürütmüştür. İstanbul'da hukuk ilmi tarihi hakkında, ilginç araştırmalar yapmıştır. Nispeten kısa süren Türkiye'deki zorunlu yaşamında, hukuk öğrencileri için bir çok ders kitabı yayınlamıştır. Yine o yıllarda İstanbul Tıp Fakültesine gelen operatör Nissen, Honig'in çok üretken bir sanatçı ve ressam olduğunu da, yazmıştır[157].

---

154 Aynı ihtilaf, yeni bir dava konusu olmaz. Konu sona ermiş ve gerçek ortaya çıkmıştır.

155 Çünkü halk Lex Regia ile iktidarını egemene devrettiğinden egemenin iradesi kanun kuvvetindedir.

156 Vinogradoff, s. 80-81.

157 "Hukuk ilminin ve Roma Hukukunun gelişiminde İstanbul'un Anlamı" isimli makale Halil ARSLANLI tarafından 1934'te Türkçeye çevrilmiştir. Hukuk Felsefesi isimli eseri Yavuz ABADAN, Roma Hukuku ise Şemseddin Talip tarafından Türkçeye tercüme edilmiştir. (Mumcu A., Prof. Dr. Richard Honig üzerine, Turcica, s. 103).

BIS IN HAC REGIONE QUAM COLIMUS IUS RENOVATUM ET FIRMATUM
EST PRAESTANTI MENTE VIRI OPERA:
IUSTINIANI IMPERATORIS OLIM CUM IS ANNO DXXX AD DXXXIV
CORPUS IURIS COLLIGENDUM CURAVIT, GAZI (MUSTAFA KEMAL
ATATÜRK) CUM ANNO MCMXXIV AD XXVII IUS TURCHIAE
REDINTEGRATAE CONDIDIT.
SICUT ENIM IUSTINIANI MANDATIS CORPORIS IURIS ORDINANDI
ROMANARUM LEGUM NOTITIA ET SCIENTIA NOBIS SERVATA EST, ITA
GAZI (MUSTAFA KEMAL ATATÜRK), CUM LEGES NOVAS ADOPTANDAS
DECREVISSET, TURCARUM NOSTRI TEMPORIS IURIS PRUDENTIAE
FUNDAMENTA IECIT.
ATQUE, UT IUSTINIANI MULTA SAECULA OPUS MANSIT, ITA GAZi
(MUSTAFA KEMAL ATATÜRK) NOSTRI ISTUD TANTAE MOLIS OPUS IN
PERPETUUM STATUET IURIS PRUDENTIAM GENTIS SUAE.*

ORD.PROF.DR.RICHARD HONIG
(University of Istanbul)
(April 1934- CAPITOLIVM)

Bu ülkenin hukuk tarihi, iki defa, çok yüksek bir zekâ ve iradenin kudretli eli ile yeni bir yöne sevk edilmiştir: Birincisi; Iustinianus'un 530-534 yıllarında Corpus Iuris'i kanunlaştırması, ikincisi, büyük Türk lideri Gazi Mustafa Kemal Atatürk'ün 1924-1927 yıllarında Türkiye'nin yeni hukukunu yaratması.

Iustinianus sahip olduğu yasama gücü ile eski Roma hukukunun temellerini aydınlatıp, gelecekteki etkisini sağlarken, Gazi Mustafa Kemal Atatürk, çağdaş Türk Hukukunu, yeni bir hukukun kanunlaştırılması aracılığı ile oluşturmuştur.

Iustinianus'un bu çalışması yüzyıllar boyunca etkisini ve gücünü koruduğu gibi, Gazi'nin bu çalışması da, milletinin hukuk bilincine daima yön verecektir.

Ord. Prof. Dr. RICHARD HONIG
(İstanbul Üniversitesi)
(Nisan 1934)[158]

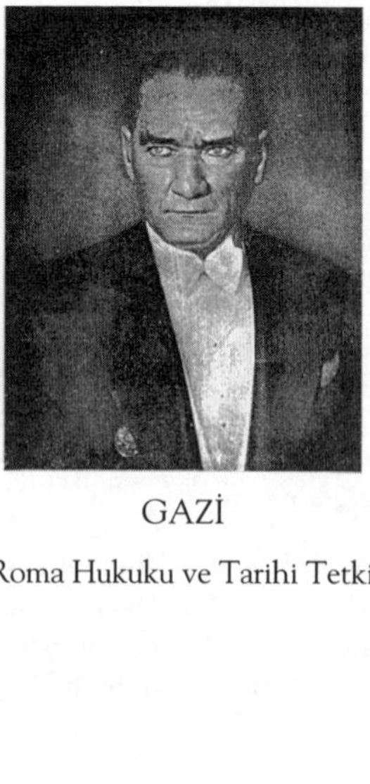

GAZİ

Resimler, Richard Honıg'in çıkardığı, Capitolium, Roma Hukuku ve Tarihi Tetkikleri'nden alınmıştır.

158 *Digesta, Turcica*, Ankara, 2005, s. 11.

Diğer bir bilgin, macar asıllı Profesör Andreas Schwarz'dır[159].

Prof. A. B. Schwarz

159 Şubat 1886 doğumlu Profesör Schwarz, hukuk fakültesini, Budapeşte'de bitirdi. "Roma Zilyetliği" konulu eseriyle 1908 yılında Doktor unvanını kazandı. 25 yaşındayken yazdığı "İpotek Hukuku"na ilişkin başarısı onun, Alman hükümeti tarafından Leipzig Üniversitesine davet edilmesini sağladı. Burada, ünlü romanist Ludwig Mitteis'in yanında çalışma imkânı elde etti. Papirüs ve deşifre etme konusundaki şöhretinin temelleri bu dönemde atıldı. Ününün doruğuna, 1920 yılında, Mısır'da orijinal papirüsleri inceleyerek yazdığı "Romalı Mısır" adlı eseriyle ulaştı. Ünlü hukuk kuramcısı Von Tuhr'un ölümünden sonra, onun yerine Ord. Profesör unvanıyla Medeni Hukuk ve Roma Hukuku dersleri verdi. Zürih Üniversitesindeki bu faaliyetlerini takiben 1934 yılında Oxford Üniversitesinde bir dizi konferansa katıldı.

Musevi asıllı olması nedeniyle, bu dönemdeki nazi baskıları karşısında, Türk Hükümetinin davetlisi olarak Türkiye'ye geldi. 1953 yılındaki ölümüne kadar İstanbul Hukuk Fakültesinde, Roma Hukuku, Medeni Hukuk ve Mukayeseli Hukuk dersleri verdi. Türk hukuk hayatında derin izler bırakan Schwarz, onsekiz yıllık öğretim devresinde binlerce öğrenci yetiştirdi. İleri batı hukuklarının en olgun meyvelerini üniversiteye taşıdı. II. Dünya Savaşından sonra, çağrılmasına rağmen Almanya'ya dönmeyen Schwarz, sadece ziyaretçi profesör olarak, orada ders vermeyi kabul etti. Schwarz, Roma Hukukunu, bu tarihin yaşandığı topraklarda anlatmayı tercih etmiştir ve "öyle bir fakültede eğitim yapıyorum ki, Iustinianus'un Corpus Iuris Civilis'i kaleme aldığı toprakların üzerindeki bu fakülte, bana heyecan veriyor" diyen bir alman hukukçusudur. Borçlar hukuku kitabını (türkçe çevirisi Prof. Dr. Bülent Davran) Türkiye'ye ve Türklere ithafen yazmıştır.

Roma hukuku öğretisinin, modern hukukta geçerli olan kavramlarla bağlantılarını kurarak, Türkiye'de bir çığır açmıştır. Medeni hukukun genel esaslarını Türk Hukukuna tanıtan yine o oldu. 1950 yılında Mukayeseli Hukuk Enstitüsü'nü kurarak Avrupa Hukuk sistemine entegre olmamız gerektiğini belirten Schwarz, Mukayeseli Hukukun bu alanda önemli hizmetler vereceğini öngören, adalet reformu yapılması gerektiğini söyleyen Schwarz, yedi dil biliyordu. Roma Hukuku, Medeni Hukuk, Mukayeseli Hukuk ve Papiroloji'nin yanı sıra Metodoloji ve Genel Hukuk Teorisi alanlarında da eserler vermiştir.

Almanca verdiği Medeni Hukuk derslerini uzun yıllar boyunca Türkçeye çeviren (Roma Hukuku derslerini fransızca vermiştir). Prof. Dr. Bülent Davran (1963 yıllarında İstanbul Hukuk Fakültesi, Dekanı) hakkında şunları söylemiştir:

"Profesör Schwarz'ın iki büyük özelliği vardı. Kendisi, hem bilimsel araştırma, hem de pedagojide etkinlik açısından çok yetenekli idi. Bu iki özelliği sayesinde öğrencilere büyük faydalar sağlamakta kalmamış, onlarda hukuk zevkini uyandırmış ve beslemiştir. Bugün de uygulanan pratik çalışma sisteminin konulmasını sağlamıştır. "Ben makale ve kitaplarımı dokuz kere yazarım", dediğini hatırlarım. Son derece titiz bir bilim adamıydı." (Tigün, H., Baler Ö.M., Hukukçu, Aralık 2006, sayı 6).

§ 5. Roma Hukukunun Modern Hukuklara Etkisi

Roma hukuku *Corpus Iuris Civilis*'teki içeriğiyle modern hukukları ve millî kanunları çeşitli aşamalardan geçerek etkilemiştir. Bu etki, kanunların sisteminde ve içeriğindedir.

I. ÖZEL HUKUK SİSTEMİ

Birçok ülkenin hukukunda olduğu gibi, İsviçre-Türk hukukunun temelinde Gaius'un *Institutiones* adlı kitabında izlediği *Institutio*'lar bir sistemi bulunmaktadır[160]. Alman tarihçisi Niébuhr (1776-1871) 1816 yılında Verona'da üstünde yazılar olan papirüsteki alt yazıların Gaius'un Institutiones, olduğunu tespit etmiştir. Daha önce; Roma hukuku, Iustinianus derlemesi esas alınıp incelenip okutulurken bu eserin tamamının bulunmasından sonra onun da eğitimine ve incelenmesine geçilmiştir. Iustinianus'un *Institutiones*'inde de uyulan bu sistem, hukuku üç ana bölümde incelemektedir. Kişilere, mallara ve davalara ilişkin hukuk. Bu üçlü ayırımdan hareket edilerek zamanımızın özel hukuk sistemine varılmıştır. Bu konuda ilk adım tabii hukuk akımı tarafından atılmış, daha sonra XIX. yüzyıl Pandekt hukuk ilmi tarafından «Pandektler Sistemi» adı verilen sistem geliştirilmiş ve bu sistem genel kabul görmüştür[161].

---

160 1804 tarihli Fransız Medeni Kanunu, *Institutiones* sisteminden büyük ölçüde esinlenmiştir. Aynı durum 1811 tarihli Avusturya Medeni Kanunu'nda da görülmektedir. Bu kanun Gaius'un *res corporales* (maddi mallar) – *res incorporales* (maddi olmayan mallar) ayırımını izlemektedir.
Denebilir ki, kısmen Kuzey (Kanada) Orta, Güney dahil olmak üzere, Amerika kıtasından II. Dünya Savaşı sonrası Japonya'ya kadar Cermen sistemindeki ülkelere, bu arada Türkiye'ye Corpus Iuris Civilis, başta TMK'u ve TBK'u olarak dönmüştür.

161 XIX. yüzyılda, Iustinianus'un *Digesta*'sının ağırlığını oluşturduğu Roma hukuku dersleri de bu sisteme göre verilir ve yazılan kitaplarda bu sistem takip edilirdi. 1807 yılında Pandekt hukukçusu Heise tarafından ortaya atılan bu sistem Savigny tarafından benimsenmişti. Alman Medeni Kanunu (BGB) da bu sistemi küçük değişikliklerle esas almıştır. BGB'de beş kitaplık sıra şöyledir: Genel Hükümler, Borçlar Hukuku, Eşya Hukuku, Aile Hukuku ve Miras Hukuku. Bu kanunda Şahsın Hukuku Genel Hükümler bölümünde yer almaktadır. Kanunlaştırma hareketleri hakkında fazla bilgi için Schwarz A.B'nin İstanbul Hukuk Fakültesi Mecmuası 1952 yılı 1-2 sayısında yayınlanmış olan «Medeni Kanunların Hayatı, Kuvveti, ve Tadili» adlı makalesine bkz.

Institutiones Sistemi	Pandektler Sistemi	Türk Medeni Hukuk Sistemi
....	Genel Hükümler	Başlangıç Hükümleri
Şahıslara ilişkin	Şahsın Hukuku	Şahsın Hukuku
Hukuk (*Ius quod ad*	Aile Hukuku	Aile Hukuku
personas pertinet)		
Mallara ilişkin Hukuk	Eşya Hukuku	Miras Hukuku
(*Ius quod ad res*	Borçlar Hukuku	Eşya Hukuku
pertinet)	Miras Hukuku	Borçlar Hukuku
Davalara ilişkin Hukuk (*Ius quod ad actiones* *pertinet)*	....	Medeni Usul Huk. İcra-İflas Huk.

Pandektler sistemi, genel hükümler kısmıyla hukukun her alanında uygulanacak ana kuralları biraraya toplamıştır. Daha sonra *Institutiones* sisteminin, Kişinin hukuku bölümü, Kişinin Hukuku ve Aile Hukuku; Mallara ilişkin hukuk bölümü de Eşya Hukuku, Miras Hukuku ve Borçlar Hukuku kısımlarına ayrılarak beşli bir tertip elde edilmiştir. *Institutiones* sisteminde mevcut olan Davalara ilişkin hukuk bölümü ise Medeni Usul Hukuku ve İcra İflas Hukuku şeklinde iki ayrı hukuk dalına ayrılmıştır. Özel kanunları olan bu dallar, hukuk fakültelerinde ayrı dersler olarak okutulmaktadır. İsviçre-Türk Medeni Kanunu da, beşli ayırıma dayanan Pandekt Sistemini - bazı değişikliklerle - benimsediği gibi, fakültelerde Medeni Hukuk derslerinde esas itibariyle bu sistemdeki sıraya uyulmaktadır. Bizim medeni kanunumuzda genel hükümler kısmı yoktur, bu bakımdan bu bölümün bulunmadığı *Institutiones* sistemine daha çok yaklaşmaktadır.

II. ROMA HUKUKUNUN İSVİÇRE-TÜRK HUKUKUNUN İÇERİĞİNE ETKİSİ

İsviçre-Türk Medeni Kanunu ile Alman Medeni Kanunu karşılaştırıldığında, kanunumuzdaki Roma etkisinin daha az olduğunu söylemek mümkündür. Bunun sebebi iktibas olayının Almanya'da daha güçlü gerçekleşmesidir[162]. İktibas ağırlıklı olarak malvarlığı hukukunda (Borçlar Hukuku ve daha

162 Alman İmparatorluğu'nun diğer bölgelerinden farklı olarak İsviçre'de iktibas daha azdır. Kantonlar halinde yaşayan, hepsi Cermen kökenli olmayan İsviçre halkı gelenekler ve şartlar sonucu, hukuk hayatına doğrudan katıldığı, halk oylamalarıyla kanun tasarılarını kendisi kabul veya reddettiği için yerel hukuka, örf ve âdet hukukuna bağlı kalmıştır.

ziyade taşınır (Menkul) hukuku olmak üzere Eşya Hukuku) görülmüş, Şahsın Hukuku, Aile Hukuku ve Miras Hukukunda ise millî veya yerel diyebileceğimiz gelenekler yahut görüşler belirleyici olmuştur.

Medeni kanunun başlangıç hükümlerinde yer alan dürüstlük kuralı (objektif iyi niyet), bir hakkın doğumu için iyi niyetin arandığı hallerde (subjektif iyi niyet) iyi niyetin varlığının karine olarak kabulü, herkesin iddiasını ispatla mükellef olduğu kuralının izleri Roma hukukundadır[163].

Bazı hallerde iyi niyetin (meselâ kazandırıcı zaman aşımı, *usucapio*) gerekli olması, Ortaçağ hukuku tarafından güçlendirilmiş ve Devletler Hukukundaki *pacta sunt servanda* ilkesi (antlaşmalara uyulmalıdır) oluşturulmuştur.

Kişinin hukukunda; hukukî kişilik teorisi, fiil ehliyetinin kademeli olarak kazanılması için öngörülmüş olan belli yaş sınırları, ergin kılınma (kazaî rüşt), ayırt etme gücü (temyiz kudreti), vasi ve kayyımlık, ceninin korunması vs.

Aile Hukukunda; nişanlanmanın evliliğe zorlayamaması, evlenme, evlilik kayıtları, Milâttan sonra kural haline gelen *manus*'suz evlenmede mal ayrılığı prensibi, nesep, ana babanın sonradan evlenmesiyle nesebin düzelmesi, Iustinianus hukukunun evlâd edinmesi, kan hısımlığının *(cognatio)* bir evlenme engeli olarak ve mirasçılıkta dikkate alınması, nesebin sıhhati için öngörülmüş olan yüz seksen ve üç yüz günlük müddetler (TMK m. 285, TMK m. 287, TMK m. 288), eşin hukukî durumu[164] gibi konular modern hukukun öncüleridir.

Miras Hukukunda vasiyetname, kanunî ve mansup mirasçılık, muayyen mal vasiyeti, mirasçının küllî halef olması ve dolayısıyla ölenin tüm borçlarından sorumluluğu, miras sebebiyle istihkak davası, miras bırakanın ölümünden sonra doğan çocuğun *(postumus)* miras hakkı, mirasın reddi, hukukumuzun saklı pay (mahfuz hisse) kavramını tam olarak karşılamasa da, en

---

163 *Male iure nostro uti non debemus*= Hakkımızı kötüye kullanmamalıyız, (Gai. 1,53; D. 6, 1, 38) *Bona fides praesumitur*=İyiniyet karine kabul edilir. (D. 22, 3, 22), *Probatio İncumbit affirmanti*= ispat iddia edene aittir.

164 I. yüzyılda çıkarılan *senatus consultum Vellaeanum*'a göre kadınlar başkaları hesabına borç altına giremez, kefil olamazdı. 1926 tarihli ve yürürlükten kalkan TMK m. 169'da evli kadının borçlandırıcı muameleleri için sulh hakiminin onayı aranmaktaydı. 2011 tarihli TBK'nın kefalete ilişkin 584. maddesinin 1. fıkrası ise aşağıdaki şekildedir: Eşlerden biri mahkemece verilmiş bir ayrılık kararı olmadıkça veya yasal olarak ayrı yaşama hakkı doğmadıkça, ancak diğerinin yazılı rızasıyla kefil olabilir; bu rızanın sözleşmenin kurulmasından önce ya da en geç kurulması anında verilmiş olması şarttır.

yakın hısımların vasiyetnameyle mirasçılıktan mahrum edilmesi durumunda bu hısımların vasiyetnamenin iptalini isteyebileceklerinin kabulü vs.

Eşya Hukukunda zilyetliğin iktisabı ve korunması, iyi niyetli-kötü niyetli zilyet farkı, mülkiyet, mülkiyetin aslen iktisap yolları ve himayesi, komşuluk hukukunun mülkiyet hakkına getirdiği tahditler, rehin hakkının fer'iliği, arzi irtifak-şahsi irtifak ayırımı; lüzumlu, faydalı ve lüks masraflar ayırımı gibi.

Roma Borçlar Hukuku ise âdeta tümü itibarıyla iktibas edilmiştir. Borç ilişkisi *(obligatio)* kavramı, aynî hak-alacak hakkı (nisbî hak) ayırımı, borçlandırıcı muamele-tasarruf muamelesi farkı, hukukî işlemlerde gerçek iradeye kıymet verilmesi, hukukî muamelelerin geçersizlik sebepleri, borçların kaynakları, kusur sorumluluğu, sorumluluktaki kusur ölçütleri Borçlar Kanununun özel borç ilişkilerinin düzenlendiği kısımdaki alım satım, kira, istisna, ariyet, karz gibi akitler de Roma Hukuku esaslarını içermektedir.

Genel olarak, modern hukuk sistemlerine etkisi açısından şu hususları da eklemek gerekir: Kanunların yürürlüğe girmesi, daha önceye etkili olmaması gibi ilkelerin yanında, Ortaçağ'da uygulanan Roma hukuku yönetim alanında, resmî görevlere tayin şekillerini belirlemiştir. Kilise Hukukundaki seçim teknikleri, oy verme, çoğunluğun hesaplanması veya oybirliğinin ağırlığı, seçimler, modern demokrasilere model teşkil etmiştir. Temsil veya ünlü özdeyiş *quod omnes tangit...* (bir topluluğu ilgilendiren her konuya, bu topluluk tarafından karar verilmelidir) şeklindeki görüşler tekrar ele alınmıştır. Kanun koyuculara, devlet idarecilerine veya yargı organları mensuplarına esin kaynağı olmuştur.

Uluslararası ilişkilerde, görevlilerin statüleri, kendilerinin ve mallarının dokunulmazlıkları düzenlenmiş ve sonraki yüzyılları etkilemiştir.

Yargının düzenlenmesi, usul hukuku, sorumluluk, hafifletici sebepler, suç ortaklığı, cezanın şahsiliği konularında Ceza hukuku, Ortaçağ hukukunun izlerini taşımaktadır.

ÜÇÜNCÜ BÖLÜM

GENEL KAVRAMLAR

§ 6. Ius (hukuk)

Romalılar *ius* sözcüğü ile hem hukuku, hem de hakkı ifade ederlerdi[1]. Hukuk anlamında kullanıldığı zaman *ius*, bir toplumda yürürlükte olan davranış kurallarını belirtir ve bu kurallara aykırı hareket edildiği zaman maddi yaptırım (müeyyide) ile karşılaşılır. Yaptırım, ceza veya tazminat olabilir. Diğer davranış kuralları (ahlâk, din), toplum halinde yaşayışı kontrol etmekte yetersiz kalmıştır, çünkü bunların müeyyidesi manevi alandadır. Buna karşılık hukuk kuralları maddi yaptırımla güçlendirilmiştir. Devletin güçlendiği devirlerde bu müeyyide ya devletin kontrolü altında veya devlet tarafından uygulanırdı.

Ius dendiği zaman Romalılar önceleri ne şekilde ortaya çıktığı hakkında kesin fikre sahip olmadan, daha ziyade tanrılar tarafından getirilmiş, dünyevi hayatta rahipler tarafından bilinen ve somut olayda uygulanmaya sokulan düzeni anlarlardı. Roma hukuku dini tesirlerden çabuk arınmış[2], rahip hukukçuların tekelinin kırılmasından (M.Ö. III. yüzyıl) sonra laik bir anlayış içinde gelişmiş, devirlerin ihtiyacını karşıladığı gibi bu niteliği ile modern kanunlaştırmaları da etkilemiştir[3].

---

1 Hukuk Arapça bir kelime olan hak kelimesinin çoğuludur. *Ius* kelimesi çeşitli anlamlara gelmektedir. *Ius* kelimesi mahkemeyi belirtmek için de kullanılmıştır.

2 Romalılar din kuralı ile hukuk kuralını birbirinden ayırt etmişlerdi: *fas lex divina, ius humana est* (din kuralı ilâhi hukuka, hukuk kuralı insanî hukuka ilişkindir).

3 D.1,1,10,2 *Iuris prudentia est divinarum atque humanarum rerum notitia, iusti atque iniusti scientia:* Hukuk ilmi ilâhi ve beşeri konuların bilgisi, haklı veya haklı olmayanın ilmidir. D. 1,1,1,1'de Ulpianus hukukçuların, adaletin rahipleri olduğuna haklı olarak inanıldığını belirttikten sonra kendilerinin adalete hizmet ettiklerini, iyi ve âdil olanı bildiklerini, adil olanı adil olmayandan, caiz olanı yasak olandan ayırdıklarını vurgulamaktadır. Ulpianus'un hukukçuları rahiplere benzetmesi dini kuralların en iyi rahipler tarafından bilindiğine ve uygulandığına dayanmaktadır, hukukçular da hukuku en iyi bilen ve uygulayan yüksek düzeyde kimselerdir.

Kaynaklarda hukukun tam bir tanımı yoktur[4]. Hukuk adalet ile ilişkilendirilmiştir[5].

Ayrıca; hukuk, uygulayıcılarından ince bir zekâ talep eder. Borçlar hukuku; kesin ve açık bir dil, terimler gerektiren sağlam tekniklere başvurur. Her terim açık bir anlama sahip olmalıdır. Anlaşılmazlık, hukukçunun ilk düşmanıdır[6].

D. 1,1,1 pr. Ulpianus

Iuri operam daturum prius nosse oportet, unde nomen iuris descendat, est autem a iustitia appelatum: nam ut eleganter Celsus def'init, ius est ars boni et aequi: Hukukla meşgul olacak kimse önce hukuk adının nereden geldiğini bilmek zorundadır. Nitekim hukuk adaletten (iustitia) çıkmıştır. Celsus'un isabetli tanımına göre hukuk iyi ve âdil olanın sanatıdır.

Bu metne göre hukuk insanların dış dünyaya yansıyan hayat ilişkilerini iyi ve adil şekilde düzenlemektedir. Başka bir deyişle hukuk insanların dürüst ve adil bir düzen içinde bir arada yaşamalarını mümkün kılmalıdır.

Ahlâki bir içerik taşıdığı kesin olan bir prensibe göre hukuka uygun davranmanın üç şartı vardır: D. 1,1,10.1. Şerefli yaşamak *(honeste vivere)*, başkasına zarar vermemek *(alterum non laedere)*, herkese hakkını tanımak *(suum cuique tribuere)*.

Hukukçular; hukukun tarifi hakkında çeşitli cevaplar vermişlerdir. Romalı hukukçular, "iyinin ve âdilin sanatıdır" veya "herkese kendi hakkını vermektir" demektedir. Bugün, sanattan çok "bilim" olarak kabul edilmektedir. "Hukuk bilimlerinden" (çoğul) söz edilmektedir. Bürokratik terimlerde "hukuk ve siyasal bilimler" söz konusudur. Ancak; hukuk, siyasetten daha çok olmamakla birlikte, tam anlamıyla bilimlerden de değildir. Zira; aynı sebepler, her zaman aynı sonuçları oluşturmamaktadır[7].

---

4 D. 50,17,202'de hukukçu Iavolenus hukukta her tanımın tehlikeli olduğunu, belirtmektedir.

5 D. 1,1,10 pr. Ulpianus; *Iustitia est constans et perpetua voluntas ius suum cuique tribuendi:* Adalet herkese kendi hakkını tanımak konusundaki istikrarlı ve devamlı iradedir. Apuleisus, Platon'un öğretisi hakkında yazdığı eserin 2. kitabında (II.7) adaletin insan toplumunun ve insanlar arasındaki uyumun aracı ve ilacı olduğunu ifade etmektedir.

6 Bu anlamda; Pascal, ince espri ve geometri esprisini ayırır. İyi hukukçu, ikisine de sahip olmalıdır: Görüşler ve oluşturdukları sistemlerin analizinde adetâ matematik bir kesinlik, uygulamaya geçişte yoğun bir incelik ve yumuşaklık. Bu iki nitelik birlikte elde edilmeli ve uyumlu olmalıdır. Hukuk eğitimi bu amaca yöneliktir (Carbasse J.-M., s. 13. ve d.n. 2.).

7 Carbasse, s. 9-10.

İnsanların birlikte yaşamalarını düzenleyen, bunu mümkün kılan ve uyulması devlet tarafından sağlanan kurallardan oluşan hukuk sistemi Roma'da değişik kaynaklardan çıkan kurallardan oluşmaktaydı. Roma hukuk sisteminde *ius* kısmen birbirlerini örten, kısmen yan yana yürürlükte olan hukuk tabakalarından (katmanlarından) meydana gelmekteydi. Romalılar bu tabakalarda yer alan hukuk kurallarını ahenkli bir şeklinde, sürtüşmeye yol açmadan uygulamak dehasına sahiptirler[8]. Bu hukuk katmanlarını aşağıdaki gibi ayırmak mümkündür:

I. IUS CIVILE – IUS HONORARIUM[9]

Bu ayrım hukuku yaratan kaynaklar bakımından yapılmaktadır.

Ius civile Roma hukuk düzeninin geleneksel çekirdeğini teşkil eder. Bu öz, örf ve âdetlerden, XII Levha'da yer alan hukuk kurallarından ve bu kuralların yorumuyla elde edilen hükümlerden meydana gelmekteydi. Az sayıda çıkarılmış kanunlar *(leges, plebiscita)* ve *senatus* kararları *(senatus consulta) ius civile*'ye dahil sayılmaktadır. Hattâ hukukçu Papinianus (D. 1,1,7 pr.) imparator emirnamelerini de *ius civile*'nin içine sokmaktadır. İmparator Hadrianus döneminde *praetor* beyannamesi değişmez hale getirildikten sonra hukuk gelişimi imparator emirnameleriyle *(constitutiones)* sağlanmış, bu emirnamelerde yer alan hukuk kuralları vasıtasıyla *ius civile* için yeni bir gelişim süreci başlamıştır.

Ius honorarium, bilhassa yargı *(iurisdictio)* işlerinde görevli ve yetkili olan *praetor*'un faaliyet alanında ortaya çıkmış hukuk kurallarından oluşmaktaydı. Hukukun her alanında uygulanmak üzere yeni kurallar getiren *praetor*'ların *imperium* yetkisine dayanarak koydukları bu kurallar ile amaçlanan

---

8 Kaser, s.198. Gaius (Gai. 1,2) Roma halkının hukukunun kanunlardan *(leges)*, *plebiscitum*'lardan, *senatus* kararlarından, imparator emirnamelerinden, beyanname çıkarmaya yetkili olanların çıkardığı beyannamelerden ve hukukçuların cevaplarından oluştuğunu ifade etmektedir.
Hukuk güvenliğinin tam olmamasına rağmen Roma'da "hukuku bilmemek mazerit sayılmaz" ilkesi geçerliydi. D. 22,6,9 pr.'ta Paulus hukuku bilmenin *(ignorantia iuris)* zarar veremeyeceğini söylemektedir. Aynı hukukçu 25 yaşından küçüklerin ve kadınların-deneyim eksikliği nedeniyle- hukuku bilmeyebileceklerine işaret eder. Meselâ, iletişim araçlarının bu kadar geliştiği günümüzde bile, taşınmaz mülkiyeti veya motorlu taşıt aracının devrinde, hangi sebeple olursa olsun, gerekli işlemin yapılmaması.

9 Gaius *Institutiones*'inde *iure civili, ipso iure, iure legitimo* şeklindeki ibarelerle *ius civile*'den bahsetmektedir.
Gai. 3,36; Gai. 2,32; Gai. 4,36 vs. Ayrıca D. 1,7,27; D. 28,1,23; D. 50,17,32 vb.

ius civile'yi ortadan kaldırmak değil, ona destek olmak, *ius civile*'nin sertliklerini yumuşatmaktı. D. 1,1,7,1'de hukukçu Papinianus, *praetor* hukukunun toplumun yararına *ius civile*'ye destek olmak *(adiuvandi gratia)*, boşluklarını doldurmak *(supplendi gratia)* veya düzeltmek için *(corrigendi gratia)* getirildiğini ifade etmektedir[10]. Bu şekilde *praetor*'lar *ius civile*'de, bulunmayan yeni *actio*'lar (davalar), *exceptio*'lar (def'i), *in integrum restitutio*'lar (eski hale iadeler), *interdictum*'lar (zilyedliğin korunmasına ilişkin yeni usuller), *praetor stipulatio*'ları *(stipulationes praetoriae)* ihdas etmek suretiyle *ius honorarium* denilen hukuku yarattılar[11]. Bunu yaparken *ius civile*'yi yürürlükten kaldırmak gibi bir düşünceyle hareket etmediler, aksine birçok yeniliği *ius civile*'nin esaslarına dayandırdılar[12].

Praetor'luğun kurulmasından sonra özellikle yabancılar *praetor*'unun faaliyetiyle oluşan *ius honorarium*'un içine *aedilis curilis*'lerin getirdiği yenilikler (meselâ satıcının maldaki maddi ayıptan dolayı sorumluluğu konusunda) ve az da olsa eyalet valilerinin getirdiği yeni düzenlemeler de girmektedir. Hukukçu Marcianus *Institutiones*'inin birinci kitabında (D. 1,1,8) *ius honorarium*'u Roma hukukunun yaşayan sesi, *(ius honorarium viva vox iuris civilis)* olarak nitelendirmektedir[13].

---

10 *Praetor bir* kimseyi *ius civile* maliki haline getiremediği gibi, *ius civile* mirasçısı da yapamazdı. Ancak *praetor* bir *res mancipi*'yi *traditio* ile devralan kimseyi özel bir davayla *(actio Publiciana in rem)* korumak suretiyle *praetor* hukukuna göre malik saydığı gibi *ius civile*'ye göre mirasçı *(heres)* olamayacak kişilere de *praetor* mirasçılığı *(bonorum possessio)* tanıyabiliyordu. Bu konuda *ius civile – ius honorarium* ilişkisi belirginleşmektedir. *Praetor, ius civile*'ye göre mirasçı olacak kişiye *praetor* mirasçılığını da tanıdığı zaman *praetor* hukukunun *ius civile*'yi desteklemesi, kuvvetlendirmesinden bahsedilir. *Ius civile*'ye göre mirasçı olabilecek hiç kimse yoksa *praetor*, mirasçılığı düzenleyerek *ius civile*'nin boşluğunu doldurmuş olurdu. Buna karşılık *praetor, ius civile* mirasçılığını hakkaniyete aykırı bularak, mirasçılığı *ius civile*'ye göre mirasçı olacak kimseden başka birine verirse *ius civile*'yi düzeltmiş demektir. Mayer-Maly. s.6; Karadeniz – Çelebican, s.94; Schwind, s.46; Apatlıy – Klingenberg – Stiegler, s.5, s.13.

11 *Praetor edictum*'u değişmez hale getirildikten sonra da *ius honorarium* kuralları yürürlükte kalmıştır.

12 Meselâ *formula* denilen muhakeme usulünde davanın sınırlarının tesbiti demek olan *litis contestatio* daha önceki muhakeme usulü olan *legis actio*'larda da mevcuttu. Bir *res mancipi*'yi *traditio* ile devralanın *praetor* mülkiyeti, bir *ius civile* kurumu olan zamanaşımı ile iktisaba *(usucapio)* dayandırılmıştı.

13 D. 1,2,2,10'da Pomponius *magistra*'ların beyannameler yayınlanarak hukuku nasıl uygulayacaklarını ve bu şekilde vatandaşların buna uygun davranmalarının sağlandığını açıkladıktan sonra böyle ortaya çıkan hukuka ius honorarium dendiğini, çünkü bu hukukun kaynağının bir şeref *(honor)* makamı olan *praetor*'luk olduğunu gerekçe göstermektedir. *Iustinianus* döneminde *ius civile – ius honorarium* ayrımı kalmadığı halde, *Digesta*'ya *ius*

II. IUS CIVILE – IUS GENTIUM

Bu ayrım hukukun uygulama alanı bakımından yapılmaktadır.

Ius civile sadece Romalılara uygulanan hukuk anlamını taşımaktadır. Bu anlamıyla *ius civile, ius Quiritium*'dur, yani *Quirites* denilen Roma vatandaşları için yürürlükte olan hukuktur. Gaius (Gai. I., 1, 1) her topluluğun kendisi için koyduğu hukuka *ius civile* dendiğini, bu hukukun bir devlete *(civitas)* özgü hukuk olduğunu belirtmektedir. Hukukun sadece toplumun üyesi olan kimselere uygulanması eski hukuklardaki kanunların şahsiliği denilen ana kuralın sonucudur.

Romalılar için *ius civile*'ye tâbi tutulmak bir ayrıcalıktı, yabancılara *ius civile*'nin uygulanması mümkün değildi, çünkü *ius civile* Roma halkının karakteri, âdetleri nazara alınarak oluşturulmuştu. *Mancipatio, in iure cessio usucapio, patria potestas* (baba hâkimiyeti), *stipulatio* sadece Romalılara uygulanan hukuktu, yani *ius civile* idi. Bununla beraber Romalılar, nadir hallerde, özellikle Latinler gibi kendileriyle aynı soydan geldiklerine inandıkları kimselerin *ius civile*'den yararlanmalarına izin vermişlerdir. Bu durumdaki yabancılar *ius commercium*'a (ticaret yapma hakkına), *ius conubii*'ye (evlenme hakkına) sahip olurlardı.

M.Ö. I. yüzyılda tüm İtalya'ya da ve M.S. 212'de Roma imparatorluğu sınırları içinde yaşayan herkese vatandaşlık verilmesiyle *İus civile*'nin uygulama alanı genişlemiştir. Daha önceleri, aynı kavimden olan yabancılara kendi hukukları uygulanırdı (şahsilik ilkesi).

Ius gentium, eski çağda tüm kavimlerde[14] müşterek olduğu söylenen kuralları içeren, Roma'nın yarattığı, bir kavramdır (Kavimler Hukuku = Evrensel Hukuk). Fetihler yayılıp, *civitas* (şehir devleti) dünyaya açıldıkça ve *ius civile'nin* (vatandaşlar hukukunun) dar çevresini aşarak, vatandaşlarla yabancılar arasında hukukî ilişkiler kurma ihtiyaçları belirdikçe, *ius gentium* kavramı da, oluşmaya, gelişmeye başlamıştır[15].

Romalıların M.Ö. III asrın başlarından itibaren yabancılarla ilişkiler artmıştır. Bu ilişkilere ne *ius civile*'ninne de Romalı olmayan başka hukuk

---

honorarium ile ilgili kısımların alınması imparator Iustinianus'un tarihe, ananelere olan bağlılığı ile izah olunabilir. I. 2,10,3'de *ius civile ve ius praetorium*'un yavaş yavaş emirnameler ve gelenekler yoluyla birleşmesinden söz edilmektedir.

14 Kavim aralarındaki töre, dil, din ve kültür gibi ilişkilerle birlik oluşturan insan topluluğu, budun.

15 Thireau, s. 351.

kurallarının uygulanması mümkündü. İşte Romalılar yabancılarla olan ilişkilerinde veya yabancılar arasındaki münasebetlere uygulanmak üzere yeni hukuk kuralları yarattılar. *Ius gentium* kavramı altında toplanan bu kurallar, ilişkiye taraf olan kimselerin belli bir kavme mensup olmalarından bağımsız, nötr olan kurallardır. Gaius (Gai. 1,1) kavimlerin kendi *ius civile*'leri yanında bütün insanlara ortak olan hukuku da uyguladıklarını, tabiî aklın icabı olan bu hukuka *ius gentium* denildiğini anlatmaktadır[16].

Ius gentium kuralları daha ziyade mal varlığı hukukunda yani taşınır, menkul eşyaya ilişkin hukuk ile Borçlar Hukuku alanında ortaya çıkmıştır. Bu hukukun temel dayanağı insanların verdikleri sözü tutmaları gereğidir. Romalılar *fides* (sadakat, dürüstlük) icabı gördükleri bu ilkeyi *ius gentium* kurallarına, dayanak yapmışlardır. Bundan hareketle ticaret hayatının vazgeçilmez unsuru olan alım satım aktinin sadece irade uyuşmasıyla oluşmasını, (sonraları) mülkiyetin şekilsiz devrini ve başka kurumları kabul etmişlerdir.

Aslında *ius gentium* Romalıların Roma'ya has özellikleri bir kenara bırakmak suretiyle oluşturdukları hukuku ifade eder. Başka bir deyişle *ius gentium*, yine Roma hukukudur. Ancak bunun uygulama alanı Romalılarla sınırlı değildir, herkese uygulanabilir. *Ius gentium* modern anlamda devletler özel hukuku değildir; bir Roma *magistra*'sının, hâkiminin yabancı hukuku uygulaması mümkün değildir.

Ius gentium kuralları bilhassa yabancılar *praetor*'u (*praetor peregrinus*) tarafından yaratıldığı için aynı zamanda *ius honorarium*' dur. Yabancılar *prae-*

---

16 I. 1,2,1; Gai. 1,1'e paralel olan bir hüküm içermektedir.
Ius autem civile vel gentium ita dividitur. Omnes populi qui legibus et moribus reguntur, partim suo proprio partim communi omnium hominum iure utitur: nam qoud quisque populus ipse sibi ius constituit it ipsius proprium civitatis est vocaturque ius civile quasi ius proprium ipsius civitatis; quod vero naturalis ratio inter omns homines costituit, id apud omnes populos peraeque custoditur vocaturque ius gentium, quasi quae iure omnes gentes utuntur...: Hukuk, vatandaşlar hukuku (*ius civile*) ve kavimler hukukuna (*ius gentium*) şu anlamda ayrılır; kanunlar ve örf ve âdetlerle idare olunan tüm kavimler kısmen kendilerine has olan hukuk ismiyle (*ius civile*) anılır; buna karşılık tabii aklın (*ratio naturalis*) bütün insanları kapsamak üzere teşkil ettiği ve bütün insanlar tarafından aynı şekilde riayet edilen hukuk ise *ius gentium*, yani bütün kavimlere müşterek olan hukuk ismiyle anılır... Iustinianus (I. 1,2,11) ilâhi bir güç tarafından konulmuş olduğu için daima aynı kalan ve değişmeyen, bütün kavimlerin uyduğu tabiî hukuktan (*ius naturale*) bahsetmektedir. Meselâ; bazı insanların hür olmadığı, bir tabiî hukuk (*ius naturale*) kuralıdır. Ancak kölelik bir *ius gentium* müessesedir (D. 1,5,4,1). Ulpianus (D.1,1,1,2) hukuku *ius naturale* (tabiî hukuk), kavimler hukuku (*ius gentium*) ve vatandaşlar hukuku (*ius civile*) olmak üzere üçe ayrılmaktadır. Hem Ulpianus (D. 1,1,1,3), hem Iustinianus (I, 1,2 pr) doğanın bütün canlı varlıklar için oluşturduğu tabiî hukuktan söz etmektedir.

tor'unun getirdiği yenilikler daha sonra şehir *praetor*'u tarafından benimsendiği için *ius gentium* kuralları Romalılara da uygulanır hale gelmiştir. Yine *ius gentium* alanında çıkan bazı yenilikler *ius civile*'nin kapsamına alınmak suretiyle *ius civile*'nin gereği haline getirilmiştir (Mesela alım satım, kira, şirket gibi şekilsiz akitler). *Ius civile, ius honorarium* ve *ius gentium* gibi farklı tabakalardan oluşan Roma hukukunun bir bütün halinde uygulanmasını hukukçuların etkilediği hukuk tatbikatı sağlamıştır. Zaten Roma hukuku da esas itibariyle hukuk tatbikatından çıkmıştır[17].

Roma hukukunun modern hukukları etkilemesi, *ius gentium* alanında çıkmış olan, tarafların uyrukluğundan bağımsız, mal varlığı hukukuna giren kuralların çağları aşan niteliğinden gelmiştir.

Tüm imparatorlukta yaşayan kişilere Roma vatandaşlığının tanımasıyla *ius civile-ius gentium* ayrımı önemini kaybetmişti.

III. IUS PUBLICUM - IUS PRIVATUM

Romalılar, modern hukukların da benimsediği, Kamu hukuku -Özel hukuk ayrımını yapmışlardır.

D. 1,1,2'de Ulpianus hukuk öğreniminin kamu hukuku *(ius publicum)* ve özel hukuku *(ius privatum)* kapsayan iki alanı bulunduğunu, kamu hukukunun devletin yapısına ilişkin hukuk olduğu halde, özel hukukun fertlerin menfaatleriyle ilgilendiğini belirtmektedir.

Etkisini günümüze kadar sürdüren bu teoriye göre, ayrım, korunan çıkarın niteliğine dayanır.

Kamu Hukuku bir taraftan devletin vatandaşlarıyla olan ilişkilerini, diğer taraftan teşkilâtını düzenlemektedir. Özel hukuk ise fertlerin hareket edebilecekleri, başkalarıyla ilişkiye girebilecekleri alana ilişkin kuralları içerir. Kamu Hukuku kamunun, toplumun düzenini ön plana alır, fertlerin uymak zorunda olduğu emredici kurallardan oluşur. Buna karşılık özel hukuk eşit

---

[17] Umur, Ders Notları s. 92-93; Hausmaninger-Selb, s.66; Gaius (2.65) malların *traditio* ile devrinin tabiî hukuk *(ius gentium)* gereği olduğunu belirttiği gibi bir şirketin sadece irade uyuşması ile kurulmasını *ius gentium*'a bağlamaktadır (Gai. 3, 154). Gaius *ius naturale* ile *ius gentium*'u eş anlamlı kullanmaktadır. D. 1,5,5,1'de hukukçu Marcianus kölelerin *ius civile* veya *ius gentium*'a göre elde edildiğini belirttikten sonra, esir alınan düşmanların veya köle kadınının çocuğunun *ius gentium*'a göre iktisabından bahsetmektedir.

düzeyde fertlerin kurallar çerçevesinde hareket imkânlarını, özellikle hukukî işlemlerle meydana getirebilecekleri sonuçları düzenlemektedir[18].

D. 2,14,38'de Papinianus, kişilerin anlaşmayla Kamu Hukukunu değiştiremeyeceklerini *(ius publicum privatorum pactis mutari non potest)* ifade etmektedir. Başka bir deyişle fertlerin emredici nitelikte olan kuralları *(ius cogens)* değiştirmek için yaptıkları anlaşmalar geçersizdir. Ancak, taraflar tamamlayıcı, yedek kuralların *(ius dispositivum)* aksini kararlaştırılabilir, meselâ taraflar borçlunun hafif ihmalinden sorumlu tutulmayacağına ilişkin bir anlaşma yapabilirler[19].

§ 7. Hak (ius) ve Dava (actio)

Sübjektif anlamıyla *ius*, hukuk düzeninin fertlere korunmaya değer menfaatlerini gerçekleştirmek üzere tanıdığı hak demektir. Kısaca hak, hukuk tarafından tanınan yetkidir. Kaynaklarda *ius* kelimesi bu anlamıyla geniş olarak kullanılmıştır; *ius dominii* (mülkiyet hakkı), *ius pignoris* (rehin hakkı), *ius crediti* (alacak hakkı), *ius tollendi* (sökme hakkı), *ius distrahendi* (rehinli malı satma hakkı) v.s.

Somut yaşam olayları hukukun şartlarına uygun olursa hak sahibine, korunması için bir dava hakkı tanınır.

Teorik açıklamalara eğilimi fazla olmayan Romalılar, hakkın tanımını vermemekle beraber fertlere tanınmış bu iktidarın esas itibariyle sınırsız olduğunu, fertlerin haklarını serbestçe kullanabileceğini dile getirmişlerdir[20]. Ancak her hakkın hak sahibinin makul menfaatleriyle sınırlandığını da belirtmişlerdir[21].

---

18 *Ius publicum*, Roma *populus*'unun (halkının) teşkilâtına ve malvarlığına ilişkin olduğu halde *ius privatum* bir Romalının malvarlığına ve hukukî ilişkilerine ait olan hukuktur. *Ius publicum*'a giren hüküm herkes için bağlayıcıdır. Özel hukuka ait kurallar devlet tarafından konulduğu takdirde kamu hukukudur. Devlet bir hukukî ilişkinin tarafını teşkil ederse artık bu ilişki kamu hukuku kurallarına tabi olur. Romalı hukukçular Kamu Hukuku ve İdare Hukuku ile özel hukukla olduğu ölçüde meşgul olmamışlardır.

19 D. 50,17,27'de Pomponius kanun veya *praetor* tarafından hukukî muameleler için getirilmiş şekillerin fertlerin anlaşmasıyla uygulamadan kaldırılamayacağını belirtmektedir. D. 50,17,45,1'de Ulpianus; Kamu Hukukunun fertler tarafından anlaşma ile değiştirilemeyeceğini vurgulamaktadır.

20 D. 50, 17,55 (Gaius) *Nullius videtur dolo facere, qui suo iure utitur*. Kendi hakkını kullanan kimse kötü niyetle davranmış olmaz.

21 *Gaius* (Gai. 1,53)... *male enim nostro iure non debemus*... hakkımızı kötüye kullanmamalıyız. bkz. TMK. m. 2.: Bir hakkın açıkça kötüye kullanılmasını hukuk düzenlemesi koru-

Romalılar; hakka daha çok *actio*'lar, yani bir hakkın korunması için hukuk düzenlemesinin verdiği dava hakları yönünden yaklaşmışlardır. Actio olmadan talep (hak) olmazdı. Hakkının tanınması için fert devlete bir *actio* vermesi için başvurabilirdi. Dava *(actio)* esas itibariyle usul hukuku kavramı olduğundan buna «usulî görüş» denmektedir[22]. Bir kimsenin *actio*'su varsa bunun anlamı hâkimin vereceği kararla, bu hakkını o toplumdaki herkese kabul ettirebileceğidir. Bu yaklaşımın Roma hukuku hayatında baskın bir rol oynamasının sebebi esas itibarıyla *praetor*'un faaliyet tarzından ileri gelmekteydi. *Praetor*'lar göreve başlarken yayınladıkları beyannamelerinde, hangi şartlarda hangi davaları tanıyacaklarını ilan ederlerdi. Bu nedenle bir usul kavramı olan *actio* ön plana çıkmıştır[23]. Roma hukuku; hakkı, davayı açmak için gerekli şartların hukuka yansıması şeklinde algılardı. *Actio* hem *magistra*'nın tanıdığı usulî muameleyi, hem de bununla kabul ettirilecek olan talep hakkını içerirdi.

I. HAKLARIN AYRIMI

Hakları birçok yönden çeşitli ayrımlara tâbi tutmak mümkündür. Modern hukuk öğretisi nitelikleri bakımından hakları mutlak haklar, nisbî haklar ve yenilik doğuran haklar olmak üzere üç büyük gruba ayırmaktadır. Yenilik doğuran haklar[24] XIX. yüzyılda bu ayrıma ilave edildiği halde mutlak hak ve nisbî hak ayrımı kökenini Roma hukukunda bulur. Romalılar usul hukukuna ilişkin görüşlerine uygun olarak hakları değil, davaları aynî davalar *(actiones in rem)* ve şahsî davalar *(actiones in personam)* olmak üzere ikiye ayırırlardı. Ortaçağ'dan itibaren bu ayrım önce aynî hak – şahsî hak ayrımına dönüşmüş, daha sonra mutlak hak – nisbî hak ayrımı haline getirilmiştir.

Eşya (mallar) üzerindeki aynî haklar, kişilik hakları ve manevî yönüyle fikrî haklar mutlak haklardandır.

Borç ilişkisinin nisbîliği ilkesi de bu ayrıma dayanmaktadır.

1. Mutlak Haklar

Mutlak haklar hâkimiyet haklarıdır. Böyle bir hakka sahip olan kişi karşısında toplumun diğer üyelerinin bu hakka riayet etme yükümlülüğü söz

---

maz.

22 Mecelle'deki "usul esası mukaddemdir(şekil esastan önce gelir)" ilkesine benzemektedir.

23 I. 4,6 pr. *Actio autem nihil aliud est quam ius persequendi iudicio quod sibi debetur: Actio* kendisine borçlanılmış şeyi mahkemede talep etmek hakkından başka bir şey değildir.

24 Yenilik doğuran haklarda hak sahibi, tek taraflı iradesiyle hukukî ilişki kurmakta, bu hukukî ilişkiyi değiştirmekte veya sona erdirmektedir. Meselâ bir iş ilişkisi tek taraflı iradeyle sona erdiriliyorsa, yenilik doğuran bir hakkın kullanılmasıdır.

konusudur. Bu hakkı herkesin ihlal etmesi mümkündür, bu nedenle de mutlak haklar, ilgili herkese karşı ileri sürülebilen *(erga omnes)* hak kategorisi oluştururlar. Hâkimiyet hakları Roma'da ya maddi mallar üzerinde, ya da şahıslar üzerinde mevcut olabiliyordu.

A. Eşya Üzerindeki Mutlak Haklar maddi varlıklar üzerinde sahiplerine mutlak hak karakterinde olmak üzere yetkiler veren haklardır. Bunlara aynî haklar da denilmektedir. Nitekim Medeni Kanunumuzun dördüncü kitabı «Eşya Hukuku» başlığını taşımakta, bu kitapta fertlerin mallar ile doğrudan ilişkileri düzenlenmiş bulunmaktadır. Roma hukukunda mutlak hakların ihlâli dolayısıyla açılacak davalara *actiones in rem* (aynî davalar) denmektedir. Bir *actio in rem*, aynî hakkı ihlâl eden her ilgiliye karşı açılabilecek davadır. Roma hukuku bir *actio*'lar silsilesi oluşturduğundan her aynî hakkın ayrı bir adı olan aynî davası mevcuttu. Aynî haklarda sınırlı sayı *(numerus clausus)* ilkesi geçerlidir. Aynî haklar sınırlı sayıdadır, kişiler hukuk düzeninde belirtilmemiş aynî hak tipi yaratamazlar.

a. Mülkiyet *(dominium, proprietas)* maddi bir mal üzerinde sahibine en geniş yetkiler veren aynî haktır (TMK m. 683)[25]. Aynî hakların bütün özelliklerini mülkiyet hakkında görmek mümkündür. Malik malını hukuka aykırı bir şekilde elinde bulunduran kimseye karşı istihkak davası *(rei vindicatio)* açarak geri alabilir. Eğer bir kimsenin mülkiyet hakkına müdahalede bulunuluyor, tecavüz ediliyorsa (mesela bir kimse herhangi bir hakkı olmaksızın malikin arazisindeki kuyudan su alıyorsa) müdahalede bulunan kimseye *actio negatoria in rem*, haksız el atmanın önlemesi dava edebilir (TMK, m. 683).

b. Mülkiyet dışında kalan aynî haklar veya Roma'da ifade edildiği üzere **başkasına ait mallar üzerindeki haklar** *(iura in re aliena)* kategorisinde ise hak sahibi mülkiyetin verdiği bütün yetkilere sahip olmayıp hakkın amacıyla sınırlı yetkileri, kullanır. Sınırlı aynî haklar denilen bu kategoride bir fert, diğer bir kişiye ait mal üzerinde, içeriği belli, mülkiyet dışında bir aynî hak kullanır. Başkasına ait mallar üzerindeki bu haklar da kendi içinde bazı gruplara ayrılır:

aa. İrtifaklar *(servitutes)*. Bu haklar, üzerinde tesis edildikleri maldan yararlanma yetkisi verirler. Iustinianus döneminde irtifakların ikiye ayrıldığını görüyoruz: Arzî irtifaklar ve şahsî irtifaklar.

[25] Mülkiyet ile zilyetlik karıştırılmamalıdır. Mülkiyet bir hak olduğu halde, zilyetlik fiili durumdur. Hukuk düzenlemesi bu fiili hâkimiyete netice bağlar (TMK m. 973 vd.). Vapurda çantamı unuttuğum zaman malik kalırım, ancak çantayı bulan ve hâkimiyetine geçiren kimse çantanın zilyedi olur.

Arzî irtifaklarda iki taşınmaz (gayrimenkul) söz konusudur. Yükümlü taşınmaz, lehine irtifak tesis edilmiş taşınmaz malikinin faydalanma hakkı vardır. Meselâ B taşınmazı lehine A taşınmazı üzerinde geçit irtifakı tesis edilmişse, bu irtifak devam ettiği müddetçe B gayrimenkulünün o sıradaki maliki, A taşınmazındaki bu geçit hakkını kullanır. A taşınmazının o sıradaki maliki geçit hakkının kullanılmasını engelleyemez, taşınmaz üzerinde bu hakkın kullanılmasını zorlaştıracak tasarruflarda bulunamaz. Arzî irtifaklar Roma'da önce tarım arazileri üzerinde ortaya çıkmış, kentleşme artınca bu tip irtifakların şehirlerde de bulunabileceği kabul edilmiştir.

Şahsî irtifaklarda ise, irtifak hakkı belirli bir kişi lehine olmak üzere tesis edilmiştir. Bu irtifaklar hak sahibinin ölümüyle son bulur. Roma hukukunda bu irtifaklar Roma *ius civile* miras sistemine göre mirasçı olamayacak kimselere hayatları boyunca geçim imkânı sağlamak üzere ortaya çıkmıştır. Meselâ bir Romalı vasiyetnamesiyle kendisine mirasçı olamayacak karısına bir şahsî irtifak olan sükna hakkını tanırsa, bu evin mülkiyeti mirasçılarına geçer, fakat karısı yaşadığı müddetçe o evde oturur, onu evden çıkarmak mümkün değildir, fakat kadın ölünce sükna hakkı da nihayete erer. Şahsî irtifakların en önemlisi olan irtifak hakkı, intifa hakkıdır. *Ususfructus* denilen intifa hakkında intifa hakkı sahibi malı kullanma, semerelerinden yararlanma yetkilerine sahip olur. Malikin elinde ise sadece çıplak, kuru mülkiyet kalır. Şahsî irtifak hakları klâsik devirde ortaya çıkmakla beraber bunu bir kategori haline getiren Iustinianus'tur[26]. İrtifaklar Medeni Kanun'da TMK m.779'dan itibaren düzenlenmiş bulunmaktadır.

bb. Bir diğer aynî hak da **ipotek**tir. Rehin hakkı, *(hypotheca)* bir alacağın teminatı olmak üzere tesis edilen sınırlı aynî haktır. Alacak ödenmezse rehinli alacaklı denilen kişi bu malı satarak alacağını satış bedelinden almak yetkisine sahiptir. İrtifaklarda az veya çok bir maldan yararlanmak söz konusu olduğu halde rehin hakkı sahibi rehinli malı kullanamaz, sadece satış değerinden yararlanabilir (TMK m. 873, m. 949). Rehin hakkı taşınırlar, taşınmazlar veya haklar üzerinde mevcut olabilir.

B. Şahıs Üzerindeki Mutlak Haklar

Bugün çok önemli bir kategori teşkil eden bu haklar Roma'da esas itibariyle aile reisinin *(pater familias)* aile fertleri üzerinde sahip olduğu *patria*

---

26 Son İmparatorluk döneminde başkasına ait araziler üzerinde mevcut olabilen iki sınırlı aynî hak tipi daha kabul edilmiştir. *Superficies* denilen üst hakkında, başkasına ait arazi üzerinde bina sahibi olma yetkisi tanınmıştı. *Emphyteusis* ise bir araziyi ücreti karşılığında uzun müddetle işleme hakkı verirdi. Bu haklar mirasçılara intikal ediyordu.

potestas ile kocanın karısı üzerindeki hâkimiyeti olan *manus* idi. Bunlara daha ziyade eski devirler için geçerli olmak üzere vasinin vesayeti altındaki küçüğün şahsı üzerindeki hakkı ve belki de *patronus*'un azatlısı üzerindeki hakkı, ilâve edilebilir[27]. Köleler üzerindeki hâkimiyet ise şahıs üzerindeki hak olarak değil, mal üzerindeki hak, yani mülkiyet olarak düşünülmüştür.

2. *Nisbî Haklar*

Nisbî haklar sadece belli bir kişiye karşı ileri sürülebilen haklardır. Bu haklar esas itibariyle bir borç ilişkisinden doğar. Alacaklının borçludan alacaklı olduğu edimi istemek konusunda nisbi hakkı vardır. Kira akdinden, alım satım aktinden, ödünç akdinden, haksız fiillerden nisbi haklar doğar. Alacaklı bu hakkını sadece borçlusuna karşı kullanır. Borçluya karşı açılacak şahsi davalara genel olarak *actiones in personam* denir. Ancak Roma'nın kazuist anlayışının bir ürünü olarak her alacak hakkının ayrı bir davası vardır. Mesela satıcı satış bedelini istemek için *actio venditi*'yi açar, kiraya veren kira ücretini kiracıdan *actio locati* ile talep eder. Bir kimsenin malına zarar verilirse ona *actio legis Aquiliae* denilen haksız fiil davası açılır. Borçlar Hukuku alanına giren bütün davalar *actio in personam* niteliğindedir.

D. 44,7,3 pr.

Obligationum substantia non in eo consistit, ut aliquod corpus nostrum aut servitutem nostram faciat, sed ut alium nobis obstringat ad dandum aliquid vel faciendum vel praestandum.

«Borç ilişkilerinin özü, bunların bize bir şey üzerinde mülkiyet veya irtifak hakkı sağlamalarında değil, fakat başka kişiye bize bir şey vermeye veya yapmaya veya bir şey temin etmeye yetkili kılmada görülür».

Bu metin borç ilişkilerinin niteliğini tanımlarken aynı zamanda mutlak haklarla nisbi haklar arasındaki farkı da belirtmektedir.

Her iki hak kategorisi arasındaki farkı örnekle anlatmak konunun anlaşılması bakımından yararlıdır:

Mobilya mağazası sahibi A vitrinde sergilediği bir masayı alıcı B'ye 40.000 TL karşılığı satar. Ancak vitrinin boş kalmaması için masanın teslimi bir hafta sonraya bırakılır. Üç gün sonra mağazaya gelen C, masa için A'ya

[27] Bugün kişilerin gerek kendi kişilikleri gerekse (TMK, m.23-24) başka kişiler üzerinde ilgili herkese karşı ileri sürülebilen hakları (velayet, vesayet TMK, m. 335 vd., 396vd.) olduğu kabul edilmektedir.

peşin 70.000 TL teklif eder. Nakit sıkıntısı içinde olan A bu teklifi kabul eder ve C temin ettiği bir kamyonetle masayı evine götürür. Bir hafta sonra masayı almaya gelen B'ye A, masayı daha fazla fiyat veren C'ye satıp teslim ettiğini, bir esnaf olarak kârlı satışı tercih etmekte serbest olduğunu öne sürer. Burada iki soru sorulabilir:

1. Satıcı bir esnaf olduğu, dolayısıyla masayı kendisine en fazla kazancı sağlayan kişiye satabileceği iddiasında haklı mıdır? Başka bir deyişle bu gerekçeyi öne sürerek yaptığı alım satım aktiyle B'ye karşı yüklenmiş olduğu masayı teslim borcundan kurtulabilir mi?

Alım satım, hem Roma hukukunda (Gai. 3, 139) hem de Türk hukukunda satıcı ve alıcının mal karşılığında ödenecek para (hukuk dilinde buna bedel denir) üzerinde anlaşmalarıyla = irade uyuşması (*consensus*) oluşan bir sözleşmedir (TBK m.207). Bu akdin oluşması için paranın ve/veya masanın verilmesi şart değildir. İradeler uyuştuğu anda satıcı sattığı malı teslim etmek, alıcı da yüklendiği semeni ödemek borcu altına girer. Bir akit oluştuğu zaman her iki taraf da borçlarını yerine getirmek zorundadır. Taraflardan biri tek taraflı iradesiyle bu akdi, dolayısıyla yüklendiği edimi ifa etme borcunu ortadan kaldıramaz. Bu nedenle B' ye masayı kararlaştırılan süre sonunda teslim etmeyen A, B'nin bundan dolayı uğradığı zararı tazmin zorundadır. Masayı teslim etmeyen A'ya B, alım-satım aktinden doğan *actio empti*'yi açarak tazminat talep edebilir. Burada B, A'ya karşı masayı isteme konusunda doğmuş olan nisbî hakkını kullanmaktadır.

2. A ile alım-satım akdini daha önce yapmış olduğu gerekçesiyle B, masayı C'den talep edebilir mi?

Hem Roma hukukunda hem de Türk hukukunda alım-satım akdi mülkiyeti geçirmez. Sadece malı devretme borcunu doğurur[28] yani sadece irade uyuşması ile satılan malın mülkiyeti alıcıya intikal etmez. Bunun için satılan malın teslimi daha doğrusu zilyetliğinin nakli gereklidir (TMK m. 763). Bu nedenle B, alım-satım akdini daha önce yapmıştır ama, ikinci alım-satım akdinden sonra masa A tarafından C'ye teslim edildiğinden masanın mülkiyetini C kazanmıştır. Dolayısıyla C ile B arasında hukukî ilişki bulunmadığı, alım-satım akdi sonunda B masanın mülkiyetini elde edemeyip sadece A'ya

---

[28] Akitlere sadece borçlandırıcı etki tanımak devletin hukuk politikasına göre değişen bir tercih meselesidir.
C. 2,3,20'de Fransız Medeni Kanunu ise, tabii hukukun tesiriyle mülkiyetin sadece alım-satım akdi (sadece irade uyuşması) ile geçmesini kabul etmiştir. Türk Hukuku'ndaki gibi mülkiyetin sadece anlaşmalarla *(pacta)* geçmeyeceği açık olarak ifade edilmektedir.

karşı masanın teslimini isteme konusunda nisbî hak elde ettiği için C'den masayı bir aynî dava olan istihkak davası *(rei vindicatio)* ile isteyemez.

Bir diğer örneği kira akdinden verelim:

A, atını 6 ay süre ile su taşımak üzere çiftlikteki komşusu B'ye 4.000 TL karşılığında kiraya vermiştir. 15 gün sonra C bu atı satın almak için 20.000 TL teklif edince A bu teklifi kabul eder. B ile aralarındaki anlaşmaya göre hafta sonlarında at A'nın ahırında kaldığından atın mülkiyetini C'ye devreder. Ancak C bir yolculuğa çıkacağından atı A'dan almaz, B kira akdine uygun olarak atı kullanmaya devam eder. Yolculuktan dönen C atı B'den isteyebilir mi? Veya B bu atı 6 ay için A'dan kiralamış olduğunu C'ye ileri sürebilir mi?

Burada yine aynî hak sahibi ile nisbî hak sahibinin karşılaşması söz konusudur. A ile B arasındaki kira akdi *(locatio conductio rei)* yapılmıştır. Bu sözleşme gereği A, altı ay süreyle atın kullanılmasını ve atın hafta sonlarında kendi ahırında kalmasını sağlamak, B'de kararlaştırılan kira ücretini ödemek borcu altına girmiştir. Bu sözleşmeden taraflar için aynı zamanda nisbî haklar doğar; A'nın B'den - sözleşme yapılırken kararlaştırıldığı gibi-kira ücretinin ödenmesini istemek hususunda nisbî hakkı mevcuttur. B ise A'ya karşı atı 6 ay süreyle kullanmak ve bu atın hafta sonlarını A'nın ahırında geçirmesini istemek konusunda nisbî hakka sahiptir.

Yapılan kira akdinden sonra A'nın 15 gün sonra atı C'ye satıp devretmesi mümkündür, çünkü at üzerinde A'nın mülkiyet hakkı vardır ve bu hakkın kendisine verdiği tasarruf yetkisine dayanarak atı C'ye satıp mülkiyetini devredebilir. Artık mülkiyet C'ye geçmiştir, C mülkiyet hakkını B de dahil olmak üzere, ilgili herkese karşı ileri sürülebilir. Başka bir deyişle C'nin mülkiyet hakkı B'nin şahsî hakkından daha üstündür, atı mülkiyeti koruyan dava olan istihkak davasıyla B'den alabilir[29]. B, A ile yapmış olduğu kira akdini C'ye karşı ileri süremez. Bu kira akdini sadece A ile yapmıştır, C bu kira akdinin tarafı olmadığından kira akdinden doğan nisbî hakkın C'nin mülkiyet hakkını engelleyecek bir değeri yoktur (bkz. TBK m.310); B bu nisbi hakkını sadece A'ya karşı ileri sürebilir ve yaptıkları kira akdi gereği atı 6 ay kullanamadığı gerekçesiyle bu yüzden uğradığı zararları kira akdinin davası olan *actio conducti* ile ister. C'nin atı almak için B'ye açtığı dava bir *rei vindicatio* (istihkak davası) bir *actio in rem* (aynî hak davası) olduğu halde B'nin akde aykırılıktan dolayı A'ya açtığı *actio conducti* bir şahsî davadır *(actio in personam)*.

---

[29] D. 19, 2, 25. 1'de Gaius, arazi kirasından hareketle kiracının nisbî hakkını kullanmaya devam etmesi için eski malik ile yeni malikin anlaşmasını tavsiye etmektedir.

Sonuç olarak aynî haklarla nisbî haklar arasındaki farklar şöyle özetlenebilir:

a) Aynî haklar kanunla, hukuk düzenlemesi tarafından belirlenmiştir. Fertler hukuk düzeni tarafından öngörülmemiş bir aynî hak tipi belirleyemezler. Nisbî haklar ise hukuk düzenlemesinin öngördüklerinden ibaret değildir. Fertler hukuk düzenlemesinde mevcut akit serbestisi çerçevesi içinde yeni nisbî haklar oluşturabilirler. Ancak akit serbestisi modern hukuklarda görülen bir özelliktir. Roma hukukunda akitler hususunda tipe bağlılık prensibi hâkim olduğundan kişiler bu tiplere uygun nisbî haklar ve borçlar meydana getirebilirler.

b) Aynî haklar daha geniş anlamda mutlak haklar, hakkı ihlal eden her ilgiliye karşı ileri sürülebilirler. Nisbî haklar ise yalnız belli bir borçluya karşı ileri sürülebilir.

c) Mutlak haklar herkes tarafından ihlâl edilebilir, nisbî hakların ihlali ise ancak borçlusu tarafından mümkündür.

d) Aynî hakların ihlâlinde, *actio in rem*, şahsî hakların ihlâlinde, *actio in personam* açılır.

II. HAKLARIN KAZANILMASI (İKTİSABI) VE KAYBI

Hukuk düzenlemesi tarafından fertlere tanınmış olan menfaatler, şeklinde tanımlanabilecek olan haklar statik bir durum göstermezler. Bir kişinin sahibi olduğu hakların çevresi hareket halindedir, zaman zaman değişikliğe uğrar. Kişiler bir taraftan haklar elde ederken, diğer taraftan da bazı haklarını kaybederler.

Bir hakkın belli bir kişiye bağlanmasına hakkın kazanılması veya hakkın iktisabı denir. Buna karşılık hak o zamana kadar ait olduğu kişiden ayrılırsa bunun anlamı hakkın kaybedildiğidir.

Hakların iktisabı aslen veya devren olur. Aslen iktisapta o ana kadar, herhangi bir hakka konu olmamış mal dolayısıyla, bu malın üzerindeki hak elde edilmektedir. Sahipsiz malların *(res nullius)* iktisabı aslen olur. Başka bir hak sahibi ile aralarında hukukî bir ilişki gerçekleşmemiştir. Buna taşınırlarda (menkullerde) ihraz, taşınmazlarda (gayrimenkullerde) ise işgal denir. Denizden balıkları tutan bunları aslen iktisap etmiştir, çünkü o zamana kadar balıklar sahipsiz mal konumundaydı. Balıklar üzerindeki mülkiyet hakkı ilk defa tutanın şahsında doğmaktadır.

Devren iktisapta ise; bir hak devir işlemi ile önceden ait olduğu kişiden, başka bir kişiye geçmektedir. Bu geçiş çok defa hukukî muamelelerle gerçekleşir. Balıkları denizden tutmuş olan bir kimse bu balıkları parası karşılığında veya herhangi bir karşılık almadan başkasına devrederse, devren iktisap söz konusu olur. Balıkları devralan kişi o zamana kadar balıklar üzerinde mülkiyet hakkına sahip olan kişiye halef *(successor)* olmaktadır. Aslında Roma'da bir hakkın aynî içerikle birinden diğerine geçeceği ilerlemiş devirlerde kabul edilmiştir.

Önceleri malın sahip değiştirdiği görüşü hâkimdi. Başka bir deyişle, malın o ana kadar sahibi olan kişi malı yeni sahibine terkeder, bu kişi de mal üzerinde hakkını elde ederdi. Klâsik devirden itibaren mesela mülkiyet hakkının devredildiği veya geçtiğinden *(dominium transferre, dominium transire)* bahsedilmektedir (D. 18,1,80,3; D. 1,19,1,1).

Devren iktisapta hakkın iktisabı, devredenin hak durumuna bağlıdır. Başka bir deyişle Roma hukukunda devreden, devrettiği hakka sahip değil ise, hak devralana geçmez. Romalılar bunu «*nemo plus iuris ad alium transferre potest quam ipse habet*» (hiç kimse sahip olduğu haktan fazlasını başkasına devredemez) şeklinde ifade etmişlerdir. D. 50,17,54'te Ulpianus tarafından açıklanan bu kurala göre malik olmayandan hak iktisabı mümkün değildir[30]. Bu kuralın nasıl uygulanacağını bir örnekle açıklarsak: A masasını tamir için B'ye vermiştir. B masayı tamir ettikten sonra müşteri C'ye satıp teslim etmiştir. Roma hukukuna göre C'nin bu masanın mülkiyetini devren iktisap etmesi mümkün değildir[31], çünkü B masayı sadece tamir amacıyla elinde bulundurmaktadır, masanın maliki olmadığından masayı teslim alan C bu masa üzerindeki mülkiyet hakkını iktisap edemez. C'nin iyi niyetli olması, yani masanın B'ye ait olduğunu zannetmesi bu sonucu değiştirmez. Ancak diğer şartlar da varsa, C bu masanın mülkiyetini zamanaşımıyla iktisap *(usucapio)* suretiyle elde edebilir. Roma hukukunda malın maliki ile iyi niyetli zilyedin menfaati söz konusu olduğunda malın maliki himaye edilmiş, iyi niyetli kişi için devren değil ama, bir aslen iktisap yolu olan zamanaşımı ile iktisap imkânı açık tutulmuştur. Buna karşılık Türk hukukunda malik - iyi niyetli müktesip ikileminde, iyi niyete prim verilerek malı aldığı kişinin hakkına güvenerek

---

30 Aynı kural «*nemo dat quod non habet*» (hiç kimse sahip olmadığı bir şeyi veremez) şeklinde de ifade edilmektedir. Bu kural ile ilgili diğer metin: D. 50,17,177 pr.

31 Aynı prensip rehin hakkı yönünden de ifade edilmiştir. Alacaklının rehin hakkına sahip olabilmesi için rehinli malın rehin gösterenin malvarlığında bulunması gerekir. D. 20,1,3'e istinaden bu kural «*non plus habere creditor potest quam habet, qui pignus debit*» (alacaklı rehin verenden fazlasına sahip olamaz) şeklinde ifade edilmektedir.

bir menkulün zilyetliğini devralan kişinin hakkı da kazanacağı kabul edilmiştir (TMK m. 988). Bunun iyi niyet yanında diğer bir şartı malın malikinin elinden rızası hilafına çıkmamış olmasıdır. Kaybedilmiş ve çalınmış mallar iyi niyetli kişiler tarafından da iktisap edilemezler.

Devren iktisap diğer adıyla halefiyet yoluyla iktisap kendi içinde ikiye ayrılmaktadır: Cüz'î halefiyet ve küllî halefiyet. Her hakkın hukuk düzenince şart koşulmuş şekilde, bir kimseden diğerine geçişine cüz'î intikal *(successio in singulas res)* adı verilir. Satılmış atı *mancipatio* (klâsik devirde) veya *traditio* ile nakletmek, at üzerindeki mülkiyet hakkının cüz'î intikal yoluyla devridir. Eğer bir malvarlığı tüm aktifi ve pasifiyle birlikte herhangi bir kimseden diğerine geçiyorsa küllî intikalden *(successio per universitatem)* söz edilir. Bunun en önemli örneği mirasın intikalidir. Mirasçılar murislerinin ölümü ile herhangi bir muameleye lüzum kalmadan terekenin mülkiyetini elde ederler. Bu terekenin içinde araziler, menkuller ve haklar varsa bunlar için tek tek muamele yapılması gerekli değildir (D. 50,16,24; TMK m. 599). Roma'da diğer küllî halefiyet halleri *adrogatio* (evlât edinme), *bonorum venditio*'dur[32].

Bir hakkın hak sahibinden ayrılmasına "Hakkın Kaybı" denir. Eğer hak, başka bir kimseye intikal etmeden ortadan kalmış ise, o zaman hak "sona" ererek kaybedilmiş olur. Meselâ kullanmakla tüketilen veya eskiyerek yok olan bir mal üzerindeki mülkiyet hakkı, mülkiyet konusu mal ortadan kalktığı için, kaybedilmiştir.

Hakların kazanılma ve kaybında zaman kavramı hukuk düzenlemesinde önemli sonuçlar yaratır. Meselâ; zamanın geçmesi ile ve başka şartların birleşmesi ile, bir kimse bir mala mâlik olabilir. Bir hakkını, belirli süre boyunca kullanmayan kimse o hakkını kaybedebilir. (zamanaşımı ile dava hakkının düşmesi) Fiil ehliyeti belirli bir zaman sonunda kazanılır[33].

§ 8. Hak Ehliyeti

Hak ehliyeti hak sahibi olabilme ve borç altına girebilme ehliyetini ifade eder. TMK m. 8'e göre, *«her insanın hak ehliyeti vardır»*. Bu maddede kişilerin haklara ve borçlara sahip olan varlıklar olduğu belirtilmektedir. Baş-

---

[32] *Adrogatio;* bir *sui iuris*'in diğer bir *sui iuris* erkek tarafından evlât edinilmesine denir. Bu durumda evlât edinilenin tüm malvarlığı evlât edenin malvarlığına katılırdı. *Bonorum venditio*, bir alıcının borçlunun alacaklarına alacaklarını en yüksek oranda ödemeyi teklif ederek borçlunun malvarlığını satın alması ve borçluya külli halef olmasıdır. Umur, Ders Notları, s. 182-184.

[33] Umur, Ders Notları, s. 184.

ka bir deyişle hukuk düzenlemesi tarafından kendilerine hak sahibi olabilme ehliyeti tanınmış kimselere kişi (şahıs) denmektedir.

Hangi varlıkların kişi olarak kabul edileceği her hukuk düzeni tarafından o devletteki hukuk politikasına bağlı olarak belirlenir. Bugün hukuk sistemlerinde genellikle kişiler gerçek ve tüzel kişiler şeklinde ikiye ayrılmaktadır. Bu ayrım XIX. yüzyıldaki Pandekt hukuk ilminin teorisini aksettirir. Günümüzde artık insanların gerçek kişiler olarak hak ehliyetine sahip olduğu kabul edildiği halde Roma'da böyle değildi. Hak ehliyetine sahip olmak için insan olmak yeterli değildi. Köleler insan olmalarına rağmen günümüzdeki anlayışla kişi sayılmazlardı. Romalılar kişi kelimesinin karşılığı olarak hukuk hayatında rolü olan kimse[34] anlamına gelen *persona* terimini kullanırlardı. Romalıların bütün hukukun insanlar için oluşturulduğu (D. 1,5,2: *hominum causa omne ius constitutum est)* fikrinden hareketle, ancak insanların hak sahibi olabileceğini kabul ettikleri ileri sürülebilir. Ancak bugün kişiliğin ayrılmaz bir sonucu olan hak ehliyetine sahip olmak için *persona* olmak yetmezdi, bunun yanında belli *status*'lara sahip olmak gerekiyordu. Bir kimsenin hukuk düzenlemesi içindeki yerini belirleyen *status*'lar üç taneydi (D. 4,5,11): *status libertatis* (hürriyet durumu), *status civitatis* (vatandaşlık durumu) ve *status familiae* (aile durumu). Kişinin durumu *(status hominum)* bu *status*'lara göre belirlenirdi. *Status* bir kimsenin hangi ölçüde hak ehliyetine sahip olduğunu gösterirdi.

I. STATUS LIBERTATIS

İleri zihniyetteki modern insanlar, haklı olarak kölelik kavramını yadırgamaktadır. İlkçağda ise, çok ilkel ve göçebe kavimler dışında, kölesiz bir toplum düşünülmüyordu. Her kavmin kendi hukuku *(ius civile'si)* içinde köle, bir hiç sayılıyordu. Fakat tabiî hukuka *(ius naturale)* göre, bütün insanlar eşit sayıldığından, düşünürler (Seneca gibi) kölelerin durumundan yakınırlardı. Ancak köleliğin kaldırılmasını düşünebilen yoktu. Ne Eflâtun'un (Platon) Cumhuriyet'inde, ne Aristo'nun düşüncesinde, ne de dinlerde kölelik yasak edilmemişti.

Bu durum XIX. yüzyıla kadar devam etti. 1833'de İngiliz, 1848'de Fransız sömürgelerinde yasak edilen kölelik, 1865 senesinde Amerika Birleşik

---

[34] Roma'da tiyatro oyuncularının oyun sırasında taktıkları maskelere *persona* denmektedir. Gaius köleleri de *persona* başlığı altında tetkik etmektedir (Gai. 1,9) halbuki köleler esas itibariyle hakkın konusudur. Fakat kölelerin insan olma vasfı Romalıların dikkatinden kaçmamış, onların da hukuk hayatında faaliyet gösterebileceği kabul edilmiştir.

Devletlerinde ve ondan birkaç yıl önce de Osmanlı İmparatorluğunda yasak edildi. Fakat kalıntıları bir süre daha devam etti[35].

İnsanlar *ius gentium*'a (evrensel hukuka) göre iki büyük gruba ayrılırlardı: Hürler *(liberi)* ve köleler *(servi)*. Hürler kendi içinde hür doğanlar *(ingenui)* ve azatlılar *(libertini)* olmak üzere iki kategori oluştururlardı. (Gai. 1,9-11.)

Roma anlayışına göre hukuk önünde her insanın durumu aynı değildir. Hak ehliyetine tamamıyla hürler sahipti. Hürlerin içinde bulunabilecekleri iki kategoriden biri olan azatlılık durumunda bazı kısıtlamalar göze çarpmaktadır. Yani hür doğanlar *(ingenui)* ile hürriyetlerini sonradan kazanan azatlılar *(libertini)* arasında bazı farklar gözetilmekteydi. Mesela azatlıların *magistra* seçilme hakları yoktu, seçme hakları da tahdit edilmişti.

Roma hukukuna göre, hür bir anadan doğan çocuk hürdür. Ana köle ise, baba hür olsa bile doğan çocuk köle olurdu. Milattan sonra kabul edilmiş olan hürriyet imtiyazı *(favor libertatis)* hamilelik sırasında bir an için hür olan köle annenin çocuğunun hür doğacağı ilkesi getirmişti (D. 1,5,5,2).

1) Kölelik *(servitus)*

Eski çağların dünyasında hukuk Roma dışında da hür insanların oluşturduğu topluluğun düzenlemesi olarak görülür ve bu toplulukta kölelerin *status*'unun bulunmadığı kabul edilirdi. Köleliğin ülkesi yoktur. Evrensel bir kurum, farklı kıtalarda ve farklı hukuk sistemlerinde, farklı yüzyıllarda, hatta XX. yüzyıla kadar uygulanmıştır.

Iustinianus'un *Institutiones*'inde (I. 1,3 pr) kişilerin hukukî durumuna ilişkin ana ayrımın bütün insanların hür veya köle olduğu şeklinde yapıldığı belirtildikten sonra[36], köleliğin kavimler hukukunun (evrensel, yabancılar hukukunun), *(ius gentium)* bir düzenlemesi olduğu ve bunun gereği olarak bir kimsenin tabiata aykırı şekilde başka bir kimsenin hâkimiyeti altına konulduğu ifade edilmektedir (I. 1,3,2). Yine Iustinianus *Institutiones*'inde (I. 1,2,2) köleliğin tabiî hukuka aykırı olduğu söylendiği halde I. 1,3,3'te, D. 1,5, 4,1-2 ile bağlantılı olarak komutanların savaş esirlerini öldürmek yerine satmayı emrettikleri, köleliğin bütün kavimlerde görüldüğü, başka bir deyişle *ius*

---

35 Umur, Ders Notları, s. 157.

36 Gaius da bu ayrımı kullanmaktadır (Gai. 1, 9). Hukukçu Florentinus D. 1, 5, 4 pr'da özgürlüğün güç veya hukuk tarafından engellenmedikçe bir kimsenin her istediğini yapmasını sağlayan tabii bir imkân olduğunu belirtmektedir. (Aynı görüş, I. 1, 3, 1'de de ifade edilmektedir).

gentium (evrensel hukuk) kurumu olduğu vurgulanmaktadır. Köleye latince *servus* denirdi. Çoğul olarak *mancipia* kelimesi de kullanılmaktaydı. I. 1,3,3'te kölelere *mancipia* denildiğini, çünkü bunların düşmandan elle yakalandığını belirtmektedir[37]. Aynı ifade D. 1,5,4,3'te de mevcuttur.

Kölelerin Roma toplumu içindeki yeri devirlere göre büyük değişiklikler göstermiştir. Roma'nın küçük bir şehir devleti olduğu ve kapalı bir aile ekonomisinin hâkim olduğu ilk zamanlarda kölelerin sayısı azdı ve değerli varlıklardır. Bunlar, Romalılarla farklı soydan olan ve harpte esir düşmüş kişilerdi. Köle sahibi olmak zenginliği ifade ederdi. Bu ilk devirlerdeki köleler bir aile evlâdından farklı muamele görmez, aile evlâtları gibi bir *alieni iuris* olarak Roma ailesinin sofrasına ve dinî merasimlerine katılırlardı. Kölelere dini inanç, ahlâk anlayışı ve emeklerine ihtiyaç duyulması sebebiyle iyi davranılırdı[38]. Romalıların ahlâkî yaşayışını denetleyen *censor*'lar bu hususu kontrol ederlerdi. Roma, bir ticaret ülkesi olduktan sonra iki tür köle meydana geldi. M.Ö. III. yüzyıldan itibaren Roma'nın yaptığı ve zaferle bitirdiği savaşlardan sonra Roma'ya kitleler halinde köle akmaya başladı. Bu kölelerin çoğunluğunu, kökeni tamamen farklı, kültür düzeyi bakımından Romalılardan düşük olan insanlar teşkil ediyordu. Bu büyük sayı kölelerin durumunun kötüleşmesine sebep olduğu gibi, ekonomide de değişikliklere yol açtı. Yunanistan gibi kültür düzeyi yüksek yerlerden gelen köleler idareci, kâtip, muhasebeci, öğretmen, gemi kaptanı olabilir, kabiliyetli kölelere işletmeleri için sermaye *(peculium)* verilirken bu vasıfta olmayanlar *latifundium* denilen büyük arazilerde, maden ocaklarında ve gemilerde çok kötü şartlar altında efendilerinden uzak çalışır ve yaşarlardı. Cumhuriyetin sonlarına doğru ahlâki görüşlerdeki olumsuz değişiklikler kölelere yapılan kötü muamelenin diğer bir nedeniydi. Genellikle, kölelerin durumundan söz edilirken, dikkate alınanlar bu sonunculardır. Zaman zaman bu konuda kanunlar çıkarılıyordu. Mesela M.S. I. yüzyılda çıkarılan *lex Petronia* ile mâliklerin *magistra*'dan izin almadan kölelerini hayvanlarla dövüştürmeleri yasak edilmişti. Yine I. ve II. yüzyıllarda kölelerin sık sık isyan çıkardıkları görülmektedir. İmparatorluk döneminden itibaren Yunan felsefesinin tesiriyle, insanî düşüncelerle efendilerin bazı aşırılıklarına set çekme çabaları görülmeye başlanmıştı. Kölelere kötü muamele edilmesi hakkın kötüye kullanılması olarak düşünülmüştür (Gai. 1,53). Kölelere yapı-

[37] *Homo, puer, ancilla* (kadın köle) kelimeleri de köleyi belirtmek üzere kullanılırdı. bkz. Heumann- Seckel ve Umur, Lügat (anılan terimler).

[38] Kölelerin ve yabancıların günlük hayatta ahlâk ve din kurallarına göre himayeden mahrum oldukları ve mutlaka sefil bir hayat yaşadıkları düşünülmemelidir. Fiili vaziyetleri hukukî durumları kadar kötü değildir (Ekinci. s. 172 dn. 35 ve s.173).

lan kötü muamelelerden dolayı kamu düzeninin ve toplum ahlâkının bozulacağı ileri sürülmeye başlanmıştı.

Köle, hür insanların hizmetinde mal gibi kullanılan bir insan olarak kabul edilirdi. Ancak mal mı yoksa insan mı olduğu bazen ayırt edilemezdi. Aslında bu kurum, kölelerin çalışmaları, kökeninde toplumlardaki makine eksikliğini gidermiş, sonraları bazı kişiler için kazanç kaynağı olmuş, hukuk düzenlemesinin engelleyemediği bir olay haline gelmiştir.

İmparator Augustus ile başlayan *Pax Romana*'da savaşlar pek görülmediğinden savaş esirleri sayısı giderek azalmıştır. Son imparatorluk devrinde ise azalma davam etmekte ve kötüleşen ekonomik durum yüzünden kölelerine bakamayan efendilerin azat etme yoluna gittikleri görülmekteydi. Hıristiyanlığın devletin resmî dini haline gelmesinden sonra kölelerin durumunda nisbî bir düzelme olmakla beraber, köleliğin tamamen ortadan kaldırılması eğilimi ortaya çıkmış değildir.

2) *Köleliğin Sebepleri*

– Doğum Yoluyla Kölelik:

Köle kadının doğurduğu çocuk köle olur ve ananın mâlikinin malı haline gelirdi. Babanın hür veya köle olması durumu değiştirmezdi.

– Savaş Esareti *(captivitas)*:

O zamanın dünyasında bütün devletlerde görülen bir durum olan köleliğin temel sebebi, savaş sırasında düşmanın ele geçirilmesidir. Zaten eskiçağ savaşlarında savaş esiri kavramı bilinmiyordu[39]. Düşmanın hukuku yoktur, öldürülmesi mümkündür. *Ius gentium*'a göre savaş esirlerinin köle statüsüne geçmesi mümkündü. Bu yüzden devlet adına köle olarak satılması ve iş gücünden faydalanılması tercih edilmekteydi[40].

Ius gentium'un (evrensel hukukun) gereği olarak Romalılar özgürlüğün kaybı ile neticelenen savaş esaretinden kendileri için de sonuçlar çıkarmışlardır: Düşmana esir düştüğü için köle haline gelen Romalının hakları askıya alınırdı. Bu Romalı esaretten kurtularak Roma'ya veya Roma'ya dost olan

---

39 Mouchette – Ladjili, s. 515.

40 Köle pazarlarında sadece savaşta esir düşenler satılmıyordu. Akdeniz'de faaliyet gösteren korsanlar da bu pazarlara büyük miktarda köle getiriyordu. Bu faaliyet Ortaçağda da devam edecektir. Gai. I., 3,148'de köle alım satımı yapmak için ortaklık *(societas)* kurulabileceği belirtilmektedir.

bir ülkeye dönebilirse eski haklarını tekrar elde ederdi. Buna *ius postliminii* (Gai, 1,129) denir ve Romalının haklarını geçmişe etkili olarak elde etmesi anlamını taşırdı. Bu Romalı esarette ölecek olursa, esir düştüğü anda ölmüş farzedilerek *(fictio legis Corneliae)* hür bir kimse gibi mirası açılırdı ve varsa vasiyetnamesi de geçerli olurdu. (D. 49,15,18). Düşmanın nezdinde ölüm halinde çocukları onun esir düşmesi anında *sui iuris* olmuş kabul edilirdi[41].

– Köleliğe Götüren Diğer Haller:

Borcunu ödemediği için alacaklısının hâkimiyeti altına giren Romalı, eski devirlerde Roma'nın sınırını teşkil eden Tiber nehrinin öteki yakasında *(trans Tiberim)* köle olarak satılabilirdi.

Ölüme veya madenlerde çalışmaya mahkûm edilen hürriyetleriyle birlikte malvarlıklarını da kaybederler ve köle haline gelirlerdi. Bunlara, sahibi olmayan köleler *(servi sine domino)* veya *servi poenae* (ceza köleleri) denirdi. (D. 28,1,8,4). Bunlar azat edilemezdi.

Semeni paylaşmak amacıyla *(pretii participandi causa)* kendini köle gibi sattırdıktan sonra hür olduğunu tesbit ettirmek isteyenler de ceza olarak köle kalırlardı (D. 1,5,5,1). Böyle bir kimsenin 20 yaşından büyük olması gerekiyordu (I. 1,3,4).

52 yılında çıkartılan *Senatus Consultum Claudianum*'a göre klâsik devirde efendisinin açık olarak yasaklamasına rağmen bir köle ile cinsel ilişkide bulunan Romalı hür kadın özgürlüğünü kaybediyor, ilişkide bulunduğu kölenin sahibinin malı oluyordu (Gai. 1,160).

3) Kölenin Hukukî Durumu

Köle hak ehliyeti olmayan esas itibariyle bir hakkın konusu olan varlıktı. Ancak kölenin insan olma vasfını da Romalılar gözden uzak tutmamışlardır. Köle aynı zamanda *res* ve *persona*'dır. Gaius, kölenin hukukî durumunu insanlara özgü hukuk olarak da tercüme edilebilecek olan *ius quod ad personas pertinet* adlı bölümde incelemiştir[42]. Terkedilen kölenin *(servus derelictus)* hukukî durumunda değişiklik olmaz, yani hürriyetini kazanamazdı. Böyle bir köleyi malik olma iradesiyle zilyetliğine geçiren kimse, diğer sahipsiz mallarda olduğu gibi ihraz yoluyla kölenin mülkiyetini elde ederdi.

---

[41] Düşman esir düştükten sonra dönerek, Ius *postliminii*'den yararlanan Romalının mirasçı olma hakkı da geçmişe etkili olarak tanındığı halde, evlilik (D. 49, 15, 14, 1) ve zilyetlik (D. 41, 2, 23,1) hariç tutulmuştu. (Apathy-Klingenberg-Stiegler, s 22).

[42] Karadeniz-Çelebican s. 126; Kaser, s. 285; Apathy-Klingenberg,-Stiegler, s. 15.

Bir köle efendisinin izni ile hukukî niteliği olmayan, fakat fiilî neticeleri olan bir evlilik birliği içinde yaşayabilirdi. Köleler (veya bir köle ile bir hür) arasındaki bu evliliğe *contubernium* denir, aile ve akrabalık gibi hukukî neticeleri olmayan fiili bir birleşme olarak görülürdü. Azat edilme bile bu durumu değiştirmezdi.

İmparatorluk devrinde, Hristiyanlığın etkisiyle köleler arasında hısımlık kabul edilmiştir (cognatio servilis)[43].

Persona alieni iuris (başkasının hukukuna tâbi) kategorisinde mütalaa edilebilecek olan kölenin *ius civile* nazarında bir hiç olduğu, fakat tabii hukuk gereği bütün insanların eşit durumda bulunduğu ifade edilmiştir (D. 50,17,32). Bu nedenle köleler *ius civile*'ye göre ne alacaklı ne borçlu, ne malik, ne davalı, ne davacı olabilirdi (D. 50,17,22 pr; D. 28,1,20,7). Ancak tabiat icabı faaliyette bulunabilen bir varlıktı, insan olma niteliğiyle hukuk hayatında neticeler doğuran faaliyetlerde bulunabileceği kabul edilmişti. Kölelerin de hürler için gerekli şartlara sahip olmaları kaydıyla fiil ehliyeti bulunur, efendisi için bir iktisap organı olarak faaliyet gösterirdi (Gai. 1,52). Bunun için efendilerin bilgisi olması gerekli değildi. Hür Romalıların kaçındığı günlük işleri yaparak ve ticari faaliyetlerde bulunarak yetenek kazanmışlardır.

Hak ehliyeti olamadığı için malvarlığı da bulunmayan[44] kölelere (D. 50,16,182) aile evlâtlarına verildiği gibi bir *peculium* tahsis edebilirdi (Gai. 4, 73; D. 15,1,5,4). Peculium imkânı, ticaret hayatı ile gelişmiştir. Hukuken mâlike, fiilen ise köleye ait olan bu sermaye *(peculium)* çerçevesinde köle sınırlı bir bağımsızlık kazanır, geçimini bu *peculium*'dan sağlar, çok defa efendisi teşvik amacıyla köleyi *peculium*'un işletilmesinden doğan kazanca ortak ederdi. Ahlâk kuralları haklı bir sebep olmadan *peculium*'un geri alınmasını reddederdi. Azat edilen köleye çok defa *peculium*'u bırakılırdı veya köle *peculium*'u işleterek hürriyetini efendisinden âdeta satın alırdı (D. 40,1,6). *Peculium* çerçevesinde yapılan hukukî muamelelerden dolayı mâlike karşı munzam (ilâve, ek) davalar açılabilirdi. Köle yaptığı hukukî işlemler dolayısıyla *ius civile*'ye göre borç altına girmezdi. Kölelerin borçları davasız, tabii borç kabul edilirdi. Azat edildikten sonra bile köleye borçları için dava açılamazdı.

Efendisi izin vermişse veya *peculium* ile ilgili olsa bile köle mülkiyetin nakli muamelelerinden kural olarak ancak şekilsiz olanı, yani *traditio*'yu kullanabilirdi.

---

43 Ekinci. s. 180.

44 D. 4,5.3,1: ... *servile caput nullum ius habet*.... kölenin hiçbir hakkı yoktur...

Köleler *noxa* adı verilen haksız fiillerinden bizzat sorumludur. Fakat hâkimiyeti altına bulunduğu Romalı mâlike karşı cezayı gerektiren bir haksız fiilden dolayı *actio noxalis* açılabilirdi. Bu durumda efendi köleyi ya zarar görene teslim eder ya da fiili kendisi işlemiş gibi cezayı öderdi. Köle azat edilmişse, köle iken işlemiş olduğu haksız fiilden dolayı kendisine (azatlıya) bir dava açılırdı (Gai. 4,77). Kölenin efendisi değişirse, *actio noxalis* yeni efendiye yöneltilirdi. Bir kimsenin hür mü yoksa köle mi olduğu iddiası söz konusu olursa, bu kimse davaya bizzat taraf olarak katılamazdı, kendisi davanın konusu olduğundan davada adsertor *libertatis* denilen bir kimse tarafından temsil edilmesi gerekirdi. Iustinianus böyle bir kişinin kendi hukukî durumu için davada taraf olabileceğini kabul etmişti.

4) Köleliğin Sona Erme Sebepleri

Manumissio (azat etme)

Azat etmenin sebepleri: Kölenin efendisine olan bağlılığını ödüllendirmek, *peculium*'un işleterek kazanç elde ettiği için köleye özgürlüğünü vermek, nihayet mâlikin azat etmeler yoluyla toplumda itibarını yükseltmektir.

Azat etmek muamelelerinin bazıları *ius civile*'ye göre bazıları ise *praetor* hukukuna *(ius honorarium)* göre netice doğuruyordu.

– *Manumissio vindicta* (değnekle azat etme) *in iure cessio* şeklinde *praetor* önünde yapılan azat etmedir. Kölenin sahibi, güvendiği bir kişi ve köle *praetor*'un önüne giderler. Güvenilen kişi davacı durumundadır ve *adsertor libertatis* (hürriyet savunucusu) sıfatıyla köleye değnekle dokunarak hür olduğunu iddia eder, kölenin sahibi bunu kabul edince *magistra*'nın onayı ile köle hürriyetini elde eder. Iustinianus hukukunda efendinin azat etme iradesini tek taraflı olarak tutanağa geçmesiyle hürriyet kazanılıyordu.

– *Manumissio censu* (sayım sırasında azat etme) beş yılda bir yapılan nüfus sayımı sırasında efendisinin isteği ile *censor*'un elindeki vatandaşlar listesine adı yazılan köle özgürlüğüne kavuşuyordu.

– *Manumissio testamento* (vasiyetname ile azat etme), kölenin sahibi vasiyetnamede dile getirdiği iradesiyle köleye hürriyetini verirdi. Bu iki şekilde gerçekleşirdi; vasiyetnamede kullanılan ifadeye göre köle, sahibi ölür ölmez hürriyetini ya doğrudan hemen kazanır, ya da ölenin mirasçıları azat etme işlemini yaparlardı.

– *Manumissio in ecclesia* (kilisede azat etme); Hıristiyanlığın devlet dini olarak kabul edilmesiyle uygulamaya girmiştir. İmparator Constantinus'tan itibaren köle, kilisede rahip önünde hürriyetini elde ederdi.

Bütün bu muamelelerle azat etmelerde köle hürriyetini *ius civile*'ye göre kazanıyor, azatlı *(libertinus)* olarak Roma vatandaşı da oluyordu.

Praetor hukukuna göre yapılan azat etmeler ise Cumhuriyet devrinin sonlarında ortaya çıkmıştır. Kölenin mâliki; dostları olan tanıklar önünde *(inter amicos)*, veya bir mektupla *(per epistulam)* veya köleyi masasına oturtmak *(per mensam)* suretiyle ona hürriyetini verme iradesini açıklardı (Gai, 1,41; 1,44). Bu usullerin *ius civile* bakımından geçerliliği yoktu, yani *ius civile*'ye göre kölelik devam ederdi. Fakat efendi sonradan o kimsenin köle olduğuna ilişkin bir dava *(vindicatio servitutem)* açmak isterse, *praetor* bu davayı engellemek suretiyle himaye sağlardı. *Ius civile*'dekinin aksine *Praetor* hukukuna göre hürriyeti kazanmış olanlar Roma vatandaşı olamazlardı. Bu kimselerin hür gibi yaşadıkları, fakat köle olarak öldükleri ifade edilirdi. Ölünce mal varlıkları mâliklerine kalırdı.

Iustinianus *ius civile*'ye ve *ius honorarium*'a göre gerçekleştirilen azat etmeler arasındaki farkı kaldırdı. Ancak azat etme iradesinin beş şahidin önünde açıklanmasını şart koştu.

Azat etmelerin temelinde insanî, ekonomik veya gösteriş gibi nedenler bulunmaktaydı. Bir mâlik, kendisine sadıkane hizmet etmiş olan kölesine bu hizmetlerinin karşılığı olarak özgürlüğünü vermekteydi. *Peculium*'unu işleterek efendisine büyük kazanç temin etmiş olan köle hürriyetini efendisinden âdeta satın alabiliyordu. Diğer taraftan zenginlerin gösteriş maksadıyla da, büyük sayılarda köleyi azat ettikleri görülmekteydi.

Augustus'un azat etmeleri tahdit eden ve şartlara bağlayan M.Ö.2 tarihli *lex Fufia Caninia* ve M.S. 4 tarihli *lex Aelia Sentia* adlı kanunlar Cumhuriyet devri sonlarına doğru azat edilen kölelerin sayısının çok artması sonunda Roma toplumuna yabancı unsurların karışmasını önlemek için çıkarılmıştı[45].

---

45 *Lex Fufia Caninia* azat edilecek kölelerin sayısını sınırlandırmıştı. Meselâ bir kimsenin 10 kölesi varsa vasiyetname ile bunun yarısından fazlasına özgürlüğünü veremiyordu. Azat edilecek köleler isimleriyle bildirilecekti. Bu sınırlamalara uyulmadığı takdirde azat etmeler geçersiz oluyordu. Bu kanun Iustinianus tarafından kaldırılmıştı.
Lex Aelia Sentia ile azad edenin en az 20, kölenin en az 30 yaşında olması gerekiyordu. Bundan başka, alacaklıların zararına köle azat etmeler yasaklanmıştı. Iustinianus bu son kuralı muhafaza etmiştir.

Köleliği sona erdiren diğer sebepler:

– Roma toplumuna büyük hizmeti geçen köleye devlet ödül olarak özgürlük tanıyabiliyordu.

– M.S. I. yüzyılda imparator Claudius, hastalığı veya ihtiyarlığı sebebiyle terk edilen kölelerin hür olacağını düzenledi.

– Uzun süreli zamanaşımı *(longi temporis praescriptio)* yoluyla hürriyetin kazanılacağı Diocletianus'un (M.S. 284-305) getirdiği bir düzenlemedir.

II. STATUS CIVITATIS

Vatandaşlık durumuna göre Roma vatandaşları *(cives Romani)* ve yabancılar *(peregrini)* ayrımı yapılmaktaydı. *Ius civile* kural olarak sadece Roma vatandaşlarına uygulanan hukuktu. Hürriyet ve vatandaşlık birbirine sıkı olarak bağlı iki *status* idi. Roma kanunları sadece Roma vatandaşları için çıkarılırdı. Vatandaşlığın verdiği seçme ve seçilme hakkı *(ius suffragii* ve *ius honorum) ius civile*'ye özgü hukukî muameleleri yapmak hakkı *(ius commercii)*, evlenme hakkı *(ius conubii)* esas itibariyle sadece Romalıların imtiyazıydı. «Bir şehir hudutları içindeki müşterek hayatta teşkilatlanmış hukuken hür insanlardan kurulu devlet topluluğu» anlamındaki Roma *civitas*'ının üyeleri olan Roma vatandaşları hukuk düzeninin kendilerine tanıdığı haklara tam olarak sahiptiler. Kamu hukukunda ve özel hukukta hak ehliyetini haiz olmanın ikinci şartı Roma vatandaşlığı idi.

Roma her zaman bazı yabancıları hukukundan yararlandırmak eğiliminde olmuştur. Ticaretin gelişmesi, fethettikleri bazı ülkelerdeki üstün kültür, siyasal menfaat, felsefecilerin "tüm insanlar eşittir" düşüncesinin yayılması, yabancıların durumun sürekli iyileştirmiştir. *Ius gentium*'un (evrensel hukuk) kabulü ilk adımdır. *Preator*, bir *fictio* ile yabancılara dava hakkı tanımıştır[46].

İlk zamanlar *hostis* (düşman) denilen Romalı olmayan kimselere sonradan yabancı *(peregrinus)* denmeye başlanmıştı[47]. Yabancılarla dostane ilişkilerin gerekli ve yararlı olacağını düşünen Romalılar *peregrinus*'larla hukukî ve ekonomik ilişkilerini geliştirdiler, hatta M.Ö. 242 yılında Romalılar ile

---

[46] Ekinci, s. 176-177.

[47] Roma vatandaşları ile yabancılar arasında Latinler *(Latini)* yer almaktaydı. Romalılarla aynı soydan gelmeleri, aynı dili konuşmaları ve geleneklerinin benzerlik göstermesi yüzünden Latinler diğer yabancılara göre imtiyazlı konumdaydı. Latinlerin *commercium* hakkı vardı, yani Romalılara özgü muameleleri yapabilirlerdi, hattâ Roma'da oldukları sırada oy kullanabilirlerdi. Umur, Lügat, *latini veteres*.

yabancılar farklı kavimlere mensup yabancılar arasında hukukî ilişkilere bakmak üzere yabancılar *praetor*' luğunu *(praetor peregrinus)* ihdas ettiler. Örf ve âdetler ve bu *praetor*'un faaliyetleriyle oluşan, *ius gentium* adı verilen hukuk kuralları çerçevesinde yabancılarla Romalılar arasındaki muamelelerin büyük boyutlara ulaştığı görülmektedir. *Peregrinus*'lar Roma devletinin sınırları içinde yaşayan yabancılardır. Yabancıların hak ehliyeti, kendi hukuklarına veya *ius gentium*'a göre belirlenirdi.

Roma Vatandaşlığının (Civitas Romana) Kazanılması

Ana ve babanın Romalı olduğu bir evlilikte doğan çocuklar Roma vatandaşı olurdu. Eğer evlilik *ius civile*'ye göre geçerli değilse, doğum anında ananın vatandaşlığına bakılırdı. Bir yabancı baba ile Romalı anadan doğan çocuğun önce Roma vatandaşı olduğu kabul ediliyordu. Ancak M.Ö. I. asırda çıkarılan bir yasa ile çocuğun daha ziyade babasına yakın olduğu görüşünden hareketle yabancı statüsüne girmesi öngörüldü.

Ius civile'ye giren azat etme şekilleriyle hürriyetini kazanan azatlı, Roma vatandaşı oluyordu, Devlet yabancılara Roma vatandaşlığı tanıyabiliyordu. Roma devletine yararlı olmuş yabancı fertlere vatandaşlık tevcih edilebiliyordu. Bunun yanında toplu olarak vatandaşlık verildiği de görülüyordu. Nitekim M.Ö. I. yüzyılda tüm İtalya'ya Roma vatandaşlığı tanınmıştı. Caesar'dan itibaren arttığı görülen vatandaşlık tevcihi 212 yılında zirveye ulaşmıştı; bu tarihte İmparator Caracalla Roma İmparatorluğu sınırları içinde yaşıyanları bazı istisnalarla *Constitutio Antoniniana* adı verilen emirname ile Roma vatandaşı kabul etti (D. 1,5,17,)[48].

Roma Vatandaşlığının Kaybı

Başka bir devletin vatandaşlığına geçme, özgürlüğün kaybı, Roma vatandaşlığını kaybettiriyordu.

Sürgüne gönderme, Roma sınırları dışına çıkarma hallerinde vatandaşlık ceza sonucu yitirilmiş oluyordu (Gai. 1,128, 1, 90, D. 47, 11, 4).

---

48 Bu, eski imtiyaz sahiplerini hoşnutsuzluğa sevketmiş beraber, bu arada farklı dil, din ve yapıdaki insanların aynı idareye bağlanması devlet yapısında bazı değişiklikler gerektirmiştir. Bu kişilere aynı hukuk uygulanmıştır. Ancak roma hukuku bölgesel hukuklarla çatıştığı bazı alanlarda ikinci plana düşmüş, ulusal ve saf hukuk özelliğini kaybetmiştir. Iustinianus hukukunda, ağır suçlular dışında tüm yabancılar hak ehliyetine sahiptir.(Ekinci. s. 161-177).

III. STATUS FAMILIAE

Özel hukuk yönünden hak ehliyeti için en önemli hukukî durum *status familiae* idi. Roma vatandaşlarının Kamu Hukuku karşısındaki durumu aile durumundan etkilenmezdi.

Status familiae yönünden Romalılar *sui iuris* ve *alieni iuris* olmak üzere ikiye ayrılmaktaydı. Gaius Gai. 1,48'de ve *Iustinianus* I. 1,8 pr'da Kişinin Hukukunun önemli ayrımını *persona sui iuris*'ler (kendi hukukuna sahip kişiler) ve *persona alieni iuris*'ler (başkasının hukukuna tâbi kişiler) olarak yapmaktadır.

Sui iuris'ler hiç kimsenin hâkimiyeti altında olmayan erkek ve kadınlardır. *Sui iuris* olmanın yaşla ilgisi yoktur. *Pater familias* öldüğü takdirde bir yaşındaki çocuğu bile *sui iuris* hale gelirdi. Sadece *sui iuris*'lerin hak ehliyeti mevcuttur, malvarlığı edinebilirler.

Alieni iuris'ler ise bir *pater familias*'ın hâkimiyeti altındaki kimselerdir. Bunlar erkek ve kız çocukları, karısı *(uxor in manu)* ve torunlarıdır. Köleleri de buraya dahil etmek mümkündür. *Alieni iuris* tabiri daha çok erkek çocuklar için kullanılırdı[49]. Aile evlâdı olmanın yaşla ilgisi yoktur. Elli yaşındaki romalının *pater familias*'ı yaşıyorsa o hâlâ *filius famiias*'tır. Yani bir *aileni iuris*'tir. Bu Romalı *praetor* veya *consul* gibi büyük *magistra*'lıklara gelse bile, aile durumunda değişiklik olmaz, *alieni iuris* olarak kalır, bütün *alieni iuris*'ler gibi hak ehliyeti, kişisel malvarlığı bulunmazdı.

Ferdin hukuk düzeni karşısındaki yerini belirten *status*'lar sabit değildir, değişebilir. *Status*'daki değişikliklere *capitis deminutio* denilmektedir[50].

---

49 Aile evladının gerekli şartlar mevcut ise seçme ve seçilme hakları tam olarak vardı. Evlenme hakkı *(ius conubii)* bakımından pater familası'nın iznine muhtaçtı. *Ius commercii* (ticaret yapma hakkı) bulunmakla beraber, iktisap ettikleri *pater familas*'ın malvarlığına giriyordu.

50 *Caput* kelimesinin sözlük anlamı baş demektir, ancak kişi anlamında da kullanılırdı. *Capitis deminutio* önceki *status*'un değişmesidir ve üç şekilde olur: *capitis deminutio maxima, capitis deminutio media ve capitis deminutio minima.* (I. 1,16 pr.; D. 4,5,1).
Capitis deminutio maxima hürriyetin kaybını ifade eder. En ağır *status* kaybı olan bu durum bir Romalının harpte düşmana esir düşmesi veya Roma sınırları dışında köle olarak satılması halinde ortaya çıkar, bu durumda diğer iki *status* da kaybedilirdi. *Capitis deminutio media,* Roma vatandaşlığının kaybıdır. Mesela sürgün cezasına çarptırılma durumunda vatandaşlık yitirilir, hürriyet durumunda değişiklik olmazdı. *Capitis deminutio minima,* aile durumundaki değişikliktir. Mesela *emancipatio* ile hâkimiyetten çıkarılma böyle bir duruma örnektir. Roma anlayışına göre aile dışında yaşamak çok güçtür ve bir imtiyaz sayılmaz. Bu düşünceyle *patria*

Hak Ehliyetinin Başlangıcı ve Sonu

Hür Romalı *sui iuris* ise hak ehliyetine sahiptir. Hür doğan, Romalı ve *sui iuris* olan aile babasının hak ehliyeti tam idi. Hak ehliyeti, kişinin üç *status*'a sahip olması şartıyla doğumla başlar, ölümle sona erer. Başka bir deyişle günümüz hukukunda herkes hak ehliyetine sahip olmakta eşittir. Roma Hukukunda ise hak ehliyetine sahip olmak için hürriyet, vatandaşlık ve aile *satus*'larına sahip olmak gerekir. Ama bu üç *status*'a sahip olduktan sonra, hak ehliyetinin başlaması ve sonra ermesi yönünden Türk hukuku ile Roma hukuku arasında pek fark yoktur.

Hak ehliyeti doğumun tamamlanmasıyla başlar. Çocuk sağ olarak doğmuş ise hukuk nazarında yeni bir *persona* ortaya çıkmıştır[51]. Ana karnından tam olarak ayrılmış çocuk kendi başına yaşama kabiliyetine sahip ise hak ehliyetini elde edebilir. Çocuğun çok kısa bir süre yaşamış olması bile haklardan istifade ehliyeti için yeterlidir[52].

Kişilik, hak ehliyeti doğumla başlar ama, ana rahmindeki çocuğa (buna hukukta cenin denir) da bazı haklar tanınmıştır. Cenin ana rahminde olduğu sürece ananın bir parçası sayılırdı, ancak sağ ve tam doğması şartıyla ceninin bilhassa miras hakkı güvence altına alınabiliyordu. Bu çocuğun müstakbel, beklenen hakları için bir kayyım *(curator ventris)* tayin edilirdi[53]. Başka bir deyişle ana rahmine düşmüş, fakat henüz doğmamış olan çocuğun esas itibariyle hakkı olamazdı, fakat sağ ve tam doğmak kaydıyla bazı haklardan yararlanırdı. Roma hukukunun bu esaslarından (D. 1,5,7) müşterek hukukta *nasciturus pro iam nato habetur, quotiens de commodis eius agitur* (menfaatleri söz konusu ise cenin doğmuş farzedilir) kuralı geliştirilmişti. Burada dikkat edilmesi gereken

potestas altından çıkarılan çocuk *sui iuris* hale geldiği halde, bu durum bir *capitis deminutio minima* hali sayılmıştır. Evlenme ve evlat edinmede aile durumunda değişiklik olurdu.

51 D. 50, 16, 129 *Qui mortui nascuntur neque nati neque procreati videntur, quia numquam liberi appellare potuerunt:* Ölü doğmuş olanlar ne doğmuş, ne de yaratılmış sayılırlar, çünkü bunlara hiçbir zaman çocuk denmesi mümkün değildir.

52 Doğan çocuğun insan görünümüne sahip olması, ucube yahut canavar görünümünde olmaması gerekiyordu. Böyle bir görünümde uğursuzluk işaretinin mevcut olduğu kabul ediliyordu (D. 1,5,14). Müşterek hukuktan itibaren bu görüş terkedilmiştir, hukukumuzda kişilik için böyle bir şart mevcut değildir.

53 D. 37, 9, 1, 17; TMK m. 427 bir terekedeki ölüme bağlı haklar henüz belirli değilse veya ceninin menfaati için lüzumlu görülürse, sulh mahkemesinin kayyım tayinine mecbur olduğunu düzenlemektedir.

nokta kişiliğin ana rahmine düşmekle değil, doğumla başladığıdır. Çocuk sağ olarak dünyaya gelmediği takdirde bir şahıs ortada yoktur[54].

Babasının ölümünden sonra doğmuş olan çocuk *(postumus)* doğumla birlikte babasına mirasçı olur. Bu çocuk çok kısa bir süre yaşam belirtisi gösterdikten sonra ölürse artık babanın mirası değil ölen çocuğun mirası söz konusudur[55].

Kişilik ve buna bağlı olarak hak ehliyeti ölümle sona ererdi. Ölüm tehlikesi içinde kaybolma veya kendisinden uzun zaman haber alınamaması sebebiyle gaiplik kararı verilmesi (TMK m. 32, 33, 34) ve ölüm karinesi (TMK m. 31) Roma hukukunda mevcut değildir[56]. Bir Romalı erkek savaşta esir düşmüşse ve sağ veya ölü olduğu belli değilse, karısı ancak beş yıl geçtikten sonra yeniden evlenebilirlerdi (D. 24,2,6).

IV. HAK EHLİYETİNİ KISITLAYAN DİĞER HALLER

Roma hukukunda hak ehliyetinin *status libertatis* (hürriyet durumu), *status civitatis* (vatandaşlık durumu) ve *status familiae*'ye (aile durumu) göre belirlenmiştir. Bazı hallerde ise, hak ehliyeti belli bir özellik dolayısıyla daralmaktadır:

Din

Çok tanrılı devirde dinin ferdin özel hukuktaki durumuna etkisi yoktu. Herkes birbirinin ilâhına ve ibadetine saygı gösterirdi. Başka kavimlerin dinlerine de hoşgörüyle bakılırdı.

Hıristiyanlığın yayılmaya başlamasıyla bu dini kabul edenlerin Romalılar tarafından izlendikleri ve cezalandırıldıkları görülmektedir. Bunun sebebi ilk hıristiyanların Roma tanrılarını, devletini ve kanunlarını küçümsemeleri,

---

54 D. 1, 5, 7; TMK m. 28/II: «Çocuk hak ehliyetini, sağ doğmak koşuluyla, ana rahmine düştüğü andan başlayarak elde eder».

55 Doğan çocuğun hürriyet, vatandaşlık ve aile *status*'ları bakımından durumu *ius civile*'ye göre geçerli evlilik varsa, ana rahmine düştüğü ana göre, *ius civile*'ye göre meşru olmayan evliliklerde ise doğum anına göre belirlenirdi (Gai. 1,89).

56 İlk defa Glossator'lar gaiplik halinde kaybolanın 100 yıl yaşayacağı karinesini getirmişlerdi. Bu karinenin aksi ispat edilebilirdi. Birden fazla kişi aynı anda ölmüşlerse ve kimin daha önce öldüğü tespit edilemiyorsa, ispat külfeti yerine getirilememiş olurdu (D. 35,5,8; TMK m. 29/I). Baba ve ergen oğul aynı olayda ölmüşlerse, ergen oğulun babasından sonra öldüğü kabul edilmişti (D. 34, 5, 9, 1; D. 34, 5 9, 4). TMK m. 29/II «Birden fazla kişiden hangisinin önce veya sonra öldüğü ispat edilemezse, hepsi aynı anda ölmüş sayılır» demektedir (birlikte ölüm karinesi).

vergi vermek, askerlik yapmak gibi bir devletin ayakta kalması için en gerekli görevleri yapmaktan kaçınmalarıdır. Ancak hukukî statülerine dokunulmamıştır.

Hıristiyanlık IV. yüzyılda devletin resmî dini haline geldikten sonra bu kez hıristiyanların diğer dinlere karşı müsamahasız davrandığı görülmektedir. Bilhassa yahudilere ve putperestlere kısıtlamalar getirilmişti. Bunlar daha ziyade Aile ve Miras Hukukları alanlarındadır. Yahudiler; devlet hizmetine giremez, hıristiyanlarla evlenemez, hıristiyan köleye sahip olamazdı.

Şerefsizlik *(infamia)*

Bir kimsenin şerefi toplum içindeki saygınlığı (*existimatio*; D. 50,13,51) ile ilgilidir. *Capitis deminutio maxima* olan özgürlüğün kaybedilmesinde ve vatandaşlığın kaybedilmesi demek olan *capitis deminutio media*'da şeref ve haysiyet mutlak olarak yitirilirdi. Buna karşılık bazı durumlarda *status*'larda bir değişiklik olmamasına rağmen bazı davranışlar şerefin azalması durumunu doğurarak hukuk hayatında o kişi için bazı olumsuz neticeler meydana getirirdi.

Censor nüfus kayıtlarını düzenlerken bir vatandaşın isminin yanına şerefsiz olduğuna dair işaret koyardı.

Korkaklık sebebiyle ordudan atılma, aynı anda iki kişiyle evli olma ile bazı mesleklerin icra edilmesi halinde (aktörlük, hayvanlarla dövüşme, fuhuş için aracılık etme gibi) kişinin toplum içindeki yeri sarsılmış olur, şeref ve haysiyeti azalırdı.

Şerefsizlik durumuna düşme, açılan bazı davalarda mahkûmiyetin neticesi olarak da ortaya çıkabilirdi. Hırsızlık, yağmacılık, şahsiyete hakaret gibi haksız fiillerden veya vekâlet ve vedia gibi güvene dayalı akitlerden dolayı açılan davalarda mahkûm olanlar *infamis* hale gelirdi. Gai. 4,182 sadece yukarıda anılan haksız fiillerden mahkûm edilenlerin değil, para karşılığı davadan vazgeçenlerin de *infamis* olduğu belirtilmektedir[57].

Şerefsizlik devlet görevlerine gelme hakkının kaybı sonucunu doğurduğu gibi *infamis* hale gelenler dava açamaz, başkasını mahkemede temsil edemez ve şahitlik yapamazlardı, D. 27,3,13.

---

57 Dikkat edilmesi gereken nokta kişilerin şerefsizliğe mahkûm edilmediği, ancak bu davaları kaybettikleri zaman hukuk gereği (*ipso iure*), kendiliğinden şerefsiz hale düştükleridir. Böyle şerefsizlikle neticelenen davalara *actiones famosae* denmektedir.

Azatlılık Durumu *(libertus)*

Maliki tarafından gerekli işlemle özgürlüğü verilen köle, azatlı *(libertinus)* sıfatını alırlardı. Hürriyetlerini elde etmelerine rağmen daha önce köle olmaları sonraki hayatlarını da olumsuz etkilerdi. Bu nedenle hem siyasi hem de özel hukuk yönünden bazı hakları kısıtlanmakta veya yükümlülük altına girmekteydiler.

Seçilme hakları *(ius honorum)* yoktu, seçme haklarını *(ius suffragii)* ise kısıtlı olarak kullanabilirlerdi.

Özel hukuk yönünden azatlılar eski efendilerine bağımlılıktan kurtulamazlardı. *Patronus* denilen bu eski efendiye saygı göstermek ve *stipulatio* ile yüklendiği hizmetlerde bulunmak zorundaydı. Eski efendisi zaruret haline düşerse onun geçimine yardım etmek mecburiyetindeydiler.

Azatlıyı korumak ve kollamak yükümlülüğü altında olan *patronus*'un azatlının malvarlığı üzerinde kanunî miras hakkı bulunduğu gibi vasi olmak yetkisi de mevcuttu.

Bir azatlı ancak imparatorun kararı ile hür doğmuş bir Romalı yani *ingenuus*'un durumunu kazanabilirdi (D. 2,4,10,3)[58].

Sınıflar

Roma'nın ilk devirlerinde *Patricius-pleb* mücadelesi sonunda XII Levha Kanunu yapılmış, *pleb*'ler *patricius*'lara özgü bazı hakları bu mücadelenin ürünü olarak fakat yavaş yavaş kazanmışlar.

Daha sonra *senatus* zümresi ile süvari *(equites)* sınıfı arasında bilhassa politik alanda yeni bir mücadele görülmüştür. *Senatus* üyeleri için ticaret yapma yasağı bulunduğundan paralarını toprağa yatırarak büyük arazilerin sahibi haline gelmişlerdir. Roma'nın en önemli *magistra*'lıklarına ekseriya bu zümre mensuplarının geldikleri görülmekte idi. Süvari sınıfı yani Roma'nın yaptığı savaşlara kendi donanımını (at, silah vs.) tedarik ederek katılan askerler M.Ö. II. yüzyıldan itibaren önemli bir gurup haline gelmişlerdi. Bunlar ticaretle uğraşan kimselerdi. Bu sınıfa özellikle vergi toplayıcılar *(publicani)*, bankerler *(argentarii)*, gemi işletenler *(exercitores navis)* dahildi. Bu tarihe kadar bu sınıf mensupları hâkimlik yapamazdı, hâkimlik yapma imtiyazı *senatus* sınıfına tanınmıştı. *Principatus* döneminden itibaren imparatorlar süvari sınıfı

---

58 Azat etmeleri kısıtlayan tedbirlere rağmen M.S. II. yüzyıldan itibaren azatlıların devlet teşkilâtlarında önemli görevler üstlendiği görülmektedir.

mensuplarını eyalet valiliklerine (meselâ Mısır gibi Roma'nın tahıl ambarı olan önemli bir eyalete) atamaktaydılar[59].

Son imparatorluk devrinde insanların çeşitli sınıflara ayrılmaları belirginleşmişti. Özellikle çeşitli mesleklerin icrasında lonca sistemi yerleşmişti. Fırıncılar, kunduracılar gibi meslek erbabı dernekler (loncalar) şeklinde örgütleniyor, bunların meslekleri kamu hizmeti olarak görülüyor, bir meslekten diğerine geçmek yasaklandığı gibi meslek üyeliği miras yoluyla çocuklara intikal ediyordu. Bu dernekler üyelerinin vergi mükellefiyetinin yerine getirilmesinden sorumluydu. Bu sınıflar arasında en önemlisi *colonus*'luktu.

Colonus kiracı veya yarıcı olan topraksız köylü idi. Bu sınıfın, yani toprağa bağlı köleliliğin, nasıl geliştiği belli değildir. İlk *colonus*'luk Mısır'da çıkmıştı. Mısır'ın toprak hukuku düzenlemesi, *papirüs*'ler sayesinde oldukça iyi bilinmektedir. Roma'da, tarihin bazı devirlerinde rastlanan bir olay tekrarlanmakta, köylünün toprağı terk ederek şehirlere kaçma eğilimi artmakta idi. Arazi boş kalıyordu. Cumhuriyetin son zamanlarında da, yarımada halkı tahıl tarımını terk etmiş, imkân bulanlar meyvecilik ve hayvancılıkla uğraşmaya başlamıştı. Şehre giden köylülere dağıtılan araziye kimse dönmemişti. O zamanlar, tahılı Kuzey Afrika'dan sağlamak imkânı vardı. Şimdi ise, tahılı getirecek başka ülke olmadığından, köylü toprağa bağlanmaya teşvik edilmiş veya zorlanmıştı. Eski kölelik kaynakları kuruduğundan, *colonus*'luk başka bir hukukî nitelikle onun yerini almıştır[60]. Bir bakıma Ortaçağ Avrupası'ndaki feodal serf'lerin kökenidir.

Colonus'lar daraltılmış hak ehliyeti olan vatandaşlardı. Bilhassa IV. yüzyıldan sonra o zamana kadar toprağı kira ile işleyen küçük çiftçilerin, toprağa bağlı, bir toprağı işletmek zorunda olan, bu topraktan ayrılmaları yasaklanmış kişiler haline geldikleri görülmekteydi.

Çalışma yeteneği olan dilenciler, savaşta bazı ele geçirilenler colonus yapılabilir[61]. Bu şekilde, devletin bu kurumu teşvik ettiği anlaşılmaktadır. Toprağa bağlanmalarının bir sebebi de ödeyecekleri vergiyi teminat altına almakta yatıyordu. Bunlar ancak bulundukları toprakla birlikte devredilebilirdi. Aralarında evlenebilirler, malvarlıkları olabilir fakat hiçbir şekilde doğdukları toprak parçasından ayrılamazlardı. *Colonus*'lar kağıt üzerinde hür fakat fiilen köleye benzer bir şekilde yaşayan kimselerdi. Bir *colonus*'un azat edilmesi kö-

59 Kunkel, s. 48, 57.

60 Umur, Ders Notları, s. 65.

61 Ekinci. s. 164.

leninkinden zordu: Azat edilmek istenirse, üzerinde bulunduğu toprak veya bir kısmı kendisine terk edilmeli idi[62]. Köleler, askere gitmedikleri halde *colonus*'ların askerlik yapma mecburiyeti vardı[63].

V. ROMADA İNSAN VE MAL TOPLULUKLARI

Zamanımızda kişiler, gerçek ve tüzel kişiler (hükmî şahıslar) olmak üzere ikiye ayrılmıştır. Nitekim Medeni Kanunumuz Kişiler Hukuku başlıklı kitabında ve birinci bölümünde gerçek şahıslara ait hükümlere yer verdikten, sonra, ikinci bölümünde tüzel kişileri (dernekler ve vakıflar) düzenlemektedir. Kişilerin bu şekilde ikiye ayrılması *Postglossator*'ların çalışmalarının ürünüdür, bunu XIX. yüzyılın hukuk bilimi izlemiş, Medeni Kanunların çoğunda gerçek kişi-tüzel kişi ayrımı yer almıştır.

Tüzel kişiler kendilerini meydana getiren şahıslardan ayrı bir bağımsızlığa ve hak ehliyetine sahip kişi veya mal topluluklarıdır. Bunlar çeşitli şekillerde ortaya çıkarlar; dernekler, ticaret şirketleri gibi. Kamu hukukunda ise bakanlıklar, belediyeler vb. kamu tüzel kişileridir.

Yukarıda yapılan açıklamalardan anlaşılacağı üzere Romalılar tüzel kişilik diye bir kavram geliştirmiş değillerdi. Ancak Romalılar kolektif iradesi olan, özel malvarlığı bulunabilen topluluklar olabileceğini kabul etmişlerdi. Bununla beraber Roma'da bu topluluklara tüzel kişilik tanınmış değildir. Bunlar daha ziyade üyelerinin tümünün birleşip iştirak halinde hak sahibi oldukları, seçilen organlar vasıtasıyla faaliyet gösteren kuruluşlar olarak anlaşılıyordu[64]. Ayrı bir varlık olduğu kabul edilmiş bu topluluklar Roma'da Roma devleti *(res publica)*, *municipium ve colonia*'dır[65].

62 Umur, Ders Notları, s. 66.

63 Umur, Ders Notları, s. 65; Kunkel, s.124.

64 Bu toplulukların, kendilerini oluşturan fertlerden ayrı bir varlığı olduğu ve fertlerin tek başına topluluk malvarlığıyla ilgisinin bulunmadığı metinlerde de ifade edilmiştir: D. 3, 4, 7, 1. *Si quid universitati debetur, singulis non debetur: Nec quod debet universitas singuli debent*. Bir topluluğa bir şey borçlanılmışsa bu üyelerine borçlanılmış değildir ve topluluğun borçlandığı şey üyelerin borcu değildir. Kaser, s. 302 vd; Umur, Ders Notları, s. 179.

65 *Municipium*, idari ve yargısal bağımsızlığı olan, merkezden idaresi güçleşen Roma'ya uzak şehirdir. *Civitas*'tan farklı hâkimiyet unsurunun bulunmamasıdır. Başlarında Roma'dan seçilip gönderilen bir *magistra* bulunurdu. *Colonia;* siyasal, askeri ve iktisadi amaçlarla Roma'nın işgal ettiği topraklarla kurduğu idari birimlere denir. Bu şehirler için özel kanunlar çıkartılar ve buraya Romalılar ve Latinler yerleştirilirdi. Kunkel, s. 40, 42.

Bazı meslek kuruluşlarının *(collegia, sodalitas)* da kendilerini meydana getiren meslek mensuplarından ayrı bir malvarlığı olduğu, bunların seçilen organları ile hukuk hayatında temsil edildikleri Romalılar tarafından biliniyordu. Bunların kurulması Augustus'dan itibaren izne bağlanmıştı.

Belli bir amaca tahsis edilmiş mal topluluğunu ifade eden vakıfların (tesis) Roma'da az görüldüğü, bunlara örnek olarak Constantinus'tan itibaren dinî (Hıristiyanlık) gayelerle *(piae causae)* bazı malların belli amaca tahsis edildiği (mesela yaşlılar, yardıma muhtaç kişiler için evlerin tahsisi gibi) belirtilmelidir.

§ 9. Fiil Ehliyeti

Fiil ehliyeti hakları kullanma ehliyetidir.

TMK m. 9 «Fiil ehliyetine sahip olan kimse, kendi fiilleriyle hak edinebilir ve borç altına girebilir» demektedir.

Modern Hukuk doktrini fiil ehliyetini, kişinin kendi iradesi ve kendi fiilleriyle hukukî netice meydana getirebilme ehliyeti olarak tanımlamaktadır. Eğer bir kimse başkasının (vasi, kayyım) katılmasına ihtiyaç duyulmadan geçerli hukukî sonuç yaratabiliyorsa, o kimsenin fiil ehliyeti var demektir.

Hak ehliyeti statik bir ehliyeti, bir durumu ifade ettiği halde fiil ehliyeti kişinin bir faaliyette bulunmasını, aktif olmasını gerektirir. Hak ehliyeti haklara sahip olabilme yeteneği anlamına gelir ve bunun şartları varsa iki yaşındaki bir çocuk veya akıl hastası da hak sahibidir. Bu çocuğa miras yoluyla içinde haklar ve borçlar olan bir malvarlığı kalmışsa, bu çocuk hakların sahibidir ve kendisine intikal eden borçların da borçlusu durumundadır. Hâlbukî fiil ehliyeti hak ehliyetinin aksine doğumla kazanılan bir ehliyet değildir. Hak ehliyetindeki genellik ve eşitlik prensibi burada cari değildir. Yukarıda bahsettiğimiz iki yaşındaki çocuk hak ehliyetine sahiptir ama, hukukî sonuç doğuracak şekilde hareket edemez, özellikle hukukî muamele yapamaz. Fiil ehliyeti bir üst kavramdır. Bu üst kavramın içinde alt kavramlar olarak fiil (hukukî muamele) ehliyeti ve haksız fiil ehliyeti bulunmaktadır[66].

Hukukî muamele ehliyeti geçerli hukukî işlemler yapabilme ehliyetini ifade eder. Bu hukukî işlemler ise borçlandırıcı veya tasarrufî işlemler olabilir.

Haksız fiil ehliyeti, haksız fiillerinden sorumlu tutulabilme ehliyetidir. Ancak, bu ehliyeti geniş anlayarak bunun içinde hem dar anlamıyla haksız

66 Apahty-Klingenberg-Stiegler, s. 17.

fiillerin hem de borca aykırılık sayılan hallerin girdiğini söylemek mümkündür.

Fiil ehliyetinin mevcudiyeti için bazı unsurların bir araya gelmesi gerekir. Bu şartlar Roma'da hem hürler hem de köleler için aynıdır. Kölelerin hak ehliyeti bulunmamasına rağmen insan olmaları itibariyle fiil ehliyeti için aranan unsurlara sahip olmaları şartıyla fiil ehliyeti olabilir[67].

Fiil ehliyetini etkileyen unsurlar yaş, ayırt etme gücü (temyiz kudreti), savurganlık (israf) ve cinsiyettir[68]. Bu unsurlar hem *sui iuris*'ler hem de *alieni iuris*'ler dikkate alınarak ortaya konulmuştur, Sadece *sui iuris*'lerin idaresi gereken malvarlığı olabilir. *Alieni iuris*'lerin malvarlıklarının olması söz konusu değildir. Bunlar daha ziyade hâkimiyetleri altında oldukları aile reisleri için faaliyette bulunurlar ve aile reisleri bu kişilerin fiil ve muameleleriyle zaten ilgilenmek zorundadır.

Fiil ehliyetindeki eksiklikler vasi (*tutor*) veya kayyım (*curator*) aracılığı ile tamamlanır. 7 yaşına kadar olan çocuklara (*infantes*) ergen olmayan küçükler (*impubes*) ve kadınlara "vasi", müsriflere (savurganlara), akıl hastalarına ve ergen küçüklere (*puberes minores*) kayyım verilir. Vesayet ve kayyımlık, eski hukuk kurumlarıdır.

I. YAŞ (AETAS)

Yaş, fiil ehliyetine tesir eden önemli bir etkendir. Fiil ehliyeti yaşın ilerlemesiyle aşamalı olarak kazanılabilecek bir yetenektir. Yaşla birlikte irade ve sorumluluk duygusu olgunlaşır. TMK m. 13'de yaş küçüklüğü temyiz kudretini (ayırt etme gücü) bertaraf eden bir durum kabul edilmiştir. Her devletin hukuk düzeni muhtemel yaş kademelerine değişen sonuçlar bağlamıştır.

Romalılar fiil ehliyetine etkisi bakımından aşağıdaki devreleri ayırdetmişlerdir:

Impubes (ergen olmayan küçükler) ve *puberes minores* (ergen küçükler). *Impubes* çağı da kendi içinde *infans* ve *impubes infantia maiores* olmak üzere ikiye ayrılmaktadır: *Infans* çağı ve *infans* çağını aşmış, fakat ergenliğe varmamış küçükler.

---

67 Apahty-Klingenberg-Stiegler, s. 18.
Türk Hukukunda fiil ehliyeti için aranan şartlar TMK m. 10, 14 ve m. TMK 15'te yer almaktadır. Bunlar; erginlik (rüşt), ayırt etme gücü (temyiz kudreti) ve kısıtlanmış olmamaktır.

68 Fiil ehliyeti olan kişi irade açıklamalarının kendisi için olumlu ve olumsuz sonuçlarından etkilenmek durumundadır.

1 - *Impubes (Ergen Olmayan Küçükler)*

A. INFANS ÇAĞI

Infans çağı yedi yaşına varmamış küçüklerin içinde bulunduğu devredir[69]. Yedi yaşından küçük çocukların bu kategoriye girdiği kabul edilmekteydi. Roma anlayışına göre *infans*'lar Roma'nın şekilci muamelelerinin geçerliliği için gerekli sözleri söyleyemeyecek *(qui fari non possunt)* olan küçük çocuklardır. *Infans*'ın irade beyanı hukuk açısından hükümsüzdür. Yedi yaşını tamamlamamış olanlar kendilerine hak kazandıracak veya borç altına sokacak şekilde iradelerini beyan edemezler, hatta *sui iuris* olduklarında vasileri böyle bir muameleye izin veya icazet verse yahut muameleye katılsa bile durumda değişiklik olmaz. Gaius (Gai. 3,109) *infans* ve *infans* çağına yakın olanların bir akıl hastasından çok farklı olmadığını çünkü bu yaştakilerin idrak (sezginlik) kabiliyetinin bulunmadığını belirtmektedir (aynı görüş I. 3,19,10'da yer almaktadır). *Sui iuris* oldukları takdirde malvarlıklarıyla ilgili tüm muamelelerin vasi *(tutor)* tarafından yapılması gerekirdi.

Yedi yaşına gelmemiş çocukların fiil ehliyeti hiç yoktu, yani hukukî işlem yapamazlar, haksız fiillerinden sorumlu tutulamazlardı.

B. IMPUBES INFANTIA MAIORES

Bunlar çocukluk *(infantes)* çağını aşmış, ergen olmayan, yani ergenlik çağına henüz varmamış olan küçüklerdir. Kısıtlı fiil ehliyetleri vardır. Bu çağdakiler evlenemezler, vasiyetname düzenleyemezlerdi, fakat bunun dışında sınırlı da olsa hukukî muamele ehliyetleri mevcuttur. Bu *impubes*'ler kendilerini borç altına sokmayan, sadece hak kazandıran fiillerde tek başına hareket edebilirler. Örneğin bağışlama kabul edilebilir yahut sahipsiz bir malı *(res nullius)* mülkiyetlerine geçirebilirler. Bunlar *patria potestas* altında iseler aile reisi için, *sui iuris* iseler kendileri için iktisapta bulunurlardı. Buna karşılık bu *impubes*'lar kendilerini borç altına sokan muameleleri (mesela *stipulatio)* veya malvarlığını azaltan tasarruf muamelelerini (mesela *traditio)* tek başlarına yaparlarsa netice doğmazdı[70]. Bunların geçerli olması için vasilerin muamele

---

69 Yedi yaşına kadar olan küçük, haberci *(nuntius)* olarak işlev görebilirdi çünkü ilettiği kendi iradesi değildir. *Infans*'ların zilyetliği tek başlarına elde edip edemeyeceği tartışmalıdır (D. 41,2,32,2). Kaser, s. 392. Medenî Kanunumuzun aksine Alman Medeni Kanunu (BGB 14) ve Avusturya Medeni Kanunu (ABGB 21) 7 yaştan bahsetmektedir. 7 yaş *Iustinianus* hukukunda kesin sınır olarak kabul edilmişti. TMK belirli bir yaş belirtmez.

70 Gai, 2,82. Bir *impubes sui iuris*'e bir kimse *stipulatio* ile bir şey vermeği taahhüt etmişse, bu geçerlidir, vasinin *auctoritas*'ına gerek yoktur, zira *impubes* bu muameleyle sadece alacak hakkı elde etmektedir (I. 1,21 pr).

sırasında hazır bulunması ve *auctoritas*'ını vermesi gerekirdi (Gai; 3,107, I. 1,21pr). *Auctoritas* izin veya icazet değildir. Eğer *tutor* (vasi) muameleye bizzat katılarak *auctoritas*'ı olduğunu belirtmemişse, muvafakatı olduğunu izin veya icazet şeklinde bildirmişse muamele kendinden beklenen hükümleri doğurmazdı.

Tam iki taraflı akitlerin, yani muamelenin iki tarafını da borç altına sokan ve aynı zamanda hak kazandıran sözleşmelerin özel bir durumu mevcuttu; vasinin *auctoritas*'ı olmadan böyle bir muamele yapılmışsa, *impubes* hak elde eder, fakat borç altına girmezdi. Örneğin, *impubes* vasinin katılmadığı bir alım-satım akdi ile bir at satmışsa, atın bedelini istemek konusunda hak elde eder, fakat atı teslim borcu altına girmezdi. Bu tip muamelelere *negotium claudicans*, topal muamele denmektedir[71]. Bu alım-satım akdine hukuk düzeninin bağladığı sonuçların doğması için vasinin *auctoritas*'ı gerekiyordu (I.1,2,1,2). Eğer sözleşme topal muamele niteliğinde ise, *impubes* satış bedelini almak için *actio venditi* açarsa, alıcı taraf hile def'i *(exceptio dolis)* ileri sürerdi. Dürüstlük kuralına *(bona fides)* uygun olarak küçük kendi edimini yerine getirinceye kadar edimini, yani satış bedelini vermeyebilirdi[72]. Bu durumda, küçük yine avantajlıdır, zira işlemi bozup bozmamak imkânı onda kalmaktadır. Eğer küçüğün edimini yerine getirmesini beklemeden veya istemeden alıcı borçlandığı edim olan satış bedelini ödemişse, *Antonius Pius* adlı imparatorun emirnamesine göre (II. yüzyıl ortaları) bu parayı geri almak için bir sebepsiz iktisap davası açabiliyordu (D. 26,8,5 pr).

Haksız fiil ehliyeti esas itibariyle ergenlik çağına erişmiş olmayı gerektiriyordu. Fakat *impubes* ergenlik çağına yaklaşmış ve işlediği haksız fiilin kötü neticelerini algılayacak, idrak edecek olgunluğa *(doli capax)* erişmişse, haksız fiillerinden sorumlu tutuluyordu. *Iustinianus*, ergenlik çağına yakın küçüklerin hırsızlıktan sorumlu olduklarını kabul etmiştir.

---

71 Topal muamele adı müşterek hukukta verilmiştir. D. 19,1,13,29'da Ulpianus *impubes'in* vasinin *auctoritas*'ı olmadan bir şey satın almış olması durumunda akdin sadece bir taraf için mevcut olduğunu, alıcının *impubes*'e borçlandığını fakat *impubes*'in alıcıya borçlu olmadığını vurgulamaktadır. (I.1, 21 pr)

72 Bu neticeye göre küçük karşı tarafın edimini yerine getirmesini istiyorsa, önce kendi edimini ifa etmeliydi. Demek ki, akdin beklenen işlevini yerine getirmesi tamamen küçüğün tutumuna bağlı olmaktadır. Bizim hukukumuzda ayırt etme gücüne sahip küçüklerin yasal temsilcilerinin onayını almadan yaptıkları muamelelerin askıda olduğu söylenebilir; mümeyyiz küçük bağlanmadığı halde onunla muamele yapmış bulunan taraf bağlıdır. TMK m. 16'nın bu yönden bir önceki dipnotunda Ulpianus tarafından dile getirilen görüşe uygun düştüğü görülmektedir.

Modern hukukumuza bakarsak, topal muamele yoktur. Ancak; Roma'daki vasinin *auctoritas'ı* ile bugünkü vasinin "icazet"i birbirine benzemektedir. Vesayetin amacı, başlangıçta ehliyetsiz küçüğü değil, onun mirasçısını himaye etmek, mallarını idare edemeyen bir küçüğün malvarlığını muhafaza etmektir. Vasinin, aile reisi hâkimiyetine benzeyen bir *auctoritas*'ı vardı. Kanuna göre, önceleri vasi, küçüğün en yakın *agnatio* hısmı, yani en yakın mirasçısı olurdu. Sonraları vasiyet yolu ile vasi tayin etmek mümkün olmuştu. Bunlar yoksa, *magistra* bir vasi tayin edebiliyordu. Vesayet, malvarlığının değil, küçüğün menfaatlerinin himayesi haline geldi[73].

Vasi, küçüğe hesap vermek durumundadır. Gerekirse, *Praetor*'un küçüğe tanıdığı *actio tutelea* ile sorumludur. Ayrıca vasiye, *stipulatio* (sözlü vaad) ile küçüğe teminat göstermeye zorlar. Zamanla vesayet bir hak değil, görev (*munus*) halini almıştır[74].

2- Puberes Minores (Ergen Küçükler)

Kişinin ne zaman ergen olacağı Sabinianus ve Proculianus mektepleri arasında tartışmalıydı. Sabinianus'lar, erkeklerde ergenliğin kişiden kişiye değişebileceğini, bu nedenle bu durumun her olayda saptanması gerektiği görüşündeydiler. Buna karşılık, Proculianus mektebi ergenliğin 14 yaş bitimiyle tamamlandığını savunmuştur. Bu son fikir daha sonraki devirlerde kabul edilmiştir. Kızların 12 yaşını tamamlayınca ergen olduklarında herhangi bir görüş farklılığı mevcut değildi (Gai. I., 1,196, I., 1, 22 pr).

Ergenlik çağını geçmek önceleri fiil ehliyetini tam anlamıyla kazandırıyordu. Böylece evlenme ve vasiyetname yapma yeteneği yanında hukukî işlem ehliyeti ve haksız fiil ehliyeti başlıyordu. Ancak ergen olan kimselerin fiil ehliyetini tam olarak elde etmelerinin hayat ilişkilerindeki karmaşıklık nedeniyle lehlerine olmadığı anlaşılınca yeni bir yaş sınırı düşünüldü (D. 4,4,1 pr-1). Roma'nın ticari ilişkileri artınca bu yaştakilerin kolayca aldatıldıkları, tecrübesizliklerinden rahatça faydalanıldığı anlaşıldı. 25 yaşın altındaki ergenlerin borçlandırıcı ve tasarruf işlemleri için gerekli ayırt etme gücüne, sezginliğe her zaman sahip olmadıklarını hareket noktası alan *lex Plaetoria* (M.Ö. II. yüzyıl) bu yaş altındaki ergen küçükleri korumayı hedef aldı. Bu halk meclisi kanunu 14-25 arasındakilerin fiil ehliyetini açık olarak sınırlamak yerine, bu yaştakilerin aldatılmaları halinde korunmasını düzenledi. *Praetor* bu kanuna dayanarak ergen küçüğe (*minor*) yaptığı hukukî işlemlerden dolayı dava

73 Umur, Ders Notları, s. 199.

74 Krş. vasiliği kabul yükümlülüğüne ilişkin TMK. m. 416.

açılması halinde bir *exceptio legis Plaetoriae*, yani bir def'i tanıyor ve küçük yüklendiği edimi yerine getirmekten kaçınabiliyordu. Ayrıca; çocuğa tanınan bir *in integrum restitutio* (eski hale iade) ile bu muameleyi hiç yapılmamış hale getirmek mümkündü. Hatta küçük kendisini aldatmış olan kimseye karşı bir ceza davası olan *actio legis Plaetoria* açabilmekteydi.

Bu kanuna rağmen önceleri ergen küçüklerin fiil ehliyeti tamdı, ancak anılan kanundan sonra 14-25 yaşları arasındaki bu kişilerle, hukukî işlem yapmaktan kaçınma eğilimi ortaya çıktı. Bu yaştakilerle hukukî ilişkiye girişecekler, *lex Plaetoria*'nın kendilerine uygulanmasından çekinmeye başladılar, halbuki bu çağdaki küçükler *sui iuris* oldukları takdirde hak ehliyetleri ve idaresi gereken malvarlıkları bulunuyordu. Bu nedenle önce 25 yaşının altındaki küçük gençlerin yapacakları bir muameleden önce kendilerine bir kayyım tayini istemeleri usulü uygulamaya girdi. Kural olarak kayyımı ancak bu çağdaki genç isteyebiliyordu. M.S. II. yüzyıldan itibaren kayyımlık yaygınlaştı, yani bu çağdakilere mallarını idaresi ve hukukî muameleleri için kayyım atanmaya başlandı. *Minor* denilen ergen küçük, kendi malvarlığının idaresi için gerekli olan işlemleri bizzat yapıyorsa, kayyımın onayını alması usulü yerleşti. Bu *consensus*, vasinin *auctoritas*'ından farklı olarak muameleden önce izin şeklinde veya muameleden sonra icazet olarak verilebilirdi. Kayyımı bulunan küçüklerin malvarlıklarının kayyımları tarafından idare edildiğini, kayyımın 25 yaşından küçük *sui iuris*'in malvarlığı, hatta şahsı üzerinde hâkimiyet hakkı bulunduğunu söylemek mümkündür.

3- Yaş İmtiyazı (Venia Aetatis)

25 yaşını tamamlamış olan bir *sui iuris* Romalının artık kendi malvarlığını kendi işlem ve fiilleriyle yürütmesine hukukî bir engel yoktu. Başka bir ifadeyle 25 yaşını bitirmiş olan kimse, fiil ehliyetinin yaş unsurunu yerine getirmiş oluyordu. Ancak Constantinus'tan itibaren İmparatorun verdiği bir imtiyaz ile erkekler 20, kadınlar 18 yaşından itibaren 25 yaşındakilerin durumuna sahip olabiliyorlardı (C. 2,44,2). Bu yaş imtiyazı bugün TMK m. 12'de yer alan ergin kılınma (kazaî rüşt) imkânının kökenini teşkil etmektedir.

Yaş konusunda bazı noktalar, günümüz hukukuna benzemektedir. Ancak, ergenlik (rüşt) yaşı bugün hiçbir yerde 25 değildir. İngiltere, Almanya, Fransa'da 21, İsviçre'de 20, bizde 18'dir. Zaten Roma'da da Iustinianus zamanında bir rolü kalmamıştı[75].

---

75 Umur, Ders Notları, s. 203.

II. CİNSİYET

Eski hukuk sistemlerinin çoğunda olduğu gibi kadınlar Roma'da erkeklerle eşit durumda değildi. Baba hâkimiyetinde *(patria potestas)* veya kocasının hâkimiyetinde olmayan *sui iuris* kadınlar vesayet altına konulurdu. Gaius (Gai. 1,144) eski hukukçuların bu durumu kadınların ergen, 12 yaşından sonra da iradelerinde mevcut hafiflikle *(animi levitas)* açıkladıklarını belirtmektedir (ayrıca Gai. 1,190)[76].

Özellikle *Ius civile* işlemlerini yapamamakta idiler. *Ius civile*'nin şekilci muamelelerinde, *res mancipi* malların devrinde ve kendilerini borç altına sokan, *acceptilatio* (ibra) gibi malvarlığını azaltan muamelelerde kadınlar vasilerinin *auctoritas*'ına ihtiyaç duyarlardı (Gai,1, 192).

Daha klâsik devirde vasinin *auctoritas*'ının sadece bir şekil meselesi düzeyine indiği, meselâ imparatorluk devrinden itibaren en az üç çocuğu olan kadınların vesayetten kurtulacağı şeklinde bazı düzenlemelerin yapıldığı görülmektedir. Vesayet tamamen kalktı. Ancak M.S. I. yüzyılda *senatus consultum Vellaeanum* ile kadınların başkaları için borç altına girmesi veya kefil olması yasaklanmıştı[77]. IV. yüzyıl sonundan itibaren ise kadınlar, hür erkeklerle eşit hale geldi. Kendi çocuk veya torunlarının vasisi dahi olabiliyorlardı.

Iustinianus dos'a (drahoma, cihaz) ait hükümleri kadının lehine o kadar değiştirmişti ki, kendisine "evli kadınlar dostu imparator" *(Imperator Uxoris)* unvanı takılmıştır[78].

Ergen kadınların, haksız fiil ehliyetinde ise; herhangi bir sınırlama mevcut değildi.

---

76 *Sui iuris* kadınlar hayatları boyunca vesayet altında bulunduklarından ergen olma evlenme ehliyeti için önemliydi. Iustinianus (I. 1,.22 pr) her defasında kızların vücudunu ergenlik için incelemenin ayıp olduğu gerekçesiyle eskilerin kızlar için ergenlik yaşını 12 yaş olarak belirlediklerini, bu gerekçenin kendi devrindeki terbiyenin gereği olarak erkekler için de geçerli olduğunu, bu yüzden erkeklerde ergenliğin 14 yaşın bitirilmesiyle başladığının kabul edildiğini anlatılmaktadır. Erkek çocuk *alieni iuris* ise ergenlikten sonra da *patria potestas* altında kalmaya devam ediyordu. Hak ehliyetine sahip olmakta, erkekle eşit olan kadın, hakların kullanılmasında eşit değildi. Bu eşitsizlik, klâsik devir sonlarında kalkmıştır.

77 Umur, Lügat, *senatus consultum Vellaeananum;* Kaser, s. 84.
D. 1,5,9'da Papinianus kadınların erkeklere göre kötü durumda olduğunu söylemektedir.

78 Ekinci, s. 183.

III. AKIL HASTALIĞI (FUROR)

Akıl hastalığı hukukî muamele ehliyetini ve haksız fiil ehliyetini tamamen kaldıran bir durumdu (Gai. 3,106; D. 50,17,5; D. 9,2,5,2).

TMK'ya göre (m. 405) hâkim hacir kararı vererek, akıl hastasının ehliyetini, kısmen veya tamamen kısıtlayarak kendisine bir vasi tayin eder.

Roma'da hacir kararına gerek yoktur. Akıl hastası ipso iure (hukuken, doğrudan doğruya) ehliyetsiz duruma düşer, en yakın *agnatio* hısmı kayyım olurdu. Amaç, küçükte olduğu gibi malvarlığının telef olmamasını sağlamaktı. Önceleri, mutlak olan kayyım hâkimiyeti (potestas) kısıtlandı[79].

Akıl hastalarının kayyımı *(curator)* malvarlığı ile ilgili tüm işleri yapardı. Ayırt etme gücünü (temyiz kudretini) zaman zaman kazanan akıl hastalarının (sara hastalığı gibi) yaptığı hukukî işlemlerin bazen geçerli sayıldığı görülmektedir[80].

TMK m. 15 ayırt etme gücü bulunmayan kimselerin hukukî işlemlerinin geçersiz olduğunu belirtmektedir. TBK m. 65, ayırt etme gücü (temyiz kudreti) bulunmayan kişinin verdiği zararın, haksız fiil dolayısıyla, ancak hakkaniyet gereği tazminat tanzim edileceğini düzenlemektedir.

IV. SAVURGANLIK (PRODIGENTIA, İSRAF)

Savurgan (müsrif), *(prodigus)* kimselerin fiil ehliyeti esas itibariyle sınırlanmamıştır. Ancak malvarlığını düşüncesizce harcamak suretiyle kendini ve ailesini muhtaç duruma düşürecek olanlara başvuru üzerine *magistra* tarafından kayyım tayin edilecek olursa, savurganın (müsrifin) hukukî muamele ehliyeti sınırlanmış olurdu. Bu kişi haksız fiillerinden sorumlu tutulur, hak iktisap edebilir, ancak malvarlığını azaltan muameleleri yapamazdı[81]. XII Levha Kanunu'ndan beri israf (savurganlık) fiil ehliyetini sınırlayan sebeplerden birisidir. Magista'nın hacir kararı ile en yakın agnatik akraba kayyım (curator) atanır. Bugün de bir kimsenin müsriflik (savurganlık) dolayısıyla fiil

---

79 Umur, Ders Notları, s. 201.

80 D. 28, 1, 20, 4. Buna karşılık aklı yerinde olduğu halde ayırt etme gücünü sezginliğini ara sıra kaybedenlerin yaptıkları işlemlerin geçerli olmadığı görülmektedir. Mesela yaşlılık veya sara hastalığı dolayısıyla doğru düşünme yeteneği ara sıra kaybedilebilir. Schwind, s. 143.

81 D. 27, 10, 15 pr'da Paulus lüks hayat yaşayan bir kadının elinden mallarının idaresinin alınabileceğini açıklamaktadır. D. 50, 17, 40 da yine Paulus mallarının idaresi yasaklanmış kişinin iradesinin geçersiz *(nulla)* olduğunu söylemektedir.

ehliyetinin kısıtlanması mümkündür. Bu savurgana (müsrife) hacir kararı ile vasi verilir (TMK m. 406).

Çok eski bir hukukî kurum olan savurganların (müsriflerin) kısıtlanması (hacri) meselesi ferdiyetçi olmaktan çok sosyal bir karakter taşır[82]. Hukuk; burada aile menfaatlerini nazara alarak onun yardım vasıtalarından mahrum kalmaması için, ferdî hürriyeti sınırlamaktadır. Gaius (I § 53) bu kurumu hakların kötüye kullanılmaması sebebiyle açıklamaktadır. Lüzumsuz yere israfı hakkın kötüye kullanılması olarak görülüyordu. Bu noktanın bizim için değeri, Gaius'un zikredilen metninin, modern hukukta son derecede önem kazanmış olan ve Medenî Kanunumuzun 2. maddesinde ifade edilen hakkın kötüye kullanılması meselesini, Roma hukukunda açıklayan nadir parçalardan birini teşkil etmesindedir[83].

Müsrif üzerindeki kayyımlık, müsrifin ölümü veya üzerindeki kısıtlama (hacir) kararının kaldırılması ile sona ererdi.

Müsrif, tam ehliyetsiz değildi. Durumu *impubes*'inkine benzer; yani, kendisi için kazandırıcı olan muameleler geçerli olduğu halde, borçlandırıcı muameleler için kayyımın rızasına *(consensus)* ihtiyaç vardı. Gerek akıl hastası, gerek müsrif, gerekse ergen küçükler için kayyımın *consensus*'u, vasisin *auctoritas*'ından farklıdır. Vasi ehliyetsizin yanında hazır olmak mecburiyetinde olduğu halde, kayyım, ehliyetsizin bir hukukî muamele yapmasına, önceden izin verebileceği gibi, muamele yaptıktan sonra, icazetini vermek suretiyle muameleyi muteber hale sokabilir. Bu itibarla kayyımın *consensus*'u, bugünkü vasinin "icazet"ine benzemektedir[84].

Kayyımlık, kayyım (*curator*) ataması belirtilen üç halin (akıl hastalığı, israf (savurganlık), ergen küçükler) dışındaki başka durumlarda da vardı: Meselâ, bir savaş esirinin mallarının idaresi, henüz iktisap edilmemiş bir terekenin idaresi, borcunu ödeyemeyen âcizin mallarının idaresi gibi, hallerde de, kayyım atanırdı. Bu sebeple; vasi kişilere, kayyım mallara verilir denilmektedir (bkz. TMK m.403).

---

82 Expedit rei publicae, ne quis re sua male utatur: Bir kimsenin malını kötüye kullanmaması toplumun yararınadır.

83 Schwarz, s. 272.

84 Umur, Ders Notları, s. 202.

§ 10. Vesayet ve Kayyımlık

I. VESAYET (TUTELA)

Herhangi bir nedenle ana-babanın velâyeti altında bulunmayan küçüklerin korunması için vasi tayin edilmektedir (TMK m. 404). Günümüzde kısıtlanan (hacir altına alınan) kimseler de vesayet altına konulmaktadır[85] Vasi her şeyden önce vesayeti altındaki kişiyi hayatın tehlikelerine karşı korumak, onu hukukî işlerde temsil etmek ve malvarlığını idare etmekle görevlidir, (D. 26,7,12,3; I. 1,13,1). Bilhassa küçükler üzerindeki vesayette vesayet, velayetin yerini almaktadır.

Roma hukukunda vesayet, *sui iuris* olan *impubes*'ler, yani baba hâkimiyeti altında bulunmayan henüz ergenlik yaşına ulaşmamış Roma vatandaşları ve *sui iuris* kadınlar üzerinde mevcuttu. Eski devirlerde Vesayet'in amacı ailenin müstakbel haklarını, malvarlığını korumaktır. Vesayet altındaki kişi öldüğü takdirde ona mirasçı olacak agnatik akrabası vasi atanır, bu vasi bir nevi kendi malvarlığını idare ederdi.

Cumhuriyet devrinden itibaren, vesayet altındaki küçüğün korunması ön plana çıkmış, daha sonraki devirlerde ise vesayetin bir kamu görevi olduğu anlayışı yerleşmiştir. Devletin ise bunu denetlediğini görüyoruz[86].

1) Küçükler Üzerinde Vesayet (Tutela Impuberum)

Impubes'ler üzerindeki *patria potestas* ortadan kalktığı zaman vesayete ihtiyaç duyulurdu, çünkü ergen hale gelmemiş küçüğün şahsının ve malvarlığının korunması, yönetilmesi gerekirdi. Vasi üç şekilde belirlenebilirdi: *Pater familias* ölmeden önce vasiyetnamesinde vasi olmasını istediği kimseyi gösterirdi. Eğer vasiyetnamede böyle bir düzenleme yoksa, kanunî vesayet devreye girer, küçüğün en yakın kanunî mirasçısı vasi olurdu. Bu kişi kanun icabı vasi olarak görev yapardı. Bu durumlarda, Vasi olacak kişi ortada yoksa, *praetor* vasi atardı, (Gai. 1,144-164; I. 1,15,1; I. 1,20; D. 27,2,1).

Vesayetin bir kamu görevi olduğu fikri yerleştikten sonra, bu görevi üstlenmeye engel teşkil edecek mazeret halleri *(excusationes)* kabul edilmişti:

---

[85] Hacir sebepleri olarak akıl hastalığı, akıl zayıflığı, savurganlık (israf), ayyaşlık, hürriyeti bağlayıcı cezaya mahkum edilmiş olma, TMK m. 404-407'de sayılmıştır.

[86] Kaser, s. 85, 352; Karadeniz-Çelebican, s. 217; Umur, Ders Notları, s. 199. İmparator Marcus Aurelius'tan itibaren (M.S. II. yüzyıl) vesayet işleriyle görevli bir *praetor*'luk ihdas edilmiştir.

Yaş küçüklüğü, akıl hastalığı, sağır ve dilsizlik, vasinin çok çocuğu bulunması, kamu hizmetinde çalışması, askerliğini ifa etmesi gibi. Klâsik devirde ve daha önceleri vasi olamayan kadınların postklâsik devirden itibaren vasi olabilecekleri öngörülmüştür[87].

İlk zamanlarda, vasinin vesayeti altındaki küçük üzerindeki hakkı *patria potestas*'a yaklaşıyordu. Bunun şahıslar üzerindeki mutlak hak olduğunu söylemek mümkündür (D. 26,1,1; I. 1,13,1). Daha sonraki devirlerde ise bu hakkın vesayet altındaki küçüğün himayesi ve eğitilmesine ilişkin olduğu fikri yerleşti[88].

Vasi, *impubes*'in malvarlığı üzerinde malik gibi *(domino loco)* tasarrufta bulunabiliyordu. İlerlemiş devirlerde vesayet altındaki küçüğün malvarlığının idaresinde sadece küçüğün menfaatlerini gözetecek şekilde davranmalıydı[89]. Vesayetin başlangıcında vasi küçüğün malvarlığının bir envanterini yapar ve çocuğun malvarlığını iyi idare edeceğine dair teminat verirdi *(cautio rem pupilli salvam fore)*. Iustinianus'tan itibaren vasi ile küçük arasında bir akit benzeri olduğu kabul edilmiştir. Bu akit benzerinden *(quasi contractus) directa* ve *contraria* davalar doğuruyordu. Klâsik devirde bütün kusurlarından sorumlu olan vasi Iustinianus zamanında hafif ihmaller söz konusu olduğu zaman kendi işlerinde gösterdiği dikkat ve özeni göstermek zorundaydı[90].

Vasi küçüğün malvarlığının idaresini yaparken kural olarak vasıtalı temsil yolunu kullanırdı. Yani üçüncü kişilerle yaptığı muamelelerin neticeleri kendi üstüne doğar, bunları ayrı bir muameleyle- kural olarak küçük ergen hale geldikten sonra- ona devretmek zorunda olurdu. Daha sonra rastlanan usul ise *impubes*, *infans* çağını aşmışsa, yani 7-14 yaşları arasında ise muameleyi yapan çocuğun yanında bulunarak muameleye *auctoritas*'ını

---

87 krş. Vasilikten kaçınma sebepleri TMK. M. 417.

88 Kural olarak küçüğün eğitimiyle annesi meşgul olur, bunun için gerekli olan para ve araçları vasi temin ederdi.

89 Vasi küçüğün paralarını gayrimenkule veya gelir getirecek işlere yatırmak zorundaydı. Milattan sonra vasinin küçüğe ait taşınmazları (gayrimenkulleri) satması yasak edilmişti. Vasi çocuğun mallarını bağışlayamazdı. Yasaklara aykırı tasarruflar geçersiz olurdu. Gai. 1,191'de vasinin hesap verme mecburiyetinden söz edilmektedir.

90 D. 27, 3, 1. Vasi ile küçük *(impubes)* arasındaki *tutela* ilişkisi *bona fides*'e (dürüstlük kuralı tabi idi. (TMK m.2). Vesayet ilişkisi sona erdikten sonra küçük *actio tutelae directa* ile vesayetin idaresiyle uğradığı zararları isterdi. Vasi ise *actio tutelae contraria* ile vesayet için yaptığı şahsi masrafları ile girdiği borçlardan kurtarılmasını talep ederdi. *Actio tutelae*'den mahkûm olan *infamis* (şerefsiz) hale gelirdi.

verirdi. Bu takdirde bu muamele geçerli bir muamelenin bütün neticelerini doğururdu[91].

2) *Kadınlar Üzerinde Vesayet (Tutela Mulierum)*

Eski hukuk döneminde ve kısmen de klâsik devirde *sui iuris* (hak ehliyeti) olan, yani *pater familias*'ları bulunmayan veya *manus*'lu bir evlilik yapmamış kadınlar, yaşlarına bakılmadan vesayet altında bulunurlardı[92]. Bu vesayetin amacı kadının malvarlığının aile yararına korunmasıdır. Vesayet kadının fiil ehliyetini kısıtlayan bir durumdur.

Klâsik devrin ortalarından itibaren kadının malvarlığını bizzat idare ettiği ancak *ius civile* muamelelerinde (mesela *mancipatio*) vasisinin *auctoritas*'ına ihtiyaç duyduğu görülmektedir. Bu vasiler küçükler üzerindeki vesayet şekillerindeki gibi atanırlardı. Bir müddet sonra kadınların vasilerini bizzat seçebilecekleri kabul edilmişti. Bu durum ve *ius civile* muamelelerinin öneminin azalması kadınlar üzerindeki vesayetin önemini kaybetmesine sebep oldu. M.S. III. yüzyıldan itibaren kadınlar üzerindeki vesayet kalkmıştır.

II. KAYYIMLIK (CURA)

TMK m. 403/II'ye göre kayyım, malvarlığını yönetmek veya belirli işleri görmek için tayin olunan kimsedir. Birçok kimse türlü nedenlerle hukukî işlerini göremeyecek duruma düşebilir. Bu gibi kimselerin işleri için kayyım atanır. (Gai. 1,142). Kayyımlık bir kişinin kısıtlanarak vesayet altına sokulması için yeterli sebep olmadığı, fakat kendisinin korunması için fiil ehliyetinin daraltılması gerektiği zaman söz konusu olur. Bugün vasi tayini gibi kayyım tayinine de, vesayet makamları olarak mahkemeler yetkilidir.

Roma'da daha XII Levha Kanunu'nda akıl hastaları ve savurganlar (müsrif) üzerindeki kayyımlık düzenlemiştir. (Gai. 2,64).

1. *Akıl Hastaları Üzerindeki Kayyımlık (Cura Furiosi)*

Akıl hastalığı devamlı olduğu takdirde kişinin fiil ehliyetini tamamen kaldırırdı. Ancak *sui iuris* ise kayyıma gerek duyulurdu, *aileni iuris* ise, zaten

---

91 Hak iktisabının doğrudan küçüğün mallarına girmesi isteniyorsa, muamelenin bir tarafında küçüğün mülkiyetinde olan bir köle yer alır ve «kölenin iktisapları mâlikinin olur» kuralı gereğince başka bir işleme lüzum olmaksızın küçüğün malvarlığına dahil olurdu.

92 Fustel de Coulanges, s. 119-120. Kaser, s. 360 vd.; Schwind, s. 141.

malvarlığı (hak ehliyeti) yoktur. *Pater familias*'ın hâkimiyeti altındadır. Kayyım akıl hastasının hem şahsı hem de malvarlığı ile ilgilenmek zorundaydı. Malvarlığı ile ilgili bütün muameleleri kayyım yapardı. Bu kayyımlığı da eski devirlerde şahıs üzerindeki mutlak hak olarak görmek mümkündür. XII Levha Kanunu akıl hastalarının *agnatio* hısımlarının kayyımlığı altında olduğunu belirtmiştir (I. 1,23,3). Kayyım ve akıl hastası arasındaki ilişki klâsik devirde vekaletsiz iş idaresinin (*negotiorum gestio*) hükümlerine tabiydi.

2. *Savurganlar (Müsrifler) Üzerindeki Kayyımlık (Cura Prodigi)*

Müsriflerin fiil ehliyeti tamamen sınırlanmamıştır. Ancak, müsrifin aile malvarlığını sorumsuzca harcamasına engel olmak üzere talep halinde *praetor* kısıtlama kararı verirse, savurgana en yakın *agnatio* akrabası kayyım tayin edilirdi (Gai. 1,53). Savurganın şahsı üzerinde hakkı olmayan kayyım sadece onun malvarlığını idare ederdi. Savurgan kendisini borç altına sokmayan, hak devrini gerektirmeyen, kendisine hak kazandıran muameleleri tek başına yapabilirdi. (TMK m. 406) İsrafı sebebiyle kendisini ve ailesini muhtaç duruma düşüren ergin (reşit) kişiye vasi tayin edileceğini belirtmektedir.

Savurganlar üzerindeki kayyımlık XII Levha Kanunu tarafından düzenlenmekle beraber, D. 27,10,1 pr.'da, Ulpianus bunun başlangıçta gelenekler ile uygulamaya girdiğini belirtmektedir. Başka bir deyişle, XII Levha Kanunu bu konuda yeni bir hüküm getirmiş değildir, kanun sadece geleneklerle ortaya çıkmış bir durumu yani örf ve âdet hukuku kuralını benimsemiştir. Ulpianus yine anılan metinde, akıl hastalarının sağlıklarını tekrar kazanıncaya ve savurgan tekrar doğru davranmaya başlayıncaya kadar kayyım idaresi altında kalacaklarını, bu iki durum gerçekleşince kayyımın iktidarının *ipso iure*, yani hukuken kendiliğinden sona ereceğini yazmaktadır.

3. *Ergen Küçükler Üzerindeki Kayyımlık (Cura Minorum)*

M.Ö. II. yüzyıla kadar ergen küçükler fiil ehliyetini tam olarak kazanıyorlardı. Ancak, ergen hale gelmenin çocukların kandırılmalarını önleyemediği, bunların kendileri için zararlı olacak hukukî ilişkilere girdikleri görüldü. M.Ö. II. yüzyılda çıkarılan *lex Plaetoria*'ya dayanarak 14-25 yaş arasındaki bu küçüklerin korunması için *praetor*'ların bazı himaye vasıtaları tanımalarından sonra *minor* denilen ergen küçüklerin üçüncü kişilerle hukukî işlemlerini tereddüde mahal vermeyecek tarzda yapabilmeleri için kendilerine kayyım atanmaya başlandı. (Gai. 1,198-200; D. 4,4,1,2). Kayyım esas itibariyle küçüğün *(minor)* başvurusu üzerine tayin ediliyordu. Zamanla kayyımların küçüğün malvarlığını da idare etmesi usulü yerleşmişti.

Kayyım tayini konusunda ergen küçüğün iradesinin mühim olduğu Iustinianus devrinde, küçüğün iradesi hilafına kayyım atanmadığı anlaşılmaktadır (I. 1,23,2).

Kayyımla, kayyımlığı altındaki küçük arasındaki ilişkiler vekaletsiz iş idaresi *(negotiorum gestio)* kurallarına göre hallediliyordu.

Bunların dışında *praetor* gaiplere, cenine, güçsüzlere ve devamlı bir hastalığı olanlara da kayyım atayabilirdi (D. 3,1,4; D. 3,1,4,5). Sağır ve dilsizlerin de kayyımı olabiliyordu (D. 3,1,3,3; D. 50,4,1,4).

TMK m. 427/2 ergin bir kişi malını kendi idare edemediği, temsilci atayamadığı hallerde, vasi atanmasına gerek yoksa, mahkemenin kayyım atayacağını, belirtir.

§ 11. Roma Ailesi ve Patria Potestas

I. AİLE (FAMILIA)

Aile, toplumun çekirdeğini teşkil eden ana, baba, -varsa- çocuklardan oluşan en küçük sosyal topluluktur. Öncelikle sosyal ve ahlâki bir olgu olmakla birlikte, her hukuk düzenlemesi aileye özel bir önem atfetmiştir; nişanlanmadan başlayarak evlenme akdi, evliliğin hükümleri ve sona ermesi, bazen emredici ve şekilci olan hukuk kuralları ile düzenlenmektedir. Bunun sebebi, ailenin fertler arasında özel bir ilişki olduğu gözden kaçırılmadan, ailelerin belli bir düzen içinde varoluşunun toplumun yararı ile yakından ilgili görülmesidir.

Uzun bir süre Roma'da kişilerden ziyade topluluklar *(gens, familia, civitas* gibi) ön planda tutulmuştur. Fert, içinde yer aldığı topluluğun bir üyesi olarak muamele görürdü. Roma ailesi *(familia)* Roma sosyal ve hukuk hayatında önemli rol oynamıştır.

Familia Roma'nın eski devirlerinde *pater familias* denilen aile reisinin hâkimiyetine tabi olan hür kimseleri (çocukları, karısı vs.) olduğu kadar köleleri ve malvarlığını da kapsayan anlama sahipti. Ev ve bu eve dahil olan kimseler ve mallar *familia*'yı oluşturuyordu. Bu hakimiyet *(patria potestas)* âdeta sınırsızdı.

Dar anlamda Roma ailesi *(familia proprio iure)* aile reisi ve ona bağımlı olan kimselerden meydana geliyordu. D. 50,16,195,2'de Ulpianus tabii veya hukukî bir bağ ile birbirine bağlı hür kimselerin meydana getirdiği bu aileye, aile babasının *(pater familias)*, ananın *(mater familias)*, erkek ve kız çocukların, erkek ve kız torunların dahil olduğunu ifade etmektedir. Aileye evlât edinme (*adoptio*) veya evlenme ile de girilirdi.

Krallık devrinde, siyasal yapı ile aile birbirine paraleldir. Kral, *civitas* (şehir devleti) başında ne ise, aile reisi de kendi topluluğunda öyledir. *Civitas*'ın farkı meclislerin bulunmasıdır[93].

Çocukların eğitim ve öğretimi genelde yunan kökenli ev kölelerine bırakılırdı. İyi bir aile başkanının erkek çocuklarını bizzat eğittiğini ozanlar ifade etmektedir. Bunu yapamayacaksa iyi bir öğretmen bulmak zorundadır.

Ailenin kurulması için gerekli evlenme Roma'da şekle bağlı değildir. Bir erkek ile kadın evlenmek niyetiyle *(affectio maritalis)* aynı evde oturmaya başlayınca aile oluşuyordu. Romalıların gözünde evlilik *(matrimonium)* bir erkek ile kadının tam ve devamlı bir hayat birliği için biraraya gelmelerini ifade ederdi (D. 23,2,1;I. 1,9,1)[94].

Eski devirlerden beri *manus*'lu ve *manus*'suz evlilik ayrımının yapıldığı gözlenmektedir. *Manus* kocanın karısı üzerindeki hâkimiyetini belirtirdi. Evlenme ile *manus* altına girmeyi karıştırmamak gerekir. Eğer evlenen kadın kocasının hâkimiyetine girmeyi kabul etmişse, *confarreatio* veya *coemptio* denilen şekilci ve merasimli muameleler yapılmalıydı[95]. Bunun dışında kesintisiz bir yıl süreyle kocasının evinde oturan kadının üzerinde *manus* zamanaşımı yoluyla, hukuken kendiliğinden kurulurdu. Bu sonuç önlenmek isteniyorsa kadın bir yıl içinde üç geceyi başka bir yerde geçirmeliydi[96]. Kocasının

---

[93] Ekinci. s. 179.

[94] Evlenmenin şekle bağlanması Hıristiyan dininin tesiriyle olmuştur. Ancak Hıristiyanlığın bu konudaki etkisi Roma döneminde değil, Ortaçağ'da gerçekleşmiştir. Roma'da evlenme gibi boşanma da şekle bağlı değildi. Roma'da bugün olduğu gibi bazı evlenme engelleri vardı. Bunlar, evlenmek isteyenlerin *pater familias*'larının rızasının bulunmaması, çift evlilik, taraflar arasında belli bir dereceye kadar olan kan hasımlığıdır. Ergen olmayanların ve akıl hastalarının, vasi ile vesayeti altındaki küçüğün evlilikleri geçersizdir.

[95] *Confarreatio*, sadece *patricius*'lar için öngörülmüştür. Jüpiter rahibinin ve on tanığın huzurunda eşler merasimli sözlerle Jupiter'e adanmış olan bulgur ekmeğini bölüşürlerdi. *Coemptio*, *pater familias*'ın kızını sembolik bir bedel karşılığında müstakbel kocasına *mancipatio* ile satmasını ifade etmekteydi.

[96] Dolayısıyla, romalılar günün gece yarısı, saat 24'te sona ermesine ilişkin sorunla da uğraşmışlardır.

veya kocasının *pater familias*'ının *manus*'u altına giren kadının kendi ailesiyle hâkimiyete dayanan akrabalık ilişkisi *(agnatio)* sona erer, kocasının ailesiyle *agnatio* hısımlığı kurulurdu. Kadın *manus*'u tesis eden muameleleri yapmamışsa, kendi ailesiyle *agnatio* bağı devam eder, kocası ve ailesiyle *agnatio* hısımlık ilişkisi kurulamazdı. Evlenen kadın *sui iuris* ise, yani hâkimiyet altında değilse ve *manus* için gerekli muameleler icra edilmemiş ise, *sui iuris* olarak kalırdı. Gerekli muameleler yapılmışsa, *alieni iuris* durumuna düşerdi. Klâsik devirden itibaren *ius gentium*'un tesiriyle *manus*'lu evlenmelerin giderek azaldığı tespit edilmektedir[97].

II. PATRIA POTESTAS (AİLE REİSİ HÂKİMİYETİ)

Ius civile'ye göre geçerli bir evlilikte dünyaya gelmiş olan erkek çocuklar *(filius familias)* ve kız çocuklar *(filia familia)*, oğullarının eşleri ve çocukları, evlât edinme *(adoptio)* yoluyla aileye girmiş olan kişiler üzerinde *pater familias*'ın âdeta sınırsız denilebilecek iktidarına *patria potestas* adı verilmekteydi. Yukarıda anlatıldığı gibi kadın kocasının hâkimiyetine girmişse, *pater familias*'ın karısı üzerinde *manus*'a sahip olduğu söylenirdi. İlk zamanlarda ailenin tüm üyeleri üzerindeki iktidarı ve koruyuculuğu belirtmek üzere kullanılan *manus* (el), sonraki devirlerde ilerleyen devirlerde sadece *pater familias*'ın karısı *(uxor)* üzerindeki hâkimiyetini belirtiyordu. Köleleri üzerinde hâkimiyet ise, *dominium* (mülkiyet) olarak değerlendirilmekteydi. Ama *pater familias*'ın aile fertleri üzerindeki iktidarı genel olarak *patria potestas* kavramıyla ifade ediliyordu.

Patria potestas velâyetten farklı bir kavramdır: *Pater familias*'ın ölümüne kadar sürerdi, velâyet gibi çocuğun ergin (reşit) olmasıyla sona ermezdi (TMK, m. 10).

Aile babası doğum odasına girip çocuğu kucağına aldığı zaman onu kabul etmiş sayılırdı[98].

Aile reisinin kendisine bağımlı olan kimseler yani *alieni iuris*'ler üzerindeki *patria potestas*'ı (hâkimiyetinin) sadece gelenekler ve *censor*'ların faaliyetiyle kontrol edildiğini söylemek mümkündür. *Pater familias*'ın aile fertleri üzerinde hayat ve ölüm hakkına *(ius vitae et necis)* sahip olduğu kaynaklarda ifade edilmektedir[99]. Ancak *pater familias*'ların bu haklarını ne ölçüde kullandıkları sadece efsanelerde yer almaktadır. Aile reisi evlâdını satabilirdi veya

---

97 Apathy-Klingenberg-Stiegler, s. 41; Umur Ders Notları, s. 173-174.

98 Yunan tarihçisi Plütark (45-125 yılları) bu durumu anlatmaktadır.

99 D. 48, 5, 21.

terk edebilirdi. İlk devirlere ait bu hakların kullanılmasından önce aile meclisinin toplandığı tahmin edilmektedir.

Her aile kendi örf ve adetlerine göre idare olunur. Aile reisi, bu yetkisini ahlâk kuralları çerçevesinde ve ailenin faydasına kullanmalıdır, aksi takdirde; kamuoyu, rahipler, *censor* onu şerefsizlikle *(infamia)* damgalar[100].

Constantinus'tan itibaren öldürme hakkının olmadığı kabul edilmiş ve çocuğunu öldüren kimse ölüm cezasıyla cezalandırılmaya başlanmıştı. Çocukların satılmasının aile reisinin çocuğuna bakamaması yüzünden ortaya çıktığı, böylece hem satılan çocuğun alıcının yanında bakımının sağlandığı, hem de satıştan elde edilen paranın ailenin geçimi için kullanıldığı sanılmaktadır. Çocuğunu satan babanın aldığı bedeli geri vererek çocuğunun iadesini istemesi mümkündü. Ancak XII Levha Kanunu çocukların kazanç elde etmek için satılmasını önlemek üzere oğlunu üç kez satan babanın *patria potestas*'ının sona ereceği hükmünü koyduğu bilinmektedir. *Pater familias* bir *sui iuris*, yani aile içinde haklardan istifade ehliyetine sahip olan tek kişidir. Diğerleri ise ona tâbi olarak *alieni iuris* idiler, hak ehliyetleri yoktu. Bu nedenle malvarlığına sahip olmak hakkı sadece *pater familias*'a aitti. Aile reisi bu malvarlığını dilediği gibi kullanabilirdi. Ailenin *alieni iuris* olan fertlerinin hak edinme ehliyeti bulunmadığından iktisap ettikleri haklar derhal aile reisinin malvarlığına giriyordu. Ancak bilhassa ekonomide tarım yanında ticaret önem kazandıktan, kapalı aile ekonomisinin yerini mübadele ekonomisi aldıktan sonra *pater familias*'ların kabiliyetli kölelere ve aile evlatlarına işletmek üzere *peculium* tahsis ettikleri görülmektedir. Hukuken yine *pater familias*'ın mülkiyetinde olan bu sermaye üzerinde aile evladı fiilen tasarruf edebiliyor, belli bir ölçüde maddi bağımsızlık elde edebiliyordu. *Pater familias* istediği zaman geri alabilir, fakat sebepsiz yere alması toplumda iyi karşılanmaz. Bu *peculium* ile ilgili defter tutulur, *peculium* sahibi sermayesi üzerinde serbestçe ve hukukî netice doğuracak şekilde işlemler yapabilirdi. *Pater familias* ile *peculium* sahibi oğlu veya kölesi arasında fiilî diyebileceğimiz borç ve alacak ilişkileri doğabilirdi. Üçüncü kişiler *peculium* sahibi aile evlatları ve köleler ile giriştikleri işlerden dolayı *pater familias*'ı dava edebildiklerinden aile evlatları ve köleler Roma hukuk hayatında aktif olarak faaliyet gösterebiliyorlardı. Aile evlatları ve kölelerin borçlarından doğan davalara munzam ek davalar *(actiones adiecticiae qualitatis)* denilmektedir. Özellikle postklâsik devirden itibaren *peculium*'un türleri artmış, aile evlatları kısıtlı da olsa malvarlığı edinebilmişlerdir. Bu şekilde sınırlı da olsa, belirli mallar üzerinde

100 Ekinci. s. 178.

hak ehliyeti belirmiştir. Ancak; bu özel malvarlığı da, *pater familias*'ın (aile reisinin) malvarlığına dahil sayılırdı.

Başında mutlaka bir *pater familias*'ın (aile reisinin) bulunduğu Roma ailesi üzerindeki *patria potestas*, hısımlığı da belirleyen unsurdu. Roma hukukunun eski ve klâsik devirlerinde geçerli olan hısımlığa *agnatio* hısımlığı denilmektedir. *Agnatio* hısımlığı aynı *pater familias*'ın hâkimiyeti altında bulunan veya müşterek bir dede sağ farzedildiği takdirde onun hâkimiyeti altında bulunacak kişiler arasındaki hısımlıktır.

Müşterek bir asıldan gelen fertler, *emancipatio* ile aile hâkimiyeti dışına çıkmamış veya aileye *manus*'lu evlenme veya evlât edinme yoluyla girmiş olan kişiler arasındaki akrabalık *agnatio* hısımlığıdır. Hukukî bir hısımlık olan *agnatio* hısımlığı erkek tarafı göz önüne alınarak belirlenir. Mesela oğlunun çocuğu kendi *patria potestas*'ı altında bulunan dede ile bu torunu arasında *agnatio* hısımlığı mevcut olduğu halde kızının çocuğu ile bu dede arasında *agnatio* hısımlığı mevcut değildir, çünkü bu çocuk, yani torun dedenin *patria potestas*'ı altında olmayıp, kendi babasının *patria potestas*'ı altındadır. *Agnatio* hısımlığı Miras Hukukunda ve Vesayet Hukukunda da nazara alınırdı. Aralarında *agnatio* hısımlığı olanların hepsi *gens*'i oluştururdu.

Roma'da mevcut diğer bir hısımlık da *cognatio*'dur. *Cognatio*, kan hısımlığı demek olup günümüzdeki hısımlık ilişkilerinin temelini teşkil eder. Halbuki Roma hukukunda uzun bir süre evlenme engeli olması dışında hısımlığı belirleyen kan bağı değil, aynı hâkimiyete tabi olmaya dayanan *agnatio* olmuştur. Kan hısımlığı özellikle *praetor*'un faaliyetleriyle Miras hukukunda nazara alınmaya başlanmıştır. *Agnatio* ilişkisine göre tayin olunan mirasçılığı törpülemek, *agnatio*'ya bakıldığında mirasçı olamayacaklara miras hakkı vermek isteyen *praetor*, *cognatio*'yu esas almak suretiyle kan hısımlığının önemini arttırmıştır. Iustinianus hukukunda hâkim olan akrabalık, bugünkü gibi *cognatio*'ya, yani kan bağına dayanmaktadır.

1) Patria Potestas Altına Girme

Baba hâkimiyeti doğum, evlat edinme ve nesebin düzeltilmesiyle kurulabiliyordu.

Doğum

Ius civile'ye göre geçerli bir evlilik içinde dünyaya gelen kız ve erkek çocuklar *ipso iure* babalarının *patria potestas*'ına tabi oluyor ve ailenin *agnatio*'su içinde yer alıyorlardı. Bu evliliğin *manus*'lu veya *manus*'suz olması fark yaratmazdı. Evlenme gerçekleştikten sonra en erken 7. ayda, en geç 10. ayda doğmuş olan çocuklar evlilik içi sayılır ve babanın *patria potestas*'ı altına girerdi. Doğum, *census* (sayım) sırasında *censor*'a bildirilirdi.

Evlât Edinme (Adoptio)

Adoptio, bir kimsenin hukukî muamele yoluyla başka bir aileye dahil olmasını ifade eder.

Evlat edinmenin önemi modern toplumlara nazaran Roma'da daha fazla idi. Erkek alt soyu olmayan *pater familias*, evlat edinme yoluyla ailenin ve adının sürmesini sağlardı. Kızlar aile adını sürdüremeyeceği için pek evlat edinilmezlerdi. Geniş anlamda *adoptio*'nun içine *arrogatio* ve dar anlamda *adoptio* girer. *Arrogatio* bir *sui iuris*'in başka bir *pater familias* tarafından evlât edinilmesini ifade eder. Kökeni çok eskilere kadar giden *arrogatio*'da genelde ergenlik çağını geçen olan bir *sui iuris* erkek, halk meclisi önünde kendisini evlat edinen *pater familias*'ın hâkimiyetine girerdi. O zamana kadar *sui iuris* olan kişi, bu muamele ile kendi ailesiyle *agnatio* bağını koparır ve yeni *pater familias*'ın ailesine girer, *alieni iuris* haline gelirdi. Böylece yeni ailenin bir ferdi olarak *agnatio* ilişkisine dahil olurdu. İlerleyen devirlerde imparatorun tasdiki ile gerçekleşen *arrogatio* ile evlat edinilen kimsenin malvarlığı ve kendisine tâbi olanlar da yeni aileye geçerdi (Gai. 1, 99-107).

Dar anlamıyla *adoptio*, bir *alieni iuris*'in, kendi ailesinden çıkarak evladı haline geldiği *pater familias*'ın ailesinde yine *alieni iuris* olarak yer almasıdır. Bu muamele için XII Levha Kanunundaki «aile evladını üç kez satan babanın çocuğu üzerindeki hâkimiyeti sona erer» hükmünden yararlanılırdı. Bu gaye için *mancipatio* ve *in iure cessio* kullanılırdı. İmparator Iustinianus bu ayrıntılı işlemleri kaldırarak tarafların resmî makam önüne gitmelerini, evlat verme veya alma iradesinin burada kayda geçmesini *adoptio* için yeterli görmüştü; *alieni iuris* iradesini bilinçli bir şekilde açıklayacak yaşta ise, onun da rızası alınırdı. Iustinianus bundan başka evlat edinmenin tabiatı taklit ettiği (D. 1,7,16) görüşünden hareketle, evlat edinenin evlat edinenle arasında en az 18 yaş bulunması şartını getirdi (D. 1,7,40,1)[101]. Iustinianus daha önce kadınların da *adoptio* yoluyla evlat edinmelerine izin verdi; bunun şartı kadının çocuklarını kaybetmiş olmasıydı. D. 1,7,1 pr'da Modestinus, sadece tabiatın değil, evlat edinmenin de aile evladı olmayı sağladığına işaret etmektedir.

---

[101] TMK, m.308 Evlat edinilenin, evlat edinenden en az 18 yaş küçük olması şarttır.

Nesebin Düzeltilmesi (Legitimatio)

Klâsik sonrası devirde ortaya çıkan bu imkâna göre, *concubinatus*[102] içinde doğmuş ve evlilik dışı sayılan çocuklar ana- babanın sonradan evlenmesiyle, evlilik içinde doğan bir çocuk haline geliyorlardı. Çocuğun babası ile anasının evlenmesi imkânsız ise, babanın talebi ve imparatorun tasarrufu ile çocuğun durumu düzelebiliyordu.

2) Patria Potestas'ın Sona Ermesi

a) Aile reisinin ölümü, *capitis deminutio*'ya uğraması (muselâ savaşta esir düşmesi, sürgün cezasına çarptırılması gibi) ile kendi çocukları *sui iuris* durumuna gelirler, torunları ise babalarının *patria potestas*'ına tâbi olurlardı. Iustinianus döneminde, babasından kötü muamele gören çocuğun üzerindeki *patria potestas*'ın sona erebileceği kabul edilmişti.

b) *Emancipatio* (Hâkimiyetten Çıkarma)

Patria potestas'ın *pater familias*'ın iradesini aksettiren birden fazla muamele ile sona erdirilmesi demek olan *emancipatio*'da oğlunu üç kez satan babanın çocuk üzerindeki hâkimiyetinin sona erdiği kuralından yararlanılmıştır. *Pater familias* güvendiği bir kimseye oğlunu üç kez *mancipatio* ile devreder. Devralanın nezdinde hür olmakla birlikte köleninkine benzer bir duruma düşen filius *familias*, ilk iki defa da azat edilir ve çocuk *pater familias*'ın hâkimiyeti altına dönerdi. Üçüncü *mancipatio* ile bu çocuğu devralan kimse, azat etme muamelesi yerine yine bir *mancipatio* ile artık *patria potestas*'ı sona ermiş bulunan *pater familias*'a devreder, eski *pater familias* son azat etme muamelesini yaptığında ise çocuk *sui iuris* hale gelirdi. (Gai. 1,132-136). *Adoptio*'da olduğu gibi, kızlar ve torunlar için bir *mancipatio* ve bir azat etme yeterli oluyordu. Iustinianus önünde hâkimiyetten çıkarma iradesini yeterli gördü. Hâkimiyetten çıkarılan kimsenin aile ile olan *agnatio* bağı ortadan kalkardı. Bu kimse *sui iuris* hale gelir ve hak ehliyetini elde ederdi. Genelde onu hâkimiyetten çıkaran *pater familias*, çocuğa hayatını sürdürmesi için mallar verirdi veya varsa *pecu-*

---

[102] *Principatus* devrinde, *ius civile*'ye uygun bir evlilik olmadığı için hukukî sonuçlar doğurmayan kadın ve erkeğin devamlı olarak birlikte yaşamaları haline *concubinatus* denirdi. Genellikle sosyal durumları eşit olmayan kimseler arasında bulunurdu. Augustus'tan itibaren azatlı kadınlar *senatus* üyeleriyle evlenemezlerdi, bu nedenle birlikte yaşamaları *matrimonium* (evlilik) değil, *concubinatus* olurdu. D. 23,2,24'te Modestinus hür bir kadının bir erkekle yaşaması durumunda, eğer kadın vücuduyla kazanç elde etmemişse, bir *concubinatus*'un değil, evliliğin *(matrimonium)* mevcut olduğunu belirtmektedir. Umur, Lügat, *legitimatio;* Apathy-Klingenberg-Stiegler; s. 45.

lium'unu kendisine bırakırdı. Baba hâkimiyetinden çıkarılan çocuk, *adoptio* ile tekrar hâkimiyete girebilirdi (D. 1,7,12). Ama bunun için çocuğun rızası gerekiyordu (D. 1,6,10).

Evli kadın *manus* altından çıkarılması isteniyorsa, *manus* altına sokan muamelelerin tersi yapılır. Aile durumunu kaybetmek *status*'taki bir değişikliği ifade eder ve buna *capitis deminutio minima* denirdi.

§ 12. Hukukî Olay, Hukukî İşlem

Hakların kazanılması ve kaybedilmesi bir üst kavram olarak, içinde alt kavramların yer aldığı hukukî olaylar vasıtasıyla gerçekleşir. Geniş anlamda hukukî olay, kendisine hukuk düzeni tarafından sonuç bağlanmış olaylardır. Bundan anlaşılacağı üzere her olaya hukukî sonuç bağlanmış değildir. Mesela denize yıldırım düşmesine hukukî sonuç bağlanamaz. Fakat bu yıldırım denizde seyreden sigortalı bir gemiye isabet ederse, hukuk bu tabiat olayına çeşitli sonuçlar bağlayacaktır. Bir insanın doğumu veya ölümü hukuk yönünden her zaman önemli olaylardır. Doğan insan kişiliğe ve hak ehliyetine sahiptir. Ölüm meydana gelince ise kişilik sona erer. Ölenin malvarlığı mirasçılarına intikal eder. Hukukî olay geniş anlamda kullanıldığı zaman bunun içine hem insan iradesinin ürünü olan olaylar hem de irade haricinde vuku bulan olaylar girmektedir. Ancak hukukî olay kavramı, çok defa dar anlamda kullanılmakta, insan iradesi dışında kalan hukuken önemli vakayı (doğum, ölüm, yıldırım düşmesi) ifade etmektedir[103].

Geniş anlamda hukukî olay içinde yer alan hukukî fiiller insanların davranışlarından oluşur. Kendilerine hukukî netice bağlanan insan fiilleri hukukî fiil adını almaktadır. Bu fiiller esas itibariyle insanların bilinçli hareketleriyle ortaya çıkmakla beraber, hukuk, istisnaen insanların bilinçsiz davranışlarıyla da (mesela, bir akıl hastasının başkasını yaralaması) ilgilenmektedir.

Hukukî fiil kavramı içinde hukuka uygun fiiller ve hukuka aykırı fiiller yer alır. Hukuka uygun fiiller içinde ise, dar anlamıyla hukukî fiiller[104] ve hukukî muameleler bulunmaktadır.

---

103 Fırtınanın çıkmasıyla farklı kişilere ait buğday ürünlerinin karışması (TMK m. 776) veya belli bir sürenin geçmesi de hukukî olaydır.

104 Başkasına ait malzemeden başka bir mal üretme fiiline (mesela üzümden sirke) (işleme) hukuk düzenlemesi (TMK m. 775) netice bağlamıştır. İkametgâh (yerleşim yeri) tesisi (TMK m. 19), bir eserin meydana getirilmesi gibi hallerde hukuk bir irade açıklamasına değil, insan fiiliyle dış dünyaya akseden değişikliğe sonuç bağlamaktadır.

Hukuka uygun olmayan fiiller kendi içinde haksız fiil ve borca aykırılık olarak ayrılmaktadır. İnsan iradesiyle, yani prensipte kusurlu bir hareketiyle hukuk düzeninin izin vermediği, yasakladığı bir davranışta bulunursa, bir davranış kuralına muhalefet ederse haksız fiil işlemiş olur. Meselâ başkasına hakaret eden kimse haksız fiil işlemiştir. Buna karşılık bir muamelenin yüklediği vecibeye aykırı davranılmış, kurulmuş bir borç ilişkisinden doğan borçlar yerine getirilmemişse borcun ihlâli söz konusu olur. Meselâ satıcı sattığı atı teslim etmiyorsa veya alıcı kararlaştırılan bedeli satıcıya vermiyorsa, borç ilişkisine aykırı davranmış olur. Hukuk düzeni buna izin vermediği için bu tip davranışlar müeyyide ile karşılaşır. Hukuka uygun fiillerin en önemli kategorisini hukukî muameleler teşkil eder.

I. HUKUKÎ İŞLEM KAVRAMI

Toplum halinde yaşayan insanlar birbirleriyle olan hayat, özellikle ekonomik ilişkilerini geniş ölçüde hukukî muamelelerle sürdürürler. Kişilerin sahip oldukları haklar esas itibariyle Eşya Hukuku ve Borçlar Hukuku alanına giren işlemlerle sahip değiştirirler ve bu şekilde malvarlıklarını statik bir durumdan değişken hale gelir. Hukukî işlemlerle haklar elde edilir, borç altına girilir. Her hukuk düzenlemesi muhatabı olan kişilere serbestçe tasarruf edebilecekleri bir alan sağlar ve kişiler bu alanı hukukî işlemler vasıtasıyla kullanırlar. Yapılan hukukî işlemlere hukuk düzeni belli neticeler bağlar ve bu işlemlerden elde edilen haklara hukukî koruma, himaye temin eder.

XIX. yüzyılın Pandekt ilmi Roma kaynaklarını kullanarak hukukî muamele, işlem teorisini ortaya koymuştur.

Genel eğilimlerine uygun olarak Romalılar teorik açıdan izah etmemiş olmalarına rağmen hukukî muamelelerin önemini algılamışlar ve bu kavramın temellerini atmışlardır. Ancak Romalılar hukukun soyut kavramlarına değil, somut muamelelerine itibar ettiklerinden somut işlem olarak alım-satım, kullanma ödüncü (âriyet), sözlü vaad (stipulatio),[105] ile daha fazla ilgilenmişlerdir, çünkü Romalı hukukçulara, bu işlemlerine doğan sorunlar hakkında görüşleri soruluyordu. Romalı hukukçuların özellikle sözleşme tipleri için ortaya koydukları esaslardan hareket eden modern doktrin hukukî işlem kavramını bütün incelikleri ile işlemiştir.

105 Meselâ, D. 45,1,83 pr. *Inter stipulantem et promittentem negotium contrahitur: Stipulatio* borçlusu ile alacaklısı arasında bir hukukî işlem yapılmıştır.

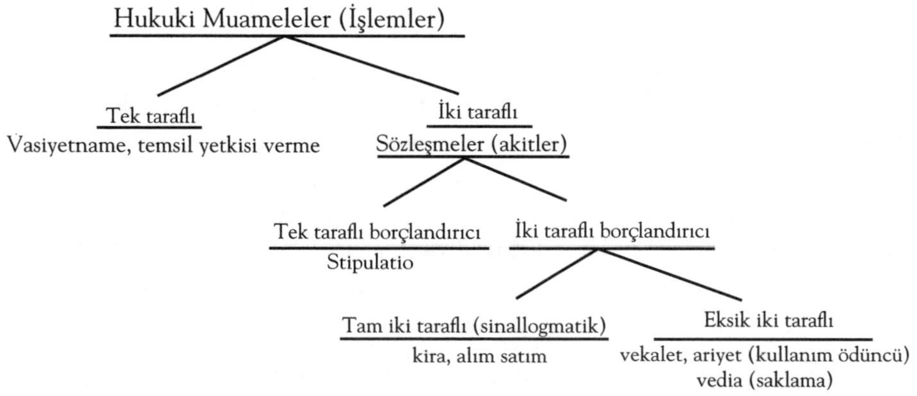

Hukukî muamelenin esası şudur: Bir kimse, arzu ettiği bazı hukukî sonuçların doğmasını isterse o yönde ki iradesini açıklar. Meselâ, bir kira akti yapılırken, taraflardan birisi başkasının evinde oturmak diğeri bir miktar para almak şeklinde bir takım hukukî sonuçların doğmasını istemektedir. Yalnız, muamelenin geçerli sonuç doğurabilmesi için, açıklanan irade, hukuk düzenlemesinin bu konuda yetki veren bir kuralına dayanmalıdır.

Başka bir ifade ile, doğması istenen sonuçları, hukuk düzenlemesi uygun bulmalı ve himaye etmelidir. Yukarıdaki kirada para karşılığında başkasının evinden yararlanmayı, hukuk düzenlemesi kabul etmiştir. Böyle bir işin yapılmasını kabul değil yasak etseydi, iradeleri geçerli olmazdı. Meselâ, hukuk düzenlemesi insan ticaretini yasak ettiğinden, o yolda yapılan irade beyanları geçerli olmaz[106].

Hukukî işlem belli bir hukukî sonuca yönelmiş irade beyanı olarak tanımlanmaktadır[107]. Kişilerin bir hukukî sonuç elde etmeğe yönelen beyanlarıdır. Hukukî işlem bir hakkın veya hukukî ilişkinin tesisi, değiştirilmesi veya ortadan kaldırılması gibi bir hukukî neticeye varmak için bir veya birden fazla kişinin irade beyanında bulunmasını ifade eder[108]. Başka bir deyişle, hukukî muameleler bir hukukî sonucun elde edilmesine yarayan irade açıklamalarıdır.

106 Umur, Ders Notları, s. 185.

107 Maddî fiilleri, hukukî işlemlerden ayırmak gerekir. A; yanlışlıkla arpa tohumlarını B'nin tarlasına serpmiştir. Serpmeyle tohumlar B'nin mülkiyetine geçmiştir. A, serpme fiili ile tohumların mülkiyetini istem dışı kaybetmiştir. (Superficies solo cedit: Üst toprağa tabidir. krş. TMK m. 722).

108 Roma Hukukunda tek taraflı hukukî muameleler azdır. Bu nedenle Romalılar daha çok contractus (sözleşme, akit) üzerinde durmuşlardır.

Her hukukî muamele (vasiyetname, *stipulatio*, mülkiyetin naklî v.s.), mutlaka en az bir tane irade açıklaması içerir; bu açıklama vasıtasıyla hukuk düzeninin izin verdiği sonuca yönelen irade dış dünyaya yansır. İrade beyanı hukukî neticeye yönelmiş olan sübjektif unsurdur. Beyanda bulunan kişi, örneğin bir koyunun mülkiyetini elde etmek gibi bir neticeyi hedef almıştır. Bunun için önce bir alım-satım sözleşmesi yapılması ve koyunu teslim alması gerektiğini bilmektedir. Ancak kişide koyunu satın ve teslim alma iradesinin oluşması yeterli değildir. Hukuk kural olarak iç iradeyle ilgilenmez. Bu nedenle bu iradenin dış dünyaya yansımasının, herkes ama, özellikle iradenin muhatabı (koyunun satıcısı) tarafından öğrenilmesi gerekir.

Belli bir sonuç üzerinde oluşmuş irade, dış dünyaya bu iradenin anlaşılmasına yarayacak bir biçimde açıklanmalıdır, irade beyanı hukukî netice elde etmek isteyen kimsenin bir davranışıdır. Bir kimsenin hukukî sonuç elde etmeğe yönelmiş iradesini bir beyanla dış dünyaya yansıtması gerekmektedir. Bu irade açıklanınca hukuk düzeni bu iradeye netice (alım-satım, vasiyetname gibi) bağlar. Demek ki, koyunu beğenen ve kendisinin olmasını isteyen kimse bu alım-satım akdini yaptığı zaman, koyunun kendisine teslim edilmesi gerektiğini bilmekte ve istemektedir. Ancak alım-satım akdinin bu neticeyi doğurması için alıcının iradesi yetmemektedir, koyunu satacak kimsenin bu iradeyi öğrenmesi ve kabul etmesi şarttır. İradeler beyan edildikten ve uyuştuktan sonra hukuk düzeni buna tarafların düşündüğü veya düşünmediği tüm sonuçları bağlar. İradenin beyanı sarih (açık) veya zımni (örtülü) olabilir (TBK m. 1/II,m.6). Sarih (açık) irade beyanı iradenin dış dünyaya başka anlam taşımayacak şekilde belirtilmesidir. Bu, söz, yazı, hareket veya taraflar arasında kararlaştırılmış belli işaret vasıtasıyla gerçekleşebilir[109]. Bir beyanın anlamı beyan için kullanılan vasıtadan (söz, yazı veya işaret) açık olarak anlaşılıyor ve bu anlamı çıkarmak için beyanın yapıldığı sıradaki şartları araştırmak gerekmiyorsa, açık irade beyanı var demektir[110]. A, B'nin kendisinden satın almak istediği koyunu çeyrek altına satın almaya hazır olduğunu B'ye söylüyor, B'de iki gün sonra A'ya gönderdiği mektupla koyunu çeyrek altına

---

109 Meselâ taraflar susmanın, baş sallamanın veya parmak kaldırmanın kabul anlamına geleceğini önceden kararlaştırabilirler.

110 TBK 89'a göre, borcun yerine getirileceği yer; tarafların açık (sarih) veya örtülü (zımnî) arzusuna göre belirlenir. TBK m. 196 borcun nakline (üstlenilmesine) alacaklının açık veya örtülü olarak rıza gösterebileceğini belirtmektedir. TBK 235/3, TBK 476'da açık irade beyanı gerekmektedir.

satın aldığını bildiriyor. Burada A ile B'nin karşılıklı irade beyanlarıyla alım satım akdi meydana gelmiştir[111].

İradenin açık olarak beyan edilmesine yarayan vasıtalar dışında dış dünyaya akseden irade zımni (örtülü) olarak açıklanmış olur. Hukuk düzeni iradenin mutlaka açık olarak beyan edilmesini aramamışsa, hukukî muamele zımnî irade açıklamasıyla da oluşabilir. Açık bir beyan olmamakla beraber, hal ve şartlardan hukukî muamele iradesinin mevcut olduğu çıkarılıyorsa, iradenin zımnî olarak beyan edildiği kabul edilir. Netice çıkarılabilmesi mümkün fiillerden *(facta concludentia)* yararlanılabilir; bunların türü, uygulamadaki kullanımı ve diğer vakıalar dikkate alındığı zaman belli bir içeriği olan irade beyanının mevcut olduğu sonucuna varılabilir. Bunlar kanaat edindirici olgulardır. Örnek, satılık malı sergide görüp bir şey söylemeden parasını verip almak. Ismarlanmadan gelmiş olan bir ders kitabının sayfaları açılırsa veya fiyatının ilk taksidi ödenmişse zımni irade beyanı ile alım- satım akdi meydana gelmiş olur. Eğer mirasçı ölenin bazı borçlarını öderse bundan mirası reddetmediği sonucu çıkarılabilir[112]. Susmak (sükût) esas itibariyle hukuk yönünden bir anlam taşımaz. Ancak muamelenin niteliğine veya yapıldığı şartlara göre açık bir beyanın beklenmediği hallerde susmak *(tacere)* irade beyanı yerine geçebilir[113].

Susmak, aslında anlam ifade etmeyen bir tutum olduğundan, olumlu veya olumsuz bir irade beyanı olduğunu söylemek mümkün değildir. Ancak bazı şartlar susmaya (sükût) bir anlam verebilir. Eğer kanunen itiraz etmesi gereken bir hususda, ilgili hiçbir şey söylemiyorsa, kabul etmiş sayılır[114].

---

111 Bir lokantada yemek ısmarlayan kimse, bu yemeğin parasına ödeyeceğine ilişkin beyanda bulunmuştur.

112 Romalılar taraf iradesine ihtiyaç olmadan kendiliğinden doğan bazı sonuçları muhtemel, örtülü iradeyle izah ederlerdi. D. 20,2,4 pr.'da. Neratius şehirdeki bir eve kiracının getirmiş olduğu mallar üzerinde kiraya verenin sahip bulunduğu rehin hakkını tarafların örtülü anlaşmasına dayandırmaktadır. D. 19,2,13,11'de Ulpianus hasılat kirasının süresi bittiği halde tarafların susması durumunda kira akdinin yenilendiğini söylemekte ve susma vakıasından kira akdinin uzaması konusunda irade uygunluğu bulunduğu neticesini çıkarmaktadır (*...hoc enim ipso, quo tacuerunt consensisse videntur...*)
Mancipatio ve in iure cessio'da malı devralacak kimse konuşmakta, malı devredecek olan ise susmaktadır. Bu susma örtülü kabul mahiyetindedir.

113 TBK m.6, akit yapma teklifinde (öneri, icap) bulunan kimsenin gerek işin özel niteliği gerekse durum icabı açık bir kabulü beklemek zorunda olmadığı hallerde, teklif uygun bir müddet içinde reddedilmemişse sözleşmenin oluşacağını belirtmektedir.

114 Umur, Ders Notları, s.186. TBK m. 503'ün konusu vekâlet aktinin meydana gelmesidir: Vekil, verilen işi görme konusunda resmî sıfata sahipse veya işin yapılması mesleği gereği

Örnek: A, B'ye yazdığı mektupta evindeki halıyı B'ye hediye ettiğini bildirmişse, B'nin açık kabulünü aramaya gerek yoktur, susan B hediyeyi dolayısıyla bağışlama akdini kabul etmiştir[115].

Bazen hukuk düzeni belli bir kimseye itiraz etme mükellefiyetini yükler. Eğer bu kimse itiraz etmezse kabul etmiş sayılır[116].

II. HUKUKÎ İŞLEMİN UNSURLARI

Hukukî işlemlerin iki temel unsuru vardır: Hukuk düzenlemesinin uygun gördüğü ve koruduğu hukukî sonuç veya sebep (iusta causa) ve irade beyanı.

1) İşlemin Esaslı Unsurları (Essentialia Negotii)

Esaslı unsurlar bir hukukî işlemde mutlaka bulunması gereken, bulunmadıkları takdirde hukukî işlemin oluşumuna engel olacak unsurlardır. Mesela bir alım-satım akdinde tarafların mutlaka satılan mal ve ödenecek para (bedel) üzerinde anlaşmaları lazımdır. Bu anlaşma akdin niteliğini ortaya koyar.

2) İşlemin Arızî Unsurları (Accidentalia Negotii)

Bir hukukî işlemde hukukun kendiliğinden bağlayacağı sonuçları değiştiren ve taraf iradesine dayanan unsurlardır. Borçlunun sorumluluğunun ağırlaştırılması, hasarın satıcıya ait olacağının kararlaştırılması, tarafların işleme ilâve edebilecekleri unsurlardır. İşleme ilâve edilen şart veya vade de arızî unsurlar kategorisine girer.

---

ise veya bu gibi işleri kabul edeceği duyurusu yapmışsa, vekilliği hemen reddetmezse, kabul etmiş sayılır.

115 D. 2,14,2'de Paulus; anlaşmaların örtülü irade uyuşmasıyla da meydana gelebileceğini belirttikten sonra, bunu bir örnekle açıklıyor; Alacaklı borç senedini borçluya geri vermişse, hukuken bunun anlamı tarafların alacağın istenmeyeceğini kararlaştırmış olmalarıdır.

116 D. 50,17.142'de Paulus susan kimsenin ikrar etmiş olmadığını, fakat inkâr da etmediğinin bir gerçek olduğunu ifade etmektedir. Susmakla ilgili bazı hukuk özdeyişlerini belirtelim: *Silentium non est consensus, nisi lex iubet*. Kanun konuşmayı emretmişse, susmak kabul etmek değildir.
Is qui tacet non fatetur, sed nec utique negare videtur. Susan kimse kabul etmiş değildir, fakat reddetmiş olarak da kabul edilemez.
Qui tacet consentire videtur. Susan kimse kabul etmiş sayılır.
Bu ifadeler yukarıda bahsettiğimiz TBK 6'nın öngördüğü gibi anlaşılmalıdır.

3) İşlemin Tabiî Unsurları (Naturalia Negotii)

Bunlar için taraf iradesine ihtiyaç duyulmaz. Taraflar bu konuda beyanda bulunmasa bile hukuk düzeni bu sonuçları hukukî muameleye *ipso iure* (kendiliğinden) bağlar. Bir akitte borçlunun mücbir sebep halinde sorumlu tutulmayacağı, satıcının maddi ayıplarından doğan sorumluluğu, iki taraflı akitlerde tarafların edimlerini kural olarak aynı anda ifa etme mecburiyeti gibi. Dikkat edilirse bu hususlar tarafların aksini kararlaştırabilecekleri *ius dispositivum* denilen yedek hukuk kurallarına ilişkindir. Bu konuda taraf iradesi mevcut değilse, hukukî muameleye bu kurallar kendiliğinden ve hukuk düzenindeki haliyle uygulanır (D. 19,1,11,1).

III. HUKUKÎ İŞLEMLERİN AYRIMLARI

1) Borçlandırıcı İşlemler -Tasarruf İşlemleri – Kazandırıcı İşlemler

Bu ayrım işlemlerin malvarlığına yaptığı etki yönünden yapılmaktadır.

Borçlandırıcı (iltizamî) hukukî işlemler borç ilişkisine *(obligatio)* taraf olanlardan en az birisini borç altına sokan, onu belli bir davranışta bulunmaya zorlayan, borç ilişkisinin konusunu (edim) ifa etmeyi öngören işlemlerdir. Mesela alım-satım, *stipulatio*. Bu işlemler, borçlunun malvarlığının pasifini çoğaltırlar.

Ancak burada bir hakkın devri söz konusu değildir, alacaklı borçluya karşı sadece bir alacak hakkı kazanır. Kural olarak borçlandırıcı işlemler sözleşmelerle olur. Kira sözleşmesi yapılınca, borçlanma ortaya çıkar; kiraya veren kiracının malını kullanmasını örneğin evinde oturmasını sağlamak, aracını kullanmak, kiracı da kullanma ücretini (kira bedelini) ödenecek borç altına girer.

Tasarruf işlemleri ise hak durumunda doğrudan doğruya değişiklik meydana getiren işlemlerdir. Bunlar bir hakkın devri *(mancipatio, traditio* ile mülkiyetin nakli gibi), bir hakkın sona erdirilmesi (kölenin azat edilmesi, alacağın ifasının kabulü gibi) veya bir hakka külfet yüklenmesi (bir taşınmaz üzerinde irtifak tesisi, rehin hakkı kurulması gibi) şeklinde olabilir. Bu şekilde tasarruf işlemi malvarlığının aktif kısmını azaltır.

Tasarruf anında varolan mutlak veya nisbî (şahsî) haklar devredilmiş değiştirilmiş veya sona erdirilmiş olur.

Tasarruf işlemleri çok defa borçlandırıcı işlemlerden doğan borçların yerine getirilmesi için yapılırlar. Bir kasaba giderek bir kilo et aldığımız zaman borçlandırıcı işlem ile tasarruf işlemi aynı anda cereyan ettiğinden iki işleminin varlığını farketmeyiz; hem borçlandırıcı işlem (olayda alım-satım) hem de tasarruf işlemi (olayda kasabın eti teslim etmesi ve müşterinin de parayı ödemesi) aynı zamanda yapılmıştır. Bu iki işleminin aynı ana isabet etmemesi günlük hayatta yine çok görülür. Kasaba gidip 1 kilo etin parasını ödeyerek evinize gönderilmesini söylediğiniz zaman, borçlandırıcı işlem olan alım-satım ile kasap yönünden etin teslimi, yani tasarruf işlemi farklı anlarda gerçekleşmiş olur. Etin mülkiyeti, kasabın yaptığı mülkiyeti geçirme işlemi yani bir tasarruf muamelesi teslimi sonunda müşteriye geçmektedir[117].

Kazandırıcı işlem bir kimsenin diğerine, malvarlığına giren bir menfaat kazandırmasını ifade eder. Kazandırma esas itibariyle ya bir borçlandırıcı işlem ya da bir tasarruf işlemiyle gerçekleşir. B, A'ya *stipulatio* ile 100 vermeyi taahhüt etmişse, bu borçlandırıcı işlemiyle A'nın malvarlığına bir alacak hakkı girmiştir. B, *traditio* (teslim) işlemiyle A'ya bir masa verirse bu işlem A için kazandırıcı, iktisap ettirici bir işlemdir, çünkü bu şekilde A'nın malvarlığına masa üzerindeki mülkiyet hakkı girmiş olmaktadır. B'nin mülkiyet nakli işlemi bir tasarruf işlemidir. Bunun sonunda da A mülkiyeti kazanmaktadır. Kazandırıcı işlemler belli bir amacın gerçekleşmesi için yapılırlar. Bu amaca *causa* (hukukî sebep) denmektedir. Başkası lehine kazandırmaların esas itibariyle üç sebeple yapıldığı görülmektedir. Bu üç sebebi İsviçre-Türk hukuku da kabul etmiştir.

– *Causa solvendi* bir borç ilişkisinde yer alan edimin ifa edilmesi halinde mevcuttur. Kazandırmada bulunan kişinin veya üçüncü bir kişinin borcu ifa ediliyorsa, kazandırıcı işleminin hukukî sebebi *causa solvendi*'dir. En sık rastlanan sebep budur. Alım-satım akdinde satıcının sattığı arsayı devretmesi *causa solvendi* (ifa sebebiyle) yapılan bir kazandırmadır. Alıcının da semeni ödemesi böyledir.

– *Causa credendi*, bir alacak hakkı elde etmek için yapılan kazandırmaların sebebidir. Bir kimseye 10.000 TL borç veren kişi bu tüketim ödüncü

---

117 Borçlandırıcı işlem – tasarruf işlemi farkı Roma hukukunda teorik yönden belirtilmiş değildir. Ancak kökeninde Roma hukuku bulunan Kara Avrupa'sı kanunları ve öğretisi Roma Hukukunun bu konudaki dağınık kurallarından faydalanarak bu önemli ayrımı Medeni Hukukun adetâ temeli haline getirmiştir. Borçlandırıcı işlemlerin neticeleri daha ziyade Borçlar Hukukunda, tasarruf işlemlerinin hükümlerinin hükümleri ise daha çok Eşya Hukukunda düzenlenmiştir.

(TBK m.386) (karz) akdini alacak hakkı elde etmek, onu kendisine borçlandırmak için yapmaktadır.

– *Causa donandi*, ivazsız kazandırmaların hukukî sebebidir. Burada kazandırıcı işlemi yapan bir karşılık elde etmemektedir. Bağışlama *causa donandi* ile yapılan bir kazandırmadır. Burada ne karşı taraftan hak elde etmek ne de borcu yerine getirmek amacı vardır.

Bunlara causa mortis de (ölüm sebebi) ilâve edilebilir. Vasiyetname causa mortis sebebiyle düzenlenir. Bu sebep ivazsız (karşılıksız) kazandırmaya çok yakındır.

2) Tek Taraflı Hukukî İşlemler - İki Taraflı Hukukî İşlemler

Bu ayrım hukukî işlemin (muamelenin) oluşması için gerekli olan irade beyanı sayısı yönünde yapılmaktadır.

Tek taraflı hukukî işlemlerde hukukî sonucun meydana gelmesi için tek bir kişinin irade beyanı yetmektedir. Vasiyetname, azat etme, mirasın reddi, bugün ilân suretiyle vaad (TBK. 8) tek taraflı hukukî işlemdir.

İki taraflı hukukî işlemler, yani akitlerin oluşması için birbirine uygun karşılıklı irade beyanlarına ihtiyaç vardır. Sözleşmelerin meydana gelmesini sağlayan unsur *consensus*'tur, yani irade uyuşmasıdır. Tarafların irade uyuşması âdeta tek bir irade gibi görünür (D. 2,14,1,3). Bu irade uyuşması açık veya örtülü beyanlarla gerçekleşebilir. Romalılar beyanın, iradenin öğrenilmesinde bir vasıta olduğunu, bir sözleşmenin meydana gelmesi için iradelerin uyuşması, yani *consensus*'un bulunması gerektiğini düşünürlerdi.

Ius civile'de sözleşme (akit) kavramını karşılayacak terim *contractus*'tur. *Contractus* Roma hukukunda sadece bir dava ile takip edilebilen ve Roma akitler sisteminde yer alan sözleşmeleri ifade ederdi. Klâsik devrin hukukçusu Gaius (Gai. 3,88) borçların *(obligationes)* kaynaklarından bahsederken bunların ya akitlerden *(contractus)* ya da haksız fiillerden *(delictum)* doğduğunu belirtmektedir. Buna karşılık yine bir irade uyuşmasını ifade eden *pactum* terimi *contractus* dışında kalan, *ius civile* tarafından kendilerine borç doğurucu etki tanınmamış olan anlaşmalar için kullanılırdı. Borçlar Hukukunda görüleceği üzere *praetor*'ların faaliyetiyle *pactum*'lara aşamalı olarak hukukî himaye sağlanmıştı. Roma hukukunun sözleşmeleri esas itibariyle Borçlar Hukukuna girer. Nitekim, sözleşmelerin ana kuralları İsviçre-Türk Borçlar Hukukunda ve İtalyan Medeni Kanunu'nun borçlar kısmında düzenlenmiştir. Aslında Roma'da akit değil, akitler vardır. Her contractus'un kendine özgü bir adı vardır. Romalılar hukukta somut olgularla ilgilendiklerinden onlar için alım-satım, kira, vekalet, *stipulatio* v.s. mevcuttur. Romanist bilim bu münferit akitlerden genel kurallar çıkarmaktadır. Roma hukukunun akitlerle ilgili kuralları başta alım-satım olmak üzere rızaî akitler alanında ortaya çıkmıştır. Bugün öneri (icap) ve kabul denilen iki irade beyanının uyuşmasıyla meydana gelen sözleşmenin kökeni tabiî hukuktadır[118].

Akitler; Müşterek Hukuktan itibaren kendi içlerinde iki taraflı akit ve tek taraflı akit olarak ikiye ayrılmaktadır. Bu ayrım akitte her iki tarafın da borç altına girip girmemesine göre yapılmaktadır. İki taraflı akitler ise tam iki taraflı (*sinallagmatik*) ve eksik iki taraflı olmak üzere yine ikiye ayrılmaktadır:

Tek taraflı akitler de (*contractus unilaterales*) iki taraflı hukukî işlem olduğu halde, taraflardan sadece biri borç altına girmektedir. Roma hukukunda *stipulatio*, tüketim ödüncü (karz) akdi ve bağışlama *pactum*'u (*pactum donationis*) tek taraflı akdin örnekleridir. Türk Hukukunda bağışlama sözü (TBK 288), kefalet (TBK 581 vd.) zamanımızın örnekleridir.

İki taraflı akitlerde (*contractus bilaterales*) tarafların her biri alacaklı veya borçlu olabilir: Tam iki taraflı akitlerde (*contractus bilaterales aequales*) her iki taraf da borç altına girmektedir. Daha yerinde bir ifade ile bu akitlerde karşılıklı edimlerin mübadelesi, el değiştirmesi öngörülmüştür. Alım-satım, kira ve isimsiz akitlerin (*contractus innominati*) örnek verilebileceği bu gruba sinallagmatik akitler de denmektedir. Bu akitlerdeki karşılıklı edimler hem doğuş hem de fonksiyon bakımından birbirinden ayrılmaz niteliktedir. Bunlardan birinin doğuşu imkânsız hale geldiği takdirde kural olarak diğeri de doğmaz veya sona erer. Sinallagmatik akitlerde karşı edimi talep eden taraf, mutlaka kendi edimini önce ifa etmek veya ifasını teklif etmek zorundaydı, aksi takdirde karşı taraf edimini yerine getirmeyebilirdi (TBK 97).

Eksik iki taraflı akitlerde (*contractus bilaterales inaequales*) bir taraf daima borç altındadır, diğer taraf ise borç altına girebilir. Başka bir deyişle burada karşılıklı edimlerin değiş-tokuşu söz konusu değildir. Roma hukukundan ariyet akdi, vedia akdi ve vekalet akdi örnek verilebilir. Bu akitlerde bir malı kullanmak (*commodatum*) veya saklamak (*depositum*) için alan ve vekil daima (esas) borçludur. Malı veya vekâlet veren bazı hallerde borçlanır. Başka bir deyişle onların borcu muhtemel borçtur. Alınan mal sebebiyle, alan zarara uğramışsa, masraf yapılmışsa, malı veren de bunları ödemek borcu altına girer.

---

[118] D. 50,16,219: *In conventionibus contrahentium voluntatem potius quam verba spectari placuit:* Anlaşmalarda tarafların kullandıkları kelimelerden çok iradelerine bakılmalıdır.

Bu akitlerde daima borçlanan kişiye karşı açılacak davalara *actio directa,* bazen borç altına girecek tarafa açılacak davalara da *actio contraria* denir. Önce bir taraf mutlaka borç altına girer (ana borç). Belli şartlar altında karşı borç doğar.

3) Sağlararası Hukukî İşlemler - Ölüme Bağlı Hukukî İşlemler

Sağlararası yahut yaşayanlar arasındaki hukukî işlemler *(negotia inter vivos)* hükümlerini işleme taraf olanların hayatında doğururlar. Alım-satım, bağışlama gibi işlemler bir kimsenin yaşamı sırasında etkilerini gösterir. Hukukî işlemden doğan borç, kural olarak borçlunun mal varlığından ödenir.

Ölüme bağlı hukukî muamelelerin, işlemlerin *(negotia mortis causa)* sonuçları tasarrufta bulunanın ölümünden sonra ortaya çıkacaktır. Vasiyetname, ölüme bağlı bağışlama *(donatio mortis causa)* gibi işlemler, bu işlemi yapan kimsenin malvarlığını ölümünden sonra etkileyecektir. Bunun şartı işlemden yararlanacak kimsenin işlemi yapan kimse öldüğü zaman hayatta bulunmasıdır. Günümüzde vasiyet (TMK m. 531) ve miras sözleşmesi (TMK m. 545) ölüme bağlı işlemlerdir.

4) İvazlı Hukukî İşlemler - İvazsız Hukukî İşlemler

Karşılıklı edimlerin değiştirilmesine, mübadelesine yönelen işlemler, mesela alım-satım, trampa vs. ivazlı işlemler olarak adlandırılır.

Buna karşılık bir kimse bir işlem ile sadece kazandırmada bulunuyor, karşılığında bir şey elde etmiyorsa (mesela bağışlama) ivazsız işlem söz konusu olur.

5) Sebebe Bağlı Hukukî İşlemler - Sebebe Bağlı Olmayan Hukukî İşlemler

Sebebe bağlı (illi) işlemlerin geçerliliği, sebebin geçerliliğine bağlıdır. Sebep, hukukî işlemin vazgeçilmez bir unsuru haline getirilmiştir. Bu kategoriye giren işlemin amacı, yani hukukî sebebi *(causa)* işlemden anlaşılır. Sebep yoksa, imkânsız ise veya geçerli değilse hukukî işlem de kendisinden beklenen sonucu meydana getirmez. Alım-satım akdinin amacı, mal ile paranın mübadelesidir. Satılan mal zaten alıcıya ait ise, bu alım satım akdi geçerli değildir. Roma hukukunda akitlerin hemen hepsi, klâsik dönemde *traditio* (teslim), sebebe bağlı muamelelerdi.

Borçlandırıcı işlem olan sözleşmeler, ekseriya bir tasarruf işleminin sebebi olarak, tasarruf işleminin yapılması yükümlülüğünü getirir.

Sebebe bağlı olmayan soyut (mücerret) hukukî işlemler, yöneldikleri amacın (sebebin) varlığından, imkânsızlığından veya geçersizliğinden etkilenmeyen işlemlerdir. Bu işlemlerin de bir sebebi mevcuttur fakat hukukî işlem ile sebebi arasındaki bağ âdeta koparılmıştır. Soyut bir işlemden dolayı alacaklı olan kimse, açtığı davada sadece işlemin geçerli olarak meydana geldiğini ispatla yetinir, kendisinden sebebe bağlı bir muameleden dolayı açılan davalardan farklı olarak hukukî işlemin sebebinin ispatı istenemez.

Roma Hukukunun genel akdi diyebileceğimiz *stipulatio* hem illi (sebebe bağlı) hem de mücerret olarak düzenlenebilirdi. Yapılan *stipulatio*'da borçlu «yapılan alım-satımdan doğan 1.000 lira borcumu vermeyi taahhüt ediyorum» şeklinde borç altına girmişse, *stipulatio* sebebe bağlı olarak yapılmıştır. Burada taahhüt edilen para borcunun alım-satımdan doğduğu belirtilmiş olmaktadır. Bu alım-satım herhangi bir nedenle geçersiz ise, *stipulatio*'dan da borç doğmaz. *Stipulatio* «sana 1.000 vermeyi taahhüt ediyorum» şeklinde yapılmışsa, bu borç soyut (mücerret) borç ilişkisine dayanmaktadır, çünkü bu *stipulatio*'da borçlanmanın sebebi açığa çıkmamaktadır. Bu *stipulatio* alımsatım, bağışlama vs. gibi bir sebeple yapılmış olabilir. Bu borcun alacaklısı alacağını almak için dava açtığında borcun hangi sebepten doğduğunu kanıtlamak zorunda değildir. Ancak borçlu bu sebebin geçerli olmadığını iddia ediyorsa, bunu kendisi ispat etmelidir[119].

Klâsik devirde mülkiyetin devrine yarayan *mancipatio ve in iure cessio* soyut muamelelerdi. Mülkiyetin hangi sebebe (mesela alım-satım, bağışlama) dayanarak geçirildiği muamelenin kapsamından anlaşılmazdı ve bu mülkiyeti nakil muamelelerin sebebini teşkil eden borçlandırıcı muameleler geçerli olmasa bile mülkiyet geçerdi. Bu durumda mülkiyeti geçerli bir sebep olmakdan

---

119 Schwind, s.261; Hausmaninger – Selb, s.281-282. Sebebin zikredilmediği *stipulatio*'dan dolayı dava açıldığında, sebebin mevcut veya geçerli olmadığı davalı tarafından bir *exceptio doli generalis* (geniş anlamda hile def'i) ileri sürülürdü, yani sebep gerçekleşmediği halde dava açmanın iyi niyete ve dürüstlüğe aykırı olduğu belirtilirdi (Gai. 4,116).
Mücerret (soyut) *stipulatio*, mücerret borç vaadi karakterini postklâsik devirde kaybetmiştir. Roma hukuku Avrupa'da İmparator Iustinianus'un hazırladığı *Corpus Iuris Civilis* içindeki şekliyle iktibas edildiğinden XIX. yüzyıla kadar mücerret borç ikrarı uygulamada görülmemiştir. Kanunlaştırma hareketleri sırasında BGB 780, Code Civil (Fransız TMK) 1132, OR 17 mücerret borç vaadini düzenlemiştir. TBK m.18'de "Borcun sebebini içermemiş olsa bile borç tanıması geçerlidir" denmektedir. Ticaret Kanunumuzda düzenlenmiş olan bono, çek ve poliçe tanzimi soyut (mücerret) muamele olarak öngörülmüştür.

elde etmiş bulunan kimseye haksız iktisap davası *(condictio)* açmak gerekirdi. Buna karşılık *traditio* klâsik devirde sebebe bağlı bir muameleydi[120].

6) Şekle Bağlı Olan İşlemler - Şekle Bağlı Olmayan İşlemler

Hukukî muamelenin meydana gelmesi için gerekli olan irade beyanının belli bir biçimde dış dünyaya aksetmesini hukuk düzeni emretmişse, şekle bağlı irade beyanı ve dolayısıyla şekle bağlı hukukî muameleden bahsedilir. Bu şekle riayet etmeme muamelenin geçersiz sayılması sonucunu doğurur. Hukukî işlemin şekli, işlem için gerekli irade veya iradelerin belli araçlarla ve usullerle açıklanması gerektiğini belirtir. Şekle uyulmazsa, hukukî muamele geçerli olmaz. Buna karşılık hukukî sonuç doğurmaları için şekil gerekmiyorsa, şekle bağlı olmayan hukukî işlemler söz konusu olur (alım-satım, kira).

Bütün kavimlerin ilkel dönemlerinde olduğu gibi *ius civile* devrinde, hatta klâsik devrin başlarında ancak belli şekle ve merasime uygun olarak yapılan muamelenin hüküm doğuracağı esası hâkimdi. Bu dönemde şekil hukukî muameleye ilave edilen bir unsur değil, gerçek anlamda sıhhat şartıydı. Ancak bu şekil vasıtasıyla muamele hukukî yönden varlık ve geçerlilik kazanırdı. Aslında istenilmeyen bir muamelenin şekli yerine getirilmişse neticeler doğardı, başka bir deyişle muamelenin hükümleri iradeden değil aranan şekle uyulmasından doğmaktaydı. Hukuk düzeninin aradığı şekle uygun davranıldığı takdirde muamele oluşur, iradeye fazla önem verilmezdi[121]. Sadece şekil borç altına sokar ve dava açmak imkânı verirdi. Roma hukukunun şekilleri belli ve merasimli kelimeleri söylemek *(stipulatio)*, şahitler huzurunda belli kelimeleri kullanarak devredilecek mala elle veya değnekle dokunmak *(mancipatio)*, *magistra*'nın muameleye katılarak onaylanması *(in iure cessio)* tarzında gerçekleştirilmekteydi.

---

120 Apathy-Klingenberg-Stiegler, s.86-87; Honsell, s.54, 56. İsviçre-Türk hukukunda taşınmaz (gayrimenkul) mülkiyetinin devri (TMK m. 1023) illîdir. Buna karşılık taşınır (menkul) mülkiyetin devrinin ve alacağının temlikinin mücerret veya illi olduğu tartışmalıdır.

121 Buna «iç şekilcilik» denmektedir. Umur, Ders Notları, s. 188; Honsell, s. 30. Bu anlayışa göre hukukî sonuç doğurmaya yönelmiş olan davranışın şekle bağlı olmaması mümkün değildi. Bunun sebebi ilk devirlerde hukuk tatbikatının rahiplerin elinde bulunuşudur. Dini işlerde merasimli ve belli şekillerde davranmak gerektiği gibi, hukukî fiillerde de böyle hareket edilmeliydi. Honsell, s.10. Öngörülmüş şekle uyularak yapılan hukukî muamelelerin varlığının tartışılması imkânsız hale geldiği gibi şekle bağlı muamelelerde *(negotia stricti iuris)* hâkimin takdir yetkisi âdeta yoktu. Muamele hile veya tehdit altında yapılmış olsa bile, *ius civile*'ye göre geçerliydi (Ancak *praetor*'un faaliyetiyle hile ve ikrah dikkate alınabilir hale gelmiştir). Şekilci muameleler özellikle *stipulatio* sözleşmesi, kullanılan kelimelere göre yani sözü itibariyle değerlendirilirdi. Kelimelerin objektif olarak yorumlandığını söylemek yanlış olmaz.

Yukarıda değinilen *mancipatio, in iure cessio ve stipulatio* Roma'nın en eski devirlerden gelerek uzun süre uygulamada olan ve anılan şekillerin belirginleştiği Roma'ya özgü anlayışı yansıtan muamelelerdi. Bu işlemler, değişik amaçlar için tadil edilmek suretiyle Roma Hukukunun her alanında kullanılmaktaydı[122]. Maden külçesi ve teraziyle yapılan muamelelerin (*negotia per aes et libram)* bir örneği olan *mancipatio* başlangıçta gerçek, merasimli bir alım-satımdı. Malı satan ile alan, bir terazi taşıyan ve 5 Romalı ergen tanık biraraya gelirdi. Satılan mal tanıklar huzurunda terazide tartılan bakır külçesiyle değiştirilirdi. Basılmış para ortaya çıktıktan sonra alım-satım ile *mancipatio* birbirinden ayrıldı, *mancipatio* sebebinden bağımsız bir mülkiyeti nakil muamelesi haline geldi. *In iure cessio, magistra* önünde farazî bir dava ile gerçekleştirilen işlemdir. *Magistra* önünde hak iddia eden davacı rolünü oynar, hak devreden ise davalı gibi davranır. Hakkı devralacak olan hakkın kendisine ait olduğunu ileri sürer, devreden bunu ya açıkça kabul eder ya da susar. Muamelenin önünde cereyan ettiği *magistra* bunu onaylar ve muamele beklenen neticeleri doğururdu. Alacaklı haline gelecek kimsenin belli kelimelerle sorduğu soruya (bana 100 vermeyi taahhüt ediyor musun?) aynı kelimeleri kullanarak borçlunun olumlu cevap vermesiyle oluşan sözlü akde *stipulatio* denmektedir. *Stipulatio* bazı değişikliklere uğramasına rağmen varlığını en son devirlere kadar sürdürmüştür. Eski devirlerden itibaren bazı muamelelerde şekil sadece işlemin yapılmasında değil, ortadan kaldırılmasında da aranıyordu. *Contrarius actus* (zıt muamele) örneği olarak *in iure cessio* ile kurulan intifa hakkının yine *in iure cessio* ile sona erdirilmesi, *stipulatio*'nun yine soru ve cevap ile ortadan kaldırılması *(acceptilatio)* gösterebilir[123].

Sözü edilen iç şekilciliğin klâsik devirden itibaren azalarak dış şekilciliğin düşünülmeye başlandığı görülmektedir. Özellikle irade, hukukî sonuç doğurmada önem kazanmaya başladıktan sonra şekil işlev değiştirdi. Artık şeklin

---

122 Örneğin *mancipatio*, baba hâkimiyetinden çıkarmak *(emancipatio)*, evlat edinmek *(adoptio)*, evlenilen kadını *manus* (hâkimiyet) altına sokmak *(coemptio)* gibi farklı amaçlar için uygulanıyordu. *In iure cessio* mülkiyetin naklinde, irtifak haklarının tesisinde ve sona erdirilmesinde, azat etmede kullanılmaktaydı. *Stipulatio* ibra *(acceptilatio)*, yenilenme *(novatio)*, kefalet *(fideiussio, fidepromissio)* gibi hallerde tatbik alanı bulmakta idi. Kaser, s. 414-415, 538-539.

123 D. 46,3,89 ; *Pro ut quid contractum est, ita et solvi debet.*
Bir muamele yapıldığı şekilde ortadan kaldırılmalıdır.
Şekle uygunluk veya simetri fikri denilen bu ilke genel bir kural halinde gelmemekle beraber hukukun farklı alanlarında görüntü vermektedir. Mesela *manus* altına *confarreatio* ile girilmişse, *diffarreatio* ile çıkarılmak gerekirdi. Tüketim ödüncünün *(mutuum)* en eski şekli olan *nexum* yapıldığı için alacaklının hâkimiyetine girmiş olan borçlu, borcunu ödediği zaman hâkimiyetten kurtulmak için, hâkimiyete giriş muamelesinin zıddını yaptırmalıydı.

daha çok hukukî muameleyi yapan tarafları iyi düşünmeye yöneltmek, işlemde açıklık sağlamak, ispatın kolaylaşması ve güven altına alınması, hâkimin davada işinin kolaylaşması gibi işlevleri göz önüne alınmaya başlandı. Şeklin, muamelelerin yapılmasını güçleştirmek gibi olumsuz bir yönü olmasına rağmen her hukuk düzeni önemli ve rizikolu gördüğü hukukî işlemleri şekle bağlamaktadır. İsviçre-Türk hukukunda bağışlama (vaadi) (TBK 288/I), kefalet (TBK 583/I), ömür boyu gelir sözleşmeleri (TBK 608) ve alacağın devri (temliki) (TBK 184) ve diğer bazı muameleler yazılı yapılmadıkça geçerli olmazlar.

Eski ve klâsik dönemde esas itibariyle sözlü olan şekil, klâsik sonrası devirde Doğu hukuklarının tesiriyle nitelik değiştirdi, yazılı şekil hâkim oldu[124]. Doğudaki anlayışa göre insanlar muamelelerini yazılı yapınca kendilerini güvencede hissettiklerinden Roma'nın en önemli akdi olan *stipulatio* bile yazılı belgeye bağlanmaya başlandı. M.S. 212 yılından itibaren, Roma İmparatorluğunu sınırları içinde yaşayan herkes Roma vatandaşı haline geldiğinden *ius civile*'nin herkese uygulanması gerekiyordu. Ancak sadece sözlü soru ve cevaptan meydana gelen bir akdin yani *stipulatio*'nun bağlayıcılığı özellikle imparatorluğun doğusunda yaşayanları tereddüde düşürdüğünden taraflar sözleşmelerini yazılı belgeye bağlıyorlar, Roma hukukuna uygunluğu sağlamak için *stipulatio*'nun yapıldığı kaydını düşüyorlardı. Klâsik hukukun esaslarına dönmek isteyen Iustinianus buna tam başarılı olamadı. *Stipulatio*'nun geçerliliğini sağlamak için tarafların muamelenin yapıldığı sırada aynı yerde bulunduklarını isbat etmeleri yeterli görüldü (I. 3,19,12). Postklâsik devirde üzerinde düşünülmesi ve açıklığın sağlanmasının gerekli görüldüğü gayrimenkullerin satışının ve bağışlamada bazı yeni şekillerin uygulamaya girdiği görülmektedir. Bunun yanında alıcının emlâk vergisi yükümlülüğünü kabul etmesi aranıyordu. İvazsız bir kazandırma olan bağışlamanın bir belgede ifadesini bulması ve bu belgenin tutanağa geçirilmesi için resmî bir makama verilmesi öngörülmüştü.

Şekle bağlı olmayan muameleler, yani belli kelimeler ve yazı kullanılmadan, merasimli davranılmadan yapılan işlemler Roma hukukuna daha ziyade *ius gentium*'un (kavimler, evrensel hukuku) tesiriyle ve *praetor*'un faaliyetleriyle girmiştir. Roma'nın o zamanki dünya ticaret alanına girmesi, yabancılarla ilişkisinin artması, şekilsiz muamelelerin geniş ölçüde kabulünü gerektirmiştir. Roma'ya özgü şekilleri gerçekleştiremeyecek olan yabancılarla *fides*'e (sözünü tutma) dayandırılan işlemler yapılmaya başlanmıştı. Özellikle

---

124 Klâsik dönemde yazılı şekil, yazılı akitlerde *(contractus litteris)*, yazılı vasiyetname gibi nadir hallerde geçerlilik şartıydı.

klâsik devrin zirvesine doğru iradenin ön plana çıkması şekilsiz işlemlerden de netice doğacağı fikrinin yerleşmesine neden olmuştu. Aynî ve rızai akitlerin Roma akitler şemasına alınması, *res mancipi*'lerin *traditio* ile devrinin himaye görmesi, şekle bağlı olmayan muamelelerin alanını ve etkisini artırmıştı. Diğer taraftan *ius civile*'ye göre borç doğurmayan *pactum*'ların *prateor* tarafından önce *exceptio* ile himaye edilmesi, daha sonra alım-satım gibi iyi niyet akitlerine bağlı olarak yapılan *pactum*'ların hukukî netice doğurması ve nihayet bazı *praetor pactum*'larına dava hakkı verilmesi şekilsiz anlaşmaların giderek gündeme geldiğini göstermektedir. Postklâsik devirde de günlük hayatın birçok muamelesinin şekilsiz olduğu görülmekle beraber, Roma hukuku hiçbir zaman şekil serbestliği ilkesine ulaşmamıştır.

Modern hukuklarla Roma hukuku arasında en önemli farklardan biri, şekil konusundadır. Modern hukuklarda şekilsizlik kural, şekle bağlılık ise istisnadır. Kanun emretmiş olmadıkça bir muamelenin belli şekilde yapılması gerekli değildir. (Ancak, şekle bağlı muamelelerin sayısı az değildir). Zamanla şekilsiz muamelelerin sayıları artmış bile olsa Roma hukukunda şekle bağlılık hâkim prensip olarak kalmıştır. Yine Roma hukukunda eski ve klâsik devirde «sözlü şekil» mevcuttu. Halbuki İsviçre-Türk hukukunda şekil, prensip itibariyle yazılı şekildir[125]. TBK m.12 (önceki TBK 11), kanunda bu konuda aksi öngörülmediği takdirde sözleşmelerin geçerliliğinin hiçbir şekle tabi olmadığını, ancak şekil emredilmişse, bu şekle riayet edilmemesinin muamelenin geçersizliğine sebep olacağını belirtmektedir[126].

---

[125] Kanunun bir muamelenin yapılması için şekil aramadığı halde taraflar bir muamelenin, mesela kira akdinin yazılı olarak yapılmasını kararlaştırmışlarsa (iradi şekil), buna uyulmadığı takdirde muamele geçersiz olur.

[126] Şekil konusunda sıhhat şekli (geçerlilik şekli) – ispat şekli ayrımı yapılmaktadır. Bir muamelenin geçerli olarak meydana gelmesi için maddi hukuk belli bir şekil öngörmüşse bu bir sıhhat şeklidir. Roma hukukunda *stipulatio*'nun belli kelimelerin sualde ve cevapta kullanılması suretiyle hazır olan kişiler arasında yapılması sıhhat şeklidir. Buna karşılık alım-satımın geçerliliği için taraf iradelerinin herhangi bir şekilde (sözlü, yazılı, aracı vasıtasıyla) uyuşması yeterlidir, yani alım-satım akdinin oluşması için belli bir şekil öngörülmemiştir. Sıhhat şekli olarak öngörülmüş olan şekle uymama, kural olarak muameleyi geçersiz kılar. Buna karşılık taraflar *stipulatio*'yu gerekli şekilde yaptıktan sonra bunun yapıldığına dair bir belge düzenlemiş olabilirler. İşte bu belge sadece *stipulatio*'nun yapıldığını kanıtlamaya yarar, geçerliliği ile ilgisi yoktur. Bunun gibi bir ipoteğin tesisi için diğer bazı şartlarla birlikte bu konudaki irade uyuşması yeterliydi. Bunun yazılı şekilde yapılması gerekmiyordu, ancak ispat için taraflar bir belge düzenleyebilirlerdi (D. 20,1,19). Zamanımızda usul kanunları ispat şekilleri de getirmektedir. Meselâ HMK (m. 200'e) göre belli miktarı (2.500 TL.'yi) aşan iddiaların senetle ispat edilmesi gerekmektedir.

§ 13. Hukukî Muamelenin Arızî Unsurları

Hukukî muamelelerde mutlaka bulunması gerekli olan, olmadıkça hukukî muamelenin meydana gelemeyeceği temel unsurlar (hukukî sebep ve irade beyanı) yanında hukukî muameleye taraf iradesiyle konulabilecek arızî, yan unsurlar da *(accidentalia negotii)* vardır. Bunlardan şart *(condicio)*, vade *(dies)* ve lehine muamele yapılan kişinin belirli bir yükümlülük altına girmesidir *(modus)*. Hemen belirtilmelidir ki, böyle kayıtları içeren akitlerin oluşması için tarafların bu konuda da irade uygunluğuna varmaları, anlaşmaları gerekir.

I. KOŞUL (CONDICIO, ŞART)

Koşul (şart), hukukî muameleye, işleme ilâve edilmiş özel bir unsurdur ve hukukî muamelenin neticeleri, gelecekte gerçekleşeceği işlem sırasında belli olmayan bir olguya bağlanmıştır. Taraf iradesine göre, neticeleri gelecekte gerçekleşmesi şüpheli bir vakıaya bağlı hukukî muamele, şartlı yapılmış bir hukukî işlemdir. Mesela «Titius *consul* seçilirse sana 300 vermeyi taahhüt ediyorum» şeklinde borçlu ile alacaklı arasında yapılan bir *stipulatio*'dan sonra, borçlu 300'ü ancak Titius *consul* seçildiği takdirde ödemek zorunda kalacaktır (I. 3,15,4).

Koşul (şart), hukukî muamelenin tarafların sübjektif durumlarına göre düzenlenmesini sağlar. Aslında hukuk düzeni açısından kural olarak önemsiz bulunan saikler hukukî muamelenin koşulu (şartı) haline getirilerek hukukî neticelerin gelecekteki gelişmelerden etkilenmesi sağlanmaktadır. Mesela tedbirli bir tüccar sattığı, Afrika'dan gelecek baharatın teslimini, baharatı getirecek geminin limana varmasına bağlayabilir. Veya Ankara'da görevli bir memur, İstanbul'a atanması şartıyla İstanbul'daki ev için kira sözleşmesi yapabilir. Bu örneklerde geminin limana varması veya İstanbul'a tayin edilme gelecekte gerçekleşmesi kesin olmayan hadiselerdir.

Koşul (şart) olarak kararlaştırılan olayın gerçekleşip gerçekleşmeyeceği belli olmadığı halde, zamanı belli olabilir, yani zamanı bellidir ama olacağı belli değildir. Octavianus yeğenine yazdığı mektupta şöyle demektedir: «Bu ay sonundaki araba yarışlarını kazanırsan sana bir araba vereceğim». Araba yarışının zamanı belli olduğu halde yeğeninin bu yarışı kazanıp kazanmayacağı belirsizdir[127].

---

[127] «20 yaşını bitirdiğin zaman seni tatile göndereceğim» şeklinde bir vaat yapılmışsa, burada belirsizlik sadece o kişinin 20 yaşını bitirip bitiremeyeceğine ilişkindir.

Bazen de hem koşulun (şartın) gerçekleşip gerçekleşmeyeceği hem de zamanı belli olmayabilir: «evlenirsen sana bir araba hediye edeceğim». Burada evlenmenin hem gerçekleşmesi, hem de zamanı belli değildir.

Koşul (şartlı) irade beyanı bir bütün teşkil eder, hukukî muameleden ayrı düşünülmeyecek bir unsurdur. Bu nedenle ahlâka aykırı veya imkânsız bir şart kural olarak bütün iradeyi etkisiz hale getirir[128].

Koşul (şart) kural olarak her türlü borçlandırıcı ve tasarrufî muameleye konulabilir. (Gai. 3,146). Ancak Roma hukukunda: *Mancipatio*, *emancipatio*, *in iure cessio*, *acceptilatio* (ibra) ve *datio tutoris* (vasi tayini) olarak sayabileceğimiz bu muamelelere koşul (şart) konulduğu takdirde işlem geçersiz olurdu (D.50,17, 77). Modern hukuklarda da örneğin evlenme, evlât edinme, yenilik doğuran hakların kullanılması gibi şart kabul etmeyen işlemler mevcuttur.

Koşullar (şartlar) çeşitli yönlerden ayrıma tâbi tutulmaktadır.

1) Koşulların (Şartların) Türleri

A. GECİKTİRİCİ (Talikî) KOŞUL (ŞART)-BOZUCU (İNFİSAHİ) KOŞUL (ŞART) (CONDICIO SUSPENSIVA-CONDICIO RESOLUTIVA)

Eğer hukukî muamelenin sonuç doğurması gelecekteki tahakkuku şüpheli olayın gerçekleşmesine bağlanmışsa koşul (şart) geciktirici (Talikî)dir. Meselâ «sınavı başarırsan sena motorsiklet alacağımı» şeklinde bir muamele yapılmışsa, sınavın başarılması muamelenin geciktirici şartıdır. Diğer bir örnek: A,B'ye kendisi için bir hikâye yazması şartıyla bir kalem bağışlıyor. Burada ancak hikâye tamamlandığında bağışlama hükmünü doğuracak ve kalem B'nin olacaktır. TBK 170-172 geciktirici koşulu (Talikî şartı) düzenlemektedir.

Geciktirici koşulu (şartlı) işlem yapıldığı zaman, önce bir belirsizlik vardır.

İşlemin sonuç verip vermeyeceği belli değildir. İşlem koşul (şart) gerçekleşince hüküm doğurur. Bağcı M sonbaharda elde edeceği üzüm rekolte-

---

128 TBK m.176'da hukuka veya ahlâka aykırı şartları içeren hukukî işlemlerin hükümsüz olduğu belirtilmektedir.
Miras hukukunda geçerli olan *favor testamenti* (miras bırakanın iradesine öncelik tanımak) ilkesi gereği ölüme bağlı tasarruflarda tartışmalı olmakla birlikte bu tip şartların yok farzedilerek hukukî muamelenin geçerli sayıldığı görülmektedir (D. 35, 171, 1; Gai 3, 98).

sini, ilkbaharda şarapçılıkla uğraşan A'ya satarsa ve bağ sel bastığı için üzüm vermezse, koşul (şart) gerçekleşmez. İşlem hiç yapılmamış gibi olur.

Eğer bir hukukî muamelenin hükümleri koşulun (şartın) gerçekleşmesi ile sona erecekse, koşul bozucu (infisahî), yani muameleyi hükümden kaldırıcı niteliktedir. Bozucu (İnfisahî) şarta bağlanmış bir muamele hükümlerini derhal doğurur, koşul (şart) gerçekleşirse muamele sona erer. Örneğin, bir memur taşraya tayin edilmesi halinde İstanbul'da oturduğu evinden taşınacağı şartıyla kira akdi yapmışsa, bu bozucu koşula (şarta) bağlı bir sözleşmedir. Kira akdi yapıldığı anda hükümlerini doğurur, taşraya tayin çıkarsa sözleşme sona erer. Diğer bir örnek: A ile B arasında, Titius savaştan dönünceye kadar A'ya ait arabanın B'de kalması konusunda bir sözleşme yapılmıştır. Bu muamelenin anlamı arabanın B'ye hemen verileceği, eğer Titius savaştan dönerse B'nin arabayı A'ya iade edeceğidir[129]. (TBK m.173 bozucu (infisahî) şartı (koşulu) anlatılan şekilde düzenlemiştir).

Eski ve klâsik devirlerde Romalılar şart denilince daha ziyade geciktirici (talikî) şartı anlarlardı. Onlara göre geciktirici (Talikî) şarta bağlanmış muamele muallakta, askıdadır *(condicio pendet)*. Halbuki bozucu şarta bağlı muamele hemen hüküm doğuracağı için askıda olma durumu yoktur. Romalılara göre - bozucu (infisahî) şart varmış gibi görünen hallerde - hukukî muamele şartsız, yapılmıştır, ancak bu muameleye eklenmiş olan rücu (dönme) anlaşması geçiktirici (Talikî) şarta bağlıdır. Başka bir deyişle Romalılar bozucu koşulun (infisahî, şartın) sonuçlarına dolaylı yoldan varırlardı. Örnek: A, B'ye bir halı satmıştır. Ancak tarafların bu alım-satım akdine ilave ettikleri bir yan anlaşmaya göre bir hafta içinde halıya daha iyi bir teklif veren çıkarsa, A, B ile yaptığı alım-satım akdini bozabilecek ve halıyı yeni müşteriye satabilecektir. Burada alım-satım akdi şartsız yapılmıştır, yani A halıyı B'ye hemen teslim edecektir, fakat alım- satım eklenen rücu (dönme) anlaşması, geciktirici koşula (Talikî şarta) bağlanmıştır. Halıya daha iyi teklif geldiği takdirde bu dönme anlaşmasının şartı gerçekleşecek ve A halıyı B'den geri alarak yeni alıcıya satabilecektir (D.18,2,2 pr.)[130].

129 A,B'ye para koleksiyonunu satıp devrediyor. Ancak A iki yıl içinde koleksiyonunun sergilenmesi için B tarafından bina yaptırılmasını şart koşuyor. İki yıl içinde bu yer yaptırılırsa, koleksiyon B'de kalacaktır, aksi halde bozucu şart gerçekleşecek ve B koleksiyonu A'ya geri vermek zorunda kalacaktır. (Hausmaninger-Selb, s. 272, 273).

130 D. 18, 1, 3'te Ulpianus alıcının malı beğenmediği takdirde akdi bozabileceği bir durumu ifade eden *pactum displicentiae*'de malın şarta bağlı olarak satılmış olmadığını, fakat şart gerçekleşirse, alım-satım akdinin bozulabileceğini belirtmektedir.

B. İRADİ, TESADÜFÎ VE KARMA ŞARTLAR

Gerçekleşmesi taraflardan birinin iradesine bırakılmış koşula (şarta) iradi koşul (şart) *(condicio potestativa)* denmektedir. Otomobil beğenilmek şartıyla satılmışsa, burada alıcının iradesine bağlı bir koşul (şart) söz konusudur (I. 3,23,4)[131]. «Dul kadının tekrar evlenmemesi şartıyla ona bir ev bırakıyorum» şeklindeki bir muayyen mal vasiyetinde olumsuz iradi koşul (şart) söz konusudur[132]. Ancak koşulun (şartın) gerçekleşmesi, borçlunun iradesine bırakılamaz, aksi halde borç ilişkisi bağlayıcılığını kaybeder.

Tesadüfî şartta *(condicio causalis)* ise taraf iradesinden bağımsız bir olay ele alınmıştır: «Gemi Kartaca'dan gelirse sana 100 kilo buğday satarım». Akdin tarafı olmayan üçüncü kişilerin iradesine bağlı şartlar da tesadüfî şart niteliğindedir: «Roma halkı *Octavius*'u *consul* seçerse sana bir at veririm».

Karma şartta *(condicio mixta)* hem taraflardan birinin hem de üçüncü bir kişinin iradesi söz konusudur: «Titius kendisine vasiyet edilen kitabı Seia ile evlendiği takdirde alabilir». Evlenme için Titius'un iradesinin yetmediği, buna Seia'nın da razı olması gerektiği için karma bir şart söz konusudur.

Şartların bu şekildeki üçlü ayrımı Iustinianus hukukunun bir ürünüdür (C. 6,51,1,7).

C. GERÇEKLEŞEBİLECEK ŞARTLAR - GERÇEKLEŞEMEYECEK ŞARTLAR

Gerçekleşebilecek şarttan bahsedebilmek için şart olarak kabul edilen olayın gelecekte gerçekleşmesi, mümkün ancak, belirsiz bir olay olması gerekir. Geçmişte kalan veya halihazır durumlar *(condiciones ad praeteritum vel in praesens collata)*, taraflar bu durumu bilmeseler bile, şart işlevini göremez (D. 12,1,39; I.3,15,6), çünkü hükümlerin askıda olması imkânsızdır. Örnek: «Titius yaşıyorsa». Burada gelecekteki bir olay yoktur. Böyle bir olguya bağlanmış

---

[131] Pactum displicentiae'de, alıcı satın aldığı malı beğenmezse, geri verebilecektir. TBK m. 249-251, beğenme ve deneme koşuluyla satıştan söz etmektedir.

[132] Bu son örnekte dul kadının evlenip evlenmediği ancak ölümüyle belli olacağından muayyen mal vasiyetinden hiç yararlanamaması söz konusudur. Bu sebeple hukukçular *cautio Muciana* denilen bir yola başvurmuşlardır; lehine mal vasiyet edilmiş olan kendisine bırakılanı derhal alır, ancak bu sırada şarta aykırı hareket ederse malı geri vereceğine dair teminat gösterir. Bu teminatı hukuk hayatına ilk defa hukukçu Quintus Mucius Scaevola soktuğu için *cautio Muciana* denilmiştir (D. 35, 1, 7 pr.). Bkz. Umur, Lügat, *cautio Muciana*; Mayer – Maly, s.97.

olan muamele, hukukî neticelerin ya derhal doğması ya da hiç doğmamasıyla sonuçlanacaktır[133].

D. OLUMLU – OLUMSUZ ŞARTLAR

Şartlar olumlu yahut olumsuz tarzda ifade edilmiş olabilir.

«Capitolium'a tırmanırsa» olumlu, «Seia Titius'un evlenme teklifini kabul etmezse», «Seia evini satmazsa» olumsuz şart niteliğindedir.

2) Şartın Hukukî Muameleye Etkisi

Geciktirici (talikî) şartlı muamele yapıldığı zaman önce hukuken bir belirsizlik mevcuttur, muamelenin netice meydana getirip getirmeyeceği belli değildir. Başka bir deyişle, hukukî muamelenin hükümleri askıdadır *(condicio pendet)*. Taraflar hukukî yönden bu askıda olma durumu ile bağlıdır. Şartın etkisini azaltacak tasarruflardan kaçınmak zorundadır[134]. Şartlı bir alacak doğmuşsa, alacaklı şartın gerçekleşmesinden önce ifayı talep edemez (D. 50,16,54) ama, bu hak başkasına devredilebilir, miras yoluyla geçebilir (I. 3,15,4). *Novatio* ile yenilenebilir veya ibraya konu olabilir, hattâ rehinle teminat altına alınabilir[135]. Talikî (geciktirici) şarta bağlı olarak bir malın mülkiyetini devreden kimse, şart gerçekleşinceye kadar malik kalır (D. 40,9,29,1) ve bu arada mal üzerinde tasarrufta bulunabilir, örneğin rehnedebilir, irtifak tesis edebilir (D. 20,1,13,1; D. 18,2,4,3). Ancak bu muamelelerin de askıda olduğunu söylemek mümkündür çünkü şart gerçekleşirse bu tasarruflar hükümden düşer[136].

---

133 Şart olarak kabul edilmiş olayın gerçekleşmesi imkânsız ise «parmağınla gökyüzüne dokunursan» işlem bâtıl (geçersiz) olur (Gai. 3,98). Buna karşılık şart olarak konulmuş olay mutlaka tahakkuk edecekse «gökyüzüne parmağınla dokunamazsan» askıda bir durum söz konusu olmadığından işlem derhal yürürlüğe girer (I. 3,19,11).

134 TBK. 171/I: «Koşul (şart) gerçekleşinceye kadar, borçlu, borcun gereği gibi ifa edilmesine engel olacak her türlü davranıştan sakınmakla yükümlüdür. Şart gerçekleşinceye kadar borçlu, borcun gereği gibi ödenmesine engel olacak her türlü davranıştan kaçınmakla yükümlüdür.

135 Kaser s.255; Umur, Ders Notları, s.195; krş Honsell, s.27; Karadeniz – Çelebican, s.251. Şart gerçekleşmeden önce dava açılması mümkün değildir. Şart gerçekleşmeden hemen ifada bulunan borçlu, ifa ettiğini bir *condictio indebiti* sebepsiz iktisap davası, ile geri isteyebilirdi. Ancak bu arada şart gerçekleşirse artık geri isteyemezdi (D. 12,6,16 pr).

136 TBK 171/III: Koşulun (şartın) gerçekleşmesinden önce yapılan tasarruflar, koşulun (şartın) hükümlerini zedelediği oranda geçersizdir.

Şart gerçekleşirse *(condicio existit)* hukukî neticeler kendiliğinden *ipso iure* doğar, yani muamele şartsız *(pura)* bir muamelenin etkisine sahiptir (D. 28,7,26). Malı *traditio* ile şartlı devralmış olan kişi malik olur. *Stipulatio* ile şartlı alacak elde etmiş olan kimse alacağını talep edebilir. Şüpheli olay gerçekleşirse, olumlu şart gerçekleşmiştir. Olumsuz şart gerçekleşmezse, şüpheli olay gerçekleşmiş olur.

Şart gerçekleşmezse *(condicio def'icit)* hukukî muamele ortadan kalkar (D. 18,6,8 pr. ...*Nulla est emptio sicuti, nec stipulatio:* Alım-satım gibi *stipulatio* da geçersizdir.)

Roma'da klâsik devirde alım-satım ile birlikte yapılan geciktirici (Talikî) şarta bağlı rücu anlaşması şeklinde düşünülen bozucu şartta ise, hasar alıcıya derhal geçer, semen alacağının hemen ödenmesi gerekir, mal teslim edilmişse, mülkiyette geçer. Ana muameleye ekli rücu (dönme) anlaşmasının geciktirici (talikî) şartı gerçekleşirse, lehine bu şart konulmuş taraf ana muameleyi bozabilirdi[137] (D. 18,6,8 pr).

Şartın gerçekleşmesi aleyhine olacak taraf şartın gerçekleşmesini engellerse, şart gerçekleşmiş kabul edilir (D. 50,17,161). TBK. 175: «Taraflardan biri, koşulun gerçekleşmesine dürüstlük kurallarına aykırı olarak engel olursa, koşul gerçekleşmiş sayılır».

Geciktirici (talikî) şartın yerine gelmesinden sonra hükümlerin muamelenin yapıldığı andan yani geçmişse etkili *(ex tunc)* olarak doğduğu veya şartın gerçekleştiği andan itibaren doğacağı *(ex nunc)* her hukuk düzenini ilgilendiren önemli bir sorundur. Bu konudaki tercihin pratik sonuçları meydandadır: Şartın tahakkuku halinde hükümlerin muamelenin yapıldığı andan itibaren doğmuş sayılacağı düzenlenmişse *(ex tunc)* muamelenin yapıldığı an ile şartın gerçekleştiği an arasındaki tasarruflar ortadan kalkacaktır. Aksi halde yani *ex nunc* etki kabul edilmişse aynı tasarruflar geçerliliğini koruyacaktır. Romalıların bu konuda her muamelenin özelliğini dikkate alarak *ex tunc* veya *ex nunc* etki lehine vaziyet aldıkları görülmektedir. Ancak *ex nunc* etkinin ağır bastığını söylemek mümkündür[138].

---

137 Böyle bir bozma vaki olursa, taraflar verdiklerini geri almak için rücu anlaşmasının bağlı olduğu esas akdin (meselâ alım-satım) davalarını kullanırlardı (D. 18,1,6,1; D. 18,5,6). Bu bozma ana akdin sonuçlarını koşul gerçekleştiği zaman *(ex nunc)* olarak sona erdirmektedir.

138 Umur, Ders Notları, s.195-196; Hausmaninger – Selb, s.272-273. Bu konu Romanistler arasında geniş olarak tartışılmıştır ve bu tartışma hâlâ sürmektedir. Bu tartışmaların etkisinde kalan Fransız Medeni Kanunu (Code Civil) şartın neticelerini geçmişe etkili olarak

İnfisahî (bozucu) şartta muamele yapılır yapılmaz doğan neticeler şart gerçekleşince ortadan kalkmaktadır. Burada hükümler *ex nunc* yani şartın gerçekleşmesiyle birlikte sona ermektedir[139]. Eski TBK 152/II'de de «kaideten infisah makabline şamil olmaz» denmiştir.

II. VADE (DIES)

Vade hukukî muameleye ilave edilmiş olan gelecekte gerçekleşmesi kesin bir olgudur. Taraf iradesine göre hükümler belli bir vadede başlayacaktır veya sona erecektir.

Vade bir takvim günü olarak belirlenmiş olabilir: 27 Şubat 2010. Bu vadenin hem gerçekleşeceği hem de ne zaman gerçekleşeceği kesindir *(dies certus an certus quando)*. Bazen de gerçekleşeceği kesin olmakla beraber ne zaman gerçekleşeceği belli olmayabilir *(dies certus an, incertus quando)*: A'nın ölümünden sonra yahut bağ bozumunda veya on yıl içinde.

Vade, başlangıç vadesi geciktirici (talikî) veya sona erdirici vade (infisahî) olarak belirlenebilir.

Başlangıç vadesinde *(dies a quo)* hukukî muamelenin hükümleri belli bir anda doğmaya başlar. Örnek: A gelecek yılbaşı itibariyle bir ev kiralamıştır. Kira akdi gelecek yıldan başlayarak yürürlüğe girecektir. Yani kiraya veren evi oturulmak üzere o tarihte hazır edecek ve kiracıya boş olarak teslim edecektir, kiracı ise kira ücretini yine o tarihte ödemeye başlayacaktır. Başlangıç vadesi, bir hakkın doğumunu değil talebini geçiktirir.

Sona erdirici vade *(dies ad quem)* halinde ise muamele hükümlerini derhal doğuracak, fakat o hükümler belli bir tarihte sona erecektir[140]. Örnek: A, gelecek yıl sonuna kadar bir ev kiralıyor. Kira akdi hemen yürürlüğe girecek, taraflar borçlarını yerine getirecektir, fakat gelecek yıl sonunda kira akdi sona

---

düzenlemiştir. Alman Medeni Kanunu ve Türk Medeni Kanunu şartın tahakkukundan sonra hükümlerin geçmişe etkili olarak doğmayacağını kabul etmiştir. (BGB 158; TBK 170/II). Ancak her iki kanun da tarafların bunun aksini kararlaştırabileceğini düzenlemektedir.

139 Kaser, s.257.

140 Bozucu (İnfisahi) şartta olduğu gibi mülkiyet, hürriyet (D. 40,4,33) gibi niteliğinde devamlılık olan durumların bozucu (infisahi) vadeye bağlı olması mümkün değildi. Konulmuşsa yok farzedilirdi. *Stipulatio* gibi dar hukuk akitlerine böyle bozucu vade ilave edilir ve vadeye rağmen *stipulatio*'dan doğan dava açılırsa, *praetor* borçluyu *exceptio doli* ile himaye ederdi. Kira gibi iyi niyete *(bona fides)* tabi borç ilişkilerinde bozucu vade mümkündür (D. 19,2, 13,11).

erecektir (D 17,2,1 pr). Şirket, hizmet akdi gibi sürekli borç ilişkisi doğuran sözleşmeler de bozucu vadeye bağlanabilirdi. İntifa hakkı belli bir tarihe kadar kurulabiliyordu, (D. 7,4,3 pr).

Vadenin koşuldan (şarttan) farkı birincinin mutlaka gerçekleşecek olmasındadır. Başka bir deyişle askıda olma hali mevcut değildir. Bu nedenle alacak hakkı hemen doğar, talep edilmesi - geciktirici (talikî)vade söz konusu ise- vadesinde mümkün olur. Vadeli bir borç hemen ifa edilebilir. Vadesinden önce ifa edilmişse-şartlı borçtan farklı olarak - sebepsiz iktisap davası ile geri istenemezdi (D. 35,1,1,1)[141].

III. MÜKELLEFİYET (MODUS)

Bir kazandırıcı muamelenin muhtevasına taraf iradesiyle dahil edilen bu unsura göre, lehine muamele yapılan kimseye belli bir davranışta bulunma mükellefiyeti yüklenmektedir. Roma hukukunda *modus* daha çok bağışlamalarda ve ölüme bağlı tasarruflarda görülmekteydi. Örnek: A, B'yi mirasçı tayin etmekte ve aynı zamanda anıtını yaptırma mükellefiyeti altına sokmaktadır (D. 35,1,17,4).

Kazandırıcı muameleden faydalanan kimse, hakkı mükellefiyeti yerine getirmeye bağlı olmadan iktisap eder. *Modus*'lu bir muamele ne şarta ne de vadeye bağlıdır. Örnek: A, kendisi için bir hikâye yazmak mükellefiyeti yüklediği B'ye kıymetli bir kalem hediye ediyor. Burada dikkat edilmesi gereken diğer önemli nokta, mükellefiyetin karşı edim (ivaz) niteliğinde olmadığıdır.

Klâsik dönemin sonlarına kadar mükellefiyetin yerine getirilmesi konusunda açılacak bir dava esas itibariyle mevcut değildi. Iustinianus döneminde genel bir dava niteliğinde olan *actio praescriptis verbis* ile mükellefiyetin yerine getirilmesi istenebilirdi[142].

Hukukumuzda mükellefiyet, lehine kazandırmada bulunan tarafa yüklenmiş fer'i borç olarak anlaşılmaktadır (TMK m. 515, TBK 290- 291).

141 Şart kabul etmeyen *actus legitimi* adı verilen muamelelere (mancipatio, in iure cessio, acceptilatio vade de konamazdı. (D. 50, 17,77).

142 Klâsik devirde bazı şartlarda bir sebepsiz iktisap davası olan *condictio* açılabilirdi veya mükellefiyet *stipulatio* ile teminat altına alınabilirdi. Bu taktirde *stipulatio*'dan doğan dava açılırdı. Kaser, s. 259; Schwind, s. 272; Umur, Lügat, *modus*.

§ 14. Hukukî Muamelelerin Hükümsüzlüğü

I. GENEL OLARAK

Bir hukukî muameleden beklenen sonuçların doğmasını engelleyen, bir hukukî işleme hukuk düzeni tarafından bağlanacak neticeleri önleyen çeşitli sebepler mevcuttur. Bu sebeplerin varlığı halinde hukukî muamelelerin geçerliliği etkilenir. Hukukî muameleyi farklı derecelerde etkileyen bu sebeplere geniş anlamıyla hükümsüzlük sebepleri demek mümkündür. Bu konuda Modern Hukuk öğretisinde tam bir fikir birliği olmadığı gibi Romalılar da hukuktaki genel eğilimlerine uygun olarak konuya teorik olarak yaklaşmamışlardır. Roma hukukunun *ius civile*, *ius honorarium*, *ius gentium* gibi iç içe girmiş hukuk tabakalarından oluşması ve bunlara göre hükümsüzlüklerin değişiklik göstermesi durumu karıştırmaktadır. Bilindiği gibi günümüzde bir hukukî muamelenin geçerlilik şartları kanunlar tarafından düzenlenmektedir. Bu şartları yerine getirmeyen hukukî muamele farklı neticeleri olan hükümsüzlük sebepleriyle sakatlanır. Romu hukukunda ise hükümsüzlük sebepleri daha ziyade meseleyi inceleyen hukukçuların görüşleriyle ortaya çıkmıştır. Hükümsüzlüğü ifade eden terim konusunda da bir birlik mevcut değildir[143]. Biz aşağıda modern hukuk terminolojisinde yerleşmiş kavramları esas alarak konuyu açıklamak istiyoruz. TBK. 27'de düzenlenmiştir.

HÜKÜMSÜZLÜK SEBEPLERİ

Yokluk	Kesin hükümsüzlük, geçersizlik (Mutlak Butlan)	İptal edilebilirlik (nisbi butlan)
düzelmez, sözleşme oluşmaz Örnek Beş tanığın olmadığı mancipatio	düzelmez, hakim görevi gereği *(ex officio)* dikkate alır Örnek, gereken şeklen uymama, ayırt etme gücünün yokluğu, irade uyuşmazlığı	düzelebilir, taraflardan biri hüküm kazanmasını sağlayabilir Örnek Alacaklılardan mal kaçırma, gabin

1. *Yokluk*

Bir hukukî muamelenin temel, kurucu unsurlarından birinin bulunmaması halinde «yokluk»tan bahsedilir. Hukukî muameleyi doğuracak olan ana unsur mevcut değilse, hukukî muamele meydana gelmez. Roma hukukunda *magistra*'nın önünde yapılmayan *in iure cessio* yokluk derecesinde hükümsüzdür. Bugün evlendirme memuru önünde yapılmayan evlilik akdi ile evlilik birliği kurulamaz.

---

143 *Nullum*, *inutilis*, *vitiosum*, *imperfecta*, *non valere*, *irritus* gibi.

2. Kesin hükümsüzlük, geçersizlik (Mutlak Butlan)

Hukukî muamelenin temel, kurucu unsurları mevcut olduğu halde geçerlilik şartlarında sakatlık varsa, kesin hükümsüzlük, geçersizlik (butlan)den, batıl muamelelerden söz edilir. Bu halde muamele kesin olarak hükümsüzdür, muamele ölü doğmuştur. Kesin hükümsüzlük, geçersizlik (mutlak butlan) sebebi sonradan ortadan kalksa bile, batıl olan muamelelerin sonradan geçerli hale gelmesine kural olarak imkân tanınmamıştır[144]. Meselâ muamele sırasında bulunmayan ayırt etme gücü (temyiz kudreti) sonradan kazanılsa ve artık mümeyyiz olan kişi o muameleyi kabul etse de muamele geçerli hale gelemez. Belli bir sürenin geçmesi de böyle bir muameleye sıhhat kazandırmaz[145]. Yokluk gibi kesin hükümsüzlük, geçersizliği (mutlak butlan) de hâkim re'sen, görevi gereği *(ex officio)* nazara alır. Yani dava taraflarının bunu ileri sürmesine ihtiyaç yoktur. Butlan sadece muamelenin taraflarını değil, herkesi etkiler. Yine herkes kesin hükümsüzlüğü, geçersizliği (mutlak butlan) öne sürebilir.

Bir hukukî işlem taraflarca istenen sonuçları doğurmazsa etkisizdir veya geçersizdir.

TBK. 26 ve 27 sözleşmelerin (hukukî muamelelerin) hangi nedenlerle batıl olacağını düzenlemektedir. Roma hukukunda da hemen hemen aynı sebepler hukukî muamelenin geçersiz olması sonucunu doğurmaktaydı.

İrade uyuşmasının gerçekleşmediği akitlerin geçersiz olduğu Romalılar tarafından belirtilmiştir. Bilindiği üzere akdin meydana gelmesi için karşılıklı

---

144 D. 50,17,29 *Quod abinitio vitiosum est non potest tractu temporis convalescere*. (Başlangıçtan itibaren geçersiz olan zamanla geçerli hale gelemez.) Ortaçağ'ın sonlarından itibaren bu konuda bazı özdeyişler ortaya çıkmıştır: Meselâ, *Ab initio nullum semper nullum* (Başlangıçta batıl olan daima batıldır). *Quod ab initio non valet, tractu temporis non convalescit* (Başlangıçtan itibaren geçerli olmayan zamanın geçmesiyle sıhhat kazanmaz).

145 *Non firmatur tractu temporis, quod de iure ab initio non subsistit* (Hukuken başlangıçtan itibaren mevcut olmayan şey zamanın geçmesiyle tasdik edilemez, sıhhat kazanamaz.) Bazı hallerde başlangıçta sakat hukukî durumun sonradan sıhhat kazandığı görülmektedir. Başkasına ait bir mal devredildikten sonra devreden gerçek malike mirasçı olmuşsa *praetor* malı devredenin malik sıfatıyla açtığı *rei vindicatio*'ya karşı bir *exceptio* vermek suretiyle himaye sağlardı (D. 21,3,1 pr). Bağışlamaları düzenlemek üzere çıkarılmış bulunan *lex Cincia*'ya aykırı bir bağışlama, bağışlayanın ölmesiyle tam bağışlama haline gelirdi. Bir *senatus* kararıyla aile evlâtlarına tüketim ödüncü (mutuum) verilmesi yasaklanmıştı. Eğer bu yasak ihlal edilerek para borcu verilmiş, fakat aile reisi bu borcu kabul etmiş veya *sui iuris* haline gelen evlât açıkça veya zımnen ödeyeceğini açıklamışsa, yasağa bağlanan neticeler ortadan kalkardı (D. 14, 6,7,15-16). Rehin hakkı tesis ettiği sırada mülkiyeti kendisine ait olmayan malı sonradan iktisap eden kimsenin tesis ettiği rehin hakkı diğer şartların varlığı ile birlikte geçerli hale geliyordu (D. 20,4,93).

iradelerin uyuşması gerekir. Bu uyuşmaya *consensus* denirdi. Beyanlara rağmen uyuşmadan bahsedilemiyorsa *dissensus* vardır. D. 2,14,1,3'te Ulpianus tarafından irade uyuşması yoksa *stipulatio*'nun batıl olduğunu belirtilmiştir (... *stipulatio nisi habeat consensus, nulla est)*[146].

Muameleyi batıl hale sokan sebepler arasında ayırd etme gücünün (temyiz kudretinin yokluğu), muamelenin kanunun emredici hükümlerine veya ahlâk ve adaba aykırılığı, sıhhat şekline tabi bir akitte şekle uyulmayışı sayılabilir:

Bir akıl hastasının (D. 29,2,47...*furiosi voluntas nulla est*... akıl hastasının iradesi hükümsüzdür), yedi yaşından küçük bir kimsenin *(infans)* muameleleri batıldır[147].

Tam kanun *(lex perfecta)* mahiyetinde olan bir kanuna aykırı hareket muamelenin netice doğurmasını engellerdi. Meselâ I. yüzyılda Augustus tarafından çıkarılan *lex Aelia Sentia*'ya göre kölesini azat eden kimsenin en az 20, azat edilen kölenin ise en az 30 yaşında olması gerekiyordu. Buna riayet edilmemişse, azat etme muamelesi kural olarak netice doğurmuyordu.

Hukukî muamelenin konusu objektif olarak imkânsız ise, muameleden borç doğmuyordu. Romalılar «mümkün olmayandan borç doğmaz» demekteydiler[148]. Bu imkânsızlık hukukî muamele yapılırken herkes için söz konusu olan imkânsızlıktır. Satılmış bir yük hayvanının, daha önce ölmüş olması fizikî imkânsızlığı gösterir[149], buna karşılık satılan malın zaten alıcıya

---

[146] D. 18,1,9 pr'da Ulpianus tarafların satılan mal veya semen üzerinde anlaşamadıkları durumda, akdin *dissensus* nedeniyle geçersiz *(imperfecta)* olduğunu belirtmektedir. Ayrıca, Gai. 3,102.

[147] D. 50,17,40'ta Pomponius akıl hastasının, hattâ malvarlığının idaresi elinden alınan müsrifin iradesinin değersiz olduğunu vurgulamaktadır. D. 26,5,8,1'de Ulpianus akıl hastası *praetor*'un yaptığı vasi tayininin geçersiz olduğunu *(non valere)* söylemektedir.

[148] D.50,17,185. Bu metne dayanılarak şu özdeyiş türetilmiştir: *Nemo potest ad impossible obligari* (hiç kimse imkânsız olanı borçlanamaz).

[149] D. 44,7,1,9'da Gaius, imkânsız bir şeyin verilmesine ilişkin *stipulatio*'nun mantık gereği hukuken geçersiz olduğunu belirttikten sonra bir hürün veya ölmüş bir kölenin veya zaten yanmış bir evin *stipulatio* ile vaadedilmiş olmasını örnek göstermektedir. Ancak her iki tarafın bu durumu bilmemesi gerekiyordu. Benzer durumlardan yine Gai. 3,97'de söz edilmektedir. Iustinianus (I. 2,19,1) ise, tabiatta mevcut olmayan bir şeyin verilmesine örnek olarak *hippocentaurus*'u (başı insan, vücudu at olan efsanevi yaratık) gösteriyor ve böyle bir *stipulatio*'nun geçersiz *(inutilis)* olduğunu belirtiyor. Paulus D. 18,1,15 pr'da üzerinde anlaşmaya varılan maddenin satıştan önce yeryüzünden yok olması halinde alım-satımın batıl *(nualla emptio)* olduğuna işaret etmektedir. Yaşayan veya var olmayan bir kimsenin

ait olması hukukî imkânsızlık yaratır[150]. Edimin ifasının sadece borçlu için imkânsız olması, muamelenin geçersizliği sonucunu doğurmaz[151]. Merih'te tatil geçirmek konusunda yapılan bir sözleşmenin ise imkânsızlık sebebiyle geçersiz olduğunu kabul etmek gerekir. Böyle bir olanak bulunmadığından, fizikî, objektif imkânsızlıktan bahsolunur. Buna karşılık dünya çevresinde yapılacak bir seyahat için bir şirket ile anlaşma yapmış kimsenin bu yolculuğa ödeyecek parasının olmaması imkânsızlık sebebiyle akdin geçersizliği sonucunu getirmeyecektir[152].

İşlem *ius civile*'ye göre, bâtıl, geçersiz ise *praetor* bir dava hakkı vermez veya hile def'i gibi bir yolla etkisiz kılar.

Şekle aykırılık dolayısıyla geçersizliğe gelince; *mancipatio*'da şahit bulunmaması veya gerekli sözlerin söylenmemesi, mülkiyetin geçmemesine sebep olacaktır veya mektuplarla yapılmak istenen *stipulatio* netice doğurmayacaktır.

Ahlâk ve adaba aykırı muameleler *(negotia turpia)* konusunda ise *bona fides*'e (iyi niyet) göre değerlendirilen muamelelerle *stipulatio* gibi *ius civile*'nin şekilci muameleleri arasında ayrım yapmak gerekir; *negotia bona fidei* (iyi niyet muameleleri) denilen işlemlerde hâkim ahlâka ve adaba aykırılığı re'sen, görevi gereği dikkate alır ve muameleyi geçersiz kılardı. Yine ahlâk ve adaba aykırılık *stipulatio*'nun içeriğinden açıkça anlaşılıyorsa muamele batıl, geçersiz olurdu[153]. Buna karşılık *stipulatio* mücerret ise geçerliydi. Ancak, *stipulatio*'nun

terekesinin satılmasından da borç ilişkisi doğmazdı. (D. 18,4,1.) TBK 20/I bir akdin konusunun gayri mümkün olması halinde akdin batıl olacağını düzenlemektedir.

150 D. 44,7,1,10'da Gaius, malın kendisine ait olduğunu bilmeden kendisine verilmesi için *stipulatio* yaptıran kimsenin alacaklı olamayacağını, çünkü bu *stipulatio*'nun geçersiz *(inutilis)* olduğunu belirtmektedir. D. 50,17,45'te Ulpianus, bir kimsenin kendi malı üzerinde rehin, vedia, *precarium*, hakkına sahip olamayacağını, kendi malını kiralamayacağını ve satın alamayacağını vurgulamaktadır.

151 D.19,1,55'te Pomponius satın alınan veya *stipulatio* ile taahhüt edilen kölenin düşmanın elinde olması durumunda Octovenus'un fikrine iştirak ederek alım-satımın ve *stipulatio*'nun geçerli olduğunu belirtmektedir. İmkânsızlığı bildiği halde muameleyi yapan kimseden menfî zararın tazmini istenebilirdi. Apathy - Klingenberg-Stiegler, s. 186; Liebs, s.245.

152 Yoruma rağmen muameleden ne borçlanıldığı anlaşılamıyorsa akit yine batıldır. D. 45,1,94'te Marcellus bir kimseye *stipulatio* ile buğday teslimi taahhüt edildiği halde buğdayın türü ve miktarının ne olduğu anlaşılamıyorsa *stipulatio* ile borç altına girilmediğini dile getirmektedir. D.28,5, 63,1'de kimin mirasçı atandığı belli olmuyorsa tasarrufun geçerli olmayacağı *(non valet)* ifade edilmektedir.

153 D. 45,1,26: Generaliter *novimus turpes stipulationes nullius esse momenti* (Ahlâka aykırı *stipulatio*'ların genel olarak batıl olduğunu biliyoruz). Iustinianus (I. 3, 9, 24) ahlâka aykırı

sebebinin ahlâka aykırılığı ispat edilirse *praetor* ya da *stipulatio*'dan dolayı talep edilen davayı reddeder *(denegare actionem)* veya *formula*'ya bir def'i *(exceptio)* koyardı.

Roma hukukunda *mancipatio, in iure cessio, acceptilatio* (borçtan ibra) gibi *actus legitimi* denilen muameleler şart veya vade konduğu takdirde geçersiz (batıl) olurlardı[154].

3) İptal Edilebilme (Nisbi butlan)

Bu kategoriye giren hukukî muamelelerin hükümsüzlüğü veya muteberliği askıdadır ve ortadan kaldırılabilir. Müşterek Hukuk doktrininin Roma kaynaklarına dayanarak geliştirdiği bu sakatlıklarda muamelenin kaderi taraflardan birinin kararına bağlıdır. Hukukî işlem önce geçerlidir. Ancak, iptal yetkisinin kullanılmasıyla geçmişe etkili olarak hükümsüz hale gelir. Bu kimse muameleyi onaylayabilir, muamele geçerli bir işlemin sonuçlarını doğurur. Hak sahibi iptal hakkını kullanmaz veya onaylarsa geçerlilik kazanır (sonradan sıhhat kazanma).

Roma hukukunda iptal kabiliyeti olarak algılanabilecek olan bir kurum alacaklılardan mal kaçırmadır *(fraus creditorum)*. Bir kimse alacaklının takibinden kurtulmak için mallarını üçüncü kişilere devrederse, *praetor* zarara uğrayan alacaklıya bir *in integrum restitutio* (eski hale iade) tanıyarak tasarrufu hükümsüz kılardı[155]. Roma hukukunda *in integrum restitutio* verilen diğer halleri de bu kategoriye sokmak mümkündür. *Exceptio* (def'i) ile de hukukî muamelenin neticeleri engellenebiliyordu[156]. Diğer bir örnek gabindir.

---

bir sebeple taahhüt edilen şeyin geçerli olmadığını *(non valet)* söyledikten sonra buna adam öldürmeyi veya bir tapınağı soymayı örnek göstermektedir. D. 17, 1, 6, 3'te Ulpianus ahlâksız bir şeyin yapılması için verilen vekâletin geçersiz olduğunu ve dava açılamayacağını anlatmaktadır. D. 22, 1, 5'te Papinianus, iyiniyete tabi davalarda ahlâka ve adaba aykırı edimlerin istenmesinin hukuka aykırı olduğunu zikretmektedir. Bu 20/I de ahlâka aykırı edim ihtiva eden akitlerin batıl olduğunu belirtmektedir.

154 Bugün de aile hukukuna ilişkin muamelelerin şarta bağlanamayacağı kabul edilmektedir. Meselâ evlenme akdi şarta bağlı olarak yapılamaz. Mirasın reddi de kayıtsız ve şartsız olmalıdır (TMK m. 609). TBK 243 bir gayrimenkulün şartla satımı halinde şart gerçekleşmedikçe satışın tapu siciline kaydedilemeyeceğini ifade etmek suretiyle tapu siciline şartlı tescilin mümkün olmadığına işaret etmektedir.

155 Apathy-Klingenberg-Stiegler, s.166-167. Iustinianus (I. 4,6,6) borçlu malını üçüncü bir kişiye alacaklının aleyhine ve hileli olarak devretmişse bu teslim iptal edilmiş ve borçlunun malvarlığından kalmış addolunarak alacaklının malı talep edebileceğini ifade etmektedir.

156 Krş. Karadeniz – Çelebican, s.269; Umur, Ders Notları, s.204 .

Bugün yanılma (hata), aldatma (hile), korkutma (tehdit) gibi hallerde muamelenin iptal edilebileceğinden bahsedilmektedir. Roma hukukunda iradeye ilişkin böyle bozuklukların sonucu modern hukuklara göre bazı farklılık göstermektedir. Bunlardan aşağıda bahsedilecektir.

II. İRADE VE BEYANINA AİT BOZUKLUKLAR

Daha önce açıklandığı gibi *ius civile* için önemli olan şekildi.Şekle uyulduğu zaman muamele geçerli olarak meydana gelirdi. Fakat zamanla hukukî muamelede iradeye verilen önem artınca, bu iradenin ve iradedeki bozuklukların nazara alınması gerektiği kabul edildi. Özellikle *bona fides*'e tabi muamelelerle başlayan bu gelişme, daha sonra *stipulatio* gibi dar hukuk muamelelerini de içine alacak şekilde genişletildi. Iustinianus hukukunda taraf iradesi (*voluntas*)[157] daha fazla önem kazandı ve Müşterek Hukuk Iustinianus'un *Corpus Iuris Civilis*'inden yararlandığından modern kanunlar hazırlanırken tarafların iradesini mümkün olduğu kadar gözeten maddelere yer verildi.

Modern hukuk doktrini Pandekt ilmini izleyerek hukukî muamelenin meydana gelmesi için gerekli olan irade beyanında irade ve beyan olmak üzere iki unsur bulunduğunu kabul etmekte ve hukukî muamelenin neticelerini dış dünyaya yansıyan irade beyanına bağlamaktadır[158]. Buna karşılık Roma hukuku böyle bir ayrım yapmamıştır, esas itibariyle Roma'da irade ve beyan bir bütün olarak görülmüştür, hattâ hukukçular iradeye üstünlük tanıyarak iradeye uymayan beyanı geçersiz saymışlardır. Beyan ile irade uyuşmamışsa, kural olarak bundan bir netice doğmazdı. Klâsik hukukçular için beyan sadece iradeyi anlamaya yarayan araçtır. Klâsik hukukçuların bu görüşü müşterek hukukta «irade teorisi» denilen öğretinin temelini teşkil etmiş ve bu öğreti XIX. yüzyıla kadar hâkim kalmıştır[159].

---

[157] D. 50,16,219: *In conventionibus contrahentium voluntatem potius quam verba spectari placuit.* (Anlaşmalarda tarafların kullandıkları kelimelerden ziyade iradelerine bakılmalıdır). D. 45,1,89: *Quotiens in stipulationibus ambigua oratio est commodissimum est id accipi, quo res qua de agitur in tuto sit.* (Eğer *stipulatio*'da konuşulan açık değilse, hakkında muamele yapılan şey için en elverişli görünenin maksada uygunluğu kabul edilir).

[158] Esas itibariyle *declaratio voluntatis* veya *voluntatem declarare* gibi ifadeler klâsik sonrası devre aittir. (D. 1,3,32,1).

[159] Tabiî hukuk teorisi, iradenin tezahür ettiği şeklin ferdin iradesine göre ikinci planda kaldığını, hukukî neticelerin ferdin iradesi sonucunda ortaya çıktığını savunmuştur. Bu görüş daha sonraki bir ekol olan Pandekt ilmini de etkilemiş ve bu akım önemli olanın beyan edilen irade değil, iç irade olduğunu ileri sürmüştür. Buna karşılık beyan teorisi hukukî muameleler alanında muhataba ulaşan beyanın esas alınması gerektiği görüşündedir. Başka bir deyişle gerçek irade ancak kişinin beyanından anlaşıldığı ölçüde nazara alınabilir.

Zamanımızda iradeye ilişkin sakatlıkların iradenin beyanında veya oluşmasında bulunmasına göre ayrım yapılmakta, bu bozukluklara (irade fesatları) çeşitli neticeler bağlamaktadır.

Fertler, çeşitli şekillerde iç sebeplerle oluşan iradelerini dış dünyaya (harice) muteber beyan aracılığıyla açıklar ve hukuk buna neticeler bağlar. İrade ile beyan birbirine uymayabilir. Oluşan irade ile beyan edilen irade arasında farklılık bulunabilir.

İrade ile beyan arasındaki uyumsuzluk bilerek yaratılabilir veya istemeden ortaya çıkabilir. Bilerek yaratılan uyumsuzluk ise tek taraflı veya iki taraflı olabilir.

III.İRADE İLE BEYAN ARASINDAKİ KASTİ UYGUNSUZLUK HALLERİ

Zihni kayıt *(reservatio mentalis)* halinde bir kimse aslında istemediği bir konuyu beyan etmektedir. Kiralık ev levhasını gören bir kimse, aslında iradesi o şekilde olmadığı halde bu evi tutuğunu beyan etmiştir. Hukukî yönden böyle beyanda bulunan kişi beyanıyla bağlıdır. Beyanı yönelttiği kimsenin bu beyana yanlış anlam vermesine sebep olan kişi beyanının sonuçlarına katlanmalıdır[160]. Roma kaynaklarında üzerinde durulmayan bu zihni kayıt üzerinde Müşterek hukukta ve Kilise hukukunda durulmuştur[161].

Şaka (lâtife) beyanı da tek taraflıdır: Bir kimse muhatabının gerçeği anlayacağı düşüncesiyle ciddî olmayan beyanda bulunur veya taraflar göstermelik bir muamele yaparlar. Eğer muhatap beyanın ciddi olmadığını anlamışsa muamele geçerli olmaz[162]. Şaka beyanının zihni kayıttan farkı beyanda

---

Gerek TBK m.19, gerekse BGB 119 ve 133 irade teorisi lehine vaziyet almış gibi görünmektedir, fakat bu uygulamanın özellikle yöneltilmesi gerekli irade beyanları bakımından beyan teorisi yönünde gerçekleştiği söylenebilir. Günümüzde geçerli olan irade, beyan ve güven teorilerinin kısa izahı için bkz. Apathy-Klingenberg-Stiegler s.178; Mayer – Maly, s.90-91.

160 Bu konuda TBK'da açık bir hüküm yoktur. BGB 116 istemediği şeyi beyan eden kimsenin beyanının kural olarak geçersiz (bâtıl) olmadığını belirttikten sonra beyanın yöneldiği kişinin zihni kaydı bilmesi durumunda bu beyanın geçersiz (bâtıl) olacağını düzenlemektedir.

161 Zihni kayıt konusundaki bazı özdeyişler: *Intentio in mente retenta nihil operatur* (zihinde kalmış olan niyet hiçbir sonuç doğurmaz). *Voluntas in mente retenta nihil efficit* (zihinde kalmış iradenin hiçbir tesiri yoktur).

162 D. 44,7,3,2: ... *nec enim si per iocum puta vel demonstrandi intellectus causa ego tibi dixero «spondes?» et tu responderis «spondeo» nascetur obligatio.* (...mesela, şaka veya gösteri niye-

bulunanın, karşı tarafın beyanının ciddi olmadığını anlayacağını düşünmesidir. Eğer muhatap beyanın ciddi olmadığını anlamamışsa, muamele geçerlidir. Burada kandırma amacı yoktur.

Muvazaa *(simulatio)* iki taraflıdır. Taraflar beyanlarının iradelerine uygun olmayacağı konusunda anlaşmışlardır. Dış dünyaya akseden muamele hiç hüküm ifade etmeyecektir veya muamelenin önemli bir unsuru dış çevreye, gerçeğe uygun olmayan bir şekilde yansıtılmaktadır. Meselâ 100 bin olan malın bedeli 10 bin olarak gösterilmiştir. *Simulatio*'da iki taraf da beyanlarının gerçek iradelerine uygun olmadığını bilmektedir. Muvazaa çok defa üçüncü kişileri aldatmak için yapılır.

Muvazaalı işlemler konusunda mutlak muvazaa ve nisbi muvazaa ayrımı yapılmaktadır:

Mutlak muvazaada sadece dış dünyaya yapılmış gibi yansıyan tek bir muamele vardır: Alacaklıdan mal kaçırmak veya vergi kaçırmak gibi sebeplerle bir malı satıp devretmek. Çoğu kez, hileli işlemlerdir. Örneğin borcundan dolayı yapılacak bir icrayı etkisiz kılmak isteyen A, mallarını B'ye satmış görünür. A ve B bu satışın aslında sonuç doğurmayacağı konusunda anlaşmışlardır, üçüncü kişileri kandırmak, aldatmak *(simulare)* için sadece görüntüde alım-satım akdi yapmışlardır. Bu alım-satım gerçek iradelerine uymamaktadır[163].

Nisbi muvazaada ise iki işlem vardır. Bunların biri dışa karşı yapılmış görüntüsü veren muvazaalı muamele, diğeri de bunun arkasına gizlenmiş olan tarafların gerçek iradesine uygun muameledir. Meselâ bir kimse oğluna aslında bağışlama gayesiyle devrettiği bir arsasını Miras Hukukunun hükümlerinden kaçmak için satılmış, yani alım-satım akdi neticesinde devredilmiş gibi gös-

---

tiyle sana «taahhüt ediyor musun?» diye sorsam ve sen «taahhüt ediyorum» şeklinde cevap versen borç doğmaz). Latife beyanıyla ilgili özdeyişler: *Iocus consensui adversatur* (şaka rıza ile kabili teklif değildir). *Qui iocatur non mentitur* (şaka yapan kandırmış olmaz). TBK'nda şaka beyanı açık olarak düzenlenmemiştir. BGB 118'de karşısındakinin beyanının ciddi olmadığını anlayacağı düşüncesiyle yapılan latife beyanının geçersiz (bâtıl) olduğu belirtilmektedir. Şaka beyanı ancak akdin karşı tarafı bunun şaka olduğunu anlamamışsa bağlayıcıdır.

163 D. 44,7,54: *Contractus imaginarii etiam in emptionibus iuris vinculum non obtinet, cum fides facti simulatur non intercedente veritate:* Muvazaalı akitler alım-satımda da bir hukukî bağ meydana getirmezler, zira gerçeğe uymayan sözünü tutma vakıası sadece görünüşte mevcuttur. D. 23,2,30'da Gaius muvazaalı evlenmenin batıl olduğunu ifade etmektedir. Burada eşler gerçekte istemedikleri bir hususu beyan etmektedirler. Boşanmanın da muvazaalı olamayacağı D. 24,1,64'ten anlaşılmaktadır, gerçek boşanmada devamlı ayrılık iradesi olmalıdır.

terir. Baba ile oğul bir arsanın alım-satımı varmış gibi belli bir bedel üzerinde de anlaşarak bu alım-satım gereği arsanın devredildiği görüntüsünü verirler. Bu durumda muvazaalı alım-satım dış dünyaya akseden muameledir, bunun arkasına ise tarafların gerçek iradesine uygun olan bağışlama gizlenmiştir[164].

Roma hukukunda şekle bağlı muamelelerde, yapılan muamelenin aslında hüküm ifade etmeyeceğine dair anlaşmanın dikkate alınması mümkün değildi, çünkü şekil iradeden önce geliyordu[165]. Böyle muamelelerde muvazaa problemi ortaya çıkamazdı. Asıl unsurun irade olduğu kabul edilmeye başlandıktan sonra özellikle rızai akitlerin geçersiz olduğu görüşü kabul edildi. Kısaca uyuşan beyanlar gerçek iradeye uymadığından muvazaalı işlem geçersiz (bâtıl) oluyordu; istenen beyan edilmemiştir, beyan edilen istenmemiştir.

İradenin tamamen vurgulayıcı olduğu postklâsik devirde dış iradenin gerçek iradeye uymadığı için geçersiz (bâtıl) olduğu, bunun arkasına gizlenmiş olan, tarafların gerçek iradelerine uyan muamelenin geçerli olabileceği, ancak bunun için gizlenmiş muamelenin *(negotium dissimulatum)* hukuk düzenlemesinin aradığı unsurları (örneğin şekle uygunluk) taşıması gerektiği kabul edilmişti[166].

---

164 D. 18,1,36'da Ulpianus bir kimsenin bir alım-satım akdinde bağışlama nedeniyle talep etmeyeceği bir bedeli kararlaştırması halinde, alım-satım akdinin varlığının kabul edilemeyeceğini öne sürmektedir. Bunun gibi aynı hukukçu D. 19,2,46'da sembolik ücret karşılığında yapılan kira akdinin geçerli olmayacağını, çünkü bu muamelenin bağışlamaya benzediğini belirtmektedir. Buna karşılık D. 50,17,16'da Ulpianus, bir bedel söz konusu olduğu takdirde muvazaalı satımdan bahsedilemez, demektedir. Bedelin çok düşük tutulduğu hallerde bir *negotium mixtum cum donatione* (Umur, Lügat) vardır. Yani bağışlama gayesiyle yapılmış alım-satım mevcuttur denebilir. Siber, Röm. Privatrecht, s.437.

165 Tarafların *magistra* önünde bir dava varmış gibi hareket ettikleri *in iure cessio*, hayali bir alım-satım gibi cereyan eden *mancipatio*'da hem şekil ön plana çıktığı hem de taraflar bu muamelelerden doğan neticeleri gerçekten istediklerinden bunlar muvazaalı muameleler kategorisine girmezdi.

166 C. 4,22'nin fasıl başlığı şöyledir: «*plus valere quod agitur quam quod simulate concipitur*» (zahiren, görünüşte yapılandan ziyade gerçekte yapılan geçerlidir). Muvazaaya ilişkin bazı özdeyişler şunlardır:
- *Actus simulatus nullius est momenti:* Muvazaalı muamele geçersizdir).
- *Plus valet quod actum quam simulatum:* Gerçekte yapılan muvazaalı olandan daha geçerlidir)l
- *Quae simulate geruntur, pro infectis habentur* (zahiren yapılan şey geçersiz dir(bâtıldır).

BGB 117, karşı tarafın onayı ile irade açıklamasının sadece görünüşte yapılmış olması halinde bu beyanın geçersiz olduğunu belirttikten sonra, muvazaalı muamele ile başka bir işlem gizlenmişse, bu gizlenmiş muamele için geçerli olan hükümlerin uygulanacağını düzenlemiştir.

Muvazaa TBK. 19'da düzenlenmiştir. Bu maddenin metni okunduğu zaman bir akitte tarafların «gerçek ve ortak iradelerini aramak gerekir, ifadesinden kanunun esas itibariyle gerçek iradeye önem verdiğini, bu nedenle görünüşteki muamelenin iradeye aykırılık sebebiyle geçersiz (bâtıl) olduğu, buna karşılık gerçek iradeye uyan gizli muamelenin muteber olacağı sonucu çıkarılır[167].

IV. İRADE İLE BEYAN ARASINDAKİ KASTİ OLMAYAN UYGUNSUZLUK HALLERİ (HATA-YANILMA)

Modern hukuk teorisi irade ile beyanı birbirinden ayırmakta, hukuk hayatında bulunması gereken güvene önem vererek bir sözleşmenin meydana gelmesi için irade beyanlarının uygunluğunu aramakta, bu uygunluk varsa, *consensus* dolayısıyla sözleşmenin oluştuğu sonucuna varmaktadır. Başka bir deyişle iradeler farklı bile olsa, beyanlar uyuşuyorsa hukukî muamelenin meydana geldiği kabul edilmektedir. Özellikle irade beyanının yöneldiği (dürüst ve mantıklı bir kişi olduğu farzedilen) muhatabın beyana verdiği anlama bakılmaktadır. Taraflardan birinin dikkatsizliği, yanılgısı yüzünden iradesinden farklı beyanda bulunması halinde, gereğinde karşı tarafın zararını tazmin suretiyle, muamelenin iptaline izin verilmektedir.

Daha önce belirtildiği gibi, klâsik devirden itibaren, irade şeklin önünde gelmeye başlamış, klâsik hukukçular gerçek iradeyi esas almışlardır. Roma'da hukukî muameleler için gerekli irade ile beyan, bir bütün olarak düşünülmekte, beyan iradenin açıklanmasına, anlaşılmasına yarayan bir vasıta olarak görülerek, iradeye üstünlük tanınmaktaydı. Romalılara göre beyanlar değil, iradeler uyuştuğu zaman *consensus* vardır, hukukî muamele meydana gelmiştir.

Consensus'un oluşup oluşmadığı muamelenin yorumu yoluyla saptanır. Yorum sonunda iradelerin uyuşmadığı anlaşılırsa *dissensus* (irade uyuşmazlığı) söz konusudur, muamele geçersizdir. Bugün Borçlar Kanununu'nda yanılma (hata) halleri olarak düzenlenmiş bulunan olgular (TBK.31), Roma hukukunda irade uyuşmazlığı *(dissensus)* kategorisine sokulmakta ve bâtıl (geçersiz) kabul edilmekteydi.

Yanılmanın (hatanın) *(error)* nazara alınması Roma'da rızaî akitlerin kabulüyle başlamıştır. *Stipulatio* gibi şeklin ön plana çıktığı muamelelerde belli

---

167 Meselâ görünüşteki akit alım-satım, arkadaki gizli akit bağışlama ise, bağışlamanın geçerli sayılması için TBK m.288 gereği yazılı yapılmış olması gerekir.

kelimelerin soruda ve cevapta kullanılmasıyla şekle uyulduğu zaman muamele geçerli olarak oluşurdu. Bu muamelelerde öncelikle hatanın dikkate alınması söz konusu değildi (*stipulatio*'da söylenen belirli sözlere netice bağlanması bakımından bugün beyana kıymet veren modern görüşe benzemektedir). Rızaî akitlerde önemli olan *consensus* olduğuna göre, akdin mevcut olduğunu söyleyebilmek için, taraf iradelerinin uyuşması gerekiyordu[168]. İşte Roma'da yanılma (hata) halleri *consensus*'u ortadan kaldıran, irade uyuşmazlığının bulunduğu neticesine götüren haller olarak ortaya çıkmıştı. Başka bir deyişle yanılma (hata) *(error)* ile irade uyuşmazlığı *(dissensus)* arasında bir fark mevcut değildi, ikisi de aynı kurallara tabi idi. Romalılara göre, yanılma (hata) irade ile açıklanmasının farklı oluşunu değil, irade uyuşmazlığının olduğunun ifade ederdi. Sonuç; olarak yanılma (hata) halinde Romalıların hukukî muamelenin ya da sözleşmenin meydana gelmediği görüşünde olduğunu söylemek mümkündür[169]. D. 2,1,15'de Iulianus «yanılanlar anlaşmış olmaz» demektedir[170].

İstemeyerek ve bilmeyerek beyanda bozukluk, yanılma (hata) (*error*) olabilir. Beyanı; iradesine uygun sanılarak ve isteyerek yapılmıştır, fakat "hata" ile yanlış olmuşsa, beyanda bozukluk vardır. Hataların, yanılmaların bazıları "esaslı"dır ve hukukî işlem iptal ettirebilir. Günümüzde yerleşmiş kav-

---

168 Taraf iradelerinin uyuşmadığını gösteren *dissensus* açık olabilir, yani taraflar akdin meydana gelmediğini bilmektedir. Özellikle *stipulatio* gibi şekle bağlı karşılıklı beyanların söz konusu olduğu sözleşmelerde bu durum açıktır. Meselâ Gai. 3, 102 *stipulatio*'da soruya cevap verilmemişse veya «10 vermeyi taahhüt ediyor musun?» diye yöneltilen soruya «5 vermeyi taahhüt ediyorum» şeklinde cevap verilmişse veya kayıtsız şartsız sorulan suale şartlı borç altına girilecek şekilde cevap verilmişse, *stipulatio*'nun geçersiz *(inutilis)* olduğunu anlatmaktadır. (Bu konuda başka bir örnek D.45,1,83,2'de verilmektedir). Buna karşılık belli bir şekle bağlı olmadan açıklanan iradeler ve zımnî beyanlarla oluşan akitlerde taraflar anlaştıklarına inandıkları halde iradeleri gerçekte uyuşmayabilir. Bu bilhassa iradenin birçok anlama gelecek şekilde açıklandığı hallerde görülür. Meselâ bir kimse bir miktar parayı bağışlamak gayesiyle verdiği halde diğeri bunu ödünç, yani borç olarak almıştır (D.41,1,36 ve D.12, 1,18). Tarafların her ikisi de köle Stichus hakkında beyanda bulundukları halde her ikisinin kastettikleri Stichus'lar farklı ise yine bir *dissensus* vardır, fakat taraflar bunu bilmemektedir, bkz. D.45,1,83,1; D. 45,1,137,1. Hemen belirtelim, bir hukukî kavram olarak *dissensus* Türk hukukunda irade beyanlarının uyuşmaması halinde ortaya çıkar (beyan teorisi), halbuki Roma hukukunda *dissensus* iradelerin uyuşmadığı gösterir.

169 Honsell, s.39; Apathy-Klingenberg – Stiegler, s.177. Nadir olmakla beraber tek taraflı, yöneltilmesi gerekmeyen irade açıklamalarında hataya düşmek mümkündür. Mesela miras bırakan vasiyetnamesinde aslında hiç düşünmediği bir köleyi vasiyet etmiştir, (D. 30,4, pr).

170 Yanılma (hata) ile ilgili Lâtince özdeyişlerin bazıları şunlardır:
- *Errantis voluntas nulla est* (yanılanların iradesi geçersizdir)
- *Error nocet erranti* (hata yanılana zarar verir)
- *Errare humanum est* (yanılmak beşerîdir)

ramlardan hareket ederek esaslı hata hallerini aşağıdaki gibi sıralamak mümkündür:

Muamelenin Niteliğinde Yanılma, Hata (Error in Negotio)

Burada yapılan hukukî muamelenin türünde yanılma meydana gelmiştir. Bir kimse, yanlışlıkla satış belgesi yerine kira mukavelesini imzalamıştır. Yanılan taraf aslında yapmak istediği akitten farklı bir sözleşme için beyanda bulunmaktadır. Meselâ kendisine yapılan satış teklifini bağışlama beyanı olarak anlayan ve kabul eden kimse muamelenin niteliğinde hataya düşmektedir. Örneğin, Titius, Gaius'a bahçenin çapalanmasında yardımcı olmak istediğini söyler. Gaius, Titius'un bunu hiç ücret almadan yapacağını düşünmüştür. Halbuki Titius günlük 100 alacağını hesap ederek böyle, bir beyanda bulunmuştur (TBK 31/I)[171].

Şahısta Yanılma, Hata (Error in Persona)

Bu kategoriye giren yanılma hata hallerinde muameleye taraf olan kişinin şahsında yanılma vardır. Bir kitabı satıcı aslında göndermek istediği Titius yerine Lucius'a yollamıştır. Bu hata türünde hukukî muamelenin yapılmak istendiği veya muameleden yarar görecek kişinin hüviyetinde hataya düşülmüştür. Veya bir akit Licius yerine Titius ile yapılmıştır. Caius'u mirasçı yapmak isteyen kimse, yanlışlıkla Titius yazmıştır.

Şahısta yanılmanın, hatanın önemli sayılması için hüviyetinde hataya düşülen kimsenin özellikleri ve onunla hangi muamelenin yapılmak istendiğine bakılmalıdır (TBK 31/IV). Şahısta hata, her zaman "esaslı yanılma, hata" değildir. Ancak hukukî işlem için "şahsın" önemi varsa, esaslı hata sayılır. Mesela, ödünç para verilen şahıs önemli olduğu halde, sadaka verilen şahsın fazla önemi yoktur. Hatanın esaslı olup olmadığı, her olay için ayrı ayrı incelenip değerlendirilmek gerekir. Meselâ sadece belli bir ressamın tablosu ısmarlanmıştır. Kira, saklama, kullanma, tüketim ödünçleri akitlerinde olduğu gibi borçlunun güvenilir ifa kabiliyeti olan bir kişi olması önem taşır. Buna

171 Roma hukukundaki yanılma hata anlamında olmak üzere şu örnekler verilebilir: Bir kimsenin saklanması için verdiği parayı vedia olarak verdiğini, diğer taraf ödünç niyetiyle teslim alıyor veya bir kimsenin ödünç olarak verdiği parayı diğeri sadece başkasına göstermek amacıyla *(ostendi gratia)* kullanma ödüncü (commodatum) olarak kabul ediyor (D. 12,1,18,1). Dikkat edilecek olursa hata eden burada kendi iradesini beyan ederken değil, karşı tarafın iradesini algılarken yanılmaktadır. Bir kimsede muamele yapmak iradesi hiç olmadığı halde bir işleme taraf olması da *error in negotio*'ya girer. Açık arttırma yapılan bir salonda arkadaşını çağırmak için el sallayan kimsenin bu hareketi ihale memuru tarafından teklif olarak algılanarak mal ona ihale ediliyor.

karşılık; peşin satışlarda müşterinin kimliğinde yanılma önemli hata hali oluşturmaz (TBK.31/III,IV)[172].

Muamele Konusunda Yanılma, Hata (Error in Corpore, Error in Obiecto)

Hatanın bu türünde, malın maddesinde, işlemin konusunda, yanılgı meydana gelmektedir. Şu arsa satın almak istenirken, bu arsa diyerek, başka bir arsa ile karıştırılmışsa, işlem daima bâtıl (geçersiz) hale gelir. Köle Stichus satılmak istenirken, köle Pamphilius denmiştir[173]. Burada irade beyanına konu olan mal başkasıyla karıştırılmaktadır. Meselâ tapuda belli ada parseldeki taşınmazı satma vaadi karşı tarafça kabul edilmiştir. Ancak satma teklifinde bulunan kimsenin ada ve parsel numarası vererek belirttiği taşınmaz teklifi kabul edenin zihnindeki taşınmaz değildir[174]. Ölüme bağlı tasarrufla gümüş bir kap vasiyet edilmek istenirken yanlışlıkla elbise vasiyet edilirse, hiçbiri borçlanılmış olmaz (D. 28,5,9,1).

Yukarıda izah edilen üç esaslı yanılma, hata halinde esas itibariyle sözleşmelerin esaslı unsurlarındaki irade uyuşmazlığının geçersizliğe sebebiyet verdiği görülmektedir.

---

172 D. 28,5,9 pr'da Ulpianus vasiyetnamede düşünülenden farklı bir kimsenin adının yazılması halinde (meselâ Gaius yerine Titius) ne adı yazılanın (çünkü bu iradeye aykırıdır) ne de gerçekte düşünülenin (çünkü adı yazılmamıştır) mirasçı olabileceğini belirtmektedir. C, hem A'dan hem de B'den borç istemiştir; A, kendi borçlusuna bu parayı C'ye *stipulatio* ile borçlanması talimatını vermiştir. C kendisine parayı vermeyi taahhüt edenin B'nin borçlusu olduğu düşüncesiyle muameleyi yapmıştır. Hukukçu Celsus (D. 12,1,32) bu muamelenin geçersiz olduğunu, yani A ile C arasında yapılmak istenen borç ilişkisinin meydana gelmediğini öne sürmektedir. Burada borç verecek kimsenin şahsında yanılmayı Celsus önemli bir hata hali telakki etmektedir. Ancak aynı hukukçu para gerçekten C'nin eline geçtiğinden geri verilmesinin âdil olacağını söylemektedir; bu durumda bu para bir sebepsiz zenginleşme davasıyla geri istenecektir (*Condictio sine causa* olan bu sebepsiz iktisaba Romanist doktrinde *condictio Iuventiana* denmektedir.) Hukukçu Iuventus Celsus'un ele aldığı bu hali Türk hukukuna göre farklı çözüme bağlamak mümkündür. TBK 31 anlamında şahısta hata yanılana muameleyi iptal hakkı vermektedir (TBK.39). Ancak iptal yetkisinin kullanılabilmesi için hataya düşenin gerçek durumu bilmesi halinde böyle bir beyanda bulunmayacağının kabulü gerekir (TBK 34). Yukarıdaki olayda C para borcunu hem A'dan hem de B'den istediğine göre, parayı kimden almış olduğu önemli değildir. Bu durumda akdin muteber olarak meydana geldiğini kabul etmek mümkündür. Ödünç (karz) akdinde parayı verenin değil, parayı alanın şahsında yanılma esaslı hatadır.

173 I. 3,19,23 böyle bir *stipulatio* halinde borç ilişkisinin kurulmadığını belirtmektedir.

174 D. 18,1,9 pr'da Ulpianus satılan taşınmazlar konusunda irade uyuşmazlığı bulunması halinde alım-satımın geçersiz, *(nulla)* olduğunu açıklamaktadır.

Miktar üzerinde Yanılma, Hata (Error in Quantitate) işlemin tamamını bozmaz, tereddüt olmayan miktar geçerli olur. Meselâ teklif mektubunda 100 kg. pamuk yerine 1000 kg. pamuk yazılmıştır (TBK 31/ II).

Daha önce değinildiği gibi Roma hukukunda hatanın değerlendirilmesi bir yorum meselesi olarak ele alınmıştır. İradelerin uyuşmadığı sonucuna varılırsa muamele bâtıl (geçersiz) olurdu[175]. Fakat yanlış nitelemeye rağmen yorum sonunda yanılma olmadığı ortaya çıkarsa muamele netice doğurur. Romalılar bu duruma «yanlış niteleme zarar vermez» *(falsa demonstratio non nocet)* derlerdi[176]. Tanımlarda irade uyuşmazlığı *(dissensus)* olduğu halde, konuda uyuşma *(consensus)* vardır.

İradenin açıklandığı kimse neyin kastedildiğini doğru olarak anlamışsa, beyandaki yanlışlar, kapalı ifadeler muamelenin muteberiyetine engel olmaz. Bunun gibi basit hesap hataları (TBK 31/son) da düzeltilebilirdi (D. 49,8,1,1).

Hatalar genelde hataya düşenin kusurundan, ihmalinden kaynaklanır[177]. Ancak yanılmanın insan tabiatında mevcut olduğu, çok akıllı insanların bile zaman zaman hataya düşebileceği kabul edilerek hatalı muamelelerin geçersiz veya iptali mümkün olduğu düzenlenmiştir[178]. Roma kaynaklarında mazur görülebilen hataların *(error probabilis)* olaylara ilişkin bilgisizlikler, hatalar *(ignorantia facti, error facti)* olduğu, buna karşılık hukuka ilişkin hata veya bilgisizliklerin *(ignorantia iuris, error iuris)* dikkate alınmayacağı belirtil-

---

175 Hatanın geçerli iradeyi ortadan kaldırdığı çeşitli metinlerde ifade edilmiştir. D.39,3,20 ...*nulla enim voluntas errantis est*..: Çünkü yanılanın iradesi hüküm ifade etmez.) D. 50,17,116,2 ... *non videntur qui errant consentire*... hata edenler rıza göstermiş sayılmaz. C. 1,18,9 ...*nullus sit errantis consensus*...yanılanın rızası geçerli değildir.

176 İrade beyanının yöneldiği kişi beyanda bulunanın gerçek iradesini, niyetini anlamışsa, bu iradeye normal sonuçları bağlanır. D. 18,1,9,1'de Ulpianus tarafların tanımlamada iradeleri uyuşmadığı halde konu üzerinde irade birliği sağlanmışsa, tanımlama hatasının *(error nominis)* önemli olmadığını söylemektedir. Iustinianus da (I. 2,20,29-31) muayyen mal vasiyetlerinde yanlış tanımlamaya örnek vererek yanlış nitelemenin vasiyetin geçerliliğini ortadan kaldırmayacağını, bunun bir hukuk kuralı olduğunu belirtmektedir. TBK 19/I yanlış tanımlamanın akdin geçerliliğini engellemeyeceğini açıklamaktadır. Önemli olan beyanın dil bilgisi anlamı olmayıp, tarafların ortak amaçlarına bakılmalıdır.

177 Roma hukukunda hatanın kusurdan ileri gelip gelmediğine istisnai hallerde dikkat edilirdi. Hür bir kimsenin satın alınması (D. 18,1,4) gibi. (Kaser, s.242). Türk Hukukunda ise yanılmanın kusura dayandığına bakılmaksızın esaslı hata hallerinde hataya düşen taraf iptal yetkisini kullanabilmektedir. Ancak bu durumda hataya düşen taraf tazminat ödeme borcu altına girebilir. Diğer tarafın hatayı anladığı veya anlaması gerektiği hallerde tazminat ödeme borcu ortadan kalkmaktadır. (TBK 35 / I).

178 D. 22, 6, 2. ...*facti interpretatio plerumque etiam prudentissimos fallat*... (ekseriya en akıllı kimseler bile olayların yorumunu yapamazlar). Aptallık veya ihmalkârlık nedeniyle yanılan kimselerin hataya dayanamayacakları da belirtilmektedir. (D. 18, 1, 15, 1; D. 22, 6, 9, 5).

mekteydi[179]. D. 42,8,2,4 ve C. 7,40,2'de hukukun hayal kuranlar için değil, dikkatliler için olduğu belirtilmektedir.

Esaslı hataya bâtıl (geçersiz) muamelenin neticelerini bağlayan Roma hukukundan farklı olarak, modern hukuklar, hata bulunan muamelenin geçerli tutulup tutulamayacağına önem vermektedir. Başka bir deyişle bir kimsenin irade beyanını hataya düşmüş olması sebebiyle hükümsüz hale getirip getiremeyeceği modern hukukların çözmek istediği bir sorundur. Kanun koyucular bu konuda iki yararı bağdaştırmak zorundadır; yanılan kimsenin bu beyanı ile bağlı kalmamasından doğan yarar ve bir defa beyan edilen iradenin artık hükümsüz hale getirilememesi, her hukuk düzeninde bulunması gereken güven, yani kamu yararı. Bu konuda halen egemen olan eğilim, XIX. yüzyılın Roma kaynaklarına dayanan aynı zamanda o devrin liberal eğilimlerine uyan ve iradeyi tercih eden öğretisinden büyük ölçüde uzaklaşmış, hukukta bulunması gereken güven ilkesine öncelik tanıyarak beyan teorisini kabul etmiştir. Gerçek irade, beyan vasıtasıyla muhatap için tanınabilir olduğu ölçüde nazara alınmalıdır. Bu yönden modern eğilimde esas olan iradelerin uyuşması değil, beyanların uyuşmasıdır. Bu yaklaşıma uygun olarak modern kanunlar, kural olarak, dış dünyaca tanınması pek mümkün olmayan iradedeki hataya değil, beyandaki hataya hukukî neticeler bağlamaktadır. İrade beyanının anlamı yorum yoluyla saptanmakta, irade ile beyan arasında aykırılık olduğu takdirde (esaslı yanılma, hata) hukukî muamele iptal edebilmektedir(TBK 30).

TBK 30 "Sözleşme kurulurken esaslı yanılmaya düşen tarafı sözleşme ile bağlı olmaz" şeklindedir. Roma hukuku esaslarına yakın bir düzenlemeye gitmiştir. Roma Hukuku *non consentiunt, qui errant* (yanılanlar anlaşmış olmaz) demek suretiyle geçerli bir sözleşmenin ancak irade uyuşması ile olabileceği esasını koymuş olmaktadır. Ancak yine TBK 34 dürüstlük kuralına gönderme yaparak, yanılanın yanılmaya dürüstlük kuralına aykırı olarak dayanamayacağını belirtmekle, sözleşmenin kurulmuş sayılacağı hükmünü getirmiştir. Bununla beraber yanılan taraf yanılmayı öğrendikten sonra bir yıl içinde sözleşme ile bağlı olmadığını bildirmezse sözleşmeyi onamış demektir hükmü (m.39) sözleşmenin geçerliliğini yanılanın iradesine bırakmış olmak-

---

179 Gai. 3,160 vekâlet verenin öldüğünü bilmeden işi ifa eden vekilin vekâletten doğan davayı açabileceğini belirtmekte, aksi halde haklı ve mazur görülebilen bilgisizliğin vekile zarar vereceğini belirtmektedir. Buradaki bilgisizlik, hata, vekâlet verenin ölümü gibi vakıaya ilişkindir. D. 22,6,9 pr'da Paulus hukuk konusundaki bilgisizliğin zarar verdiğini, olaylara ilişkin bilgisizliğin ve hatanın kural olarak zarar vermeyeceğini söylemektedir.
krş: TCK m.4: Ceza kanunlarını bilmemek mazeret sayılmaz.
Kabahatler Kanunu m.10: Türk Ceza Kanununun hata hallerine ilişkin hükümleri, ancak kasten işlenen kabahatler bakımından uygulanır.

tadır, (*Error, cui non resistitu, appobatur: İtiraz edilmeyen yanılgı kabul edilmiş demektir*). Buna geçersizlik sebeplerinden iptal edilebilme diyebiliriz.

V. İRADENİN OLUŞUMUNDAKİ BOZUKLUKLAR

Hukukî muamelenin esaslı unsurunu teşkil eden irade beyanı dış dünyaya aksedinceye kadar iki önemli aşamadan geçer; iradenin belli bir konuda oluştuğu aşama ve irade beyanının oluşumu aşaması. İrade hür, serbest, bilinçli olmalıdır. Ancak hukukun izin vermediği tesirler altında oluşan iradenin bozuk olduğu söylenir. Hukuk düzeninin kabul etmediği «saik»lerin etkisiyle irade belli konuda teşekkül etmişse, bu iradeye dayanan hukukî muamelenin sağlıklı olmadığı söylenebilir. İradenin oluşumundaki bozukluklar bilhassa saikte yanılmayı, hata, hile ve tehdit şeklinde tezahür edebilir.

1) Saikte Yanılma (Hata)

Bu yanılma tipinde irade oluşurken hata edilmektedir. Başka bir deyişle irade ile beyan arasında farklılık yoktur. Beyan edilen irade, yanılgılar neticesinde oluşan iradedir. Kural olarak hukuk saikte yanılmayı, hatayı dikkate almaz.

Saik, bir kimseyi belirli bir sonucu istemeye yönelten etkenlerdir. Bu etkenler ise sübjektiftir, yani kişiden kişiye değişiklik gösterebilir. Biraz önce belirtildiği gibi hukuk düzenlemesi, saikleri, yani irade oluşumunu etkileyen sebepleri nazara almaz. Dışa aksetmedikçe iradeyi anlamak, bilmek mümkün olmadığı için iradenin hangi iç sebeplerle oluştuğunu bilmek de olanaksızdır. Hiç kimse diğerinin ruhî durumuna girerek bu kimsenin hangi düşünce ile (saiklerle), hesaplarla belli bir karara vardığını bilmek durumunda değildir. Herkes saiklerinin sorumluluğunu taşımalıdır. Bu yüzden ilke olarak, hukuk beyan edilen iradeye değer verir. Daha önce açıkladığımız beyan hatasında irade muteber olarak oluşmuştur, ancak beyan bu iradeye uymaz, irade ile açıklama arasında bir çelişki mevcuttur. Buna karşılık saik hatasında irade ile beyan arasında uygunluk vardır, fakat irade hatalı oluşmuştur. Örnekler; bir kimse ilerideki günlerde fiyatının yükseleceğini düşünerek altın satın alır; bir kimse başka bir şehire tayin edileceğini tahmin ederek o şehirde ev kiralar; çiçekçiden annesinin doğum gününde hediye etmek üzere bir demet karanfil alan A, eve giderken annesinin doğum gününü yanlış hatırladığını fark eder. Bu örneklerde saik hatası vardır ve buna dayanarak akdi iptal etmek mümkün olmaz. Buna karşılık A, karanfil değil, gül almak istediği halde yanlışlıkla karanfil demişse, bu bir beyan hatasıdır, iptale hak verebilir.

Ana kural saik hatasının dikkate alınmayacağı şeklinde olmakla beraber (TBK. 32/IV,V) muamelenin lüzumlu niteliklerinde hata edilmişse saik hatası, nâdiren de olsa, dikkate alınmaktadır. Saik hatası mazur görülebilecek nitelikte ve önemli ise, başka bir deyişle temel hatası düzeyinde beyan hatasına eş tutulmaktadır. Meselâ: bir kimse, kendisine düşman olduğunu bilmediği bir kişiyi, mirasçı yapmışsa, işlem iptal edilebilir. Veya; bir kimse kendisine teklif edilen altın kaplama yüzüğü saf altından zannederek satın almıştır. Tereyağı yerine margarin, ipek yerine suni ipek, antika halı yerine yeni dokunmuş bir halı satın alınması hallerinde malın vasıflarında önemli hata kabul edilmektedir. TBK M 32'de düzenlenmiş saik hatasının esaslı hata niteliğinde görülebilmesi için vasıf hatasının hataya düşen taraf yönünden önemli olması gerektiği kadar, objektif olarak da, yani muamelatta geçerli dürüstlük kuralına göre de akdin vazgeçilmez temeli niteliğinde bulunması icap etmektedir. Saikte hata hukukî muamele için vazgeçilmez olan bir duruma *(condicio sine qua non)* ilişkin bulunmalıdır[180].

Tarafların akdin konusu üzerinde anlaştıkları, yani akdin konusunda bir hata *(error in corpore)* olmadığı, fakat bu konunun, maddenin lüzumlu nitelikleri üzerinde yanılma *(error in materia)* mevcut olduğu durumlara, Romalılar yine meseleci bir anlayışla yaklaşmışlardır. Bu konuda hukukçuların farklı görüşler ileri sürdükleri görülmektedir.

Şarap yerine sirke, altın yerine bakırdan, gümüş yerine pirinçten olan mal satın alındığında ise *error in substantia, error in materia* var dır. Hukukçu Marcellus; bu hallerde yanılmanın, hatanın sadece malın lüzumlu vasıflarında olduğunu, tarafların akdin konusu üzerinde anlaştıklarını ve alım-satımın geçerli olduğunu belirtmektedir. Diğer bir deyişle bu hukukçuya göre, bu saik hataları nazara alınmaz[181]. Buna karşılık hukukçu Iulianus (D. 18,1,41,1) saf gümüşten olduğu zannedilerek gümüş kaplama masanın satın alınması halinde alım-satım akdinin geçersiz, batıl olduğu ve ödenmiş bedelin bir sebepsiz zenginleşme davasıyla geri istenebileceği görüşündedir. Diğer bazı metinlerde ise saikte hata ekseriya dikkate alınmamaktadır[182]. Buna karşılık Miras Hu-

---

180 Alıcı almak istediği yeni araç yerine eski bir araç almışsa, bu hata esaslıdır, çünkü objektif olarak da yenilik önemli bir niteliktir. D. 18,1,4,5'te Marcianus, eski elbisenin yeni diye satın alınması halinde, satıcının bu yüzden alıcının zararının tazmin etmesi gerektiğini savunmaktadır. Başka bir deyişle, bu halde alım satım geçersiz değildir, ancak tazminat ödenmesi gerekmektedir.

181 Marcellus'un fikrinin nakledildiği D. 18,1,9,2'de Ulpianus daha sözleşme sırasında şarap yerine sirke satılmışsa alım-satımın geçersiz olacağını söylemektedir. Bu hukukçuya göre şarap satıldıktan sonra ekşimişse, alım-satım geçerlidir, bu konuda bkz. Mayer-Maly s.91.

182 D. 18,1,10: Altının alıcının tahmininden daha düşük değerde olması halinde alım-satım geçerlidir.

kukundan saik hatasının daha fazla kabul edildiği görülmektedir. Meselâ bir kimse oğlunun öldüğünü zannederek, vasiyetname ile bir başkasını mirasçı tayin ediyor. Miras Hukukundaki bu farklı durum miras bırakanın iradesini (*favor testamenti*) mümkün olduğu kadar yerine getirme düşüncesinden kaynaklanmaktadır[183].

Ignorantia iuris: hukuku bilmemek kavramı dikkate alınırsa bir kimsenin hukuk kuralını bilmediği için bir muamele, işlem yaptığını iddia etmesi mümkün değildir[184].

2) *Aldatma (Hile, Dolus)*

Aldatma, halinde bir kimse diğerinin zihninde yanlış fikir uyandırarak onu muamele yapmaya yönlendirmektedir[185]. Burada da irade hatalı olarak teşekkül etmekte, fakat buna hukukî muameleyi yapacak kişinin yanılgısı, dikkatsizliği, bilgisizliği değil, başkasının hileli hareketleri, sözleri sebep olmaktadır. Açıklama yapması gereken taraf susarsa bu yine aldatmaya, hileye girer. Hileyi yapan kişi muamelenin diğer tarafı olabileceği gibi üçüncü bir kişi de olabilir (TBK. 36). Meselâ altın suyuna batırılmış bir yüzük saf altın denilerek satılıyor.

Ius civile'ye göre hileli davranış sonunda ortaya çıkan muamele (mesela, *stipulatio*) geçersiz değildi, çünkü hile sonucunda elde edilmiş olsa bile irade mevcuttu. Eğer, hile yüzünden düşülen hata "esaslı hata" ise, işlem hata bakımından iptal edilebilirdi. Hile olarak dikkate alınmazdı.

Bu konuda da, *praetor*'un *ius civile*'nin hakkaniyete aykırı sonuçlarını önleyecek himaye vasıtalarını devreye soktuğu görülmektedir: *Actio doli*, *exceptio doli* ve *in integrum restitutio*.

Hileli davranışta bulunana karşı *actio doli* denilen ceza davası açılabilirdi. Başka bir dava bulunmadığı zaman kullanılabilecek olan bu dava bu nite-

---

D.18,1,11: Satın alınan kadın kölenin alıcının düşündüğünün aksine bakire olmaması halinde alım- satım geçerlidir, çünkü cinsiyet konusunda yanılma yoktur. Buna karşılık satıcı, kadın köle sattığı halde, alıcı erkek köle zannetmişse, alım-satım geçersizdir, çünkü cinsiyette yanılma mevcuttur. D.19,1,21,2: Madde üzerinde irade birliği olduğu halde, kalitesi üzerinde irade uyuşması olmasa bile alım-satım vardır. Taraflar satılan masa üzerinde anlaşmışlardır, fakat alıcı masayı limon ağacından zannetmektedir.

183 D. 33,6,9,1; D. 28,5,42; D. 28,5,9 pr. Kaser, s.240.

184 Umur, Ders Notları, s. 207.

185 D. 4,3,9 pr'da Ulpianus hileli muameleye örnek olarak mirasçıya düşen mirasın çok az olduğunu söylenerek terekenin mirasçıdan satın alınmasını gösteriyor. D. 19,1,43,2'de Florentinus açıklamaya mecbur olduğu hususları söylemeyen kimsenin de hilekâr davrandığını belirtmektedir.

liği yüzünden talî bir davaydı ve bir yıl içinde açılmalıydı. Hile aynı zamanda haksız fiil oluşturduğundan, bu davayı hileli hareketten zarar gören kimse açabiliyordu. Bu dava sonunda mahkûm olan şerefsiz *(infamis)* hale gelirdi. Eğer davanın bitmesinden önce hileli hareket sonucu elde ettiğini geri verirse, bu neticeden kurtulurdu.

Hileli hareket sonucunda borç altına girmiş olana dava açılırsa bu davaya karşı bir *exceptio doli specialis* (hile def'i) öne sürülür, borçlanılmış edim yerine getirilmezdi. Hile iyi niyete tabi muamelede *(negotium bonae fidei)* yapılmışsa *exceptio*'nun *formula*'da yer alması gerekmezdi, hâkim bunu re'sen, görevi gereği dikkate alırdı[186].

Dolus halinde borçlu edimini yerine getirmişse, bir *in integrum restitutio* (eski hale iade) ile muamele hiç yapılmamış hale getirilerek edim geri verilirdi[187].

Nisbî geçersizlikte, *restitutio in integrum*'un (eski hale iadenin) izleri görülmektedir[188]:

TBK. 36/I diğer tarafın hilesi sonucunda akit yapan kimsenin bu hile dolayısıyla düştüğü hata esaslı olmasa bile o akit ile bağlı olmadığını düzenlemektedir. Hileye maruz kalan taraf bir yıl içinde akitle bağlı olmadığını bildirmek zorundadır. Bir yıllık süre hilenin öğrenildiği tarihten başlar (TBK.39). Aynen Roma hukukunda olduğu gibi hile, açılan bir davada savunma def'i yoluyla da ileri sürebilir.

3) Korkutma (Tehdit, Metus)

Burada bir kimsenin iradesi korkutma (ikrah, tehdit) altında oluşmakta ve beyan edilmektedir. Bu maddî değil, manevî bir zorlamadır. Eğer maddî zorlama varsa irade hiç yoktur. Meselâ, bir kimsenin elini tutarak senet imzalatılması. Zorlama, tehdit, haksız, ciddî, herkesi korkutacak nitelikte olmalı, cana, özgürlüğe, şerefe yapılan tehdit ağır olmalıdır. Bir vehim olmamalıdır. Başka bir deyişle bir kimsenin zihninde önüne geçilmez korku yaratarak muamele yaptırılmaktadır. Meselâ bir kimseye oğlunun kaçırılacağı söylenerek borç senedi imzalatılmaktadır[189].

---

186 Gai. 4,119'da *exceptio doli*'nin anlamı ve uygulanması hakkında bilgi mevcuttur. D. 2,14,7,9'da Ulpianus *praetor*'un hileli anlaşmaları himaye etmeyeceğini belirttikten sonra, hilekârlık ve düzenbazlık durumunda *dolus*'un bulunduğunu ifade etmektedir.

187 Taraflar birbirlerini karşılıklı olarak aldatmışlarsa hiçbiri *actio doli* açamazdı. (D. 4,3,36).

188 Thireau, s. 72.

189 D. 4,2,21,5,-6'da Paulus gerekli şekilde, fakat tehdit altında mirası kabul eden kimsenin mirasçı olduğunu, gerçi iradesi hür olsa mirasçı olmak istemeyeceğini, ancak baskı altında

Bu halde psikolojik korkutma sonucu bozuk olarak oluşan bir irade söz konusudur.

«Baskı iradeyi ortadan kaldırmamakla beraber irade tehdide tabi oluyorsa (*vis compulsiva*), geçerliliği incelenmesi gereken bir hukukî işlem vardır»[190].

Tehdit ciddi ve büyük korku yaratacak boyutta olmalıdır (D. 4,2,5). Öyle ki çok yürekli bir insanı bile muameleyi yapmaya sevketsin (D. 4,2,6).

Tehdit altında da olsa irade mevcut olduğundan böyle bir muamele *ius civile*'ye göre geçerliydi[191]. Ancak *praetor* tarafından burada üç tane koruyucu tedbir öngörülmüştü:

Önce başvurulan yol, en hafif tedbir olmuştu: Eski hale iade (*in integrum restitutio*) mümkündü. *Praetor*; muameleyi hiç yapılmamış hale getirir, yani tehditten önceki durumu sağlardı.

Bu şekilde; esas unsurlarından bir tanesinde sakatlık olduğu için, iptali kabil muameleye (fesatlı işleme) ilgili kimse, belli bir süre içinde itiraz etmez ise, sağlam hale gelir. Halbuki geçersiz, batıl olan bir muamele (meselâ taşınmaz malın mülkiyetini devreden kişinin akıl hastalığı dolayısıyla fiil ehliyetinin sonradan tespit edilmesi) zamanın geçmesi ile sıhhat kazanmaz. Ölü doğmuştur. (Eski tâbirle keenlem yekûn, sanki hiç olmamış gibi)[192].

Sonra, metus'tan (tehditten) dolayı sert bir dava olan *actio* metus tanındı. Tehditten itibaren bir yıl içinde zararın dört katı istenebilirdi. Bir yıl sonra ise ancak zarar talep edilebilirdi. Bu dava tehditle elden çıkmış malı elinde bulunduran üçüncü kişilere karşı da açılabilirdi (*actio in rem scripta*)[193]. Bu davanın, bir tür aynî dava niteliği aldığı anlaşılıyor.

Tehdit altında borç altına girmiş olan kimseye alacaklı dava açarsa bu davaya karşı bir *exceptio metus* (tehdit def'i) öne sürülürdü.

---

istediğini açıkladığını belirttikten sonra bu durumda *praetor*'un eski hale iade tanıyacağını söylemektedir. Mirası tehdit altında reddetmiş kimseye ise, ya mirasçı olduğu faraziyesiyle davalar (*actiones utiles*) tanıyacağını veya actio *metus* vereceğini belirtmektedir.

190 Mayer-Maly, s. 92.

191 D. 4,2,10,I'de Gaius tehdit altında bir *stipulatio* borcu ibra edilmişse hâkimin kararıyla borcun tekrar doğacağını ifade etmektedir.

192 Umur, Ders Notları, s. 209.

193 D. 4,2,14,1, Kaser, s.244. Bir *magistra*'nın mevkiinin kendisine verdiği yetkiyi kullanması *metus* kavramı içinde değildir. Ancak bu *magistra* veya eyalet valisi ölüm veya dayak tehdidiyle para almışsa, *metus* için getirilmiş olan himaye vasıtaları kullanılabilir. (D. 4,2,3,1).

İyiniyete tabi muamelelerde hâkim tehdidi görev icabı *(ex officio)* dikkate alabilirdi[194].

Türk hukukunda tehdit altında yapılan muameleyi, korkutmanın etkisinin kalkmasından başlayarak bir yıl içinde iptal etmek imkânı vardır (TBK. 39). Bunu yapmazsa, sözleşmeyi onamış kabul edilir.

§ 15. Temsil ve Munzam (Ek) Davalar

Bir kimsenin kendi işlerini bizzat görmesi, hukukî işlemlerini yapması normal bir hadisedir. Böyle işlemlerden kural olarak yapan hakkında sonuçlar doğar. Ancak bir kimsenin başkası için hareket etmesi, hukukî işlemlerde bulunması az rastlanılan bir olay değildir. Aksine, hayat ilişkileri bir çok durumda işlerin başkaları tarafından görülmesini gerektirmektedir, hukukî muamele yapacak başka kişilere ihtiyaç duyulmaktadır. Bu ihtiyaç fiili ve hukukî olabilir. Bir kimse günlük hayatta kendisi için gerekli olan bütün muameleleri bizzat yapamaz veya yapmak istemez. İşlerinin yoğunluğu, hastalığı veya o iş için bilgi ve beceriye sahip olmama, muamelelerin başkası tarafından yapılması lüzumunu ortaya çıkarır. Bir tüccarın, sanayicinin, işletmesinin gerektirdiği bütün işlemlere yetişmesi mümkün olmadığı gibi, rekabet, yapılacak işin gizliliği gibi sebeplerle işlerini başkasına yaptırmayı tercih edebilir (İradî temsil).

Bazı hallerde bir kimsenin kendisine ait bir işi bizzat yapmasını kanun engellemiştir. Kişinin fiil ehliyeti yoksa veya kısıtlanmışsa onun yerine muameleleri ya başkaları yapacak veya ona yardımcı olacaklardır (Kanunî temsil).

Temsil genel bir tanımla başkası için muamele yapmaktır. İradî temsilde bir kimse bir muameleyi istediği kişiye yaptırabilir. Çok defa temsilci hukukî muamelenin yapılıp yapılmayacağına ve içeriğinin ne olacağına bizzat karar verir. Hukukî neticelerin doğması temsilcinin muamelesine bağlıdır. Satın alan, satan, mülkiyeti devralan veya devreden temsilcidir. Ancak temsil ilişkisinin doğması için mutlaka temsil edilenin bu konuda iradesinin varlığının şart olduğu unutulmamalıdır.

Temsil ilişkisi üçlü bir bağlantıdır, bir üçgen ilişkisidir.

- Temsil edilen : Kendisi için muamele yapılan kişi
- Temsilci : Mümessil, temsil edilen için muamele yapan kimse
- Üçüncü kişi : Temsilcinin temsil olunan kişi için hukukî ilişkiye girdiği kimse.

[194] Gai. 4,117. Gaius burada tehdit altında *mancipatio* ile devredilen malın mülkiyetinin tehdit edene geçeceğini, ancak dava ile istendiğinde tehdide maruz kalanın bir def'i ileri süreceğini anlatmaktadır.

Yukarıda belirtildiği gibi temsil ilişkisini başlatan temsil edilen kişidir. Temsilci temsil yetkisini temsil edilen ile arasındaki ilişkiden almaktadır. Temsil yetkisi bir akitten doğabileceği gibi, tek taraflı bir irade beyanı ile de verilebilir. A, B'ye İstanbul'da kendisi için 2.500 TL'ye kadar bir ev tutması için vekâlet vermişse, B'nin temsil yetkisi vekâlet akdinden çıkmaktadır; B bulduğu evin sahibi ile A için kira akdi yapacaktır. Buna karşılık A,B'ye yazdığı mektupta İstanbul'da kendisi için 2.500 liraya kadar kiralık bir ev bulmasını, bulunca kendisine haber vermesini kira akdini bizzat yapacağını söylemişse burada temsil yetkisi içermeyen bir vekâlet akdi söz konusu olur. Hemen belirtelim ki, vekâletin meydana gelmesi için vekilin (B) de söz konusu işi yapmayı kabul etmesi gerekir. A (temsil edilen), B'ye (temsilci) yazdığı mektupla İstanbul'da kendisi için bir ev kiralama yetkisi vermiş, B'de bir taahhütte bulunmamışsa bu tek taraflı bir beyandır, yetki vermedir *(iussum)*.

Doğrudan (gerçek) temsil

Başkası namına (adına) ve hesabına hareket

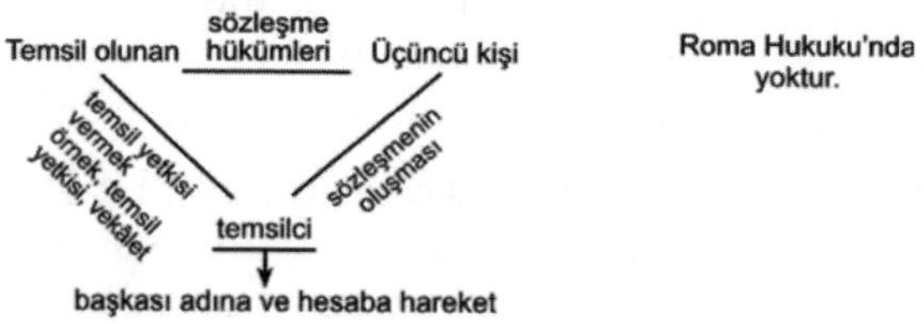

Dolayısıyla temsil

Kendi adına, fakat başkası için hareket

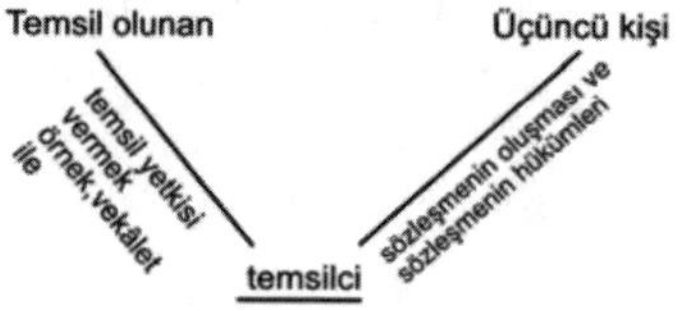

Roma'da olan hal (doğrudan temsile benzer)

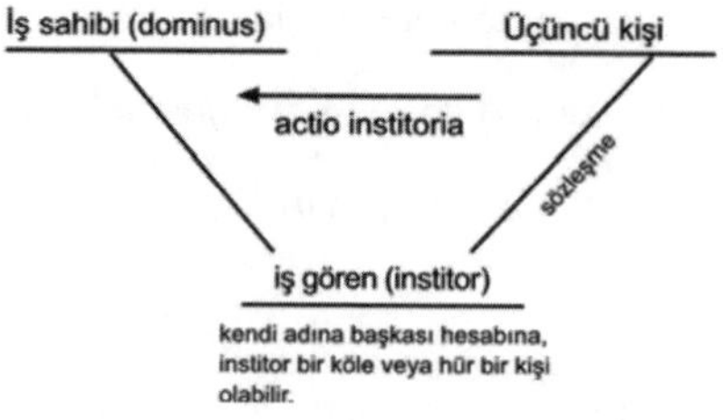

Temsil kendi içinde doğrudan temsil (vasıtasız temsil) ve dolayısıyla temsil (vasıtalı temsil) olmak üzere ikiye ayrılmaktadır.

a) Doğrudan temsilde temsilci, temsil edilen adına ve hesabına üçüncü kişiyle muamele yapar. Bu muamelenin neticeleri doğrudan temsil edilen ve üçüncü kişi arasında doğar. Meselâ temsilci temsil ettiği kişi için bir dükkân satın almışsa, bu alım-satım akdinden doğan hak ve borçlar temsil edilen ile dükkânın satıcısı üçüncü kişi arasında söz konusu olur. Gerçek anlamda temsil budur, TBK 40 ve devamında düzenlenmiştir. Bu tür temsilde mümessil ile üçüncü kişi arasındaki hukukî işlem bu kimselerin iradelerine dayanmaktadır ama, bu irade beyanları sonuçlarını temsil edilen kişi ile üçüncü kişi arasında meydana getirmektedir. Mümessil üçüncü kişiyle hukukî işleme girerken temsil edilen nam ve hesabına hareket etmektedir, ancak beyan ettiği irade kendi iradesidir. Yukarıda verdiğimiz örnekte aldığı temsil yetkisine dayanarak temsil edilen için ev tutan temsilcinin yaptığı kira akdi temsil edilen ve üçüncü kişiyi bağlamaktadır. Temsilci üçüncü kişi alım-satım akdi yapmışsa, temsil edilen üçüncü kişiden malı istemek konusunda, şahsi hak elde eder, ancak bedeli de yine temsil edilen öder.

Temsilci kendisine verilen temsil yetkisinin (meselâ satın alınacak mal için ödenecek paradan fazlasını ödememelidir) sınırlarını aşmamalıdır. Yine muamele sırasında üçüncü kişi temsil yetkisinden haberdar edilmelidir. Aksi halde yaptığı muamelenin neticeleri kural olarak sadece mümessili bağlar; temsil edilene ait olmaz (TBK 40/II ilk cümle).

b) Dolayısıyla temsilde temsilci üçüncü kişiyle muameleyi kendi adına fakat temsil edilen hesabına yapar. Böyle bir muameleden doğan sonuçlar temsilci ile üçüncü kişi arasındadır. Temsilci kendi üzerinde doğan hak ve borçları ayrı bir muameleyle temsil edilene devretmek zorundadır. Meselâ temsil edilen için bir araba satın ve devralmışsa bu arabanın mülkiyetini önce kendi elde eder, daha sonra başka bir mülkiyeti nakil muamelesiyle temsil olunana nakleder.

Dolayısıyla temsilin özel bir şekli olarak komisyon sözleşmesi TBK 532 vd.'da düzenlenmiştir. Komisyoncu ücret karşılığında kendi adına, ve vekâlet veren hesabına kıymetli evrak, taşınır eşya alım satımı yapan kimsedir. Uygulamada emlak komisyonculuğu olarak adlandırılan iş hukuken simsarlık (tellâllıktır) (TBK 520 vd.). Simsar (tellal) alıcı ve satıcıyı veya kiraya verenle kiracıyı sözleşme yapmak üzere biraraya getirir, aracılık yapan simsar (tellâl) ile işin sahibi arasında bir vekalet ilişkisi vardır.

Vasıtalı temsilde temsil yetkisinin 3.kişi tarafından bilinmesi şart değildir. Bu yola çok defa temsil edilenin gizli kalmak istediği hallerde başvurulur. Üçüncü kişiyle yaptığı muamelenin neticelerini temsil edilene devredinceye kadar temsilci üçüncü kişiyle yaptığı muameleden dolayı alacaklı, borçlu, malik sıfatlarını taşır. İşin sahibi ile işini gören (temsilci) arasındaki ilişkiye (vekâlet, vekâletsiz iş idaresi) göre dava açarak işten doğan sonuçların kendisine devrini talep eder.

Üçüncü kişiyle muamele yapan temsilcide başkası için hareket etmek *(alieno nomine agere)*, başkasına ait işi görmek *(negotium alienum agere)* iradesi mevcuttur.

Roma hukuku kural olarak doğrudan temsile değil, dolaylı temsile izin vermiştir[195]. Bunun sebepleri vardır: Roma anlayışını göre bir muamelenin neticesi ancak taraflar arasında doğardı[196]. Hak, Romalara göre hak sahibi olacak kimsenin kendi iradesiyle elde ettiği kudreti ifade ederdi. *Obligatio* (borç ilişkisi) de borçluyu alacaklıya bağlanan ve yine borçluyu fizik varlığıyla sorumlu kılan kişisel bir bağ idi *(iuris vinculum)*. Şekilci muamelelerin *(manci-*

---

195 Klâsik devirde çok istisnaî hallerde Roma ailesinin dışında kalan hür kişiler vasıtasıyla hak iktisabı kabul edilmişti.. Gai. 2,95'de yabancı kişiler, yani aile dışındaki vasıtasıyla bir şey iktisap edilemez *(per extranem personam nobis adquiri non posse)* denilmektedir. Benzer hüküm I. 2,9,5'de mevcuttur. Klâsik devirde sadece *procurator* hür bir şahıs ise, zilyedliğin elde edilmesiyle iktisap edilen mülkiyeti, temsil ettiği şahıs için kazanabiliyordu. Bu durumdan bahseden Neratius (D. 41,1,13 pr-1) bunun için malikin *traditio*'dan haberi olmasının şart olmadığını belirttikten sonra, vasinin vesayeti altındaki küçük adına yaptığı muamele ile küçük için mülkiyeti elde edebileceğine işaret etmektedir. Halbuki Gaius (Gai. 2,95) *procurator* vasıtasıyla zilyedliğin iktisabının şüpheli olduğunu belirtmektedir. D. 13,7,11,6'da Ulpianus, rehin hakkının aile dışındaki hür bir şahıs hatta *procurator* ve vasi vasıtasıyla dahi elde edilemeyeceğini anlatırken hür bir şahıs vasıtasıyla zilyedliğin iktisabının imparator tarafından getirildiğini belirtmektedir. *Procurator* bir kimsenin umumi vekili olarak tüm mal varlığını idare eden kimseydi. *Procurator* vasıtasıyla zilyedlik ve mülkiyet hakkının istisnaen tanınmasının sebebi, *procurator* olarak genelde önceki bir kölenin yani hürriyeti verildikten sonra dahi efendisine bağlılığı devam eden azatlıların görevlendirilmesi olabilir.

196 D. 50,17,73,4 Quintus Mucius Scaevola: *Nec paciscendo nec legem dicendo nec stipulando quisquam altere cavere potest:* Ne bir anlaşma ne akitteki bir kayıt ile nede *stipulatio* ile bir başkası için bir menfaat temin edilebilir. D. 45,1,38,17'de geçen *alteri stipulari nemo potest* cümlesiyle hem borçlandırıcı işlemlerde temsil hem de üçüncü kişiler lehine akdin mümkün olmadığı ifade edilmektedir. Iustinianus (I. 3,19,19) aynı ilkeyi tekrarlamaktadır. Üçüncü şahıs lehine yapılmış bir *stipulatio* üçüncü şahsa alacak hakkı kazandırmaz. Buna karşılık tarafların birinin üçüncü kişiye ifada bulunmasını talep edebileceği sözleşme geçerlidir (D. 45,1,38,20). Roma hukukunun ilke olarak kabul etmediği üçüncü şahıs lehine akit müşterek hukukta yerleşmiş ve daha sonra modern kanunlara girmiştir. TBK 127-130 «Borçların üçüncü kişilere etkisi»ni düzenlemektedir.

patio, stipulatio vs.) sözlerini ancak taraflar söylediği takdirde amaçlanan gerçekleşirdi[197].

Doğrudan temsili kabul etmeyen Romalılar haberci *(nuntius)* vasıtasıyla hukukî muamele yapılmasını caiz görmekteydi. Habercinin işlevi başkasına ait hukukî muamele iradesini üçüncü kişiye bildirmek şeklinde özetlenebilir. Başka bir deyişle kendi iradesini kullanarak temsil ettiği kişi için hukukî işlemde bulunan temsilciden farklı olarak haberci sıfatını taşıyan bir kimsenin iradesini başka birine iletmek hususunda aracılık yapmaktadır. Bu aracılık sözle veya yazıyla olabilir. Meselâ bir aile babasının 12 yaşındaki oğluna «Lucius'a git, atını teklif ettiği şartlarla satın almaya hazır olduğumu söyle» demesi üzerine Lucius'a giden çocuk babasının hukukî muamele iradesini Lucius'a sadece nakletmektedir. Habercinin naklettiği iradenin içeriğini ve anlamını bilmesine gerek yoktur. Ancak *ius civile*'nin şekilci muamelelerini haberci vasıtasıyla yapmak imkânı bulunmamaktaydı. Zira bu muameleler ancak tarafların biraraya gelmesiyle yapılabilirdi. Sözleşme yapacak iki kişi arasında âdeta bir mektubun işlevine benzer fonksiyon gören haberci, iyi niyete tabi akitlerde muamelenin oluşmasına yardımcı olurdu[198]. Haberci, bir tür konuşan mektuptu.

Sözleşmenin sadece muameleyi yapan kişiler arasında bağlılık yaratması ve yine bu kişiler arasında sonuç doğurması ilkesini kabul edilmekle beraber, tabî hukuk ilmi, hukukî muamelede bugünkü anlamıyla temsilin mümkün olduğunu ileri sürmüştür (Grotius). Bu görüşün tesiri altında kalan kanunlar Prusya Medeni Kanunu, Avusturya Medeni Kanunu ve Fransız Medeni Kanunu olmuştur. Daha sonraki kanunlar olan Alman Medeni Kanunu ve İsviçre Borçlar Kanunu da tabii hukuk ilminin ileri sürdüğü görüşe uygun ama, daha çok Pandekt ilminin yine Roma hukukunun kaynaklarını çok geniş yorumla-

---

197 D. 50, 17, 123 pr: *nemo alieno nomine lege agere:* Hiç kimse hukuken başkası adına davranamaz).
D.41,1,9,4'te Gaius *traditio*'yu malikin yapması ile, onun isteği üzerine başkasının yapması arasında devreden tarafından yapılmasını gerek bulunmadığını gösteren örnekler vermektedir (aynı konuda bkz. I. 2,1,42-43). Şahsın önemli olduğu edimler hariç (D. 46,3,31) borcun üçüncü kişi tarafından yerine getirilmesi mümkündü (D. 5,3,3,1 pr; D. 3,5,38; I.3,29 pr). Siber, Röm. Privatrecht, s.271, Kaser, s.636.

198 D. 18,1,1,2'de Paulus *emptio venditio*'nun bir *ius gentium* sözleşmesi olduğu için sadece rıza uyuşması ile akdedilebileceğini ve hazır olmayanlar arasında haberci veya mektupla yapılabileceğini anlatmaktadır. D. 2,14,2 pr'da yine Paulus, Labeo'yu zikrederek bir anlaşmanın *(pactum)* hazır olmayanlar arasında haberci aracılığıyla oluşabileceğine değinmektedir. *Traditio*'nun hatta evlenmenin (D. 23,2,5) haberci (aracı) vasıtasıyla gerçekleşeceği de öne sürülmektedir.

yarak vardığı, başkası için muamele yapmaya ilişkin hükümlere yer vermişlerdir[199]. Faydalanılan Roma kaynaklarından bazıları *pater familias*'ın veya iş sahibinin kendisine bağımlı kişilerin yaptıkları muamelelerden doğan munzam (ek) sorumluluklarına ilişkindir.

Roma hukukunda doğrudan doğruya temsile pek ihtiyaç duyulmamasının en önemli nedeni, kölelerin ve aile evlâtlarının yaptığı hukukî işlemlerden elde edilen hakların doğrudan aile reisinin malvarlığına girmesiydi. Aile evlatları ve köleler aile reislerinin bir tür iktisap organıydı. Ailenin malvarlığının tek sahibi ve hâkimi durumunda olan aile reisinin bilgisi olmadığı hallerde bile kendisine bağımlı kimselerin iktisapları onun oluyordu. Ancak hâkimiyet altındaki kişilerin borçlarından esas itibariyle kendilerinin sorumlu olmaları veya dava edilememelerinden doğan sakıncaları gidermek, üçüncü şahısların hâkimiyeti altındaki kimselerle muamele yapmaktan çekinmelerini bertaraf etmek için *praetor* aile reisine veya işin sahibine karşı munzam (ek) davalar açmak imkânını vermeye başladı[200]. Bu durum doğrudan temsile yaklaşmıştır.

Aile evladına veya köleye *peculium* tahsis edilmiş olması veya muamelenin efendinin malvarlığında artma meydana getirmesi halinde *pater familias*, *peculium* miktarı veya artma oranında o muameleye izin veya icazet verilmiş olması durumunda sınırsız sorumlu tutuluyordu. Bir işletmenin başına yöne-

---

199 Mayer-Maly, s.101; Karadeniz—Çelebican, s.264.

200 D. 14,1,5,1'de Paulus bir kişinin kölesinin gemi işletmesi durumunda bu geminin kaptanı ile muamele yapan kimsenin kaptana karşı bir dava açmasına engel bulunmadığını, çünkü *praetor* beyannamesinin üçüncü kişilerin kaptanı dava etmesine mani olmadığını anlattıktan sonra bu beyanname ile davanın iş sahibine - nakledilmediğini (yani davaya muhatap kimse sadece iş sahibi değildir) fakat bu davanın diğerine ilave edildiğini, eklendiğini yani munzam (ek) dava olduğunu söylemektedir. *Glossator*'lar bu metinden hareketle bu nitelikteki davalara munzam (ek) davalar *(actiones adiecticiae qualitatis)* adını vermişlerdir. Hausmaninger-Selb, s.407. Eğer bağımlı bu kişilerin (köle, aile evlâdı, *institor*, gemi kaptanı) yaptığı muamelelerden sadece mâlike veya iş sahibine dava açmak imkânı verilmiş olsaydı buna doğrudan temsil demek mümkündü.
Gai. 4,72'da *actio de peculio* ve *actio de in rem verso*'dan bahsedilmekte, ilk davanın *peculium* tahsisi halinde ikinci davanın ise, aile reisinin malvarlığındaki artma oranında açılacağı belirtilmektedir. D. 15,1,44 Ulpianus ise aile evlâdı ile sözleşme yapmış kimsenin iki borçlusu bulunduğunu, aile evlâdının borcun tamamından *(in solidum)* mesul olduğu halde *pater familias'ın peculium*'un değeri kadar borçlu olduğunu vurgulamaktadır. Bu son metinden aile reisinin sorumluluğunun ilave olduğu açıkça anlaşılmaktadır. Ulpianus, efendinin verdiği yetki ile muamele yapılması halinde mâlikin sorumluluğunun sınırsız olduğunu, çünkü akdin yetkiyi veren kişi ile yapılmış gibi düşünülebileceğini belirtmektedir (D. 15, 4 pr-1). Bu yetki tanıklar önünde yazıyla, sözle veya haberciyle verilebilmekteydi. Bu munzam (ek) davanın adı *actio quod iussu*'dur.

tici *(institor)* veya bir gemiye kaptan atanmış olması halinde bu kişiler hür ise durum doğrudan temsile iyice yaklaşmış oluyordu. İşletmenin sahibine *actio institoria*, gemi armatörüne *actio exercitoria* açılarak kendi adamlarının yüklendiği edimlerin yerine getirilmemesinden uğranılan zarar talep edilebiliyordu. İş sahibinin sorumluluğunun tutarı sınırlanmamıştı. Munzam (ek) davaların özelliği, *formula*'sında muameleyi yapan olarak üçüncü kişiyle akdî ilişkiye girenin adının yazılması (köle, aile evlâdı, *sui iuris* Romalı) mahkûm veya beraat ettirilecek davalı olarak da *formula*'nın *condemnatio*'sunda *pater familias*'ın veya iş sahibinin adının yer almasıydı. Burada dikkat edilmesi gereken nokta şudur: Aile evlâdı, köle, *institor* veya gemi kaptanı *(magister navis)* olarak görevlendirilmiş kimseler yüklendikleri borçların asıl sorumlularıydı. Doğrudan temsilde olduğu gibi, muameleyi yapmış temsilcinin aradan çıkarak muamelenin bütün neticelerinin aile reisinin veya iş sahibinin üzerinde doğması söz konusu değildi. Aile reisinin veya iş sahibinin sorumluluğu muameleyi yapan kimsenin sorumluluğuna ilave edilen, ek sorumluluktur[201].

Bir kimsenin yetkisi olmadığı halde yaptığı tasarruflar uygun bulunursa, icazet verilirse muameleler muteber hale gelirdi. Mesela bir kimse aslında *procurator* olmayan bir kimseye ifada bulunmuşsa, bu ifa alacaklının icazeti ile hüküm ifade ederdi (D. 46,3,12,4). D. 3,5,5,11'de icazet verilmek suretiyle muamelenin icazet verene ait hale geldiği belirtilmektedir. Bu durum *«ratihabitatio mandato comparatur»* (icazet vekâlete, yetki vermeye eş tutulur) özdeyişiyle ifade edilmektedir. TBK 46 yetkisiz kişinin yaptığı muamelenin onanmasını, icazet verilmesini düzenlemektedir.

---

201 D. 19,1,13,25'te Ulpianus işi görenin ne gemi kaptanı ne de *institor* olduğu halde iş sahibi için sözleşme yapmış olması halinde *actio institoria* örnek alınarak *utilis* davalar tanınabileceğini açıklamaktadır. Burada doğrudan temsil yönünde bir adım daha atılmış olmaktadır.

DÖRDÜNCÜ BÖLÜM

ROMA USUL HUKUKU

HAKLARIN HİMAYESİ

§ 16. Genel Bilgiler

Kavram

Roma Özel Hukukunun incelenmesi, Roma Usul Hukukunu, yani kişilerin haklarının nasıl korunacağını da kapsar[1].

Kişilerin sahip oldukları hakların her türlü tecavüze karşı korunmaları gerekir. Modern hukuklarda, kişilerin haklarının korunmasının devletin işlevi olduğu kabul edilmiştir. Hakların himayesi hukukumuzun Usul Hukuku denilen kısmını oluşturur[2]. Şeklî hukuk olan Usul Hukuku, ihtilâflı hakları kesin hükme bağlayarak, hak sahiplerinin haklarına kavuşmalarını sağlayan kuralları içerir. Bu anlamda İcra-İflâs Hukuku da Usul Hukukunun ayrılmaz parçasıdır.

Bununla birlikte, hakların devlet tarafından korunması, ancak hukuk tarihinin ilerlemiş devirlerinde gerçekleşmiştir. Hukukun ilkel durumunda, hak sahibi kendi hakkını, kişisel kuvvetiyle korumaktaydı. Toplum teşkilâtlandıkça, bu durumu önlemek ve yerine devletin hâkim olduğu bir düzen koymak eğilimi kendini kabul ettirmiştir. Hukuk düzenlemesi toplumda güvenliği sağlaması için her modern devlet hakların korunmasını tekeline almıştır. Bu aynı zamanda kişilerin haklarını kendi olanaklarıyla elde etmelerini yasaklar. (Özel hakların korunması usullerinin gelişmesi, Devletler Genel Hukukunun gelişmesi ile açık benzerlikler göstermektedir)[3].

Modern Medenî Usul Hukuklarında olduğu gibi, Roma'da da hakların korunmasıyla ilgili müeyyide uygulanması usulü, daha Krallık devrinde dava

---

1 Monıer R., Droit Romain, Paris 1968, s. 165.

2 Schwarz A.B., Roma Hukuku Dersleri, çev. Rado T., İstanbul 1965, s. 255.

3 Schwarz A.B., s. 256.

ile başlıyordu. Yargı yetkisini de kendisinde toplamış olan kral bir davada hâkim olarak karar verdiği zaman, herkes onun verdiği hükme uymalıydı. Romalılar, bugün bizim dava dediğimiz *actio*'yu (davayı) şu şekilde anlıyorlardı: *Actio* (dava) hakkının çiğnendiği kanısında olan kişinin, adaleti sağlamakla görevli makamlara başvurarak, hak sahibi olduğunu, bu hakkı kendisine tanıyan hukuk kurallarına aykırı davranışı ispat ve bu sebeple öngörülmüş müeyyidelerin uygulanmasını istemek yetkisidir[4].

Roma Özel Hukukunda, *actio*'ların (davaların) büyük önemi ve özel durumu vardır. Zira, hakların tanınmasında ve hukuk kurumlarının oluşmasında, kısaca Roma Hukukunun gelişmesinde «*actio*» lar önemli rol oynamıştır. Roma Hukukunun gelişmesi, Roma Usul Hukukunun gelişmesine paralel olmuş ve hakların durumu, bu haklar için öngörülmüş Usul Hukuku imkânlarına bağlı kalmıştır[5].

Hukuk düzenlemesi, hakların ve yükümlülüklerin neler olduğunu tespit ederek, insanın faaliyetlerini sınırlamaktadır. Fakat hukuk bunu tespit etmekle yetinmemekte, hak sahibinin hakkını korumakta, yaptırım müeyyide getirmektedir. İnsanlar için konulmuş olan (D. 1,5,2) hukuk kurallarına uygun hareket edildiği sürece, bir müeyyide söz konusu olmaz. Ancak, bir kimsenin mülkiyet hakkına riayet edilmesi; bir borcun ödenmesi gerekir. Aksi takdirde, yaptırım müeyyide harekete geçer.

Müeyyide, ya «cezaî» olur: Suçlu hapsedilir. Veya «tazmin ettirici» olur. Borcun ödenmemesinden doğan zarar tazmin ettirilir.

Hakların nasıl korunacağını gösteren kuralların[6] bütünü, Usul Hukuku'nu meydana getirir. Avrupa dillerinde hukukun bu dalını gösteren terim, bir Ortaçağ Kilise Hukuku terimi olan «*Processus*» dan gelir[7].

---

4 I, 4, 6, pr.; D. 44,7,51.

5 Çelebican Ö.K, Roma Hukuku. Ankara 1997, s. 296-297.

6 Roma Usul Hukukunun en önemli iki himaye vasıtası olan *actio* ve *exceptio*'nun hem maddî hukuka, hem de usul hukukuna ilişkin anlamı vardır. *Actio*, bir usul hukuku kavramı olarak en önemli usulî muamele olan davayı ifade ettiği gibi maddî hukukun talep hakkını da belirtir. *Exceptio*, esas itibariyle usul hukuku müessesesidir ve mevcut şartlar içinde mahkûm edilmesi gereken davalı için bir «istisna» yapılmasını sağlar. Bu usulî savunma vasıtasından zamanla maddî hukuka ait bir def'i hakkı doğmuştur. Davalı buna dayanarak davacının talebini yerine getirmemek hakkına sahiptir.

7 Usul Hukukunu belirten bir terim Roma'da yoktur. Hukuk kaynaklarında, bilhassa *praetor* beyannamesinde maddî hukuk ve usul hukuku kuralları yanyana bulunmakta, hatta içiçe girmiş durumdadır.

Roma'da Usul Hukukunu harekete geçiren vasıta, *agere*'den gelen *actio*, yani «dava hakkı»dır[8]. *Agere*'nin eski anlamı sevk etmek, yönlendirmek, yürümekti.

Davada iki taraf olur: a) Davacı *(actor)*; b) Davalı *(reus)*

Roma Hukukunda genel nitelikle bir tek *actio* yoktur. Çeşitli *actio*'lar vardır. Romalılar hukuku esas olarak davalar açısından ele almışlardır. Günümüzde; bir hak varsa, bunun müeyyidesi de var demektir. Roma Hukukunda ise; bazen, bir hak olur, müeyyidesi olmaz, buna karşılık, bazen müeyyide olur, hak olmayabilirdi. Bu durum, *praetor*'un faaliyet tarzına bağlıdır. *Ius civile*'nin

---

8 Roma Özel Hukukunun tam olarak anlaşılması, Roma Usul Hukukunun bilinmesine bağlıdır. Roma'da hak ile bu hakkın korunmasını sağlayan dava arasında sıkı bir ilişki mevcuttur. Romalılar maddî hukuku şeklî bir hukuk olan Usul Hukukundan kesin çizgilerle ayırmamıştır. Modern hukuk sistemlerinin aksine; Romalılar hukuka, usul hukuku, özellikle dava yönünden bakmışlardır. Onlara göre, bir kimsenin bir hakkı mevcut olabilir. İddia edilen hakkın mevcudiyeti hâkimin kararı ile tespit edilecektir.
Fertler arasındaki belirli bir ilişki, hak olarak nitelendirilmekle, müeyyide bağlanmış olmaz, aksine yargı organları önünde ileri sürülebildiği, yani bir müeyyideye bağlandığı için hak olarak kabul edilirdi. Bu şekilde Roma'da, yargı organı tarafından bir müeyyide ile donatıldığı takdirde ve ölçüde bir hakkın varlığından, söz edilirdi. Demek ki, Roma'da, hukuk yaratan organ tarafından bir müeyyideyle donatıldığı taktirde ve ölçüde bir hakkın varlığından bahsedilirdi. İkinci neden, Roma özel hukukunun gelişmesine büyük katkısı olan *praetor*'ların özellikle usul sahasında faaliyet göstermeleriydi. *Praetor*'lar kanun koyucu olmadıklarından, doğrudan doğruya yeni bir hak yaratamazlardı. Yargı organı sıfatıyla *praetor*'ların sahip oldukları tek imkân, göreve başlarken yayınladıkları beyannamelerinde *(edictum) ius civile*'de öngörülüp bir müeyyideye bağlanmamış olan hakkaniyete aykırı durumları soyut bir şekilde tespit etmekten ve bu durumların gerçekleşmesi halinde, mağdur olan tarafa bir dava *(actio)* tanımak suretiyle hakkaniyeti temin edeceklerini bildirmekten ibaretti. İlk bakışta, *praetor*'ların faaliyetini önceden tespit edilmiş belli bazı durumlara yöneltmekten öte bir anlam taşımıyormuş gibi gelen bu imkân, aslında âdeta "hak yaratıcı bir kaynak" işlevini görüyordu. Nitekim, *edictum*'da tespit edilmiş bulunan durumlardan birinin varlığı halinde, *praetor*'a başvuruyla, müracaatla, başlayan yargılama sırasında, duruma uyan müeyyide de tespit ediliyor ve böylece, *ius civile*'de öngörülmemiş ve korunmamış bir münasebetin *praetor* tarafından tanınıp yaptırıma bağladığını gören hukukçular da özel hukuk alanında yeni bir hakkın ortaya çıktığı sonununa varıyorlardı. Bu suretle; Roma'da, medenî usul hukuku, maddî özel hukukun gelişmesini sağlıyor ve bu gelişmeyi yönlendiriyordu. *Praetor*'lara dolaylı bir biçimde yeni haklar yaratabilme imkânını veren bu yargı yetkisini *(iurisdistio)* ters yönde de işleyebiliyordu. Nitekim *praetor*'lar, *ius civile* tarafından öngörülmüş ve müeyyideye bağlanmış bir hakkın ileri sürülmesini hakkaniyete uygun bulmadıkları taktirde müeyyidenin uygulanmasını önleyebiliyorlardı. Şu halde, *praetor*'lar, *ius civile*'nin tanıyıp korunmasını istediği bir hakkı, bu hakkın korunması hakkaniyete ve adalete aykırı düşecekse, etkisiz bırakılabiliyorlardı. Böylece *ius civile* kurallarının zamanla değişen ekonomik, siyasi ve sosyal şartlara uymaları temin ediliyor ve bu yöndeki usuli faaliyetleriyle *praetor*'lar maddi özel hukuku biçimlendiriyorlardı. (Öztek S., Roma Medeni Usul Hukukunun Ana Hatları, İ.Ü.H.F.M, c. LI, sayı 1-4, İstanbul, 1986, s. 336-337).

hak tanıdığı bir yerde, *praetor* dava hakkı vermeyebilir (*actionem denegare*), buna karşılık, *ius civile*'nin hak tanımadığı bir yerde, *actio* verebilir (*actionem dare*).

Praetor'un faaliyetleri, özellikle Usul Hukuku alanında olduğu için, Roma'da, Usul Hukukunun büyük bir önemi vardır.

Roma Hukukunda Usul Hukukunun Gelişme Devirleri:

İlkel kavimlerde, modern devletlerden farklı olarak, devlet adına hâkimler tarafından yerine getirilen düzenli bir adalet değil, özel adalet sistemi vardır[9]. Kişi, hakkını kendi gücüyle elde etmeye çalışırdı. Günümüzde ise, hakkının ihlâl edildiğini iddia eden kimse, mahkemeye gider. Mahkemede hâkim, devleti temsil eder ve hakkı devlet namına, tespit eder; Davalı mahkûm edilir veya beraat eder. Mahkemede sadece «karar» verilir, yani, kimin haklı, kimin haksız olduğu belli olur. Karardan sonra ise, «icra»ya geçilir: Davalı mahkûm olmuşsa, mahkûmiyet borcunu yerine getirmelidir; aksi takdirde, kendisine karşı, devlet kuvveti kullanılır, yaptırım uygulanır.

Şu halde, Usul Hukukunun iki kısmı vardır:

a) Hukuk Usulü: Karar verilir, taraflardan kimin haklı, kimin haksız olduğu belirtilir.

b) İcra Usulü: Mahkûmiyetten doğan borç, devlet gücüyle yerine getirilir.

Günümüz hukukunda, bütün bu sayılan işleri devlet yapmaktadır. Fakat, durum her zaman bu şekilde olmamıştır. Başlangıçta ise, kişi kendi gücüne başvuruyordu. Çünkü henüz devlet, fertlerin kendi aralarındaki ihtilâflarını halledecek kadar kuvvetli, örgütlü değildi[10].

Toplu halde yaşayan insanların içinde, haklı-haksız şeklindeki bir ayırım ve adalet düşüncesi her zaman olmuştur. Fakat; bir kimsenin kendisinin haklı olduğunu iddia ettiği, diğer bir kimsenin de, aynı şekilde kendisinin haklı olduğunu ileri sürdüğü durumda aralarında çıkacak ihtilâfı, kavgayı bir çözüm yoluna bağlayacak, kendilerinden daha üstün bir iktidar yoktu. Aynı şekilde; bugün de, devletler arasında bir ihtilâf çıktığı zaman, bu ihtilâfı barış yoluyla çözmek için gerekli olan üstün bir iktidar henüz tam anlamıyla be-

9 Monier, s. 168.

10 Kaser M.; Das römische Zivilprozessrecht, München 1966, s. 17 vd.

lirmiş değildir ve devletler kendi haklarını kendi kuvvetleriyle ispat etmeye çalışırlar.

Devletin, fertlerin üstünde bir iktidar, bir güç olarak bu tür işlere müdahale etmesi, bir kontrol şeklinde başlamış ve yavaş yavaş gelişmiştir. Önce; kimin haklı olduğunu anlamak için, tarafların, kendi aralarında bir özel «hakem» seçmeleri mecburiyeti konulmuştur. Bu hakem, ihtilâflı olan taraflardan, hangisinin haklı olduğuna kullanacağına karar verirdi.

Modern hukuklarda; gerek hakkı tespit etmeyi, gerekse icra işlerini, devlet kendi organlarıyla yaptırır ve «ihkakı hak» (kuvvet kullanma) denen özel himaye sistemini yasak eder.

Roma Hukukunda, bu konudaki gelişme, açık şekilde görülmektedir.

Tarihten önceki devirlerde, tam bir ihkakı hak (kuvvet kullanma) sistemi olduğu anlaşılmaktadır. Tarihî devirlerde ise, önceleri devletin basit bir kontrolü, sonra da, günümüzdeki gibi, devlet eliyle himaye usulü yerleşmiştir.

Kuşkusuz, ilkel Roma Özel Hukukunda, diğer birçok kavimde olduğu gibi, yürürlükte olan, kişisel kuvvete başvurmaydı. Fakat tarihî kaynakların tanıttığı Roma Hukukunda kişinin kendi kuvvetini kullanması yasaklanmış, hattâ İmparatorluk Hukuku tarafından cezalandırılmıştır[11]. Kişisel himayeye, ancak meşru müdafaa ve ıztırar hallerinde izin verilmişti. Gerek bugün, gerekse Roma'da, istisnaî bazı durumlarda, kişinin kendi kuvvetini kullanmasına izin verilir. Bunlar da, haklı, meşru savunma (meşru müdafaa) ve zorunluluk (ıstırar) halleridir. *Vim vi repellere licet:* Kuvvete, kuvvetle karşı koymak caizdir. (krş., TBK 52, TCK 25).

Buna rağmen, eski kişisel kuvvet devrinin izleri de vardır: Klâsik devirde, özel hukuk ihtilâflarına, modern hukuktakinin aksine, devlet mahkemeleri bakmamaktaydı. İhtilâfı, karar vermeye yetkili olan hakem, özel hâkim çözüm yoluna bağladı. Devlet memuru olmayan bu özel hâkim (hakem) yetkilerini *magista*'dan alır ve taraflar kararlarına uymak zorundadır. Ayrıca, hâkime başvurma (tahkim) usulü, ihtiyarî olmaktan çıkmış ve zorunlu hale gelmiştir ve devletin kontrolü altındadır. Bugünkü anlamıyla devlet mahkemeleri çok ağır gelişerek, bu durumun yerini almıştır. Roma'da da, imparatorluk devrinden itibaren devlet yargı işlevini kendisi yerine getirmeye başlamış ve usul, ön-

11 Augustus zamanında bu durum cezaî yönden takip ediliyordu. Marcus Aurelius'un çıkardığı bu emirnameye (D. 48, 7, 7) göre, alacağını zorla tahsile kalkışan alacaklı hakkını kaybediyordu.

cekilerden tamamen farklı olmuştur. Günümüzdeki usulün başlangıcı olarak, artık yargı devletin görevlerinden biri olarak ortaya çıkmıştır.

Roma Hukukunda, hakların himayesinin gelişmesinde, iki ayrı görüş, iki ayrı usul sistemi yaratmıştır:

Yalnız bu usul sistemleri, birden bire birbirlerinin yerini almamış, belirli bir süre birlikte devam etmişler, sonraki diğerinin yerini yavaş yavaş almaya başlamıştır. Ayrıca, «Özel Mahkemeler Düzenlemesi» ismi altında toplanan ilk iki usulün, «Sistem Dışı Yargılama»dan farklı, ortak özellikleri vardır.

En eski zamanlardan itibaren, M.S. 284 yılına kadar, hakların himayesi, bazı gelişmelerle birlikte, özel bir iş olarak kabul edilmekte idi. Bu usule: *Ordo Iudiciorum Privatorum:* Özel Mahkemeler Düzenlemesi, ismi verilir.

M.S. 284 yılından sonra, hakları devlet himaye eder. Bu usule de: *Cognitio Extra Ordinem* (Sistem Dışı Yargılama veya Fevkalâde Usul) denir:

Özel Mahkemeler Düzenlemesinde dava, iki safhada cereyan eder[12].

a) *Magista* önünde *(in ius* veya *in iure)*; b) Hakem önünde *(in iudicio* veya *apud iudicem)*. İlk aşamada davacıya bir *actio* verilip verilemeyeceği incelenirdi. Roma'da bir hak ancak bir *actio*'su varsa dava edebileceğinden, bu safhada bu durum açıklığa kavuşturulurdu. Hakem önüne gidilmeden önce, davacının talebinin dava edilir olup olmadığı *(an sit actio)* ve hangi esasların karar için gerekli olduğu *(quae sit actio)* sonuca bağlanırdı.

---

12 Davanın iki aşamada gerçekleşmesinin sebebi çok tartışmalıdır. XX. yüzyılın başlarında hâkim olan görüş, iki safhalı muhakemenin en eski devirlerde bile mevcut olduğu şeklindeydi. Önceleri taraflar kendi istekleriyle seçtikleri bir hakemin önünde gidiyorlardı. Devlet gücünün artmasıyla bu zorunlu hale gelmiştir. Diğer görüşe göre ise, kral bütün yetkileri kendisinde toplayan bir *magistra* sıfatıyla ihtilâfları önceleri tek safhada çözmekteydi, ancak işlerin yoğunluğu sebebiyle ispat ve karar safhasını sonradan kendisinin belirdiği şahıslara bırakmaya başladı. İlk önce kralın yetkisinde olan bu durum, Cumhuriyetin ilk devirlerinde eski Yunan'daki demokratik fikirlerin etkisiyle zorunlu hale geldi. Demokratik görüşle, kralların aşırı iktidarına karşı, cumhuriyet kurucuları tarafından ihdas edilmiştir. Bu konudaki başka bir görüş, davanın iki aşamada görülmesini, eski Yunan ve Doğu'nun mutlak monarşilerinde bile mevcut olan bir ilke ile açıklanmaktadır. Bu ilke, gerçek bir yargı işlevinden söz edebilmek için, yargı işlevinin idare organlarından ayrı olan kimselerin elinde bulunması gerektiğidir. Bkz. KASER M., Römisches Privatrecht, 9. Durchgesehene Auflage , München 1976, s. 312.

Taraflar ihtilâf haline düşünce, bir hakkı olduğunu ileri süren kimse, diğerini *magistra* önüne davet eder *(in ius vocatio)*. Bugünden farklı olarak hukuk davalarında resmî davet yoktur[13].

İlke olarak, yetkili mahkeme, davalının ikâmetgâhı mahkemesidir *(actio sequitur forum rei)*[14]. Fakat taraflar, bir borcun ifası için belirli bir şehir tespit etmişlerse, o bölgedeki mahkeme yetkili oluyordu. Bazı davalar ise, Roma *magistara*'larının yetki ve görev alanı içindeydi[15]. *Magistra*, tarafların iddiasını ve cevabını dinler, incelemeye uygun görürse, davacıya bir *actio* tanır ve tarafları, bir özel hakem seçmeye davet eder, seçemezlerse kendisi belirler[16]. Bu seçilen kimse, davanın hâkimi olacaktır.

Actio'nun (dava hakkının) tanınmasından sonra, davanın sınırlarının belirlenmesi işlemine *litis contestatio*, yani davanın tespiti denmektedir. *Litis contestatio* ile, davalının hangi şartlarda mahkûm edileceği kesin olarak saptanır ve dava karar vermesi için hakemin, özel hâkimin önüne gönderildi.

b) Daha sonra ikinci aşama başlar. Taraflar, seçilen hakemin önüne giderler ve *magistra*'nın tanıdığı *actio*'nun sınırları içinde kalınarak, davalarına bakılır. Davacı iddiasını ispat etmeye çalışır, davalı ise kendisini savunur. Hakem, kanaatini edindikten sonra, kararını *(sententia)* verir: Dolayısıyla mahkûm eder veya beraat ettirir[17]. Hakem davanın konusu olan maddi olayları açıklığa kavuşturarak bir hükme varır.

---

13 Ancak mahkemeye gelmeyen kişileri devlet cezalandırabilirdi. Yine ana-babanın (ve bazı başka kişilerin) mahkemeye davet edilmesi *praetor*'un iznine bağlı idi.

14 Modern hukukumuzda da, aynı ilke söz konusudur, bkz. HMK, m. 9 vd.

15 Monier R., s. 175.

16 Kararın, özel şahıslar olan hakemler, hâkimler tarafından verilmesi dolayısıyla bu usule Özel Mahkemeler Düzenlemesi, denilmiştir.
Hâkim, *magistra* olmaması bakımından günümüzdeki hakeme (HMK'da belirli ihtilâfların çözümü için tarafların hakeme başvurması imkânı vardır) veya bizim hukukumuzda bulunmayan ceza muhakemesindeki jüri üyesine benzemektedir. Halk tarafından seçilmez ve görevinde devamlı kalmaz. Sadece o ihtilâf için yetkilidir ve başka bir, davaya bakabilmesi için yeni bir karara ihtiyaç vardır.

17 Bu konuda, terim bakımından şu noktaya dikkat edilmelidir: Günümüzde beraat sadece Ceza Usul Hukuku alanındadır. Medenî Usul Hukuku alanında davalının beraat ettiğinden değil, davacının davasının reddedildiğinden söz edilir. Roma Hukukunda ise, bu durum beraat veya mahkûm edilebilen davalı açısından ele alınmıştır.

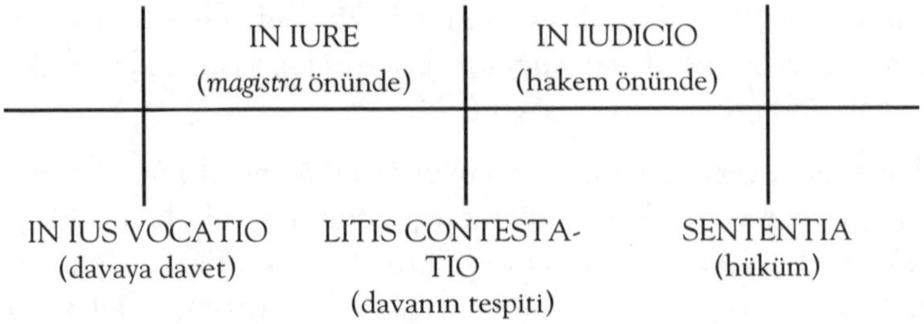

Fevkalâde Usulde ise, dava tek aşamada görülür. İhtilâflı taraflar, artık devlet memuru olan bir hâkimin önüne giderler. Aynı hâkim, ihtilâfı hallederek karara bağlar. Bu usul, bugünkü usul hukuku anlayışına yakındır.

Özel Mahkemeler Düzenlenmesinin ağırlık noktası *litis contestatio* (davanın tespiti) idi. Bu muamele, aynı sistem içinde önemli bir gelişme göstermiştir.

Özel Mahkemeler Düzenlemesi, kendi içinde, iki usule ayrılır:

A – *Legis actio*'lar usulü, B – *Formula* usulü.

Davanın iki aşamada cereyan etmesi, Krallığın sonlarına doğru başlamıştır. Hâkimi taraflar seçer, yetkisini *magistra* verir. Özel Mahkemeler Düzenlenmesinin uygulanması boyunca *magistra* tarafların isteklerini dikkate almakla birlikte, hâkimi kendisi görevlendiriyordu *(iudicare iubere)*. Verilecek karara uyma mecburiyeti, hâkime yetkiyi verenin *magistra* olmasından ileri gelmektedir.

Magistra olarak; devirlere göre, sırasıyla, kral, *consul, praetor;* eyaletlerde ise, valiler görev yapmıştır. Bunlar kendi yerlerine vekil tayin edebilirlerdi.

Toplumun, hukuk ihtilâflarını çözmeye yetenekli durumdaki belirli kişilerini gösteren bir liste içinden *(Album)* seçilen hâkim *(iudex)* veya hakem *(arbiter)*, özel bir şahıstı. Hâkim veya hakemler, genellikle, *senatus* üyeleri arasından seçilirdi. Özel Hakemlik (Hâkimlik), şerefli fakat sorumluluk gerektiren, ücretsiz bir işti. Tek veya heyet halinde olabilir, isterse davayı görmekten kaçınabilirdi[18].

---

[18] Umur Z., s. 518.

§ 17. Ordo Iudiciorum Privatorum (Özel Mahkemeler Düzenlemesi)

I – LEGIS ACTIO'LAR USULÜ:

Bu konudaki bilgimiz, bilhassa Gaius'tan gelmektedir.

Bunlar, beş tane "Kanuni Dava Şekil"leridir; *Legis actio sacramento; legis actio per iudicis postulationem; legis actio per condictionem; legis actio per manus iniectionem* ve *legis actio per pignoris capionem*, olmak üzere beş tane idiler (Gai. 4,12)

Legis actio'lar, hem kanunla tespit edilmişlerdir, hem de kanun gibi, değiştirilemeyecek şekiller içinde ileri sürülmeleri gerekir. Bu sebeple, kanunî davalar *(legis actiones)* ismi verilmiş olmalıdır[19].

Gaius, beşinin de ortak noktaları olduğunu bildirmektedir. XII Levha Kanunundan önceki geleneğin gelişmiş şekilleridir[20].

Kanun tarafından konuldukları için değiştirilmeyen, belli kelimelere bağlı «kalıp» durumundaydılar. Bu beş tane kalıp-şekil için de, bütün davalar görülebilir, hatta görülmek zorundaydı. Demek ki bunlar, gerçek anlamda dava değil, davaların görülmesine yarayan, «tip haline getirilmiş şekiller»dir. *Legis actio*'ların ortak özelliği, sıkı şekilciliklerididir. Davacının alacağından biraz fazla talep etmesi, davanın tamamen reddi ile sonuçlanırdı. Gaius'un (Gai. I. 4,11) verdiği örneğe göre, eğer bir kimse bağ kütüklerinin kesilmiş olmasından dolayı dava açar (İtalya'nın verimli yamaçlarından elde edilen kaliteli şaraplar hatırlanırsa bu örneğin uygulama alanı geniştir) ve *(praetor* önünde) *legis actio*'nun düzenlenmesi sırasında «kesilmiş kütüklerden» *(vites succisae)* bahsederse, davasını kaybeder. Zira, XII Levha kanununun öngördüğü ifadeye göre, kesilmiş kütüklerden değil, fakat «kesilmiş ağaçlardan» *(de arboribus succisis)* bahsetmesi gerekirdi. Bu şekilde, kesilmiş ağaçlar yerine, kesilmiş bağ kütükler terimlerine yer veren, davacı davasını kaybetmiş ve XII Levha Kanunun, ağaçları kesilen mal sahibine tanıdığı zararını tazmin ettirme imkânından yoksun kalmıştı. Bu dar şekilciliğe, eski hukuklarda, mesela Fransız ve İngiliz hukuklarında da rastlanmaktadır[21].

---

19 Umur Z., s. 522.

20 Girard P. F., Droit Romain, Paris 1906, s. 968.

21 Schwarz A.B., s. 265.

Legis actio'ların ilk üç tanesi, Hukuk Usulüne; son iki tanesi, İcra Usulüne aittir. Bu usulde dava şu şekilde cereyan ederdi:

Dava, taraflardan, davacının, davayı açmasıyla başlar. Fakat, davacının davayı sadece açması, davayı yürütmeye yetmez. Her iki taraf da davaya katılarak bazı faaliyetlerde bulunmak suretiyle, onu yürütmek zorundadır. *Legis actio*'larda dava ehliyetine sahip olmanın ilk şartı, hür olmaktı[22]. Taraf olabilmek için hak ve fiil ehliyetlerine sahip olmak gereklidir. Dolayısıyla köle, davalı veya davacı olamaz[23]. Eski devirlerde, aile evlâdı da taraf olamamakta idi. Diğer taraftan *legis actio*'ları ancak Roma vatandaşları açabilir, yabancılar *(peregrini) legis actio*'larda taraf olamazdı. Yine davacı bu usulle ancak *ius civile* tarafından kabul edilmiş hukuk kurallarına dayanabilirdi.

Bu usulde, sadece aile reisi *(pater familias)* statüsüne sahip, *sui iuris* erkekler dava ehliyetine sahiptir. Kadınların dava ehliyeti yoktur, davalarda hakların korunması vasilerinin görevleri arasındadır. *Alieni iuris* durumundaki aile evlâtları *legis actio*'ların uygulandığı dönemlerde, hak sahibi olmadıkları, borç altına girmedikleri için dava ehliyetine sahip değillerdi. Ne dava açabiliyor, ne de onlara karşı dava açılabiliyordu. Zamanla bu ehliyetsizlikleri yumuşatılmıştır.

XII Levha Kanununun, Usul Hukukuna ilişkin hükümleri, *«si in ius vocat, it»* yani: Seni *magistra* önüne çağırırsa, git, kelimeleri ile başlar. Davaya davette belirli bir şekil yoktur. Eğer çağrılan kimse itiraz eder, gitmekte güçlük çıkarırsa, diğer taraf onu, bizzat ve zor kullanarak *magistra*'nın önüne götürebilir. Bundan kurtulmak isteyen davalı belli bir günde *magistra*'nın önüne geleceğini garanti eden bir *vindex* (kefil) gösterebilirdi. Taraflar; bu usulde, davayı kaybeden tarafın mahkûmiyetin gereğini yerine getireceğine dair kefil gösterirlerdi.

Legis actio usulünde, tarafların kural olarak bizzat davada hazır bulunmaları gerekir. Ne davalıyı, ne davacıyı, üçüncü kişi temsil edemez. Hiç kimse başkası adına dava yürütemez *(Nemo alieno nomine lege agere potest)*. Ancak dava ehliyetleri bulunmayan veya kısıtlı olan kişiler davada, vasileri veya kayyımlarının katılması veya izni ile taraf olabiliyorlardı[24].

---

22 Çelebican Ö.K., s. 311.

23 Hür olduğunu iddia eden köle veya köle olduğu iddia edilen hür şahıs bile, bu konuda karar verilecek davada taraf olamaz, onun yerine dava ehliyetine sahip başka bir şahıs *(adsertor libertatis*, hürriyet savunucusu) bulunurdu. Iustinianus, hürriyet davalarında bir *adsertor*'un taraf olmasını kaldırmıştır.

24 Çelebican Ö.K., s. 313-314; UMUR Z., s. 527.

Kanunî davalar usulünde gıyap kabul edilmemiştir. Dolayısıyla davacıya, davalıyı *magistra* önüne götürmeye zorlamak imkânı tanınmıştır[25].

In iure aşaması, söz konusu davanın *legis actio*'suna göre değişik olurdu. *Legis actio*'ların en eskilerinden biri, *legis actio sacramento* idi. Genel olan bu şekilde, bütün davalara bakılabilmekte idi. Üzerinde ihtilâf olan hakkın aynî veya şahsî bir hak olmasına göre, iki şekil vardı: *Legis actio sacramento in rem* ve *legis actio sacramento in personam*.

Legis actio sacramento in rem:

Aynî haklar ve aile hukukuna ait mutlak haklar (mesela aile evlâtları üzerinde *patria potestas*, evli kadın üzerinde *manus*) bu dava şekli ile görüldü. İhtilâf konusu olan mal (mesela köle yahut sürü ise bir hayvan) veya malı temsil eden bir parçası (taşınmaz ise bir tuğla, toprak parçası) *magistra* önüne getirilir. Davacı, mülkiyet hakkını ifade eden bir değnekle ona dokunur ve mesela, mal bir tarla ise, «bu tarlanın *Quirites* hukukuna göre bana ait olduğunu *(meum esse)* iddia ediyorum» dedikten sonra davalıya hitaben; «sana karşı istihkakımı ileri sürüyorum,» diye ilâve ederdi.

Davalı ikrar edebilir *(confessio)* o zaman dava, sonuçlanmadan kesilir, icraya geçilirdi. Aksi halde, davalı da «aynı sözler» ile karşı iddiada bulunurdu. Görülüyor ki, davalı burada pasif bir rolle yetinmemektedir. Davacının ileri sürdüğü hakkı reddetmekle kalmamakta, kendi hakkını da ileri sürmektedir[26].

İkisinin de aynı iddiada bulunması, durumu bir kavgaya götüreceği için, *magistra*, onlara «malı bırakın» der ve davalı ile davacıyı birbirine eşit duruma koyardı. Daha sonra, taraflardan her birine, belli bir miktar parayı, dava konusunun önemine göre 50 veya 500 *as*'ı yatırmalarını söylerdi. Bu para, *legis actio*'ya ismini veren *sacramentum*'dur. Eskiden davayı kaybeden taraf ilâhlara kurban keser daha sonraları kendisinden alınan *sacramentum* ilâhlara ve tapınaklara tahsis olunurdu, tarihî devirlerde ise, para hazineye gitmekte idi[27].

Magistra; malın zilyetliğini geçici olarak, kendisine ilk bakışta, haklı gibi görünen tarafa verir. Mal da, dava onuna kadar onun zilyetliğinde kaldığı için, bu süre boyunca ondan faydalanabilirdi. Ancak bunun için kendisinden

---

25 Monier R., s. 5.

26 Apathy P. – Klingenberg G. – Stiegler H., Einführung in das römische Recht, Wien 1994, s. 78.

27 Umur. Z., s. 532 vd.

kefil göstermesi istenirdi. Bu şekilde zilyetliği alan davayı kaybetmesi durumunda malı kazanana vereceğini taahhüt etmiş olurdu[28].

Bu şekilde dava tespit edilmiş olur ve hâkim seçilirdi.

Hâkimler önce, rahip hukukçular arasından, hukukçuluk rahiplerinin tekelinden çıktıktan sonra, *magistra*'da bulunan hâkimler listesinden seçilirdi.

Taraflar, hâkimler listesi dışında kalan onurlu, güvenilir bir kişi üzerinden de anlaşabilirlerdi.

Roma Usul Hukukunun daha bu safhasında, modern hukuk sistemlerinde olduğu gibi, «herkesin iddiasını ispat etmekle yükümlü olduğu» genel kuralının uygulandığı söylenebilir. İspat külfeti, aynı nispette, her iki tarafa aittir. Yani, tarafların her ikisi de, malın kendilerine ait olduğuna dair deliller gösterirler.

Delil olarak, şahitlere veya yazılı belgelere başvurulurdu. Ancak, bunun dışında da, hâkimi ikna için, her türlü araçtan yararlanılıyordu. Modern hukuk sistemlerinde kullanılan terimle «delil serbestisi» vardı. Hâkim, bu delilleri değerlendirdikten sonra, mantık kurallarına ve hukukî esaslara dayanarak edindiği kanaate göre, kararını verirdi (Hâkim, kararını aynı gün verirdi. Kanaat edinmemişse veya duruşma güneş batana kadar bitmemişse, ihtilâfın çözüm yolu, bir başka güne bırakılıyordu)[29].

Hakkını ispat etmekten çok, hâkimi ikna edebilen taraf davayı kazanmış olur ve mal ile birlikte, kendi *sacramentum*'unu da geri alırdı[30]. Bu şekilde adeta bir bahis çerçevesinde kimin *sacramentum*' unun hukuka uygun olduğuna *(cuius sacramentum iustum esset)* karar verilmiş olurdu.

Hâkimin verdiği karar kesindi. Bu karardan sonra, aynı anlaşmazlık konusunda, yeni bir dava açılamazdı. Günümüzde de, mahkemenin Yargıtay'ın onayı ile kesinleşen hükmünden sonra aynı konuda yeniden dava açılamaz. (Bir anlaşmazlık iki kere dava konusu olmaz: *Bis de eadem re ne sit actio)*.

---

28 Apathy P. – Klingenberg G. – Stiegler H., s. 79.

29 Çelebican Ö.K., s. 322; UMUR Z., s. 546-547.

30 Dava konusu malın üçüncü bir kişiye ait olduğunun ortaya çıkması durumunda bile hâkimin taraflardan birisini tercih ederek karar vermesi gerekiyordu; bkz. APATHY P.- KLINGenberg G. – Stıegler H., op. cıt. S. 79. Mal hâkimin tercih ettiği tarafta kalır. Malın gerçek sahibi çıkıncaya kadar malın zilyedi maldan yararlanabilirdi. *Melior est causa possidentis* (zilyedin durumu daha elverişlidir).

Legis actio sacramento in personam:

Gaius'un *Institutiones*'indeki, bu konuyla ilgili sayfalar iyi okunamadığı için, *legis actio sacramento in personam* hakkında bilgi daha azdır. Davacı ve davalı, burada eşit durumda değildir. Davacı; «Ben şu kadar para vermekle veya şu işi yapmakla yükümlü olduğunu beyan ediyorum», derdi. Davalı ise, ya ikrar eder ve dava orada kesilir veya iddiayı reddederdi. Bu takdirde, her ikisi de, *sacramentum*'larını yatırırlar, hâkimi seçerler, onun önünde iddialarını ispat etmeğe çalışırlardı.

Bu *legis actio*, hukuk usulüne aittir. Aynı türden olup, şahsî hakların korunmasına yarayan, *legis actio per iudicis postulationem* ve *legis actio per condictionem*'e bazı istisnaî hallerde müracaat edilirdi[31].

Legis actio per manus iniectionem:

Son iki dava şeklinin birincisi ve belki de, hepsinin içinde, en eskisi olarak XII Levha Kanunu'nda yer alan bu *legis actio*'dur. Hakkın tespitine değil, sabit olan bir hakkın yerine getirilmesine yarayan bu usule başvurmak için, hâkimin kararı veya davalının *magistra* önünde ikrarda bulunmuş olması gerekliydi.

İkrardan veya karardan 30 gün sonra, davalı borcunu hâlâ ödememişse, alacaklı kendisini *magistra* önüne götürür: «Bana mahkûm edildiğin (veya borçlu olduğunu ikrar ettiğin) şu kadar parayı (veya malı) vermediğin için sana el koyuyorum» *(manus iniectio)* derdi. O zaman; *magistra*, borçluyu alacaklının hâkimiyeti altına sokardı. Borçlunun şahsı ile birlikte bütün malvarlığı da alacaklının hâkimiyetine geçerdi. Alacaklı; borçlusunu evinde hapseder, ayağına 15 *libre* (7.5 kilo kadar) ağırlığında bir çeki vurur, asgarî miktarı belli bir gıda ile beslenirdi. Pazar kurulan günlerde mahkûmu yanında götürerek borcunu ilân eder, bu şekilde onu kurtaracak birisinin bulunup bulunmadığını araştırırdı. Buna rağmen, borcu ödenmezse onu 60 gün sonra Tiber nehri ötesinde, köle gibi satabilirdi. Fakat örf ve âdetler, bu sert usulü yumuşattığı için, daha sonraları, borçluyu satmak usulü kalkmış, onu borcuna mahsup edilecek şekilde çalıştırmak usulü yerleşmişti. Borçlu, bu şekilde çalışarak borcunu ödemek ve bir süre sonra, serbest kalmak imkânına kavuşmuştu.

---

31 Bu iki *legis actio*'da müşterek olan nokta, *sacramentum*'un bulunmayaşıdır. *Legis actio per iudicis postulationem* mevzuu para olan *stipulatio* akdinden doğan ihtilâflar ile taksimi öngören davalarda kullanılıyordu. *Legis actio per condictionem*'e ise *ius civile*'nin konusu muayyen olan soyut davalar için başvurulabiliyordu.

Özel himayenin izleri, görüldüğü gibi, burada çok açıktır. Davacı, kendi kuvvetini kullanıyor; fakat bunu ancak, bir izin niteliği taşıyan *magistra*'nın kararından sonra ve belli bir ölçü içinde yapabiliyordu. Alacaklının el koyma iddiası ile karşılaşan kimse el koyma hakkının olmadığını iddia edebilirdi *(manum depellere)*. Bunun üzerine bu durum ayrı bir davada incelenir, karşı iddiasının haklı olmadığı anlaşılan borçlu mahkûm olduğu miktarı bir misli ile öderdi.

İcra usulü ile ilgili diğer *legis actio (legis actio per pignoris capionem)* çok özel bazı durumlarda kullanılmakta idi.

II – FORMULA USULÜ

Kanunî davaların *(legis actiones)* özellikleri, geçen zamanın ortaya çıkardığı, belirli sakıncalar getirmiştir: Kanuna dayanan bir usul olduğu için, *magistra* ne kanunun öngörmediği bir davayı verebilir, ne de kanunun verdiği bir davayı durdurabilirdi. Ne yumuşaklığı, ne gelişme imkânı vardı. Kanun koyucunun müdahalesi olmadan yeni ihtiyaçlara cevap veremediği gibi, hakkaniyetin gerektirdiği inceliğe de yer yoktu[32]. Şekilciliği, hantallığı ve yabancılara uygulanamaması giderek zorluklara sebep oluyordu.

Magistra'nın yargı işlevini; Krallık Döneminde kralın *(rex)* kendisi, Cumhuriyet Döneminin ilk devrelerinde de iki *consul* yerine getirmekteydi. M.Ö. 367 yılında çıkarılan *Liciniae Sextiae* Kanunları, *consul*'lerin çok defa Roma'dan uzak kaldıklarını gözönüne alarak, sadece yargılama işlerini yönetmekle görevli bir *magistra*'lık ihdas etti ve sadece hukuk işleriyle alâkalı bu magistra için zamanla *praetor* adı yerleşti. Yargılama işlerinin çoğalması, sadece Roma vatandaşları arasındaki uyuşmazlıkları çözümlemekle görevli *praetor*'un yanında, Roma vatandaşları ile yabancılar ve yabancıların kendi aralarındaki anlaşmazlıkları halletmek için *praetor peregrinus* (yabancılar *praetor*'u) adı altında yeni bir *praetor*'luk kurulmasına neden oldu (M.Ö. 242). Bu tarihten itibaren, sadece Roma vatandaşları arasındaki yargı işlerine bakan *praetor* da, *praetor urbanus* (şehir *praetor*'u) adıyla anılmaya başlandı. Zamanla, Roma yargısına tâbi vatandaş ve iş sayısı artınca, yetkileri yer veya konu itibariyle belirlenen çok sayıda *praetor*'luklar ihdas edildi.

Praetor'lar beyannamelerinde, çeşitli ihtilâflar hakkında yeni *formula*'lar teklif ve ilân ederlerdi. Bu beyanname bir yıl için yapıldığından, her *praetor* hayatın değişen ihtiyaçlarını karşılayacak nitelikte yeni *formula*'ları beyanna-

---

32 Girard P.F., s. 988; KASER M. Zivilprozessrecht. s. 107.

melerine koyardı. Roma Özel Hukuk kurallarının büyük kısmı da, bu *formula* şemalarında toplanıyordu[33].

Formula, davanın takip edeceği program hakkında hâkime talimat veren yazılı bir belgeydi. *Praetor*'un ağzından kaleme alınırdı. Fakat, *magistra*'nın bu konudaki rolünü fazla da büyütmemek gerekir. Zira, fiilen, *magistra*'nın rolü, dâvacı tarafından hazırlanmış talebe uygun olarak davanın görülmesine izin vermekten ibaretti.

Formula usulü ile, ilk aşamada, *praetor*'lar değişen şartlara uyum sağlamıştır. Uygulama alanını genişletmek ve yeni durumlara uygulamak için mevcut davalardan hareket etmişlerdir. İkinci aşamada, *praetor*'lar ve danışmanları, mevcut davalarla hiç ilgisi olmayan, tamamen yeni davalar hazırlamışlardır[34].

Formula usulü, hukukun devamlı gelişmesine imkân vermiştir. *Formula* verebilen veya reddedebilen *magistra*, her durumda, hakkaniyet gereklerini yerine getirebilmiştir. Yeni bir hak yaratamayan *magistra*, yeni usul imkânlarıyla hukukun gelişmesinde önemli işler görmüştür[35].

Formula usulü hakkında bilgi kaynakları oldukça geniştir. Gaius'un 4. kitabından başka diğer hukukçuların ve hukukçu olmayan müelliflerin eserlerinde de *formula* ile ilgili parçalar vardır. Fakat, Iustinianus zamanında *formula*'lar kalkmış olduğu için, klâsik hukukçuların bu konu ile ilgili metinleri *interpolatio* yoluyla değiştirilerek, *Corpus Iuris Civilis*'e alınmamıştır[36].

Formula, belli şekilde düzenlenmiş, hâkime hitap eden yazılı bir belge niteliğindedir. Dava, *legis actio*'larda olduğu gibi, yine iki aşamada görülür. Fakat şekilcilik, eskisine oranla çok azalmıştır: *Legis actio*'da, daha önce belirttiğimiz gibi «kesilmiş ağaçlar» yerine «kesilmiş bağ kütükleri» dendiği için, bir dava kaybedebiliyordu.

Beş «tip» *legis actio* yerine, her dava için ayrı *formula* yapılır ve her birine o dava ile ilgili her şey konurdu. *Formula*, davanın hâkim önünde nasıl görüleceğini gösteren ve *magistra* ile taraflarca hazırlanan bir program gibi

---

33 Schwarz A.B., s. 267.

34 Carbasse, s. 38.

35 Monier R., s. 206; HAUSMANINGER H. – SELB W., Römisches Privatrecht, 8 verbesserte Auflage, Wien-Köln 1997, s. 492.

36 Bkz. UMUR Z., s. 551.

olduğundan, buradaki *litis contestatio* ile taraflar hâkimin vereceği hükme uyacaklarını belirtirlerdi[37].

Hâkimlere gelince; bunlar, uyuşmazlığın taraflarınca seçilen özel kişilerdi. İlk devirlerde hâkim, rahip hukukçular arasından seçilirdi. Sonra, Senatus üyeleri de hâkim olabilmeye başladılar. Sonraları, şövalyeler arasından da hâkim seçilebileceği kabul edildi. M.Ö. I. yüzyıldan itibaren hâkimlerin *praetor urbanus* tarafından her yıl hazırlanacak listeye *(album iudicum)* ismi yazılı vatandaşlar listesinden dürüstlükleri ve hukuk bilgisi ile tanınmış, kamu görevi olmayanlar arasından seçilmesi kararlaştırıldı. Yabancılar da hakem, özel hakim olarak seçilebilir[38]. Şunu da belirtmek gerekir ki, hâkimlik sıfatı devamlı değildi. Hâkim sıfatını ancak taraflar ismi üzerinde anlaşıp *magistra* kendisini tâyin ettiği zaman iktisap eder ve anlaşmazlığı halledip kararını verdikten sonra da bu sıfatını kaybederek normal vatandaş haline gelirdi.

Hâkime, davada muhtemelen; hukukçulardan oluşan bir heyet kendisine yardım eder[39].

Bu şekilde; hâkim, hâkim olabilecek nitelikte kişilerden tarafların ihtilâflarını hâkime sunmak konusunda anlaşmaları sonucu tespit edilirdi. Anlaşamazlarsa, hâkimi *magistra* belirlerdi.

Bununla birlikte, temel rolü *praetor* oynuyordu. Önce, davacının iddiasını ve davalının savunmasını dinliyor sonra davanın açılıp açılmayacağına karar veriyordu. Davacının tüm taleplerini değil hukuka uygun taleplerini himaye eder. Davalı, davacının iddiasını kabul ettiği zaman (ikrar) veya iddianın dayanağı olmadığı zaman davayı vermiyordu. Davayı verdiği zaman, taraflarla birlikte bu usul sistemine kısa bir belgeyi (*formula'yı*, dava dilekçesini) kaleme alıyordu.

Formula, verildikten ve taraflarca kabul edildikten sonra *(litis contestatio)*, talebi değiştirmek veya bir yenisini sunmak imkânsız hale geliyordu (iddianın ve savunmanın genişletilmesi yasağı)[40].

---

37 Kaser M., Zivilprozessrecht, s. 219-220.

38 Schmidlin B., Cannata C.A., Dorit Prive-Roma in, II, Lausanne, 1987, s. 264.

39 Thireau, s. 68.

40 Thireau, s. 68.
krş.: HMK m. 141. Taraflar, cevaba cevap ve ikinci cevap dilekçeleri ile serbestçe, ön inceleme aşamasında ise ancak karşı tarafın açık muvafakati ile iddia ve savunmalarını genişletebilir veya değiştirebilirler.

Formula, kısaca, şu şekilde düzenlenirdi:

Titius Iudex esto. Si paret... condemna, si non paret absolve.

Titius hâkim olsun. Eğer (malın davacıya ait olduğu veya davalının davacıya borcu olduğu) sabit olursa, davalıyı mahkûm et, sabit olmazsa beraat ettir.

Doğuş sebepleri: Legis actio usulünden, *formula* usulüne geçiş yavaş yavaş olmuştur. M.Ö. III. yüzyılda önce yabancılar *praetor*'unun faaliyet alanında ortaya çıkmış M.S. I. yüzyılda *legis actio* usulünü tatbikatta iyice geri plana düşürmüş, M.S. III. yüzyılda kaybolmaya başlamıştır. IV. yüzyıl başlarında kaldırılmıştır.

Yalnız şunu belirtmek gerekir ki, *formula*'nın ihdasının asıl sebebi, *legis actio*'ların şekilciliğinden kurtulmak arzusu değildir.

Asıl sebep; Roma'da yaşayan ve M.Ö. III. yüzyıldan itibaren sayıları artan yabacılara *(peregrini)*, *legis actio*'ların uygulanamamasıdır. Aynı devirlerde, alım-satım, kira, şirket, vedia gibi yeni akit tipleri doğmakta idi; bunlardan çıkan anlaşmazlıklar da, *legis actio*'larla halledilemezdi. Fetihler ve ticaretin gelişmesi yeni ihtiyaçları ortaya çıkarmaktaydı. Bu durumlarda, *praetor*'lar sonradan *formula* diye anılacak olan bir usul bularak uygulamışlardır. *Legis actio*'larda talep edilebilecek konular, gelenek hukuku ve kanunla belirlenmişti. *Praetor, formula* usulünün gelişmesiyle bu bağlardan kurtuluyordu[41].

M.Ö. II. yüzyılda çıkarılan bir kanun *(lex Aebutia)*, *formula* usulünü kanunîleştirdi. Bu kanun, yeni bir usul getirmiş değildir, *formula* daha önce de vardı; eski usulü *(legis actio'yu)* kaldırmış değildir o da uygulanmaya devam ediyordu. Fakat, taraflar yalnız istisnaî hallerde değil, istedikleri zaman, *legis actio* usulüne veya *formula* usulüne başvurmakta serbest bırakılıyordu. *Aebutia* kanunu, bu şekilde, yeni usulle eskisi arasında seçim imkânı getirmiştir. Bir yüzyıl kadar bir süre boyunca *formula*, daha elâstikî, daha az şekilci olduğu için, gittikçe daha fazla tercih edilerek kullanılırdı. M.Ö. I. yüzyılda, *lex Iulia*, zaten artık uygulanmadan kalkmış olan *legis actio*'ları lâğvetti, (Gai. I., 4,30).

Formula usulü, özel hukuk alanında kullanılır; kamu hukuku davaları *(iudicia publica)* devlet mahkemelerinde görülürdü[42].

---

41 Hausmaninger H. – Selb W., op. cit. s. 495.

42 D. 48. 1. 1'de her suçtan (crimen) kamu davası açılmayacağı belirtildikten sonra kamu davaları açılacak suçlar yer almaktadır. Bunlar arasında vatana ihanet, zina, yakın akra-

Bilhassa, Roma şehrinde uygulama alanı bulmuş olan bu usule eyaletlerde her zaman uygulanmamakta idi. Oralarda, ya yerli hukuk usullerine başvurulur[43] veya vali, davayı devlet memuru olarak başından sonuna kadar, bizzat görürdü.

Taraf Ehliyeti: *Formula* usulünde de, köleler, *legis actio*'larda olduğu gibi, davada taraf olamaz. Buna karşılık, aile evlâdının durumu değişmiştir. Özel hukuk alanında hak ehliyeti konusundaki bazı gelişmeler, dava ehliyetini de etkiledi. Hukukî işlemlerinden doğan borçlar için dava edilebilmeleri imkânı kabul edilirdi. Yalnız, malvarlıkları bulunmadığından veya çok sınırlı olduğundan davacı, dava sonucunda ulaştığı hakkını tam elde edemiyordu. Haksız fiilden doğan borçlarından dolayı dava edilebilmeleri, ancak Iustinianus zamanında kabul edilmiştir[44]. Aile evlâdının genel olarak, önceleri *formula* usulünde de, dava açma yetkisi yoktu. Ancak hukukçu Iulianus'tan itibaren bazı hallerde aile evlâtlarına dava hakkı verilirdi (D.5,7,8,1). Kadınlar da kendi ihtilâflarını dava ile takip edebilirdi.

Yabancılar *formula* usulünde taraf ehliyetini kazanmışlardır. Zaten, *formula* usulü, yabancıların taraf oldukları anlaşmazlıklara «*legis actio*» usulünün uygulanamaması sebebiyle ortaya çıkmıştır.

Formula usulünde, dava ehliyeti olmayan kişilerin davada temsil edilmeleri zorunluluğu vardı. Ayrıca, tarafların kendileri yerine, *magistra* önüne vekil gönderebilecekleri kabul edildi. Görev sebebiyle uzakta bulunanlar temsilci aracılığıyla dava açar. (Ancak davalarda dolayısıyla temsil söz konusu idi).

Davanın başlangıcı ve yürüyüşü: Dava, yine, davacının teşebbüsü ile açılır, fakat yürütülmesi için, davacı ve davalıdan her ikisinin de belli bazı faaliyetlerde bulunması gerekirdi. Her iddiayı karşılayan ayrı bir *formula* düzenlenirdi. Şu halde, tek bir *Formula* yoktur, belli bir şekil içinde düzenlenmiş «*formula*»lar vardır.

Dava, dava açmak isteyen kişinin, dava etmek istediği kimseyi *magistra* önüne davet etmesiyle *(in ius vocatio)* ile başlardı. Davalı, bu davete uymaz-

balaların öldürülmesi, kamu parası zimmete geçirilmesi gibi suçlar da vardır. Devlete karşı işlenilen suçlarda her romalı dava açabilir.

43 Bazı eyaletlerde ise, *formula* usulü hiç uygulanmamıştır. Meselâ, Mısır'da başka usullerin bulunduğunu gösteren papirüsler vardır.

44 Klâsik devirde aile evlâtlarının haksız fiillerinden dolayı *pater famillas*'a *actio noxalis* açılıyordu.

sa, dava yürümez; çünkü davanın görülmesi, için *formula*'yı onun da kabul etmesi gerekir. *Formula* usulünde de, davanın gıyapta görülmesi söz konusu değildir. Gaius (Gai. 4,183) bu davete uymayan davalıya, bir ceza davası açabileceğini belirtmektedir. Ancak, taraflar belirli bir günde *praetor*'un önüne gidileceği konusunda da anlaşabiliyorlardı. Bu anlaşmayı çoğu defa, davalının bir *stipulatio*'su kuvvetlendirirdi. Başka bir deyişle davalı kararlaştırılan günde gelmediği takdirde bir miktar para ödemeyi taahhüt ederdi[45]. Veya davacı *praetor*'un kararıyla davalının mallarının zilyetliğini elde ederdi *(missio in bona)*.

Formula usulü de iki aşamada cereyan etmekteydi. *Magistra* önündeki safha *(in iure)* ve hâkim önündeki safha *(apud iudicem)*.

Magistra önündeki safha (in iure):

Magistra önünde, tarafların her ikisinin de hazır bulunması gerekir. Bununla beraber, bu usulde, *legis actio*'lardan farklı olarak onları bir vekil temsil edebilirdi[46].

Magistra önünde, davacı davalıya dava konusunu açıklar ve *magistra*'dan belli bir davanın kendisine verilmesini isterdi *(postulatio actionis)*. *Formula* usulünde, *magistra* önündeki sözler artık şekle, kanunun terimlerine bağlı değildir. Taraflar veya temsilciler iddia ve savunmalarını herhangi bir şekilde açıklayabilirler[47], *praetor*, dava şartlarını (taraf ehliyeti, yetki vs.) inceledikten sonra[48] davacının isteğinin *Edictum*'unda (Beyannamesinde) öngörülmüş *actio*'yu haklı göstermediğine kanaat getirirse, davacının dava talebini reddederdi *(denegatio actionis)*. Bununla beraber, *praetor*, davacının talebini himayeye lâyık görürse, bir *actio in factum* verebilmekteydi. Dava talebinin reddine, davacının, durumuna uyan bir *actio* istememesi kadar, olayı bilerek veya bilmeyerek yanlış yansıttığına *praetor*'un kanaat getirmesi de sebep olabilirdi.

Davalı, davacının iddialarını dinledikten sonra şu şekilde davranabilir:

1) Davalı ikrar edebilir, yani davacının ileri sürdüğü hakkın veya olayların doğruluğunu kabul edebilir. Bu durumda *confessus pro iudicato habetur*

---

45 *Praetor* önündeki safha, aynı günde bitirilmemişse, davalı *praetor*'un önüne tekrar geleceğine dair kefil gösterirdi ve bu kefillere *vades* denirdi.

46 Klâsik devrin vekilleri, günümüz avukat ve vekillerinden farklı olarak iş sahibini doğrudan doğruya temsil etmezlerdi. Yaptıkları muameleler kendi adlarına yapılmış olur, sonra sonuçlar ilgililere devredilirdi.

47 Girard P.F., s. 998; Monier R., s. 206.

48 Apathy P. - Klinberg G. – Stiegler H., s. 217.

(ikrar eden mahkûm edilmiş sayılır) kuralı gereği, davacı derhal icraya geçebilir[49].

2) Davalı davacının dayandığı hakkı veya olayları inkâr eder[50]. Davalının bu davranışı, ihtilâfın bir hâkim tarafından çözülmesine karşı koyamayacağı anlamını taşıdığından, davacı iddialarını hâkim önündeki safhada ispat zorunda kalacaktır.

3) Davalı, davacının iddiasını kabul etmekle beraber, mahkûm edilmemesini haklı gösteren karşı iddia ileri sürer, bir def'i ileri sürer. Bu durumda *praetor*, *formula*'ya davalının talep ettiği *exceptio*'yu koyacaktır. Örnek: Davacının açtığı ödünç davasına karşı *(actio certae creditae pecuniae)* borcun tecil edildiği def'i[51] ileri süren davalı, davacının kendisinden alacaklı olmadığını öne sürmemektedir. O, sadece, borcun tecil süresi boyunca istenemeyeceğini belirtmektedir.

4) Davalı, pasif bir tutum içine girerse, yani davacının iddiasını ne inkâr, ne ikrar eder ve ne de bir *exceptio* ileri sürerse, davalı *indefensus* (kendini savunmayan) sayılır. *Praetor*, bu durumdaki kişinin, davacının hâkimiyeti altına alınmasına izin verebildiği gibi, davalının bütün malları üzerinde icraya geçilmesine de karar verebilir. Bunun için, davacının talebi üzerine, davalının mallarına el koyar ve bu malların zilyetliğini davacıya verir *(missio in bona)*. Bu şekilde, *praetor*'un aldığı bazı tedbirler, davalının kendisini müdafaa etmesini, davaya katılmamaktan daha elverişli hale getirir[52].

Magistra tarafları dinledikten sonra; iddiayı incelemeye değer bulursa, davacıya istediği *actio*'yu davalıya da, talep ettiği *exceptio*'yu vermeye hazır olduğunu açıklardı. Bu açıklama üzerine, dava konusunu ihtiva eden bir *formula* hazırlanırdı. *Formula*'nın düzenlenmesinden önce, taraflar aralarındaki

---

49 *Formula* usulünde, mahkûmiyet daima bir miktar paraya ilişkin olduğundan konusu para olmayan ihtilâflarda, davalı ikrar etse bile yeni bir hâkim seçilirdi. Bu hâkim, davalının ödeyeceği para miktarını tespit ederdi.

50 İnkâr haksız yapılmışsa davacı, bundan zarar görebilir. Davalı, davacı tarafından ileri sürülen iddiayı, sebepsiz olarak inkâr ederse, mahkûmiyet miktarı iki misline çıkar *(lis infitando crescit in duplum)*. Bu durumun örnekleri *actio iudicati*, *actio legis Aquiliae* de görülebilir.

51 Tecil def'i *(pactum de petendo*' ya) dayanan *exceptio pacti conventi*'dir. Bu şekilsiz ibra anlaşması belli bir süreye bağlı olarak yapılırsa, borç bu süre için ertelenmiş olur (Gai. 4, 122).

52 Kaser M., Römisches Privatrecht s. 320.; Apathy P. – Klınberg G. – Stıegler H., op. cit., s. 224.

ihtilâfı karara bağlayacak hâkimi seçerlerdi. Seçilen ve yetkisini *magistra*'dan alan kimse veya kimseler davanın hâkimi olacaktır[53].

In iure safhası sonunda hazırlanan *formula*, davacı ve davalının iddia ve karşı iddialarını kapsayan, *magistra*'nın ağzından söylenmiş gibi düzenlenen davayı karara bağlaması için hâkime emir ve yetki veren yazılı belgeydi. *Formula* hâkime ihtilâfın nasıl bir programa göre çözüm yoluna bağlanacağını gösterir. Hâkim, bu program çerçevesi içinde kalarak haklı ve haksızı ayırt edecektir. Mahkemenin kararının tarafları bağlayabilmesi için, taraflar *formula*'yı ve mahkemenin yetkisini önceden kabul etmiş olmalıdır. Bu da, *litis contestatio* (davanın tesbiti) ile olur. *Praetor*'un dava verilmesine ilişkin kararı ve tarafların *litis contestatio*' su ile usul ilişkisi kurulmuş olurdu.

Litis contestatio'ya bazı önemli sonuçlar bağlanır: *Litis contestatio* taraflara *praetor* tarafından görevlendirilmiş olan mahkemenin kararına uymak mükellefiyetini yüklemektedir. *Formula* usulünde, aynı anlaşmazlık konusunda, yeni bir dava açma imkânı, *litis contestatio* ile ortadan kalkar[54].

Davanın tespiti, davaya sebebiyet vermiş olan ihtilâflı hukuki münasebeti sona erdirmiş olur. Bu andan itibaren; davalının borcu artık kendilerini ihtilâfa götüren hukukî münasebetten doğan borç değildir. «Hâkimin kararına uymak» borcundan ibarettir[55].

---

53 Heyet halindeki hâkimler şunlardır:
Decemviri litibus iudicandis: On üyeden meydana gelen bu hâkimler heyeti, bir kimsenin hür veya köle olduğuna ilişkin ihtilâfları karara bağlardı.
Centumviri mahkemesi: Önce yüz, daha sonra yüz beş kişiden meydana geliyordu. Önceleri, *praetor urbanus*'un (Şehir *praetor*'u) İlk İmparatorluk devrinde, *praetor hastarius*' un başkanlığında, miras davalarına bakmakla görevliydi.
Recuperatores: Üç veya beş kişi olarak görev yapar ve kısa sürede sonucu bağlanması gereken davalara (mesela *actio iniuriarum*) bakardı.

54 Roma Hukukuna göre *litis contestatio*'nun borcu yenileyici bir etkisi vardır *(novatio necessaria:* zorunlu yenileme). Davanın tespitinden önce, bir edimi ifa borcu altında *(dare facere oportere)* olan borçlu, *litis contestatio*'dan sonra hâkimin vereceği mahkûmiyet kararına uymak borcu *(condemnare oportere)* altına girer.
Bu zarurî yenileme, Roma'da mahkûmiyetin daima bir miktar paraya ilişkin olması ve bunun sonucunda, dava yoluyla talep edilen her tür edimin bir miktar paraya dönüşmesiyle açıklanabilir. Bazı yazarlar, *litis* contestatio'nun bir akit olduğunu ileri sürmektedir.

55 Bis *de eadem re ne sit actio:* Aynı ihtilâf dolayısıyla iki defa dava hakkı olmaz. Günümüz hukukunda ve Fevkalâde Usulde böyle bir sonucun doğması için, kesin kararın verilmiş olması gerekir. Halbuki *formula* usulünde, *litis contestatio*'dan sonra, herhangi bir sebeple karar verilmemiş olsa bile, dava hakkı kullanılmış, dava bir daha açılamayacak hale gelmiştir. Bu da *ipso iure* veya *ope exceptionis* olur (Gai, 4, 107). krş., HMK., m.303. Kamu

Örnek: Bir *stipulatio* yapıldığı için B, A'ya «100» ödeyecek. Ödemediği takdirde, A dava açar. Davanın tespiti yapıldıktan sonra, B'nin borcu artık, *stipulatio*'dan doğan «100»ü ödemek değildir. Hâkim kendisini neye mahkûm ederse, onu ödeyecektir. Hâkim, kendisini beraat ettirirse, bir daha ondan *stipulatio* borcu istenemez.

Bu sebeple; davanın tespiti, borcu sona erdiren bir haldir. Ayrıca; dava tespit edildikten sonra aynı ihtilâf için, bir defa daha dava açılmaz.

Mirasçılara karşı açılamayan ve bir yıl süreli ceza davaları, eğer *litis contestatio* yapılmışsa, mirasçılara geçer.

Litis contestatio yapıldıktan sonra, davalının sorumluluğu ağırlaşır. Davalı, *litis contestatio*'dan sonra elde ettiği semereleri iade etmek zorundadır.

Litis contestatio'su yapılmış malın alım satımı yapılamazdı (D. 4,6,2).

Formula'nın yapısı:

Praetor beyannamesinde *(edictum perpetuum) formula* şemaları bulunduğundan, zamanla bir *Formula* «tekniği» doğmuştu. Her *formula*'da davacı, *Aulus Agerius* (A.A.), davalı, *Numerius Negius* (N.N.) isimleriyle gösterilir[56]. Taraflar, çoğu kere, o şemalar içinde kendi durumlarına en uygun olanı seçerler ve A.A. yerine davacı kendi, N.N. yerine davalı kendi isimlerini koyarlar.

Formula'nın belli kısımları vardı.

Hâkime hitaben yazılır, ilk cümlede hâkimin kim olacağı belirtilir, ondan sonra olay özetlenirdi. Bilhassa üç kısımdan ibaretti:

a) *Demonstratio: Formula, intentio incerta*'lı davalarda bu kısımla başlar. Tutarı kesin olarak tayin edilmemiş olan alacak haklarını koruyan şahsî davalarda *(formula incerta)* bulunan bu kısım, hâkime davacının talebinin hangi olaya dayandığını gösterir (Mesela, davacı davalıya bir arsa satmıştır veya bir çift atı kiraya vermiştir.) (Gai. 4,40).

b) *Intentio: Formula*'nın en önemli kısmıdır. Gaius'a göre (Gai.4,41), davacının talebini belirten *formula* bölümüdür. Başka bir deyişle, davanın temelini ve konusunu gösterir; davanın temeli bu kısımda ifade edilir. Davanın

hukukunda ise, Anayasa m. 152/3'e göre, red kararından sonra 10 yıl geçmedikçe, aynı kanun hükmünün Anayasa'ya aykırılığı iddiasıyla tekrar başvurulamaz.

56 *Agerius* dava etmek fiilinden, yani *agere* den türetilmiştir. *Negidius* ise, davacının talebini reddetmek anlamına gelen *negare* kelimesinden gelmektedir. Bunlar gerçek Roma isimleri olmayıp farazî adlardır.

konusu, muayyen *(certum)* veya belirli olmayan *(incertum)* olabilir[57]. Davanın konusu belirli bir talebi kapsıyorsa, *(formula certa) intentio, «si paret»* (eğer sabit olursa) şartlı cümlesiyle başlar. Davalının mahkûm olması istenen şey, önceden kesin değilse *(formula incerta), intentio «quidquid... dare facere oportet»* (davalının vermekle ve yapmakla mükellef olduğu ne ise) şeklinde başlar.

Davanın konusu belli bir mala aitse: *Legis actio* usulünde davacı, «Bu malın *Quirites* Hukukuna göre bana ait olduğunu iddia ediyorum» derdi. *Formula*'da bu cümle şu şekli almıştır. «Bu mal *Quirites* Hukukuna göre davacının ise», yahut daha doğrusu: «Bu malın, *Quirites* Hukukuna göre, *Aulus Agerius*'a ait olduğu sabit olursa». *Intentio* kısmında davacı, iddiasının hukukî temelini açıklardı.

c) *Condemnatio:* Gaius'a göre (Gai. 4,43), bu kısımda hâkime, davalıyı mahkûm etmesi veya beraat ettirmesi için yetki verilmektedir. Mahkûmiyet daima bir miktar para ile oluyordu. Eğer hâkime, belli bir miktar paraya mahkûm etmesi için yetki verilmişse, *condemnatio* muayyendir *(certa)*. Buna karşılık, mahkûmiyet miktarı hâkim tarafından takdir edilecekse, *condemnatio* gayri muayyendir *(incerta)*.

Condemnatio'da şartlı cümle sonuca varmakta ve şöyle denilmektedir: «... sâbit olursa, N.N.'u A.A.'ya şu kadar para ödemeye mahkûm et; sabit olmazsa beraat ettir.»

Tespit davalarında, *condemnatio* bulunmaz. Dolayısıyla *formula*'daki mantık şu şekilde olmaktadır:

Önce, olay açıklığa kavuşturulacak *(demonstratio)*; sonra hukukî dayanak belirlenecek *(intentio)*, yani o olayın bir hak doğurup doğurmadığı tespit edilecek; nihayet sonuca varılacak *(condemnatio)*. Günümüz hukukundaki mantık da aynıdır: Olayların açıklanması, hukukî dayanakların belirtilmesi ve talep (sonuç).

Formula'nın istisnaî kısımları:

a) *Exceptio:* Bütün *formula*'larda bulunmamakla birlikte, büyük önemi olan bir kısım da, *exceptio*'dur (def'i)[58]. Burada; davalı davacının iddiasını

---

[57] Mesela, bir istihkak davasında belli bir malın mülkiyeti iddia edildiği veya belli bir malın yahut paranın yahut belli bir miktardaki mislî malın ifası talep edildiğinde, davanın konusu belirlidir.

[58] *Exceptio non numeratae pecuniae* (ödenmemiş para def'i): A'nın ödünç olarak bir miktar para vermeye niyeti vardır. Fakat parayı vermeden önce, B'ye paranın iade edileceğine dair bir *stipulatio* yaptırıyor ve parayı daha sonra vermiyor. A, *stipulatio* akdine dayana-

kabul etmekle birlikte, mahkûmiyeti *(condemnatio)* önleyecek bir olayı ileri sürmektedir.

Bu *formula* usulünde, davalıya tanınan yeni bir savunma imkânıdır. Halbuki kanunî davada (*legis actio*'da) *exceptio* yoktu.

Exceptio intentio'ya ilâve edilen, yeni bir şartlı cümle idi. *Formula*'nın mantığı içinde «yeter ki»; «şayet değil ise» gibi bir sözle başlamaktaydı.

İçinde *exceptio* bulunan *formula*'larda hukuk mantığı şu hale gelmektedir: Olay şudur *(demonstratio)*: hukukî dayanak şunlardır *(intentio)*; bunlar sabit olursa davalı mahkûm edilecek *(condemnatio)*: Meğer ki, davalının ileri sürdüğü şu durum da sabit olmasın *(exceptio)*[59].

Def'i, davalıyı koruyan bir kısımdır ve *praetor*'lar tarafından getirilmiştir. *Praetor*'lar, *legis actio*'larda olmayan *exceptio* imkânı sayesinde, *ius civile* kurallarının sertliklerini ortadan kaldırmayı başarmışlar kararların hakkaniyete göre verilmesini sağlamışlardır. *Legis actio* usulünde, davalı için sadece inkâr yahut kabul imkânı mevcuttu. *Formula* usulünde ise; «Evet, ama...» diyebilmektedir. Def'i ispat edilmişse, davacının talep ettiği *actio*'nun şartları mevcut olsa bile, davalı beraat ederdi.

Bununla beraber, *exceptio*'ların hukukî dayanağı bazen *ius honorarium*, bazen bir *lex*, bazen bir *senatus consultum*'dur. Aşağıda açıkladığımız, *exceptio rei venditae et traditae* (malın satılmış ve teslim edilmiş olduğu def'i) bir *praetor*

---

rak, B'den vermediği parayı *stipulatio*'dan doğan dava ile isterse B, *exceptio non numeratae pecuniae*'yi (ödenmemiş para def'i) ileri sürerek beraat eder. Bu def'iye karşı davacı, parayı verdiğini ispat zorundaydı.

Exceptio pacti conventi (yapılmış anlaşma def'i): Alacaklı borçlusunu bir, *pactum de non petendo* ile ibra etmiştir. *Ius civile*'ye göre *pactum*'la (anlaşmayla) borç sona ermiş değildir. Bu sebeple, alacaklı yaptığı anlaşmaya aykırı olarak alacağını yine isteyebilir. Fakat borçlunun ileri sürebileceği *exceptio pacti conventi* ile karşılaşabilir.

Exceptio non adimpleti contractus (ödemezlik def'i): Tam iki taraflı (sinallagmatik) akitlerde, taraflardan birisi edimini yerine getirmeden, diğer tarafa, karşı edimi talep etmek için dava açarsa, kendisine karşı bu def'i ileri sürülür. Bu def'i ileri sürüldüğü zaman, davacı edimi yerine getirdiğini ispat zorundaydı.

Exceptio rei litigiosae (ihtilâflı mal def'i): İki tarafın üzerinde ihtilaflı olduğu ve *litis contestatio'su* yapılmış bir arazi, zilyet olmayan tarafından satılırsa, ihtilâflı arazinin zilyedi, alıcıya karşı bir *exceptio rei litigiosae* ileri sürebilir (bu tür satışlar, Augustus'un bir beyannamesiyle yasak edilmiş ve söz konusu def'i tanınmıştı).

Exceptio rei iudicatae (kesin hüküm def'i): Aynı kişiler arasında karara bağlanmış aynı ihtilâftan dolayı ikinci defa dava açan kişiye karşı, davalının ileri sürdüğü def'idir (bkz UMUR Z., s. 579 vd.).

59 UMUR Z., op. cit., s. 578.

yeniliği olarak *ius honorarium*' a girmektedir. Buna karşılık ergen küçüklere (*puberes minores*), yapmış oldukları akitlerden dolayı dava açıldığı zaman ileri sürdükleri *exceptio legis Plaetoria*, M.Ö. 200 civarında çıkarılmış ve *ius civile* kapsamına giren *lex Plaetoria*'ya dayanır. Yine, aile evlâtlarına verilen para ödünçlerinden dolayı açılan *actio certae creditae pecuniae*'ya karşı ileri sürülen *exceptio senatus consulti Macedoniani* M.S. I. yüzyılda çıkarılan bir *senatus consultum*'a dayanılarak, *praetor* tarafından tanınmıştır. Böylece, bu kanunların işlerliği sağlanmıştır.

Exceptio'nun esası davacının iddiasını inkâr etmek değil, iddianın sonuçlarını ortadan kaldıran ayrı bir olayı ileri sürmektir. Def'i; *praetor* tarafından *formula*'ya konulan ve hâkime istisna yapma emri ve yetkisi tanıyan bir bölümdür. Hâkim (*iudex*), *intentio* doğru olsa bile, *exceptio*'nun dayanağı geçerli ise, davalıyı mahkûm etmemelidir. Bu şekilde; *ius civile*'nin kabul etmediği bir durum, *condemnatio*'nun olumsuz şartı haline getirilmektedir.

Exceptio (def'i) Usul Hukukunda büyük bir yeniliktir: Zira, *praetor* bu imkânla yasak koyan ve *ius civile*'ye dahil sayılan kanunların (*lex Plaetoria, senatus consultum Macedonianum*) uygulanmalarını sağlamaktadır. Ayrıca, hakkaniyet (*aequitas*) ve dürüstlüğün (*bona fides*) hukuku etkilemesini temin etmektedir. Mesela, *exceptio pacti, exceptio quod metus causa* bu amaca hizmet etmektedir.

Davalı ileri sürdüğü *exceptio*'yu ispatlamak zorundadır (*reus excipiendo fit actor:* İtiraz eden davalı, davacı gibidir). Bu halde davalı beraat eder. Ancak def'ilerin bir kısmı hakkın ileri sürülmesini devamlı olarak engellerdi. Bunlar, *exceptiones peremptoria* veya *exceptiones perpetuae* (daimi def'iler) denir. *Exceptio, quod metus causa, exceptio. doli, exceptio. legis Plaetoriae* buna örnektir. Def'ilerin bir bölümü ise, davacının açtığı davanın reddini sağlamakla beraber, davacı, def'inin dayanağının ortadan kalkmasıyla yeni bir dava açabilirdi. Bunlara örnek olarak *exceptio pacti de non petendo ad tempus* borcun tecil edildiği def'i, gösterilebilir (bkz. Gai, 4, 120-129). Bu tip def'ilere *exceptiones dilatoriae* (geciktirici def'iler) adı verilir.

Praetor'ların tanıdığı def'ilerin en önemlisi *exceptio doli* (aldatma hile def'idir). Bu da, *exceptio doli generalis* ve *exceptio doli specialis* olarak ikiye ayrılmaktadır. *Exceptio doli specialis*, dar manada hile def'idir ve sözleşmenin yapılması sırasındaki aldatmaya, hileye dayanmaktadır.

Meselâ: Davacının, *stipulatio mucibince*, davalıdan «100» alacağı olduğu sabit olursa, onu mahkûm et; yeter ki *stipulatio*'yu hile ile yaptırmış olmasın. Hile def'i: *Exceptio doli (specialis) formula*'da bu şekilde yer alır. Muamele korkutma, tehdit ile yaptırılmışsa, davalı *exceptio metus* ileri sürülebilirdi.

Exceptio doli generalis ise, açılan davanın dürüstlüğe, hakkaniyete *(bona fides)* aykırı görülmesi halinde, *praetor* tarafından tanınıyordu. Mesela, bir başka sebepten dolayı, iade ile yükümlü olduğu bir malı almak için dava açan kimsenin bu davranışı, *bona fides*'e aykırı sayılıyordu. *Ius civile*'ye uygun olan bir mahkûmiyet kararı hakkaniyete aykırı olabilir. Bu durumda, davacının iddiası doğru bile olsa, davalıyı beraat ettirmek hakkaniyet icabıdır[60].

Exceptio doli generalis, hakkaniyet gereği yapılması gerekenleri sağlama ve özellikle bugün hakkın kötüye kullanılması (bkz. TMK. m.2)[61] denilen hallere karşı korunma konusunda çok önemli bir imkândı[62]. *Exceptio doli generalis*'e örnek olarak takas *(compensatio)* veya zilyedin başkasına ait mal üzerinde masraf yapması halleri verilebilir.

Gaius (Gai. 4, 116) bu hususu açıkça belirtmektedir: Def'iler, davalıları korumak için ihdas edilmiştir. Zira; bu kimse *ius civile*'ye göre, sorumlu olduğu halde onu mahkûm etmek haksız olabilir.

Söz konusu def'ileri kullanıp kullanmamak davalının arzusuna veya bilgisine bağlıdır.

Örnek: Bir atın *ius civile* mâliki, bunu satıp *traditio* (teslim) yoluyla devretmiştir. At bir yıl dolmadan, satıp teslim edene kaçarsa, mülkiyet *ius civile*'nin gerektirdiği şekillere uygun olarak devredilmediği için *traditio* (teslim) ile devralanın *rei vindicatio* (istihkak davası) açmasına imkân yoktur. Çünkü, *ius civile* mâliki olamamıştır. Eğer, *praetor*'un bu durumdaki kişilere *(praetor* hukuku mâlikleri) tanımış olduğu *actio Publiciana*'yı, *ius civile* mâlikine karşı açarsa, kendisine *exceptio iusti dominii* (haklı mülkiyet def'i) ileri sürülebilir. O da, bu durumda bir karşı def'iyi kullanabilir: *(replicatio rei venditae et traditae:* Malın satılmış ve teslim edilmiş olduğu karşı def'i). Bunun sonucunda, ancak bu karşı def'iye başvurmuş olduğu takdirde davasını kazanabilecektir. (Bu örnekte, sadece davalının değil, davacının da def'iden yararlanma imkânının olduğunu görmekteyiz). Bir *replicatio*'ya karşı davalı da yine bir karşı def'i *(duplicatio)* öne sürebilirdi. (Gai. 4,127-128).

---

60 Hausmanınger H. – Selb W., op. cit., s. 503.

61 TMK.m. 2/II Bir hakkın açıkça kötüye kullanılmasını hukuk düzeni korumaz.

62 Apathy P. - Klıngenberg G. - Stıegler H., op. cit., s. 161; Umur Z., Roma Hukuk Lügatı, İstanbul 1983, *exceptio doli specialis*, *exceptio doli generalis*.

Davalı tarafından def'i ileri sürülmemiş olsa bile, davacı hakkından fazlasına talep etmiş *(plus petitio)* veya alacağın vadesinden önce dava açmış ise, hâkim davalıyı beraat ettirmek zorundaydı. Bu durumda, dava hakkını kullanmış sayılan davacı, iddiasını düzelterek yeni bir dava açamazdı. Bir dava görülürken, aynı konuda yeni bir dava daha açılması halinde *exceptio rei residuae* ileri sürülebilirdi, (Gai. 4,121).

b) *Adiudicatio* da *formula*'nın istisnaî kısımlarındandır: Terekenin veya müşterek malın taksimi yahut sınırlarının tespit edilmesi için açılan davaların *(actio familiae erciscundae, actio communi dividundo, actio finium regundorum) formula*'larında bulunan bu kısım, davanın taraflarına müstakil bağımsız mülkiyeti tesis için hâkime yetki verirdi.

c) *Praescriptio* da her davanın *formula*'sında olmayan bir bölümdür. *Formula*'ya konan *praescripto*'lar davacı lehine veya davalı lehine olabilirdi. Davacı lehine olanlar *litis contestatio*'nun borcu sona erdirici hükmünü sınırlamaya yarardı.

Gaius'un verdiği örneğe göre (Gai. 4,131) bir kimse, taksitle ödenmek üzere bir *stipulatio* borcu altına girmiş olsa ve bazı taksitleri ödemese, *stipulatio* dolayısıyla kendisine dava açıldığı zaman *litis contestatio* ile borcu tamamen sona ereceğinden vadesi henüz gelmemiş taksitler de sona ererek, bir daha dava edilmeyecektir. Bunu önlemek için *formula*'nın başına dava «vadesi gelmiş olan taksitler üzerinde cereyan etsin» şeklinde bir kısım konur ve bu suretle *litis contestatio*'nun sonraki taksitler üzerindeki tesiri durduruldu.

Hâkim önündeki safha *(apud iudicem* veya *in iudicio)*:

Bu kısım, iddia ve savunmanın ispatı ve ihtilâfın karara bağlanma aşamasıdır. Hâkim, duruşmayı herkese açık (alenî) olarak görür. Kendisine yazılı bir belge olarak *praetor* tarafından havale edilen, *formula*'nın metnine ve kapsamına uymak zorunda olan hâkimin görevi, önce tarafların ileri sürdüğü olayların doğru olup olmadığını incelemek; bundan sonra, o olaylardan bir hukukî dayanak, yani hakkın korunmasını gerektiren bir sebep doğup doğmadığına kara vermektir. Bu aşamada hâkim olan ilke, hâkimin tarafların getirdiği delillere göre karar vermesidir.

Bununla birlikte, hâkimin çözüm yoluna bağlaması gereken hukukî meseleler de vardır. Mesela, hâkim, incelediği ihtilâfın bir borç doğurup doğurmadığını, davacının bir hakkının olup olmadığını, malın davacıya ait bulunup bulunmadığını tespit etmek zorundaydı. Dolayısıyla bir ödünç davasında, bir miktar paranın geri verilmesi hükmünü doğuran *ius civile* borç münasebetlerini, yahut bir istihkak davasında Roma Hukukunun mülkiyet rejimini bilhassa kazanma ve kaybetme şekillerini bilmesi ve ona göre karar vermesi gerekirdi.

Hâkim önündeki safha, *magistra* önündekine nispetle daha az şekilci idi. Hâkim; kanaat edinmekte tamamen serbesttir. Hukukçular davanın bu aşaması üzerinde fazla durmamıştır.

Apud iudicem aşamasında hazır bulunmayan ve yerine bir vekil de yollanmayan taraf davayı kural olarak kaybetmiş sayılırdı. Hâkimin görevi, esas itibarıyla, ileri sürülen vakıaların doğru olup olmadıklarını tetkikten ibaretti. Ve bunu yaparken hâkim, biçimsel kurallarla bağlı değildi. Taraflar, hâkimi ikna edebilmek için, her türlü ispat vasıtasına başvurabilirlerdi. Kural olarak, ispat külfeti dâvacıya aitti (*actori incumbit probatio:* ispat dâvacıya düşer). Ancak, davalı da, karşı iddialar ileri sürdüğü takdirde, iddialarını ispat etmek yükü altına girerdi (*reus in excipiendi fit actor:* Def'i ileri süren dâvalı, davacı durumuna geçer). Hâkim, asıl olarak, tarafların *formula*'da ileri sürdükleri olayların doğru olup olmadıklarını araştırmakla beraber, halledilmesi gereken hukuki meselelerle de karşı karşıya kalabilirdi. Bu gibi durumlarda hâkim, hukukçuların görüşlerini alabilirdi. Fakat, bu görüşler kendisini bağlamazdı. Günümüz hâkiminden farklı olarak, *formula* sistemindeki Roma hâkimi, uyuşmazlık hakkında yeteri kadar kanaat edinemediği hallerde, uyuşmazlığın kendisi için açık olmadığına yemin ederek (*iurare sibi non liquere*) hüküm vermekten kaçınabilirdi. Bu taktirde *praetor*, tarafların üzerinde anlaştıkları bir başka kişiyi hâkim olarak tâyin ederdi. Buna mukabil hâkim, davayı yürütüp sonuçlandırmayı tercih ettiği takdirde, *formula*'daki talimatla sıkı sıkıya bağlı idi. Bu nedenle, hâkim, tespit ettiği vakıalar *formula*'da ileri sürülen vakıalarla aynı değilse, davalıyı beraat ettirmek zorundaydı. Örneğin davacı, belli bir mal yerine yanlışlıkla başka bir malı talep etmişse, hâkim hatayı düzeltemez ve iddia yanlış olduğundan dâvalı beraat ederdi.

Bir sonuca varabilmek için tarafların ileri sürdüğü her türlü delili dikkate alabilir. Şahit dinler, belgeleri inceler kendisi de bazı belgeler isteyebilirdi. Bunların değerini kendisi takdir ederdi. Esas itibariyle maddi olayların ispatına ilişkin aşama kapandıktan sonra, taraflar veya temsilcileri son bir konuşma yaparlardı.

Fakat hâkim, *formula*'nın çizdiği sınırlar içinde kalmalıdır. Örnek: *Formula*'da, yanlışlıkla olsa bile, dava mevzuu gerçekten fazla gösterilmişse; davacının talebinde bir hata olmuşsa; *exceptio* doğru ise, davalıyı beraat ettirir. Şu halde hâkim özellikle dar hukuk davalarında, *formula*'sı *incerta* (belirli olmayan) olan davalarda mahkûmiyet için gösterilen miktardan azına veya çoğuna mahkûm edemez. Aksi halde, sorumlu olur. Davacı, tamamen haksız görünse bile, *formula*'da onun mahkûm edilebileceğini belirten bir kısım olmadığı için davacının mahkûmiyeti söz konusu olamaz.

Hâkimin, *formula*'ya bu kadar sıkı bağlılığı, iyi niyet davalarında hafiflemektedir.

Hâkim anlaşmazlık konusunu para olarak takdir ederken *formula*'da belirtilen olaylarla yetinmeyerek, iyi niyete uygun her olayı, gerekirse davanın tespitinden sonraki olayları da göz önünde bulundurabilirdi. Aynî davaların *formula*'larına uygun olarak hâkim, *litis contestatio*'tan sonra malı davacıya iade davalıyı beraat ettirirdi, zira aynî dava *formula*'ları, hâkime, eğer mal geri verilmezse mahkûmiyet kararı vermesini emretmekteydi.

Sententia (karar):

Kanaat edinen hâkim, kararını verirdi *(sententia)*. Önceleri, sözlü olarak bildirilen karar, daha sonra, ispat amacıyla, taraflara, yazılı olarak verilmekte idi. Fakat, bu durum, kararın geçerli olmasını etkilemez, ispatında kolaylık sağlardı.

Karardan sonra, hâkimin, göreviyle birlikte, hâkimlik sıfatı da sona ererdi. Davayı halleden mahkemenin üstünde bir mahkeme bulunmadığından, hâkimin kararına itiraz edilemezdi. Ancak taraflardan birinin akıl hastası olması, hâkimin taraflardan birine söz hakkı vermemesi, *formula*'yı kasten ihlâl etmiş bulunmasına dayanılarak hükmün geçersiz olduğu iddia edilebilirdi. İddiası haksız çıkan taraf ceza öderdi[63].

Karar ihtilâfı hallettiği için «hakikat» *(veritas)* ortaya çıkmış sayılırdı. *Res iudicata pro veritate accipitur:* Bir ihtilâf hakkında verilmiş karar, gerçek olarak kabul edilir. Karardan sonra, aynı ihtilâf, tekrar dava konusu olmazdı: *Bis de eadem re ne sit actio*, yani aynı ihtilâf için iki defa olmaz[64].

---

63 Kaser M., Römisches Privatrecht ., s. 393-394.

64 Buna rağmen, dava açmak için başvurulursa, *praetor* dava hakkını reddeder veya davalıya *exceptio iudicatae* (kesin hüküm def'i) tanırdı. Fakat, her zaman açılmasına izin verilen «hürriyet davaları» *(vindicatio in libertatem)* bunun dışında idi.
Kesin hüküm def'inin ileri sürülebilmesi için; ihtilâfların ve tarafların «aynı» olması gerekirdi. Açılması istenen yeni davanın konusu ile görülmüş olan davanın konusunun aynı olması icap eder. Mesela, bir zilyetlik davası açarak malın zilyetliğini talep etmiş, fakat elde edememiş olan bir kimse, sonra bir istihkak davası açarak malın zilyetliğini tekrar talep edebilirdi. Çünkü, yeni ileri sürdüğü talep, zilyetliğe değil, mülkiyet hakkına dayanmaktadır. Ayrıca; kesin hüküm, ilk davada taraf olanlar arasında hüküm ifade eder.

Hukukumuzda da, karar (hüküm) ile dava sona erer ve karar kesinleşince, artık o dava aynı taraflar arasında, aynı dava sebebine dayanarak tekrar açılamaz (krş., HMK. m. 303). Açılırsa, kesin karar (hüküm) itirazı ile karşılaşır.

Görüldüğü üzere, *formula* usulü, hem *magistra*'lar, hem de taraflar bakımından bazı avantajlar arz ediyordu. Nitekim, bu usulün esnekliği sayesinde, *magistra*'lar hayatın değişen ihtiyaçlarına cevap verebiliyor ve tanıdıkları yeni *formula*'lar vasıtasıyla hukukun gelişmesini sağlıyorlardı. Taraflar da, davayı, haklarını önemsiz bir şekil hatası yüzünden kaybetmek tehlikesiyle karşı karşıya bulunmuyorlardı.

DAVALARIN TASNİFİ:

Özel Hukuk Davası – Kamu Hukuk Davası

Özel hukuk davası kavramı, kamu hukuku davasının karşıtıdır. Kamu hukuku, özellikle ceza davasının genel amacı, hukuk düzenini ihlal eden eylemlere müeyyide getirmektedir. Bunlar, devletin düzenli işleyişine ve güvenliğine zarar veren, tehdit eden eylemlerdir veya topluluktaki düzenli hayatta karışıklık yaratırlar. Özel hukuk davası ise, kişilerin menfaati için konulmuştur ve haklarını korumak için kişilere bu dava verilir.

Genel olarak, kamu hukuku davası ve özel hukuk davası amaçları açısından tarif edilebilirler. Birincisi kamu hukuku ilişkilerine, ikincisi ise, kişilerin haklarına aittir.

İkisi arasında, usul hukuklarında, ara bir şekil de mevcuttur. Bu idarî davadır. Bu dava kişinin menfaatinin devletle veya devletten başka bir tüzel kişi ile çatışması halinde söz konusu olur. Romalılar devrinde, imparatorluk hazinesi *«fiscus Caesaris»* veya günümüzde olduğu gibi, kamu düzenine ilişkin bir ihtilâfta, bir kişinin bakanlıkla veya bir kamu kuruluşu ile ihtilafında olduğu gibi. Devlet veya tüzel kişiliğe sahip ilgili kurum, bu davada taraf rolüne sahiptir.

Roma Hukuku, bu üç tip davayı da tanımaktadır: Kamu davası (ceza davası), özel hukuk davası ve idarî dava. (Burada, sadece özel hukuk davacı incelenmiştir).

(Müteselsil borçlu ve alacaklılar birbirlerine bağlı oldukları için, bir tanesinin taraf olduğu davada, diğerleri de olmuş sayılır). Birinci davada vekil olan, sonra kendi namına dava açmak isterse, aynı şahıs olduğu halde, dava açmasına engel yoktur. Fakat, ilk davayı açanın mirasçısı, başka bir kimse olduğu halde, davayı tekrar açamaz.

Her özel hukuk davası, eski veya modern, tarafların teşebbüsüne dayanır, çok az istisna dışında, yargı organları davaya ilişkin kişinin talebi üzerine (davacı) müdahale ederler. Bu şekilde; eğer taraflar (davacı veya davalı) kendilerine ilişkin işlemlere devam etmezlerse, davanın devamı söz konusu olmaz. Son karar, taleplerin kabul edildiğini veya reddedildiğini gösterir. Bu kararda sadece tarafların ileri sürdükleri olaylar dikkate alınmıştır. Ayrıca, Roma Usul Hukukunda (kanunî davalar ve *formula* usulünde) kararı veren yargı ile görevli *magistra* değildir; dar anlamı ile yargı işlemleri –davanın incelenmesi ve karar-devlet memuru olmayan bir hâkime verilirdi. *Formula* usulünde bu hâkim veya jüri üyeleri taraflarca seçilmiş veya anlaşmaları ile belirlenmiş olurdu. Ayrıca; eğer taraflar, *magistra*'nın davanın içeriğini düzenlemek ve davanın görülmesi için oluşturduğu *formula*'yı kabul etmek konusunda anlaşmazlarsa, davalı, aleyhine bir karar almışa benzer sonuçlarla karşılaşacaktır[65].

Zamanla *actio*'ların adedi çok artmıştı. Bu yüzden bazı ayrımlara tabi tutulurlar. Bu tasnifi *formula*'nın yapısına göre yapmak mümkündür[66].

1- *Ius civile – Ius honorarium davaları:*

Bazı davaların *formula*'larında, *intentio* kısmındaki iddia, *ius civile*'nin tanıdığı bir hakka dayanır. O zaman; *formula*'ya ve davasına *in ius concepta* (bir hakka dayanan) denir. Bunlar; *ius civile* davalarıdır. Fakat, bazen *praetor*'lar *ius civile*'nin dava ile himaye etmediği bir ihtilâfı, *actio* ile korumak isterler. O zaman, *formula*'nın *intentio*'sunda, zikredilecek bir *ius civile* hakkı olmadığı için, *praetor*, himaye etmek istediği olayı zikreder. Bu tür *formula*'ya ve davasına, *in factum concepta* (bir olaya dayanan) ismi verilir. Bunlar, *praetor*'ların tanıdığı davaların önemli bir kısmını teşkil ederler.

Ayrıca; *praetor*'lar, bazen, *ius civile*'nin korumadığı bir ilişkiyi, bir *ius civile* davasının uygulama alanını genişleterek korurlar. Daha önce, belirli ve dar bir çerçevede uygulanan *ius civile* davası, kıyas, benzetme yoluyla, benzeri halleri de kapsar. Bu tür davalara *actio utilis*'ler ismi verilir.

Mesela, *ius civile*'nin tanıdığı *actio legis Aquiliae*, failin sadece maddi bir temas sonucunda başkasının mallarına verdiği zararlar halinde uygulanabildiği halde, *praetor* bu davayı *utilis formula*'larla, başkasının malına verilen her türlü zararlara uygulanacak hale getirmişti.

---

65 Schmidlin B., Cannata C. A., Droit Privé Romain, s. 249.

66 Bu konuda geniş bilgi için bkz. Umur Z., op. cit., s. 583 vd.

Yine, bazen *praetor*'lar, bir faraziyeye başvurarak bir *ius civile* olgusunu yeni bir olaya uygularlar. Olmamış bir olayı olmuş gibi farz ederek, *ius civile* olgusunu, ortaya çıkan yeni olay için kullanırlar. Buna dayanarak, yeni bir dava türü getirebilirler. Bunlara da, *actio ficticia*'lar denir.

Mesela, *actio Publiciana* bu nitelikte bir dava idi. Buradaki *fictio* (faraziye) henüz geçmemiş olan zamanaşımı süresinin sona ermiş gibi, kabul edilmesiydi. Başka birçok farazî dava örneği vardır: Bir yabancı *actio furti* davasını açmak isterse yabancı bu *ius civile* davasını açamayacağı için, *praetor*, hâkime, o yabancıyı Roma vatandaşı farz ederek kararını vermesini emrederdi[67].

2- *Actiones in rem ve actiones in personam:*

Bu ayrım, hukukun özü bakımından önemlidir.

Hakların aynî hak ve şahsî hak şeklindeki ayrımı, Romalılar tarafından açıkça ortaya konmuştur ve günümüz hukukunda da devam etmektedir. Bu ayırım, Romada Usul Hukuku açısından yapıldığı için davalar aynî ve şahsî diye ayrılmakla, borç münasebetlerinden doğan haklarla, eşya üzerindeki haklar birbirinden ayrılmış olmaktadır. Davalar konusu inceleyen Gaius'un eserinin 4. kitabı, bu esas ayırımla başlar[68].

Şahsî davalar, iki şahıs arasındaki münasebetlerden doğan hakların istenmesine yararlar. Bilhassa, akitten ve haksız fiilden doğan ihtilâflar halinde bu davalar açılır. *Intentio*'larında hem davacının, hem de davalının isimleri bulunur. Mesela, tüketim, para, ödüncü sözleşmesinin *formula*'sı: «Eğer, A.A'nun N.N'a 100 *sestertius* vermeye borçlu olduğu sabit olursa...» şeklindedir.

Aynî davalar ise, hak sahibi ile mal arasındaki doğrudan ilişkilerden doğan hakların istenmesine yararlar. *Intentio* içinde yalnız davacının ismi vardır. Davalı, o hakkı ihlâl etmiş olan herhangi bir kimse olabileceği için, *intentio*'da isminin zikredilmesine gerek yoktur. Mesela, istihkak davasının *formula*'sı: «Eğer; dava konusu olanın *Quirites* Hukukuna göre, A.A'ya ait olduğu sabit olursa...» şeklindedir.

---

[67] Modern hukuk düzenlemeleri de, gaiplik (MK., 44 vd), destekten yoksun kalma tazminatı gibi birçok halde, faraziye (fictio) kavramından yararlanır.

[68] Bir iki kategori dava arasında üçüncü kişilere de açılabilen *actio quod metus causa* yer alır. Bu davaya *actio in rem scripta* denmektedir, bkz.; WENGER L., Institutionen des römischen Zivilprozessrechts, München 1925, s. 155. *Actio quod metus causa* ikrah sonunda malı elinden çıkmış kişilerin malı ellerinde bulunan kişiye karşı açabileceği, yani *actio in rem scripta* kategorisine giren bir davadır.

3- *İyiniyet davaları (Iudicia bonae fidei) - Dar hukuk davaları (Iudicia stricti iuris):*

Bu ayrımın Roma Hukukunda büyük rolü vardır.

Dar hukuk davası, olaylara ve hukukî dayanaklara tamamen bağlıdır. *Praetor*'luğun kurulmasından önce, bütün davalar bu türdendi. *Condictio* adını taşıyan davalar da buraya girmektedir. Dava edilen miktar gerçek değil ise, hâkim davacıyı mutlaka beraat ettirirdi.

Praetor; bazı davaların *formula*'larına *ex fide bona* yani «iyiniyet gereğince» kelimelerini ilave etmek suretiyle, bunları iyiniyet davası haline getirmekte idi. Dar hukuk davalarında hâkim, *formula*'da ne varsa ona sıkı sıkıya bağlı kalmak zorunda olduğu halde, iyiniyet davalarında «iyiniyet neyi gerektiriyorsa» onu da dikkate alarak hüküm verebildiği için, takdir yetkisi oldukça geniştir (Gai. 4,61,63).

Hukukî ilişkilerde iyiniyetin dikkate alınması *praetor*'un getirdiği çok önemi bir yeniliktir. Zira, taraflar aralarında bir anlaşma yaptıkları zaman, konularıyla ilgili her türlü ayrıntıyı tespit edemezler. Buna imkân yoktur. Bazı şeyler, borçludan iyiniyet icabı istenir. Meselâ, satın alınan malın gerektiği şekilde paketlenmesi gibi. Hâkim, bir hukukî muameleden doğan ihtilâfı incelerken, durumu ve şartları göz önünde bulundurarak, dürüst bir kimsenin nasıl hareket etmesi gerektiğini düşünür ve iyiniyetin gerektirdiklerini dikkate alır. Dar hukuk davasında ise, önceden kararlaştırılan edim dışında başka talepte bulunulamaz.

Bundan başka; bir akit yapılırken, şekle bağlı olmayan *pactum*'larla (anlaşmalar da), herhangi bir husus kararlaştırılabilir. Eğer, o akitten dar hukuk davası doğuyorsa, *pactum* ile taahhüt edilen şeyler, o dava ile istenemez. Mesela; ödünç akdinden dar hukuk davası doğduğu için, bu aki yapılırken, bir *pactum* ile faiz şart koşulmuşsa, faiz ödünç davası ile istenemez. Ayrı bir akit olan *stipulatio* ile faiz anlaşması yapmak gerekir ve zamanı gelince faiz, ödünçten doğan dava ile değil, *stipulatio*'dan doğan dava ile istenebilir. Halbuki; alım satımdan iyiniyet davası doğar. Eğer, bir mal taksitle satılmış ve faiz alınmak istenmişse, bir *pactum* yaparak, faizi, alım satımdan doğan dava ile istemek mümkündür.

Dar hukuk davalarında, hâkimin dikkate alması için *exceptio* mutlaka *formula*'da bulunmalıydı. İyiniyet davalarında buna gerek yoktur, hâkim *intentio*'daki *ex bona fide* yazısı gereği davalının karşı iddialarını dikkate alabilirdi.

Zamanla, iyiniyet davalarının sayısı çok artmıştır. Cumhuriyet devrinin son yüzyılında, alım satım, *locatio conductio* (kira, iş, eser sözleşmeleri), vekâlet, şirket, inançlı sözleşmeden, vesayetten doğan davalar iyiniyet davası olmuştur. Gaius zamanında, vekâletsiz iş idaresinden, saklama sözleşmesinden (depositum) ve evli kadının malvarlığına ilişkin ait ihtilâflardan doğan davalar da bunlara eklenmişti. Iustinianus devrinde, birçok dava iyiniyet davası olmuştu. Fakat; iyiniyet kuralı, Borçlar Hukukunun tamamını kapsayan genel bir ilke haline gelmedi. İki önemli istisna; tüketim ödüncünden (mutuum) doğan davalarla, *stipulatio*'dan doğan davalar, daima dar hukuk davaları olarak kaldı. *Praetor*'un getirdiği bu büyük yenilik, bugün Medeni Kanunumuzun 2. maddesi ile, tüm Medenî Hukuku kapsayan bir ilke haline gelmiştir.

4- *Actiones arbitrariae:*

Bazı davaların *formula*'larında, *intentio* ile *condemnatio* arasında, hâkimin bir talimat vermesine yer bırakılır. *Formula* usulünde mahkûmiyet daima, bir miktar paradır. Yani; ihtilâfın konusu ne olursa olsun, hâkim, o ihtilâfı paraya çevirerek, mahkûmiyet kararı verir. Mesela, bir arazi için istihkak davası açılırsa, hâkim, dava kazanılırsa arazinin iadesine değil, arazinin değerinin ödenmesine, karar verecektir. Bir elbise, bir yük veya çeki hayvanı, altın, gümüş gibi bir mal talebinde bulunduğu zaman da, durum aynıdır. Yalnız bu sonuç, çoğu defa davacıyı tatmin edemez. Eğer davanın konusu olan mal telef olmuşsa veya ortada yoksa, nakdî tazminata mahkûm etmekten başka çare yoktur. Fakat; hâkim, malın aynen iade edilme imkânının olduğuna kanaat getirirse, davalıya, malı geri vermesi gerektiğini bir talimatla bildirir. Bir karar niteliğinde olmayan, bu talimata *clausula arbitraria* (seçimlik şart) denmektedir. Davalı isterse, bu talimata uymayabilir. Hâkim o zaman, yine, bir para miktarına hükmetmek zorundadır. Fakat, davalıyı zorlamak için, malın değerini davacıya takdir ettirerek, o miktar üzerinde hüküm verir. Malın değerinin davacı tarafından takdir edilmesi, davalının işine gelmeyeceğinden, malı geri vermeyi tercih eder. Bununla birlikte, yine de serbesttir: İsterse malı verir, isterse mahkûmiyet miktarı parayı öder. Bu tür davalara, *actio arbitraria*'lar denir. *Actio redhibitoria, actio de dolo, actio quod metus causa, actio Pauliana* ve bütün aynî davalarda, *clausula arbitraria* (seçimlik şart) imkânı mevcuttur. Bu davalar ortak mantıkî bir fikirden çok, *praetor*'ların beliren ihtiyaçları karşılamak için gösterdikleri devamlı faaliyete dayanır[69].

---

69 Girard P. F., op. cit., s. 1017.

Hukukumuzda (TBK. 51/1), zararın tazmin şeklini hâkim tayin eder. Bu arada hâkim, halin bütün icaplarını gözönünde bulunduracak, durumun bütün gereklerini dikkate alacaktır. Burada, pratik bakımdan, nakden tazmin ilkesine daha çok başvurulur. Bununla birlikte, aynen tazmin de sık sık uygulanır. Burada, bir kimseye zarar veren durum önlenir ve bu suretle zarar kaldırılır. Meselâ; bir kimsenin başkasının arsasında inşaat yapması veya yandaki binanın yıkılmasına yol açacak kazısı önlenir, bir resmîn teşhiri dolayısıyla bir kimseye zarar verilmesi engellenir, haksız olarak alınan malların, semereleriyle birlikte geri verilmesi sağlanır.

Actiones rei persecutoriae, actiones poenales ve actiones mixtae (Gai.4,6-9):

Actiones rei persecutoriae tazminat davalarıdır *(rem tantum)*. Bu davalar sadece malvarlığında meydana gelen zararın giderilmesi için açılırlar, *actio empti, rei vindicatio* gibi. Buna karşılık *actiones poenales* ceza davalarıdır *(poenam tantum)*. Roma'da haksız fiillerden *(delicta)* genellikle ceza davaları doğardı; haksız fiil işlemiş olan fail verdiği zararın iki, üç veya dört katını ödemeye mahkûm edilirdi. Aynı haksız fiilden doğan ceza ve tazminat davaları birlikte açılabiliyordu, mesela bir *furtum* işlenmişse, malı çalanın ceza davası olan *actio furti* ile birlikte *rei vindicatio* veya *condictio furtiva*'yı ikame edebilirdi.

Actiones mixtae (karma davalar) hem ceza hem de tazminatı hedef alan davalardır *(rem et poenam)*. Bu davalar çok defa davalının, davacının iddiasını haksız olarak inkâr ettiği zaman açılıyordu, mesela mala verilen zararlardan doğan dava açılmış ve davalı davacının ileri sürdüğü olayları inkâr etmiştir. Bu haksız fiilden dolayı açılan *actio legis Aquiliae*'de davacının iddiası gerçek görülürse, davalı verdiği zararın iki katına mahkûm edilir. Ceza davaları failin mirasçılarına karşı açılamaz, ancak fail ölmeden önce *litis contestatio* yapılmışsa, davaya devam edilir. Buna karşılık haksız fiile uğrayanın mirasçıları kural olarak, miras bırakanın açabileceği ceza davalarını açabilir. Bunun istisnası *iniuria*'da görülür. Burada gaye esas itibarıyla mağdurun intikam hissini tatmin olduğundan, *actio iniurarum*'u ölenin mirasçıları açamaz.

Actiones privatae ve actiones populares:

Davalar genel olarak şahsî menfaatleri ihlâl edilen kimseler tarafından açılır *(actiones privatae)*. Buna karşılık bazı davaları Roma *Populus*'u (Halkı) adına herhangi bir Roma vatandaşı açabilir. *Actiones populares* adı verilen bu davalarla davalı bir miktar para ödemeye mahkûm edilirdi. *Actio legis Plaeto-*

riae, *actio de posito vel suspenso* böyle davalardır. Burada davalıya verilen para cezasını davacı alırdı[70].

Çeşitli davaların tasnifi *formula* usulü ve kısmen kanunî davalarla uyum sağlamaktadır. Bu ayırımı modern hukuk geliştirmiştir. Ayırımlar, eski usul sistemlerinden kalan unsurlara dayanmaktadır[71].

KARARIN İCRASI

İcra usulünde, *legis actio*'lara nispetle, önemli değişiklikler vardır: Eski *manus iniectio* (el koyma) yerine, bir icra davası açılır: *Actio iudicati*. Bu davayı açmak için karardan sonra otuz gün beklemek gerekliydi.

Actio iudicati normal dava gibi görülürdü. Hukuk usulü davasının mahkûmu (veya ikrarda bulunmuş kimse) burada, davalı durumunda bulunur. Eğer; mahkûm edildiğini itiraf ederse, derhal cebrî icraya geçilir. Artık, karar üzerinde bir tartışmada bulunamayacağı için, itiraz etmesi ancak iki yoldan olabilirdi: Ya, hiçbir mahkûmiyet kararının verilmemiş olduğunu ileri sürer veya mahkûmiyetin kendisine yüklediği borcu ödemiş olduğunu iddia ederdi. Her iki halde de; haksız olarak itirazda bulunduğu anlaşılırsa, önceki mahkûmiyetin iki mislini *(in duplum)* ödemeye mecbur olurdu.

Eskiden icra, daima şahsın üzerine idi. Yeni usulde ise, mal üzerinde icra da vardır. Eğer; mahkûm olan, ödemek için bütün gayretini sarf eder, fakat ödeme kabiliyeti bulunmuyorsa, şahsı üzerine el koymanın bir faydası olmayacağından bütün mallarını teslim etmekle *(cessio bonorum)* kurtulurdu. Fakat, eğer ödeme kabiliyeti olduğu halde ödemekten kaçınırsa, o zaman şahsı üzerine el konulabilmekte idi.

Mal üzerinde icra sadece bazı malların satışı borcun ödenmesine yetse bile, mahkûmun bütün malvarlığı üzerinde olur, malları açık arttırma ile satılırdı: *Bonorum venditio*. Bu malları alan şahıs *(bonorum emptor)* mahkûmun halefi olur ve mallar borcun tamamını ödemeye yetmeyeceği için, evvelce taahhüt etmiş olduğu nispette, borçları öderdi. Bu halde mahkûm *infamis* olurdu. Bu usul, bugünkü hukukumuzda, tüccarların «iflâsı» halinde uygulanan usule benzemektedir.

---

70 Wenger L., op. cit., s. 159.

71 Schmidlin B., Cannata C.A., s. 291-292.

İSTİSNAÎ USUL VASITALARI

Formula usulü zamanında, hakların korumasına yarayan bazı istisnaî vasıtalar vardı. Bunlar; ihtilâfı, bizzat *magistra*'nın halletmesine dayanırlar. Başlıcaları şunlardır:

Interdictum'lar:

Magistra; imperium'una dayanarak, bir işin yapılmasını emir veya yasak edebilirdi. Bu tür emirlere *interdictum*'lar denir. Çabuk halledilmesinde kamu yararı olan işler bu yolla seri bir şekilde sonuçlandırılırdı.

Taraflardan birisinin müracaatı üzerine, süratle sonuç almak istendiği zaman, bu yola başvurulurdu. Eyaletlerde valiler, Roma'da *praetor*'lar, bu tür emirleri hangi durumlarda vereceklerini ilân ederlerdi. Meselâ: Bir malın geri verilmesini; bir malın ortaya çıkarılmasına; bir işin derhal yapılmasına veya durdurulmasına ait ihtilâf konusu hâdiseyi henüz tamamen incelemeden, karar verebilirlerdi. Fakat *actio* açılır ve hâkim gerekli görürse, *interdictum*'un hükmünü değiştirebilirdi.

Mesela; bir inşaatın tehlikeli durumda olduğu iddia edilirse, *praetor* inşaatı derhal durdurabilirdi. Kirayı ödediğini ileri süren kiracı taşınmaza getirdiği eşyanın *(invecta, illata)* kendisine verilmesi için *interdictum de migrando* açardı.

Bir *interdictum*'un verilmesi, çoğu defa bir davanın açılmasına engel olabilirdi. Zira, *magistra*'nın emrini alan, buna uyarak malı geri verir, ortaya çıkarır veya yasaklanan işi yapmaz. Bu şekilde, ihlâl ettiği ileri sürülen husus düzeltilmiş olacağından, başka bir yola başvurmaya gerek kalmazdı. Böylece, emre itaat edilirse mesele kalmaz, aksi takdirde, *praetor*'un emri karar niteliğinde olmadığı için, dava açmak gerekirdi.

Bu emirler, bilhassa, zilyetlikle alâkalı idiler[72]. Mesela bir kimse, malının zilyetliğinin zorla elinden alındığını iddia ederse, *praetor*, bir emirle zilyetliği iade ettirirdi.

Praetor hukuku, zilyetlik kavramını oluşturmuştur. Eşya üzerindeki mülkiyet hakkından bağımsız olarak, kamu düzeni gerekçeleriyle, eşya üzerindeki fiilî hâkimiyeti[73] olanların durumunu himaye etti. Zilyetlik *interdic-*

---

72 *Interdictum*'larda her iki taraf da mahkûm edilebilirdi *(Iudicia duplicia)*. *Interdictum* dışında bu durum *actio communi dividundo* (paylı, müşterek mülkiyetin taksim davası) da görülüyordu.

73 krş. TMK m. 973: Bir mal üzerinde fiilî hâkimiyeti bulunan kimse onun zilyedidir.

tum'ları aracılığı ile kamu düzenini bozanlara karşı, zilyetleri savundu ve zorla mallarından mahrum edilenlere, önceki durumlarını sağladı. Zilyetliği, dava ile de korudu. XIX. Yüzyıl alman hukukçusu Ihering'in yazdığı gibi, zilyetlik "mülkiyetin ileri kalesi" oldu[74].

Zilyetlik davaları niteliğinde olan bu *interdictum*'lar, Eşya Hukukunda görülecektir.

Praetor stipulatio'ları:

Bazen *praetor*, bir kimsenin talebi üzerine, başka kişiyi, onunla *stipulatio* yaparak, borçlanmaya zorlayabilirdi. Eğer söz konusu kişi *stipulatio*'yu yapmak istemezse, mallarına el koyar veya mallarını rehin alarak onu zorlar veya para cezası verirdi.

Meselâ; davalı belirli bir günde, *magistra* önüne gelmediği takdirde, davacıya şu kadar para ödeyeceği hususunda, bir *stipulatio* ile taahhütte bulunur. Veya, bir kimse, bitişikteki binanın yıkılmasından çekiniyorsa veya yanındaki arsa inşaatının kendisine zarar vermesinden korkuyorsa, kendisine zarar vermesi ihtimali olanla bir *stipulatio* yapar, bina yıkıldığı takdirde, belirli bir tutarda para ödemeyi taahhüt ettirirdi. Bu tür *stipulatio*'lar çok sayıdadır ve *praetor*, *edictum*'unda bunları belirtir. Dolayısıyla, *praetor*, *ius civile*'nin himaye etmediği bazı faaliyet ve durumları, bir *ius civile* davası olan *actio ex stipulatu* ile koruma imkânını buluyordu.

Zilyetliğin temini:

Bazen, *praetor*, bir kimseye ait malın zilyetliğini (*possessio)* başka bir kimseye verebilirdi *(missio in bona)*. Amacı, çok çeşitli olabilirdi. Mesela, yıkılma tehlikesi olan binasını tamir ettirmeyi vaad etmek istemeyenin binasının zilyetliğini bu durumdan şikâyetçi komşuya verebilir. Yapılmasını emrettiği bir *stipulatio*'yu yaptırmak, mâliki mahkemeye gelerek kendisini savunmaya zorlamak, bir malı teminat olarak verdirmek için, malların zilyetliğini diğer tarafa verebilirdi. Zilyet; TMK'larda menkul, taşınır davası (TMK., m.989 denilen) zilyetlik davası "*Actio Publiciana in rem*" ile korunmuştur.

Ortaçağ Avrupa Hukuku'nda, Roma zilyetlik davaları örnek alınmıştır[75].

74 Thireau, s. 72-73.

75 Ekinci. s. 188.

In integrum restitutio (Eski hale iade):

Aynı tür vasıtalardan olan *in integrum restitutio*'nun uygulama alanı çok genişti. Başka bir himaye tarzı bulunmazsa, *praetor*, ilgili tarafın isteği üzerine, olayı inceledikten sonra, yapılmış olan bir muameleyi yapılmamış farzederek, durumu eski hale iade eder ve bu suretle muameleyi iptal etmiş olurdu. Dava dışı bir usul olan *in integrum restitutio* ile, gerçekleşmiş hukuki netice kaldırılırdı.

In integrum restitutio (eski hale iade) ilgiliye karşı bir *actio* açmaya hakkı olan kimsenin bu dava hakkı reddedilerek veya ilgiliye, *ius civile*'ye göre sona ermiş bir dava hakkı tanınarak gerçekleştirilirdi. Roma'da uygulama alanı çok genişti. Korkutma (tehdit), aldatma (hile) sonucu yapılan hukuki muamelelerde, ergen küçüğün yaptığı muamelelerden yaşının küçüklüğü sebebiyle zarar görmesi hallerinde, alacaklılardan mal kaçırma gibi işlemlerde hukukî muameleler bu usulle iptal edilmekteydi. Eski hale iade yoluna gidilmesi halinde, yapılmış olan hükümsüz sayılıyordu. Bu önemli tedbiri *praetor* ihtiyatla kullanmıştır. Muamelenin yarattığı zararın ağır *(de minimis non curat praetor – praetor* küçük işlerle uğraşmaz) ve başka bir şekilde telafisinin mümkün olmaması gerekir.

§ 18. Cognitio Extra Ordinem (Fevkalâde Usul veya Sistem Dışı Yargılama)

Cognitio Extra Ordinem (Fevkalâde, Nizam Harici Usul, Sistem Dışı Yargılama) denen yeni usulde, dava, artık, bir tek safhada ve devlet memuru önünde görüldüğü için, *legis actio* ve *formula* usullerinden çok farklı idi.

Formula; klâsik Roma Hukukunun sistemine uygun, ince, işlenmiş bir usuldü. Fakat; uygulamada, bir taraftan *formula* uygulanırken, aynı zamanda bazı istisnaî hallerde, fevkalâde bir usul uygulanmakta idi. Normal usulün dışında kaldığı için, buna «Sistem Dışı Yargılama» deniyordu. Sonraları, normal usul haline geldiği halde, ismi aynen kalmıştı.

Formula usulünün uygulanması, Cumhuriyet idaresinde bile bazı eyaletlerde mümkün olmamıştı. Son İmparatorluk devrine doğru, imparatora ait eyaletlerdeki valiler, imparatorun vekili durumundaydılar, ancak *Edictum* yayınlamak yetkileri yoktu. Fakat yetkileri çok genişti. Ya bizzat kendileri veya tayin ettikleri kimseler, davaları baştan sona kadar görerek hallederlerdi. Zaten; eyalet valilerinin usulleri, eyaletten eyalete de değişiklik gösteriyordu. Fevkalâde Usul, eyaletlerde gelişebileceği bir çevre bulmuştur. Eyalet valisi imparatorun temsilcisi olarak, sistem dışı *(extra ordinem)* karar vermek yetkisine sahiptir.

Bu usulde, formula usulünün özellikleri kaybolmuş, şeref makamlarına dayanan Cumhuriyet idaresinin, imparatora bağlı monarşik bir idareye dönüşmesi yargıya da etkilemiştir.

Diğer taraftan, Augustus'tan itibaren, Roma'nın içinde de, bazı ihtilâflar, âdi usulle değil, Sistem Dışı Usulle görülmeye başlanmıştı. Mesela; toplumu çok ilgilendiren bazı kira meseleleri, denizcilik davaları, şehirlerin besin maddelerinin sağlanması ile ilgili ihtilâflar, küçüklere yapılan haksızlıklar, bazı miras işleri bu arada idi. Eşler arasında nafaka vermek yükümlülüğü olmadığı için, nafaka ancak, istem Dışı Yargılamada istenebilmekteydi.

Bu anlaşmazlıklarda, hâkime daha geniş takdir yetkisi tanıma ihtiyacı duyuldu. Bu yetkilerin ise, kişilerin seçecekleri bir özel hâkime tanınması düşünülemezdi. Bu gibi anlaşmazlıkların devlet memuru statüsündeki hâkimler tarafından başından sonuna kadar «Sistem Dışı Usulle» çözülmesi yoluna gidildi[76].

Sistem Dışı Yargılamanın, özel kişiler arasındaki ihtilâflarda uygulanması, sosyo-ekonomik şartların yarattığı yeni ilişkiler dolayısıyla başladı[77]. Çünkü bu durumlardan doğan anlaşmazlıkların Özel Mahkemeler Düzenlenmesi ile çözümlenmesi öngörülmemişti. Mesela, Roma'da avukatlık, doktorluk, öğretmenlik vb. gibi zihin faaliyetini gerektiren işlerin ücret karşılığı görülmesi *ius civile* tarafından düzenlenmemişti[78]. Bu durum, bu gibi kişilerin ücretlerine ait anlaşmazlıkların, Fevkalâde Usul ile çözülmesine yol açtı. Önce istisnai olarak kullanılan bu yeni usulü, imparatorlar da, kendi otoritelerine daha elverişli olduğu için, teşvik etmişlerdir. Nihayet; Fevkalâde Usul de, kanunî usul haline geldi. Artık, hâkim, *formula* ile bağlı değil, daha serbestti.

76 Eyaletlerde yaşayan fertler arasındaki ihtilâflarda, Roma ve İtalya'da uygulanan usul değil, her eyaletin kendi hukuku ile (Roma tarafından işgal edilmeden önce yürürlükte bulunan hukuku ile) Roma'nın o eyaletin idaresi için çıkarmış olduğu kanunların kaynaşmasından doğan bir hukuk uygulanmaktaydı.
Bu durumda, çeşitli usuller birbirleriyle çatışıyordu. Eyaletlerde daha az uygulama alanı bulan ve eyalet halkının pek anlayamadığı, özel hâkime dayanan *formula* usulü, bu bölgelerde Roma'dan daha çabuk kaybolmuştur.

77 Çelebican Ö.K., op. cit., s. 352.

78 Bunun sebebi, o yüzyıllara kadar bu işleri çoğu kere, kölelerin yapması olabilir. Köle sayısının azalması ve ekonomik sebepler sonucu, hür insanlar da, ücret karşılığı bu işlerde çalışmaya başlamıştır.

Davalı, davacının bir iddiası dolayısıyla karşı iddiada bulunabiliyordu. Alacaklı olan davacının aynı zamanda borcu varsa, davalı kendi alacağını ileri sürerek takas isteyebilirdi. Mesela kira borcu olan kiracının kiraya verenden kiralanan yere yaptığı lüzumlu tamir masraflarını talep ederek borcundan indirilmesini istemek gibi. Mahkûmiyet mutlaka paraya ait olmadığından bu usul davacı için elverişli idi. Yeni usulün taraflara sağladığı önemli bir menfaat de bir üst makamda karara itiraz imkânıydı. İcra hukuku daha etkili idi. Davacıda kararın icrasının kamu kuvvetiyle yapıldığı usulü benimsemiştir. Bundan dolayı, ilgililer bu usulü tercih ettiler. III. Yüzyılın sonunda, diğerine hâkim duruma geçti. Artık dava bir bütün olarak, devlet memuru olan ve hükümlerini temsil ettikleri imparator adına veren hâkimler önünde cereyan ediyordu. IV. yüzyılın ortalarına doğru ise, *formula* usulü, «zararlı kelime oyunları» diye kaldırıldı.

Yeni usul bugünkü usul hukukumuza ve anlayışımıza çok yakındır.

Bu devirde yargı teşkilâtı:

Son İmparatorluk devrinde idare teşkilâtının değişmesi, yargı teşkilâtının da değişmesine sebep olmuştur. Artık eski anlamda *praetor* yoktur, yargı işlerinin başı, her alana hâkim olan imparator olmuştu. Davalar onun namına, kendisine bağlı memurlar tarafından görülüyordu. Bu hâkim-memurlar arasında bir mertebe silsilesi vardı. En büyük yerlerdeki valilerden, en küçük memurlara kadar hâkimler, derece derece idi.

Fevkalâde Usul, devrin kurumlarıyla uyuşan daha bürokratik bir özelliğe sahiptir. Bürokrasi yazılı olmayı da getirmiştir. Usul, artık eskisi gibi tamamen sözlü değildir. Tarafların ve hâkimin beyanları zapta geçirilmektedir[79].

Artık mahkeme, herkese açık değildir. Davalar kapalı salonlarda görülür, karar açık okunur[80].

Davanın görülmesi de, ücretsiz olmaktan çıkıp, bir devlet hizmeti niteliği kazandığından harç alınmaya başlanmıştı.

Davanın başlangıcı ve yürüyüşü

Davayı yine davacı taraf bir dava dilekçesi *(libellus)* ile açar, fakat ilk iki usulden farklı olarak davalıyı hâkim önüne davacı celbetmez; mahkeme, dava kaydedildikten sonra, davalı tarafı davet ederdi. Eğer davalının adresi

---

79 GIRARD P. F., op. cit., s. 1067 vd.

80 ÇELEBİCAN Ö.K., op. cit., s. 355; UMUR Z. op. cit., s. 626.

bilinmiyorsa, bu çağrı ilân yoluyla da yapılabilirdi. Davalıya dava dilekçesinin bir sureti gönderilirdi.

Tarafların her ikisinin hazır bulunmaması, davayı durdurmazdı. Bu usulde, taraflar arasında bir anlaşma söz konusu değildir. O halde; taraflardan birisi hazır bulunmasa bile, devlet davayı yürütür. Demek ki; bizim «gıyapta» dediğimiz usul *(contumacia)* burada mevcuttur.

Formula usulünde, *magistra* önüne gelmeyen davalıya ceza verilebilir; hâkim önüne gelmezse davasını kaybederdi. Halbuki; şimdi, davalı gelmezse, devletin emrine itaatsizlik etmiştir; davacı yalnız başına, davayı yürütür; delillerini gösterir; ispata çalışır: müdafaa ise, yapılmamış olur. Bütün bunlara rağmen; eğer davacı hiç bir şey ispat edememişse, davalı yine de beraat edebilirdi; çünkü gıyabında bile olsa, onun hakkını korumak, devletin görevleri arasındadır.

Davacı gelmezse, normal olarak, dava düşer. Fakat, davalı, yanlış zan altında kalmamak ve beraat etmek istiyorsa, davayı devam ettirebilirdi.

Davanın cereyanı usulü, tarafların hâkim önünde hazır bulunup bulunmamalarına göre değişirdi. Davalı, üç ihtara rağmen hâkim önüne gelmez bir vekil *(procurator)* de göndermezse, dava gıyabında görülürdü. Ancak, bu, davalının mutlaka mahkûm edileceği anlamına gelmezdi; davacı yine iddialarını ispatla yükümlü idi ve ispatlayamadığı taktirde de, dava gıyabında cereyan eden davalı beraat ederdi. Demek ki, bu usulde, adaletin Devlet tarafından dağıtımı ilkesi, hazır bulunmayan tarafın dahi haklarının Devlet tarafından korunmasının sağlanması şeklinde anlaşılıyordu. Davacının, *litis contestatio*'dan evvel veya sonra, davasını takip etmemesi halinde de aynı kurallar uygulanırdı. Davacı, ayrıca, davalının bu yüzden uğradığı bütün zararları tazmin etmeye mahkûm edilebilirdi.

Kural olarak, taraflar duruşmada bizzat hazır bulunmak zorundaydılar. Bununla birlikte kendilerini bir *procurator*'la temsil ettirme imkânına da sahiptiler. Davanın cereyanı sırasında dinleyiciler mahkemeden tahta veya bez bir perdeyle ayrılırdı; bu perde hüküm tefhim edilirken açılır ve aleniyet sağlanırdı.

Tarafların ikisi veya vekilleri hazır bulunursa, davalının ikrarı halinde, dava yine kesilir, mahkûm edilmiş gibi borcunu öder veya icraya geçilir. İtiraz edecek olursa, davacı iddialarını davalı müdafaasını bildirir.

Bu usulde, *litis contestatio*, yazılı olarak düzenlenen bir anlaşma olmadığı gibi, davayı da ikiye bölmezdi. Davacının olayları açıklaması *(narratio)*, buna karşılık davalının olayları kendi açısından izahı *(contradictio)*, Iustinianus Hukukunda *litis contestatio*'yu meydana getirmekteydi. Fakat bu *formula* usulünden şekil ve kapsam bakımından çok farklıydı. Davayı iki safhaya ayırmadıktan sonra, davanın tespiti Usul Hukukunun bir muamelesi değildir, sonuçları daha az önemlidir. *Litis contestatio*'nun Iustinianus Hukukunda borcu sona erdirici, yenileyici hükmü *(novatio)* yoktu. Dolayısıyla bir davada hâkim hüküm vermemişse, o davayı bir daha açmak mümkündür. Bu usulde aynı davanın tekrar açılmayacağı hükmü, *litis contestatio*'dan sonra değil, hâkim kararından sonra yürürlüğe girer. Iustinianus Hukukunda *litis contestatio*'nun ismi var, fakat eski sonuçları yoktur.

Litis contestatio'nun sona erdirici ve yenileyici etkisi Iustinianus'un M.S. 531 tarihli bir emirnamesiyle kaldırılmıştı.

Hâkim *formula*'ya bağlı olmadığı için, davacının yanlışlıkla fazla talepte bulunduğu anlaşılırsa, davalıyı beraat ettirmezdi. Yalnız davacıya, davalı bu yüzden verdiği zararın üç katını ceza olarak ödetirdi. Zira davayı, davalıya tebliğ eden devlet görevlisi, dava konusunun değerine göre davalıdan harç almaktaydı. Hâkim, mahkûmiyet miktarı gerçekte ne ise o miktara indirirdi.

Taraflar mahkemeleri, gereksiz yere işgal edecek şekilde dava açmadıklarına dair yemin etmeli idiler. Haksız olduğunu bile bile, dava açtığı veya haksız olduğunu bildiği halde, müdafaa ile davayı uzattığı görülen kimselerden para cezası alınırdı.

Deliller ve ispat:

Yeni usulde, delilleri kıymetlendirmek hususunda hâkime, bazı sınırlamalar getirilmiştir.

Cognitio extra ordinem'de, davacı ileri sürdüğü iddiaları, davalı da dermeyan ettiği *exceptio*'ları ispat etmek durumunda idi. Delillerin takdirinde hâkimler *formula* usulünde olduğu gibi serbest değillerdi. Zira, niteliklerine göre delillere verilecek değer imparatorlar tarafından kurala bağlanmıştı. Bu açıdan, ve yazılı şeklin gelişmesine paralel olarak, özellikle yazılı ispat vasıtaları büyük önem kazanmışlardı. Bunlardan, devlet memurlarının görev sırasında tanzim ettikleri resmî senet sayılır ve kesin delil teşkil ederlerdi. Bugünkü noterlere benzeyen *tabelliones*'ler, tarafından hazırlanan vesikalar ise, tabellio, vesikanın tarafların iradelerine uygun olarak hazırlandığını yeminle teyit ederse, kesin delil sayılırlardı. Adî senetlere gelince; en az üç şahidin imzasını taşıdıkları taktirde *tabelliones*'ler tarafından düzenlenen vesikalarla eşdeğerde tutulurlardı.

Bir iddiayı ispat etmek için başvurulacak deliller, özellikle tanıklar, (şahitler) ve belgeler olacaktır. Eski usulde hâkim, bunlardan hangisinin daha önemli olduğuna bizzat karar verebildiği halde, Fevkalâde Usulde, şahitlere eskisi kadar itibar edilmemekte idi. İmparatorluk mevzuatı, şahitle ispatı kuşkuyla karşılaşmış, kısıtlamalar getirmiştir. Yazılı belge, şahitten üstün, tek şahit ispat kuvvetine sahip değildi. Constantinus devrinden itibaren, eski Fransız Hukukunda da takip edilen kural konmuştur: Tek bir kişinin şahitliği delil olamaz *(Testis unus, testis nullus)*. Ayrıca, şahitlerin tanıklığı sosyal durumlarına göre değerlendirilmekte idi.

Bu şekilde, ispat bakımından belgenin rolü, çok daha büyüktü. Bir belgenin çürütülmesi, için en az beş şahit lâzımdı.

Belgeler de çeşitli değerlerde idi. Bir devlet memuru, görev sırasında, belgeyi bizzat düzenlenmişse, bu ispat niteliğinde olup, geçerliliğine itiraz edilemezdi. Devlet memuru tarafların yaptığı bir belgeyi tasdik etmişse, bu da çok kuvvetli bir delildi, fakat aksi iddia olunabilirdi. İlgililer, kendi aralarında, özel nitelikte yazılı belge düzenlemişler, bugünkü noterlere benzeyen memurlar ve şahitler huzurunda tasdik ettirmişlerse, yine sağlam bir delil idi. Aksi iddia olunabilir; fakat, belge sağlam çıkarsa, iddia sahibi ceza görürdü.

Davanın herhangi bir yerinde yapılan ikrar, ispat yerine geçerdi. Aynı şekilde, davanın herhangi bir yerinde, ya hâkim veya taraflar, yemin tercih edebilirlerdi ki, bu da, ispat niteliğinde idi.

Hâkim; taraflara taraflar da birbirlerine, her mevzuda soru sorabilirlerdi *(interrogationes)*. Hâkim önünde ikrar *(confessio in iure)*, hem şahsî hem de aynî davalarda, başka araştırma yapılmaksızın, kural olarak mahkûmiyet sonucunu doğururdu. *Cognitio extra ordinem*'de yemin de önemli bir ispat vasıtası hâline gelmişti. Kendisine yemin teklif edilen taraf, yemin etmez ve teklif edene de reddetmezse, yemin konusu vakıayı ikrar etmiş sayılır ve davayı kaybederdi. İustinianus hukukunda, hâkim de, iddiasını yeteri kadar ispat edememiş olan tarafa resen yemin teklif edebilirdi (tamamlayıcı yemin); yemin eda edildiği taktirde, yemin konusu vakıa kural olarak ispat edilmiş sayılırdı.

Hâkim, kanunî karinelerle bağlı idi. [Kesin bir olaya dayanarak, muhtemel bir olayın, aksi ispatlanıncaya kadar, varlığını kabul etmek (mesela TMK. m. 285'deki babalık karinesi)]

Modern hukukumuzda da, deliller ikiye ayrılır: 1) Kesin deliller, 2) Takdirî deliller.

1) Kesin deliller:

İkrar, kesin hüküm, senet, yemin (01.10.2011 tarihinde yürürlüğe giren HMK 188, 303, 200, 225 maddelerinde) olmak üzere dört tanedir. Bunlar, hâkimi bağladıkları için kesindir. Hâkim, bu kesin delillerden biri ile ispat edilen bir olayı, doğru olarak kabul etmeye mecburdur. Yâni, hâkimin bu delilleri takdir yetkisi yoktur. Bundan başka, belirli bir miktardan yukarı 12.500 TL'yi geçen hukukî muameleler (m. 200) ve senede karşı olan iddialar (m. 201), kesin delillerle ispat edilebilir.

2) Takdirî deliller.

Bunlar, tanık (şahit), bilirkişi, keşif ve uzman görüşüdür. (HMK. m. 240 vd., m. 266 vd., m. 288 vd., m. 293): Hâkim, bu delilleri serbestçe takdir eder (m.198). Yani, özellikle tanık (şahit) ve bilirkişilerin beyanları hâkimi bağlamaz. Keşif hâkimin kendi duyu organları yardımıyla, gözlemle tespit edebildiği hususları da kapsar.

Sententia (karar):

Karar, yazılı olarak düzenlenir, taraflara yüksek sesle okunur ve sonra, kendilerine bir ilâm verilirdi. Kaybeden taraf; bazen önemli bir toplama varabilen, mahkeme masraflarını öderdi. Mahkûmiyetin mutlaka paraya ilişkin olduğu esası *(omnis condemnatio pecuniaria est)* terkedilmişti. Davalı hâkimin takdirine göre uygun olana mahkûm edilirdi.

Bugünkü hukukumuzda da karar, hâkim veya hâkimler ile zabıt kâtibi tarafından imzalanır (HMK. m. 298). Taraflara verilen imzalı ve mühürlü karar (hüküm) suretlerine ilâm denir (m. 301). Yargılama harç ve masrafları, kural olarak haksız çıkan, yani aleyhine hüküm verilen tarafa yükletilir (m. 326/1).

Appellatio (Kanun yolları):

Kanun yolları, bir kararı yeniden tetkik ettirmek için, başvurulan yollara denir. Bilhassa iki türlü olur: İstinaf ve Temyiz. İstinaf halinde dava, tekrar görülür[81]. Temyiz halinde ise, dava bir daha görülmez, fakat usulsüzlük olup olmadığı araştırılır.

Formula usulünde, kanun yolları söz konusu olamazdı. Çünkü, özel hâkimi seçen zaten taraflar olduktan başka, hâkimin üstünde bir makam da

---

[81] Hukukumuzda, "Adli Yargı İlk Derece Mahkemeleri ile Bölge Adliye Mahkemelerinin Kuruluş, Görev ve Yetkileri Hakkında Kanun" 07.10.2004 tarihinde Resmî Gazetede yayınlanmıştır. 04.02.2011 tarihli HMK., m. 341 vd. Kanun yollarından İstinaf'ı düzenlemektedir.

yoktu; kararı kesindi. Fevkalâde Usulde ise, hâkim tarafların seçmedikleri bir devlet memuru idi ve hâkimler arasında derece farkı olduğu için, bir hâkimin gördüğü davanın daha üst makamdaki bir hâkime gönderilmesi düşünülebilirdi.

Roma Hukukunda, karara itiraz yolu, istinafa benzemektedir. *Appellatio:* Augustus'tan itibaren bazı hallerde, davayı yeniden tetkik etmesi için imparatora müracaat ediliyor, o da üst hâkimlere havale ediyordu.

İtiraz etmek isteyen taraf, ilk kararı veren hâkime, kısa bir süre içinde, bu talebini bir dilekçe ile bildirir, bu hâkim, talebi verdiği karar ile birlikte üst mahkemeye havale ederdi. İtirazı, kararın icrasını engellerdi[82]. Üst hâkim davayı yeniden ve tamamen, bir daha görür, onun verdiği karar kesin olurdu. Bu karara karşı, kanun yolu mevcut değildi. İtirazda bulunan taraf davasını yine kaybederse, masrafların dört mislini öder, eğer kötü niyetli ise, yani kaybedeceğini bile bile itiraz etmişse, çok daha fazla bir ceza ödemeye mahkûm edilirdi. İtiraz yoluna gidilmişse üst mahkeme kararına kadar verilen karar icra edilmezdi. Ayrıca davaları uzatmamak için itiraz harçları yüksek tutulmuştur.

Karara itiraz *(appellatio)* aracılığı ile, fevkalâde usul, imparator adına karar veren merkezî idarenin yargı organlarına son kararı vermek imkânını sağlıyordu[83].

İcra:

Kararın icrasını da devlet yapmakta idi. Karardan bir müddet sonra, ilâmla birlikte icra memuruna gidilir, yine *actio iudicati* açılır; eğer, mahkûmiyet bir malın iadesi ise, *manu militari* yani zorla, mal alınarak davacıya verilirdi.

Mahkûmiyet bir paranın ödenmesi ise, mahkûmun âciz olup olmadığına bakılırdı.

Âciz değil, fakat ödemek istemiyorsa, yeteri kadar malı teminat olarak, tutulur; iki ay içinde kendiliğinden ödenmezse, bu mallar tek tek satılır *(distractio bonorum)*.

Âciz ise, bütün mallarının zilyetliği alacaklı veya alacaklılara verilir; bu halde, malların zilyetliğine yalnız davacı değil, diğer alacaklılar da iştirak ettirilirdi.

---

82 Kaser M., Römisches Privatrecht. s. 326.

83 Thireau, s. 83.

Eğer davayı kaybeden tamamen ve kendi rızası ile devretmemişse; ve mesela, kötü niyetli olarak mallarını kaçırmışsa, şahsı üzerinde icraya geçilebilir, fakat özel hapishaneler kaldırılmış olduğu için devlet hapishanesine atılırdı.

Bazı davalılar, *beneficium competentiae* denen bir imtiyazdan faydalanırlardı: Bu imtiyaza göre, eşler, ortaklar, yakın akrabalar gibi bazı kimseler, borcun ne kadarını ödeyebiliyorlarsa, o kadarı ile yetinilinir; bu suretle tam bir sefalete düşmeleri ve şerefsiz olmaları önlenirdi.

İcra usulü, günümüz hukukunda da, aynı ilkeye dayanır. Borcunu rızası ile ifa etmeyen borçlu, alacaklının talebi üzerine, devlet kuvveti aracılığıyla borcunu ödemeye zorlanır. Devletin cebrî icra organları, (icra dairesi) borçlunun mallarına el koyar, bu malları satar ve satış bedelinden öder. Cebrî icra organları, bu işlemleri yapabilmek için zor kullanma yetkisine sahiptir. Hukukumuzda, borç için hapis müessesesi yoktur. Fakat, borçlunun mallarını ve nerede olduğunu tespit edebilmek için, bazı hallerde (istisnaî ve ikinci derecede olmak üzere) hapis yoluna başvurulabileceği kabul edilmiştir: Mesela, borçlunun mal beyanında bulunmasını sağlamak için hapisle tazyik edilmesi (İİK. m. 76) ve mal beyanında bulunmayan borçlunun cezalandırılması (İİK. m. 337) gibi.

Fevkalâde usul, formula usulünden daha basittir. Davanın geleneksel ikiye bölünüşünü tanımayan, imparatorun yetki verdiği hâkim davayı başından sonuna kadar götürüyor, her celseyi yönetiyor ve tarafları dinliyor ve karar veriyordu. Yetkileri *praetor*'dan daha genişti, davalının getirilmesini emredebilir, tarafların hatalarını düzeltebilir ve ileri sürülenlerin yetersizliklerini tamamlayabilirdi. Yargı, devletin ve temsilcilerinin örgütlediği ve yönettiği bir kamu hizmeti halini almıştır. Bu şekilde, fevkalâde usul, modern yargılama usulünün atası olarak ortaya çıkmaktadır[84].

Fevkalâde Usulün ikili bir etkisi ile karşılaşıyoruz: Birincisi Ortaçağ'da önce kiliselerde, sonra laik yargı organlarında uygulanan Roma Kilise Hukuku denilen usulün başlangıcı olmasıdır. Bu şekilde günümüz usul hukuklarının uzak kaynağını teşkil etmiştir. Diğeri ise, hukukun esası üzerinde doğrudan doğruya tesir etmesidir. *Formula* usulünün engellerinin, özel ve sınırlı imkânlarının aşılmasını sağlamıştır.

Cognitio extra ordinem'de şüphesiz bir takım eksiklikler vardı. Ve bu usulün bazı hususlarda *ordo iudiciorum privatorum*'dan (özel yargılama usulü)

84 Thireau, s. 83.

tam olarak sıyrıldığı da söylenemezdi. Ancak, herşeye rağmen, bu usulün *legis actio*'lar sisteminden ve *Formula* sisteminden çok daha üstün olduğunda da hiç şüphe yoktur. Gerçekten, *cognitio extra ordinem*'de, "esas", "biçim"e galip gelerek ön plâna çıkmış ve bu yönüyle *cognitio extra ordinem*, Ortaçağ Usul Hukukunu etkileyerek, ilke ve kurallarının birçoğu Ortaçağ Usul Hukuku kökenli olan modern medeni usul hukuklarının aslî kaynağını teşkil etmiştir. Özellikle adlî ispat, soruşturma, yemin konularında etkileri açıktır. Ayrıca, adaletin Devlet adına, meslekten hâkimler tarafından dağıtım ve yerine getirilmesi suretiyle, özel şahıslar arasındaki ilişkilerde bugün de uygulanmakta olan sistemin temeli atılmıştır.

İSTİSNAÎ USULLER

Nizam Harici Usul sırasında, bazı istisnaî usuller de vardır.

İmparator'un yazılı cevabı. Hâkim ihtilâfı halledemiyorsa, imparatorluk mahkemesine sunar, oradan istişare alırdı. İmparator; isterse, davayı görmeyi kabul ederek, ihtilâfı karara bağlardı.

İmparatorun itibarı çok arttıktan sonra, hâkimler gibi, taraflar da imparatora başvurmaya başlamıştı. İmparatorun, isterse göreceği bu davalarda verdiği karar, hukuk kuralı niteliğinde idi.

Kısa yargılama usulü. Nafaka, azat etme gibi hallerde doğan ihtilâfları süratle sonuçlandırmak amacıyla, usulün bazı kısımları atlanırdı: Bazı şekillerden vazgeçilir, süreler kısaltılır ve dava çabuk görülmüş olurdu.

Bu usul, HMK., 316 vd., maddelerindeki basit yargılama usulünün kökenidir.

Episcopalis audentia. Bir de, dinî reis olan Piskopos'un kaza yetkisi vardır. Hıristiyanlığın kabulünden sonra, ihtilâf halinde bulunan taraflar, kendi rızaları ile, dinî reis olan Piskopos'a başvurmakta idiler. Önceleri, bu iş gayri resmî oluyor. Piskopos hâkim gibi değil, özel bir hakem gibi hareket ediyordu.

Iustinianus zamanında, Piskopus'un halledebileceği davaların hangileri olduğu tespit edilmiştir. Hâkimler önünde görülmeyen bazı ihtilâflara o bakıyor, gerekirse meseleyi imparatora aksettirme imkânı buluyordu.

Iustinianus, Piskoposların yargı faaliyetlerini *Novella*'larla yeni esaslara bağlamıştır. Piskoposlar, artık laik hâkimlerin yargı faaliyetlerine karışabiliyorlardı. Yaptıkları bir çeşit hâkimlik olmakla birlikte, karar verdikleri ihtilâfların, on gün içinde başvurularak lâik bir hâkim önünde, istinaf yoluyla yeniden görülebileceği kabul edilmiştir. Lâik hâkim, piskoposun kararını uygun bulursa karar kesinleşiyor, aksi halde, dava üst mahkemede yeniden ele alınıyordu[85].

Davaların sona ermesi:

Davalar; kesin hüküm *(res iudicata)*, zamanaşımı, ibra anlaşması, davaların birleşmesi yollarıyla sona erdiklerinden bir daha açılmazlardı.

FORMULA ÖRNEKLERİ

Aynî davalardan istihkak davasının (*rei vindicatio*'nun) *formula*'sı:

«Si paret rem qua de agitur ex iure Quiritum Aulii Agerii esse neque ea res (arbitrio iudicis) restituetur (intentio), quanti ea res erit, tantam pecuniam iudex Numerium Negidium Aulo Agerio condemnato, si non paret absolvito (condemnatio):

Söz konusu malın *Quirites* Hukukuna göre, davacıya ait olduğu sabit olursa, ve (hâkimin talimatına rağmen) bu mal iade edilmezse (*intentio*); ey hâkim, davalıyı bu malın değeri kadar para miktarına mahkûm et. Sabit olmazsa beraat ettir (*condemnatio*).

Tüketim ödüncü sözleşmesinden (mutuum) doğan ve şahsî davalardan, ödünç verilen muayyen miktar para *(certea creditae pecuniae)* davasının *formula*'sı:

«Si paret Numerium Negidium Aulo Agerio decem milia Hs dare oportere (intentio) iudex Numerium Negidium Aulo Agerio sestertium X milia condemnato, si non paret absolvito (condemnatio).

Eğer, davalının davacıya 10.000 *sestertius* vermeye borçlu olduğu sabit olursa (*intento*), ey hâkim, davalıyı davacıya 10.000 *sestertius* vermeye mahkûm et. Sabit olmazsa beraat ettir (*condemnatio*).

Saklama sözleşmesinin *(depositum)*, *in ius concepta* (hakka ait) *formula*'sı:

«Iudex esto. Quod Aulus Agerius apud Numerium Negidium mensam argenteam deposuit, qua de re agitur, quidquid ob eam rem Numerium Negidium Aulo Agerio dare facere oportet ex fide bona, eius, iudex Numerium Negidium Aulo Agerio condemnato, si non paret, absolvito.»:

---

85 Çelebican Ö. K., s. 365.

Hâkim olsun. Davacının, davalıya, dava konusu olan bir gümüş masayı saklamak olarak vermiş olduğuna göre, ey hâkim, iyiniyete uygun olarak, o şeyden dolayı, davalının davacıya vermeye veya borçlu olduğu şeye, davalıyı davacıya karşı mahkûm et. Sabit olmazsa beraat ettir.

Saklama sözleşmesinin (*depositum*) *in factum concepta* (olaylara ait) *formula*'sı:

«Iudex esto. Si paret Aulum Agerium apud Numerium Negidium mensam argenteam deposuisse eamque dolo malo Numerii Negidii Aulo Agerio redditam non esse (intentio), quanti ea res erit, tantam pecuniam iudex, Numerium Negidium Aulo Agerio condemnato. Si non paret absolvito (condemnatio).

Hâkim olsun. Davacının davalıya bir gümüş masa verdiği ve davalının kasıtlı olarak masayı davacıya iade etmediği sabit olursa, (*intentio*), ey hâkim, davalıyı, davacıya karşı, o masanın değeri kadar para miktarına mahkûm et. Sabit olmazsa beraat ettir (*condemnatio*).

Actio Publiciana in rem'in *formula*'sı:

«Si quem hominem Aulus Agerius emit et is ei traditus, est an no possedisset, tum si eum hominem, de quo agitur, eius ex iure Quiritium ese oparteret neque ea res..»":

«Eğer *Aulus Agerius* satın aldığı ve kendisine teslim olunan köleye bir yıl süreyle zilyet olmuş ise, söz konusu kölenin *Quirites* Hukukuna göre ona ait olduğu sabit olursa...»

§ 19. Roma Özel Hukuk Davası Ve Usul Hukukumuz Ana Yapı Ve İlkeler

Romanist geleneği olan ülkelerde modern usul hukukunun kökeni müşterek hukuktur[86]. Orta Çağ hukukçuları Iustinianus'un *Corpus Iuris Civilis*'in kurallarından ilham alarak modern usul hukukunu kilise hukuku[87] temellerine dayanarak hazırlamışlardır.

Kilise usul hukuku da, Son İmparatorluk devrinden ve belirli bir ölçüde Iustinianus kaynaklarından, özellikle *Codex*'ten etkilenmiştir. Özet olarak, modern usul hukukumuz *Cognitio Extra Ordinem*'in son şeklini yansıtan bir geleneği, bu sistemin, temel yapısını devam ettirmektedir. Meselâ tüm usule

---

86 Bu kısım için bkz. SCHMIDLIN B., CANNATA C.A., s. 285-295.

87 *Ecclesia vivit lege romana:* Kilise Roma Hukukuna göre yaşar.

ilişkin muamelelerde davanın kabulünün incelenmesinden sonra karara kadar tek ve aynı makamın yetkili olması mutlak anlamda olmasa bile, davanın kilise hukuku davasında olduğu gibi yazılı şekle tâbi olması. *Quod non est in actis non est in mundo:* «Evrakta yazılı olmayan mevcut değildir». Yazılı olma en az dava talebi için ve genel olarak tarafların taleplerini kapsayan konular ve karar için gereklidir. Adı geçen yazılı belgeleri kapsayan konular için ve karar için gereklidir. Adı geçen yazılı belgeleri kapsayan bir dava dosyası zorunlu olarak oluşturulmalıdır. Bu dosyaya sözlü beyanların zaptı eklenip ve yazılı resmî bir belge haline gelir. Usul hukuku, kamu makamlarına ilişkin icra yollarını da düzenler. Bu makamlar kamu gücünü kullanabilirler. Nihayet modern usul hukuku Fevkalâde Usul de olduğu gibi karara karşı başvuru imkânlarını *(appellatio)* tanır. Bu başvuru da davanın ikinci, hattâ üçüncü kez görülmesine imkân verir.

Kanunî davalar ve *formula* usulü davası, *Cognitio Extra Ordinem*'den bize miras kalan yukarıda belirttiklerimize tamamen zıt nitelik taşıyordu; Davanın zorunlu olarak iki kısma bölünmesi *(in iure ve in iudicio)*; bütün muamelelerin sözlü niteliği (sadece *praetor*'un hâkim atamasını kapsayan karar metni ve *formula* usulünde, *Formula* zorunlu olarak yazılı şekildedir), icra vasıtalarının *magistra*'nın kontrolü altında davacı tarafından uygulanması; duruşmanın tek celsede sona ermesi. Karara karşı başvurma sadece *princeps*'e başvurma olarak kabul ediliyordu. Hâkimin kararını konu alan bizzat imparatorun veya memurların davaya bakması için bir talep olması gerekiyordu.

Modern davanın *Cognitio Extra Ordinem*'in son devresindeki dava ile benzerliğine rağmen açıkladığımız gibi klâsik Roma özel hukuk davasını ve her şeyden önce *Ordo Iudiciorum Privatorum:* Özel Mahkemeler Düzenlemesini açıklamak yerinde olacaktır.

Bunun iki sebebi vardır: Her şeyden önce Roma Özel Hukuku bütünü içinde hukukçular -eski hukukçular ve «klâsikler»- tarafından *formula* usulü davalarının yapısı gözönünde bulundurularak hazırlanmıştır. Davalar, doktrinlerinin bir şekilde temel kategorilerini oluşturmaktadır. Bu oluşumun hukuk tarihimiz üzerinde önemli etkisi olacaktır. Sadece bir örnek vermek gerekirse Kara Avrupası Hukukunun Romanist geleneğinin özelliği olan akit tipleri ayırımı bunu ispat etmektedir. Zira bu İngiliz Hukukuna yabancıdır. Diğer sebep doğrudan doğruya adlî hukuk tarihine bağlıdır. Bunun temel ilkeleri *Cognitio Extra Ordinem*'de hazırlanmamıştır. Eski Kanunî Davalar Usulünden önce gelişmişlerdir. Daha sonra bir çözüm yolu gerektiren hukuk sorunları ortaya çıktıkça *formula* davasında gelişmişlerdir. Hukuk davası yapısını da açıklamaya da imkân veren en önemli usule ilişkin ilkeleri gözden geçirelim.

1 - İSPAT YÜKÜ

Medeni Kanun'da ispat yükü konusunda temel hüküm yer almaktadır:

TMK m. 6'ya göre, Kanunda aksine bir kural bulunmadıkça, taraflardan her biri, hakkını dayandırdığı olguların varlığını ispat yükü altındadır.

Bu kural birbirinden farklı iki ilkeyi kapsamaktadır. Öncelikli olan ve istisnası olmayan birine göre bir hakkın ispatı hakkın varlığına değil, fakat olaylara ilişkindir. Diğer ilke istisnayı kapsamaktadır: Kanunda aksine bir kural bulunmadıkça, ispat yükünü belirlemektedir. Bir hakkı ileri sürene onun dayanağını ispat etme yükümlülüğü vermektedir[88].

a - İspatın hakka değil, fakat olaya dayanması açık bir gerçekten ortaya çıkmamaktadır. Orta Çağ, Cermen hukuku davası ise aksi kuralı kabul etmiştir. Meselâ arazi mülkiyetinin ispatı yargılama sonucu sağlanıyordu. Davayı kazanan hakkını bu şekilde veya *coniuratio* aracılığı ile ispat ediyordu. Bu son durumda hatırı sayılır komşular, malik olduğunu iddia edenin gerçekten malik olduğunu göstermek için davaya geliyorlar ve yeminle tanıklık yapıyorlardı.

Buna karşılık modern kural daha *legis actio sacramento in rem*'de görülmektedir ve onun yapısı sonraki usulün gelişmesini belirlemiştir. Gerçekten bu dava şeklinde karar mal üzerindeki haklarını ileri süren tarafların beyanlarına dayanmamaktadır. Fakat karar şekil olarak *sacramentum*'a ilişkindir. (Davalı ve davacının şekle bağlı sözlerle, aynı mal üzerinde, aynı iddiada bulunmasından sonra *magistra* yargı önüne gelen ihtilâflı malın (veya onu temsil eden parçasının) bırakılmasını emretmektedir). Davacı ve davalı arasındaki bu diyalog talep edilen mala değil, özellikle sebebe *(postulo anne dicas qua ex causa vindicaveris;* malı hangi sebeple talep ettiğini bana söylemeni istiyorum) hakkın dayandığı olaya ilişkindir. Bu olay da, *dominus*'un (malikin) hangi taraf olduğunu ortaya çıkarmaya imkân verecektir.

b - İspat yükü ilkesi, ispat imtiyazına karşı koymaktadır. İspat imtiyazı suç konusunda eski Cermen hukuku davasını hatırlatmaktadır. Burada davalı kendisini suçlayanın ithamının dayanaksız olduğunu ispat etmek hakkına

---

88 «İspat yükü» ifadesi burada bir görev değil, fakat basit bir yükümlülüğü ifade etmek için kullanılmıştır. Gerçekten, ispat yükünü yerine getirmek durumunda olan taraf eğer, bunu sağlamazsa bir yaptırımla karşılaşmaz. İspat yükünü sağlayamıyorsa sadece davanın kaybından ibaret olan olumsuz sonuçla karşılaşacaktır.

sahipti ve suçlayanın herhangi bir şeyi ispat etmeye ihtiyacı yoktu. Davalı, masum olduğunu, kaynar suya el batırmak[89] veya kızdırılmış demiri tutmak[90] gibi tek taraflı delille veya iki taraflı delillerle (Kreuzprobe)[91] ispat edilebilirdi.

Buna karşılık; bugün bir hakkı olduğunu iddia eden veya bir hakka karşı def'i *(exceptio)* ileri sürmek isteyen dayanağı olan olayları ispat etmek zorundadır. Bu şekilde talebinin dayanağını ispat etmek davacıya düşmektedir. Bu kural daha *legis actio sacremento in rem* devrinde vardır. Davacıya sorulan soru *anne dicas qua ex causa vindicaveris* (malı hangi sebeple talep ettiğini söylemeni istiyorum) sadece davacının ileri sürdüğü talebi kapsıyordu ve bu *sacramentum*'un konusunu teşkil ediyordu.

Eğer davaya ilişkin ispat kuralındaki yükümlülüğün (bununla hakkını talep etmektedir) davacıya ait olması kuralının kökeni kanunî davalar devrinde ise davalıya ait def'i *(exceptio)* ilk defa *Formula* usulünde gözükmektedir. İlke tam bir mantıkî çerçevede ifade edilmektedir.

Ulpianus D. 44, 1,1. *Agere etiam is videtur, qui exceptione utitur. nam reus in exceptione actor est.* Bir def'i *(exceptio)* ileri sürenin bir talepte bulunduğu kabul edilir. Zira: Def'i *(exceptio)* ileri süren davalı, bir davacıdır (krş., Ulp. D. 22. 3. 19 pr.).

Davayı sona erdiren kararın kapsamı, hâkimin takdir ettiği ve değerlendirdiği tarafların iddia ve savunmalarının dayanağı olan deliller tarafından belirlenir. Deliller hukuk ve olaylara dayanan sorunlara ilişkin olabilir. Bu da ikili bir meseleyi ortaya çıkarır. Bir taraftan olayın hukukî kapsamını oluşturan olayları nitelendirmeye yarayan hukukî kuralları tespit etmek söz konusudur ve diğer taraftan ileri sürülen olayların varlığını (delil sorunu) belirlemek gerekir. Hukuk meseleleri konusunda hiçbir delil sorunu ortaya çıkmaz. Taraflar haklarını değil, onlardan çıkan olayları ispat etmek zorundadır. Uygulanacak hukukî kuralların varlığına gelince, bunu taraflar ispat etmeyecektir. Bu son ilke genel olarak *iura novit curia:* «Hukuk kuralını mahkeme uygular», özdeyişi ile ifade edilir. Aynı zamanda Romalı olan bu kural, bizim hukukî geleneğimizde devam etmiştir (meselâ bu durum papiruslardan tanıdığımız önceki Yunan-Mısır Hukukuna yabancıdır).

89 Su delili: Sanık suya atılırdı ve temiz olan su, suçlu ise sanığı yüzdürmeyi reddedecektir.

90 Demir delili: Sanık kızdırılmış bir demiri tutuluyordu. Birkaç gün sonra deri kabarcıkları suçluluğunun delilini getiriyordu.

91 Kreuzprobe: İki taraf kollarını yatay olarak uzatıyorlardı ve kolu ilk düşenin haksız olduğu kabul ediliyordu.

Bu ilkenin çok az istisnası olmuştur. En önemlileri şunlardır: Birincisi 426 yılında *Lex Citationis*'de (zikre ait kanun) öngörülen «*Collatio codicum*»da bulunandır (C. TH. 1.4.3). Taraflardan, taleplerinin hukukçuların fikirlerine uygun olduğu delilini istiyordu. Bunların hiç olmazsa Papinianus, Paulus, Gaius, Ulpianus ve Modestinus'un fikri olması gerekiyordu. İkincisi özellikle Ortaçağ'dan itibaren sık sık görülen yazılı olmayan örf ve âdetlerin uygulanmasıdır.

Kuralların yorumlanmasına ve olayların hukukî nitelendirilmesine gelince bunlar normal olarak avukatların savunmalarının önemli bir kısmını oluşturur. Avukatlar müvekkillerinin taleplerinin haklı olduğu konusunda hâkimi ikna etmeye çalışırlar.

2 – TARAFLARIN DELİLLERİ: SAVUNMALAR VE DEF'İLER

Hâkimin kesin kararı için belirleyici delillerin bütünü üç gruba ayrılır. Birincisi hakkını ve buna dayanan olayları ileri süren davacının delillerinden oluşur. Buna karşılık davalının delilleri, «savunmalar» iki farklı gruptan kaynaklanır. Bir taraftan dar anlamı ile savunmaları yani davalının, davacının beyanlarının doğrudan doğruya aksini söylediği delilleri, dar anlamdaki savunmaları ayırmak lâzımdır. Davalı burada hakkın kaynağı olarak ileri sürülen olayları inkâr etmekte veya sonucu bu hakkı sona erdirmek olan olayları ileri sürmektedir. Diğer taraftan davalı def'iler ileri sürebilir ve bunlarla davacının hakkı mevcut olsa bile ileri sürülmesini engelleyen olaylara dayanır. Bu şekilde akde dayanan bir alacağın ödeme talebi karşısında, davalı (dar anlamda «savunma» olarak) akdin yapılmamış olduğunu veya daha önce edimin ifa edilmiş olduğunu beyan edebilir. Fakat akdin mevcut olmasına rağmen, ciddi bir korku, tehdit altında yapıldığını ileri sürebilir *(exceptio metus)*.

Modern hukukta savunma ve def'iler arasındaki fark (davanın esası plânında) zayıflamıştır. Zira def'ilerle ileri sürülen olaylar çoğu kez, maddî, hukukî ilişkinin oluşmasını engelleyen sebepler olarak dikkate alınmaktadır. Bununla birlikte usule ilişkin alanda açıkça yerini korumaktadır. Çünkü hâkim bir def'iyi ancak davalı aksini açıkça ileri sürüyorsa dikkate alabilir. Halbuki savunmayı oluşturan olaylar dava dosyasında ne şekilde yer alırsa alsın dar anlamda davacıya karşı, kullanılmaktadır.

Formula usulünde, bu delillerin üç grubu *formula*'nın yapısı dolayısıyla farklı durum alıyordu. *Formula*'nın kullanılışı onların tek tek incelenmesine yol açıyordu. Davacının ileri sürdüğü hukuki ilişki *intentio*'da yer alıyordu (çoğu kez *demonstratio* ile tamamlanıyordu). Bazı kez *praescriptio*[92] ile sınırlanıyordu. Def'iler[93] bağımsız bir şartın konusuydu: Bunların *formula*'ya konulmasını *praetor*'dan açıkça talep etmek davalıya düşüyordu. Dar anlamdaki savunmalara gelince *formula*'da hiçbir şekilde yer almıyordu. Zira davalının ileri sürdüğü olaylar doğrudan doğruya *intentio*'nun temeline ilişkindi. *İntentio*, yani talep, hakimin onu inkâr eden olayları dikkate alması için yeterliydi.

Bir şahsî dava örneği konusu bir borcun ödenmesi olan bir *stipulatio*'dan doğan *condictio formula*'nın yapısında talep ve savunmanın şemasını özet olarak açıklayabilir. Bu durumda, *formula*'nın *intentio*'su şu şekildedir: *«Si paret Numerium Negidium Aulo Agerio C dare oportare»* Eğer davacının, davalıya 100 *sestertius* vermeye borçlu olduğu sabit olursa.

Muhtemelen davalının ileri sürdüğü bir *exceptio metus*'un (korku, tehdit def'i) kapsamı şu şekildeydi: *«Si in ea ne nihil metus causa factum est»* Eğer bu davada hiçbir ciddi korku söz konusu değilse.

Hâkimin kararı şu üç konuyu dikkate alacaktır: Davacının talep ettiği alacak oluşmuş mudur? Eğer oluşmuşsa sona ermiş midir? Eğer alacak oluşmuş ve sona ermemişse ciddi bir korkunun etkisi altında mı oluşmuştur?

Tarafların delilleri aşağıdaki üç bölüme göre sıralanır:

a – Davacı 100 *sestertius* tutarında kendisi ve davalı arasında geçerli bir *stipulatio*'nun varlığını ileri sürmektedir.

b – Savunmalar: Davalı bu *stipulatio*'nun varlığını inkâr etmektedir veya geçersiz olduğunu yahut ifanın daha önce yapıldığını ileri sürmektedir.

c – Def'i: Davalı ciddi bir tehlikenin etkisi altında vaatte bulunduğunu ileri sürmektedir.

Hâkim delillerin ileri sürülmesinden sonra (a) nın gerçek olduğunu ve ayrıca (b) ve (c) nin gerçek olmadığı kanaatine varırsa davalıyı mahkûm edecektir. (a) nın gerçek olmadığı; veya (a) nın gerçek ve (b) nin de gerçek olduğu yahut (a) nın gerçek (b) nin gerçek olmadığı (c) nin gerçek olduğu kanaatine varırsa davalıyı beraat ettirmek zorunluluğundadır.

---

92 *Formula*'nın başında, hâkimin isminden sonra davacının veya davalının menfaatine yazılmış cümle.

93 Burada sadece doğrudan doğruya *exceptio*'yu dikkate alıyoruz. Fakat *exceptio* kuralı kolaylıkla *replicatio*'ya, *duplicatio*' 'ya genişletilebilir.

İspat yüküne ilişkin kurallar tablosunu tamamlamak için önemli bir nokta ortaya çıkmaktadır. (a) bölümündeki (hukukî ihtilâf) delilller için ispat yükünün davacıya düştüğünü biliyoruz. Davalıya gelince (c) bölümünde ileri sürdüklerini (*exceptio*'lar) ispat etmek zorundadır. (b) bölümündeki olayları (savunmaları) hâkim değerlendirecektir. (b) serisindeki olaylar muhakeme evrakı kapsamında olması şartıyla (meselâ kontratta bedelin alındığına ilişkin kaydın bulunması) hâkim tarafından dikkate alınmalıdır. Eğer bu olaylar duruşma belgelerinden çıkmıyorsa durumun ne olduğunu belirlemek gerekir. Eğer davacı hakkının dayanağını oluşturan olayları ispat etmek yükümlülüğünde ise hakkının sona erdiğine ilişkin bir olayın gerçekleşmediğini veya dayanağının sona ermediğini temin etmek zorunda değildir. Eğer hâkim önünde savunmalara ilişkin olayları ispat edemiyorsa davalı bunun sonuçlarına katlanmak zorundadır ve savunmanın dayanakları olan delilleri sağlamakta tüm menfaat davalınındır.

Modern hukukçular ispat yükü konusundaki genel kuralları şu şekilde özetlerler: «İspat yükü» taraflardan birine ya da diğerine aittir. Esas rol davacıya düşmektedir ve davacı tarafından ileri sürülen olayları inkâr etmekle yetinen davalının ileri süreceği hiçbir delil yoktur. Fakat savunması için ileri sürdüğü olayları veya bir *exceptio*'yu (def'i) aynı şekilde ispat etmek zorunluluğundadır[94].

Roma hukukçusu Paulus aynı kuralı şu şekilde ifade ediyordu.

Paulus, D. 22.3.2: *Ei incumbit probatio qui dicit, non qui negat.* Kendi lehine bir olay ileri süren bunu ispat etmek durumundadır ve karşı taraf bu olayın gerçekleşmediğini ispat etmek zorunda değildir.

3 – DAVALARIN TASNİFİ

Çeşitli davaların tasnifi *formula* usulü ve kısmen kanuni davalarla uyum sağlamaktadır ve bu ayırımı modern hukuk geliştirmiştir.

Bunun sebebi ayırımların eski usul sistemlerinden kalan unsurlara dayanmasıdır.

Klâsik denilen tasnifler arasındaki en önemli Roma kökenli olan aynî davalar ve şahsi davalar şeklindeki ayırımdır. (Klâsik tasnifler XIX. yüzyılda *actio* veya «Anspruch» kavramı ile ilişkili olarak Pandekt hukukçuları tarafından teklif edilmiştir).

94 W. HABSCHEID, Droit Judiciarie privé suisse. 1981, s. 424.

XIX. yüzyıl doktrini, davaların bu klâsik tiplerini tesis ederek maddi hukukla sıkı bir ilişki kurmaktadır. Günümüz doktrini tamamen usule ilişkin bir düzenlemeyi izlemekte ve muhakemenin niteliğini yani davacının talep ettiği gibi kararın kapsamını kıstas olarak almayı tercih etmektedir. Bu kıstasa göre, eda, tespit, inşai davalar ayırımı yapılmaktadır.

A – Eda Davası:

Modern hukukta olduğu kadar Roma Hukukunda da adlî himayenin ortak noktasını teşkil eder. Burada davacının bir hakkı ileri sürerek davalıdan kendisi için bir edimi yerine getirmesini ve davalının bu edime icraya mahkûm edilmesini talep eder. Davacının amacı, kendisine icraya başvurmayı sağlayabilecek bir karar elde etmektir. Eğer kesin karar davacı lehine sonuçlanmışsa *res iudicata*'yı teşkil eder. Davalının rakibine bir edimi yerine getirme zorunluluğu yükler. Bu şekilde karar icraî bir işlev de kazanmış olur.

Bununla birlikte modern usul hukukundan farklı olarak *Formula* usulü (gördüğümüz gibi *legis actiones* -kanunî davalar- değil) ayrıca bir *actio iudicati* gerektiriyordu. *Actio iudicati* Roma Usul Hukukunun bir özelliğidir. Zira icra yolu magistra'nın yargı faaliyetinin dışında kaldığı için bu dava aracılığı ile mahkûm edilenin icra niteliğinin varlığına veya geçerliliğine itiraz edebilecek son bir imkân yaratmak gerekiyordu.

B – Tespit Davaları:

Mevcut bir hukukî durumun tespiti için öngörülmüştür ve bu durumu taraflar arasındaki gelecekteki her türlü tartışmanın dışına çıkarır. Modern hukukta davanın açılabilmesi için menfaat gerekir[95] (bunun kökeni Roma Hukukudur). Buna göre davacının davayı açması için hazır bir menfaatin olması gerekir. Roma Hukukunda bu tip davalara *actio praeiudicialis*[96] (tespit davaları) denilmektedir.

Tespit işlevine uygun olarak, tespit davasının *formula*'sı sadece hâkimin atanmasını ve *intentio*'yu kapsıyordu. Meselâ; *an Aulus Agerius ingenuus sit;* «Eğer davacı doğumundan beri hür ise»; *an Numerius Negitius Auli Agerii libertus sit;* «Eğer davalı davacının bir azatlısı ise»; *Quanta dos Caiae Corneliae sit;* «*Caiae Cornelia*'nın *dos*'unun (cihaz) tutarı nedir?».

---

95 KURU B., Medeni Usul Hukuku, Ankara 1995, s. 265.

96 Bir para mahkûmiyetini değil bir kişinin veya bir malvarlığının hukukî durumunu, önceden tespit ettirmeye yarayan *praetor* davaları. Hâkim, tespit konusunda karar verir.

Bu şekilde hâkim ne mahkûm ne de beraat ettirecektir. Sadece, yukarıda zikredilen olaylar hakkında karar verecektir.

C – İnşaî Dava:

Karar taraflar arasında yeni bir hukukî ilişki yaratır ya da mevcut hukukî ilişkiyi sona erdirir. Bu davaların istisnaî bir niteliği vardır. Sadece kanunda öngörülen hallerde açılabilir[97].

Roma Hukuku bu davaları tanımıyordu. Fakat *praetor* aynı sonuçları kabul ettiği özel usullerin sonuçları ile elde ediyordu. Tarafların kendisine sundukları olaylar hakkında *causa cognita* (ihtilâflı olan bir olayın, bizzat *magistra* tarafından incelenmesi) bilgi aldıktan sonra...

Eğer Medeni Hukuka göre geçerli fakat hakkaniyete aykırı hukukî ilişkinin sonuçlarını engellemek istiyorsa bu sonuçlardan şikayet eden lehine *restitutio in integrum*[98] (eski hale iade) imkânı tanıyordu. Bu kararla ilgili taraf söz konusu hukukî ilişkiyi oluşturan olaylardan önceki eski hukukî durumu elde ediyordu.

Buna karşılık eğer *praetor* taraflardan birine diğerine karşı bir borç yükleme zorunluluğunda olduğunu görüyorsa boşluğu dolduracak bir *stipulatio*'nun yapılmasını *(stipulatio praetoria)* sağlıyordu. Bu şekilde bir *stipulatio* ile *(cautio damni infecti) praetor* bir binanın malikini binanın çökmesi halinde zararları ödeme yükümlülüğü altına sokuyordu. Eğer malik reddederse diğer tarafa tehlikeli binanın zilyetliğine el koyma imkânı *(missio in possessionem)* sağlıyordu. Eğer diğer taraf reddetmekte devam ediyorsa ikinci bir *missio in possessionem* komşuya malın kazandırıcı zamanaşımı ile elde edilmesi için hukukî sebebi *(iusta causa)* sağlıyordu. Malik karar verilen zilyetliğin elde edilmesine imkân vermezse ve daha sonra bina çökerse *praetor* komşuya bir *actio in factum* veriyordu. Bu dava; binanın malikinin, sanki yerine getirmek istemediği, *cautio*'yu (teminatı) ödemesini hedef alıyordu.

---

97 KURU, B., s. 268.

98 Bazı durumlarda, *praetor* olayı inceledikten sonra, itiraz edilen bir hukukî muameleden doğan sonuçları, *ius civile*'ye uygun olsa bile hakkaniyete aykırı görürse, o muamele sanki hiç yapılmamış gibi tarafları eski duruma iade etmiş olmakta idi. Bu sonucu elde etmek için, genellikle *ius civile* davasını vermemekte idi *(denegatio actionis)*.

ROMA HUKUKU İÇİN YARARLANILABİLECEK KİTAP LİSTESİ

BUCKLAND W.W. - STEIN P.: A. Textbook of Roman Law from Augustus to Justinian, Cambridge, 1963.

DI MARZO S.: Roma Hukuku, çev. UMUR Z., İstanbul, 1959.

ERDOĞMUŞ B.: Roma Eşya Hukuku, İstanbul, 2014.

ERDOĞMUŞ B.- TAHİROĞLU B.: Roma Hukuku Pratik Çalışmaları -Meseleleri-, İstanbul, 2014.

ERDOĞMUŞ B.- TAHİROĞLU B.: Roma Borçlar Hukuku Dersleri, İstanbul, 2014.

GAIUS-INSTITUTIONES, Borçlar Kısmı, çev. RADOT., İstanbul, 1953.

IUSTINIANUS: INSTITUTIONES, çev. UMUR Z., İstanbul, 1968.

KARADENİZ - ÇELEBİCAN Ö.: Roma Hukuku, Ankara, 2000.

KASER M.: Römisches Privatrecht, München 1976.

KOSCHAKER P.: Roma Hususi Hukukunun Ana Hatları, Kitabı yeniden gözden geçiren AYİTER K., Ankara 1975.

PUGLIESE G.: Instituzioni di diritto Romano, Padova 1986.

SCHIMIDLIN B. - CANNATA A.: Droit Privé Romain, c. I - II. Lausanne, 1988.

SCHWARZ A.: Roma Hukuku Dersleri, Çev. RADO T., İstanbul, 1965.

RADO T.: Roma Hukuku Dersleri, Borçlar Hukuku, İstanbul, 1997.

TAHİROĞLU B., Roma Borçlar Hukuku, İstanbul, 2014.

UMUR Z.: Roma Hukuku Dersleri, İstanbul, 1984.

UMUR Z.: Roma Hukuku Lügatı, İstanbul, 1985.

UMUR Z.: Roma Hukuku, Eşya Hukuku, İstanbul,1985.

UMUR Z.: Roma Hukuku Ders Notları, İstanbul, 1987.

VILLEY M.: Roma Hukukunun Güncelliği, Çev. TAHİROĞLU B., İs- tanbul, 2015.

KAVRAM İNDEKSİ

-T-

-U-Ü-